生命呼吸 · 当代散文名家丛书

我的二十世纪

宁肯　著

我
的
二
十
世
纪

目录

自序　审美散文与工具散文

　　在我看来，散文就两种，一个是工具散文，一个是审美散文。工具散文有审美性，审美散文有工具性。这是我对散文基本的分类，也反映了我对散文的认识。何为工具散文？工具散文是散文的本义，就像语言是传达思想的工具的一样，在这点上散文为语言天然而生，作为文体最接近语言的本义。换句话说，散文是传达思想的工具，这里包括意义、意思。这些意义或思想，或者有一个中心——其他表达都是围绕这一中心的，无论叙事散文还是抒情散文还是论文，还是杂文随笔札记散记日记书信，无论方式上是托物言志，还是直抒胸臆、有多少种修辞手段，是比兴、象征，还是旁征博引，无外乎都有一个共同的特点，即你要或明确或有力地表达一个什么，有一个主题，一个中心思想。当然，各种实用文体就不用说了。

　　审美散文与工具散文正相反，它反对自身的工具性，它不是一事一议，不是通过什么表达了什么，不是托物言志，不是围绕着一个中心思想，不是一二三条分缕析说明什么，它最主要的特征是无中心思想、多元、分散、不确定，强调的是思想的过程而非思想，是流动的、多变的、在场的，是生命与情感和智性无时无刻的介入，一切都和心灵相关，心灵是审美散文唯一的或最大的母题。在心灵的意义上，散文与诗、小说、戏剧获得了同样的创造性的地位。传统上，当我们谈论创造一词时，很少把它同散文联系起来，但当我们读到像鲁迅的《野草》时，我们又会毫不犹豫地使用创造这个词。散文与诗歌小说的某种不言而喻的不平等性就在于散文在整体上心灵的（动态与在场的心灵）缺席，个体的心灵，一个如此巨大母题，散文却视而不见，或简单处理，散文的心灵性一直被它的强大的工具性压制着，始终没有得到真正的释放。

所幸有《野草》，鲁迅的伟大就在于他的文本提供了许多可能（可惜我们并没有用好）。我们拿鲁迅的杂文和《野草》相比，会清晰地发现前者是毫无疑问的工具散文，后者是典型的审美散文。《野草》通过什么表达什么了吗？中心思想是什么？托物言志了吗？像《白杨礼赞》《茶花赋》，整个这一脉的散文？不，《野草》呈现的是鲁迅的黑暗之心，是心之状态、场阈、过程。

当然，审美散文也有工具性，它不可能天马行空、脱离大地而存在，它的局部的工具性是显而易见的，是审美散文的大地，但不可否认它的主要部分是在天空的。然而这天空不是虚空，而是心灵，内宇宙。同样，工具散文也有审美性，而且在高手那里常有着很高的审美性。比如朱自清，他的《背影》《荷塘月色》，如此优美，情感的流动如此准确、幽微，堪称艺术散文。却非审美散文，《背影》《荷塘月色》表达的东西是确定的，有可总结出来的鲜明的主题。有人把艺术散文区别于其他散文，我部分地同意，但根本上不同意。在传统散文的语境中，艺术散文也是工具散文的一种，这里"艺术"有确定性、中心性，有一套功利的修辞，而审美是发散的，不确定的，是以心灵为本体的，在世界观与方法论上与"艺术"有根本的不同。

需要说明的是，我完全无意贬低工具散文，我只是在划分，我只是觉得过分对散文的划分总是说不清，不够科学，没从最根本的功能界定。另外，工具散文是散文的常态、大树、主河，审美散文不过是支流，是散文大世界的一个还在发展中的品种，其未来就像其本身一样是不确定的。比如散文与心灵到底是一种什么关系？心灵真的是散文的主要表达对象吗？表达心灵，散文真的是最合适的文体吗？散文看上去与心灵挨得最近，天然要表达心灵，但真的以心灵为本体来表达又会侵入小说的领域，像《追忆流水年华》，散文总是存在着越界的危险，小小的越界还不妨，过度的越界就会失去自己，散文与心灵存在着某种悖论的关系。

另外，我虽然写了一些审美散文，但就数量而言更多还是工具散文，仅就我自己而言，审美散文的写作缺乏持久性，倒是工具散文越来越多地伴随自己。那么审美散文是否有一个恰当的空间，恰当的边界呢？

但无论如何，我认为写一点纯粹的审美性质的散文还是必要的，进入这样的写作心灵的高度不一样。如果说散文的门槛低，甚至没有门槛，谁都可以写，但审美散文是有门槛的，对于混子，冒牌货，附庸风雅者，钓誉者，沽名者，让他写篇审美散文试试，一试便会现形。

第一辑　西藏

湿地

从无雨之河开始的漂泊与沉思，到了雪线之上突然中止了，鼓声从那儿传来。正午时分，火山灰还在纷扬，鼓声已穿透阳光，布满天空，沿着所有可能的河流进入牧场，村庄。所有的阴影都消失了，鹰从不在这时候出现，一群野鸽子正沿着河流飞翔。闭上眼，静静地躺在湿地和沼泽之中，面对天空，鼓声，阳光的羽毛。大片的鸥群从你身体上掠过，你摆着手，示意它们不要离你太近。但你的周围还是站满了鸟群，它们看着你，看着湖水，看着湖水流线型从草丛和你的身体上滑过。

一个人，躺在隆起的天地之间，有时也在刺破青天的山峰上，就像雪豹那样。那时积雪在你的体温下融化，阳光普照，原野的亮草弥漫了雪水。这些浅浅的像无数面小镜子的雪水汇成了网状的溪流，它们打着旋儿，流向不同，不断重复，随便指认一条，都可能是某条大江的源头。

不，不是所有的源头都荒凉，没有人烟。

在我的行迹中，生长着岩石，冰川，咕咕的泉水，同样，也生长出了帐篷，村庄，正午的炊烟。村庄或石头房子几乎是从岩石上发育出来的，经幡在屋脊上飘扬，风尘久远，昭示着时间之外的生命与神话，存在与昂扬。村子太旷远了，以致溪水择地而出，从许多方向穿过村庄，流向远方。桑尼的弟弟，一个三岁的男孩，站在时间之外，在没有姐姐的牵引下，那时候正走在午正的阳光里。

这是个没有方向的孩子，只是走着，时而注视一会太阳。

毫无疑问，男孩不是第一次单独出来，或许他想念一条小溪？一只飞鸟？但无论他向哪个方向走去，他都会走到上一次的那条小溪。他不可能走得太远，小溪不允许，小溪拦住了去路。

正是融雪季节，圣丕乌孜雪峰不动声色，却有涓涓细流渗流下来，到了村中也不过尺宽，村子几乎成了网状的地。三岁男孩上次就到过这里，但他曾涉过这条小水流么？或许，这一次他要试试？

他一眨不眨凝视着欢畅清洌的流水，他没有鱼的概念，但他在看什么呢？看一颗琥珀色卵石的滚动？看沙金的跳闪？他试着用一双小手去拦截水流，结果水流一下涌到身上，他一屁股坐在沙地上。

他没有任何玩具。除了自身一无所有。

他的小鞋湿了，脱下来，结果他发现了鞋，鞋成了他的玩具。他拿起鞋，端炕头了一会儿，慢慢放在水里，立刻就灌满了水，然后提起来，倒下去。如是反复动作。这是姐姐桑尼汲水时的情景。他开心极了。这时阳光已不再颤动，鼓声远去，午后的山村空灵，寂静，一如笛声里的空谷回音。男孩玩得兴起，已浑身湿透，不小心小鞋落在水上，立刻漂起来。小鞋顺流而下，像船一样航行。

男孩呆住了，异常兴奋，直到小鞋从视野中消失。他拿起剩下的另一只鞋，又端详了一会，然后，轻轻地再次放在水流上。小鞋再次航行起来，顺着水流，像一片树叶，漂向远方。他失去了一只鞋，却拥有了一只自己的船。

他彻底的一无所有，脸上出现了茫然。

你走吧，你对自己说。黄昏前你还有一段路程，你还要渡过那条不远的大河。

到了河边，牛皮舟靠过来。过了河，老人问你，要不要等，你说不用了。这时候，整个河两岸没有一人。你向山里走去，老人没马上离开。你想目送老人到对岸，但老人似乎也想看着你离去。事实上，整个一天，你是老人唯一的乘客。

你几次回首，发现牛皮舟仍在这边岸上，老人背对着你，固执地等你，却望着对岸。你决定不再回头。你站在山顶上时，正是一天中两个惊人相似的时刻：黎明与黄昏。这时候你再次朝下望去，暮霭中，老人已到了缥缈的对岸。

1998 年《大家》第 3 期

桑尼

　　桑尼，下来，快下来。你要摔着了。下来，桑尼，大家都在等你，现在该你了。你准备一下，大家都唱过了，就差你了。格吉，格吉，先进行下一个节目。桑尼从旋柳上下来，险些摔倒，拉珍和仓曲扶住了她。

　　林中之舞。她们出来了，几乎是飞翔着，从蓝白色的帷幔后出现在草坪上，展翅飞翔。仙女也不过就是这样了。雪顿节还差几天呢，她们就穿上了仙女般的夏装，花枝招展。她们边唱边跳，银鸥掠过水面不时地冲向小岛，冲进歌声，甚至把晶莹的水滴洒在她们头上。她们歌唱，整齐地甩着长袖，像林中之妖，都脱胎于飞鸟。桑尼没有上场，和拉珍靠着同一棵树，面对的却是两条不同的河。她们是乡村的女儿，水泥厂的孩子现在都像白度母或绿度母，像唐卡一样欢乐。

　　两条不同的河一条是拉萨河主河，一条是它在密林中的支流。拉萨河是很大的水，有雪山映照，小支流上有廊桥和磨房。是的，我们在一个小岛上，小岛有个好听的名字，叫尼雪林卡。小岛是孩子们夏季的乐园。今天我要让所有的孩子都快乐，歌唱，我差不多做到了，他们一踏上小岛立刻就消失在丛林里，他们多快活呀，飞奔着，扯着蓝白相间的消夏帷幔，把小岛几乎装扮成了夏日别墅。

　　拉珍穿得一点也不比城里孩子逊色，头上盘了漂亮的红发绳，特别是银饰和绿松石使她成为一个盛装少女。只有桑尼，桑尼依然故我，两只短辫垂在瘦削的肩上，看不出与平时有什么变化，甚至没穿藏装，还是平时的胶鞋，已经小了的棕色条绒上衣。上衣刚刚洗过，带着白霜，看得出洗得很苦，实际上桑尼还是做了准备。坐在地上的人都吃着，喝着，嚼着，桑尼也不例外。桑尼带来了一小瓶自制酸奶，一小袋红糖糌粑。我说，桑尼，给我一点你的红糖糌粑吧。我说，她们的我都吃过了，现在我想尝尝你的。桑尼张开手，不知所措，脸红了。我拿了一小块，放到嘴里。我还喝了她的酸奶。我说，桑尼，我听到过你的歌声。桑尼低着头，脸红得像火。我说，桑尼，有一次我从山上下来，进入村子，很远就听到了你的歌声，我看见你背着柴，一蹦一跳，一见我你就不唱了，还记得么？桑尼摇头。我说，你就唱那支歌吧。

桑尼不语，脸越发红，甚至连旁边的拉珍脸都红了。我喜欢她们的脸红，就像喜欢朴素的土地。可是桑尼的神情里除了羞涩还有别的东西，我说不上是什么东西，也许那支歌透露了她不愿让别人知道的东西？她只愿在没人的时候对自己唱歌？那支歌多动听呀，她一溜烟跑回家，理也不理我，可是她的脸多红呀。

> 高山的流水哟向东流
> 我的家呀在南头
> 请你请你拐个弯哟
> 把我带回家门口
>
> 高山的流水哟向东流
> 我的家呀在南头
> 太阳就要落山了
> 羊群还在山外头

桑尼家养了一大群羊，有四五十只，一大早桑尼要把羊赶到山沟里去，让两条狗看着，然后来上学。桑尼还要背柴，劳动，有时候课堂上桑尼的座位空着，一天不来，或者两天。但有一次一连空了三天。我问拉珍，桑尼呢？拉珍摇头，问桑尼的邻居仓曲，仓曲也摇头。我叫上丹巴尼玛、拉珍以及仓曲，我们去了坦巴。坦巴坐落在圣山脚下，是一片倾斜的村庄，再往上就是圣山上的哲蚌寺了。桑尼家住山根儿，几乎是村子的底部，溪水绕屋而行，山谷的风最先从她家屋顶掠过，经幡总哗哗响。那天阳光直射，午后，我们走在去坦巴的坡路上，过一处高地，前面有两个小小的人影，仓曲遥遥一指说，那就是桑尼。我们紧走，在转弯处看得更清楚了，两个背柴人弯腰走着，拉珍说，左边一个便是桑尼。我仍看不出那个就是桑尼，因为两人背上的麻袋都太大了点，而且样子差不多，全遮住了她们的身子，只能看见麻袋下面两只脚在地上移动。拉珍喊，桑尼，桑尼！两条麻袋停住，缓缓转过来。两个都是女孩，她们只停了一刻，简单回头看了一眼我们，又继续走路。我问仓曲到底是不是桑尼，仓曲说是，拉珍和丹巴尼玛都说是，我们一同大喊起来。

桑尼终于停下，她的同伴迟疑地继续向前走，不时地回头张望一下。桑尼停下却没有动，也没有转过身来，我看到的仍是麻袋的背影。如果没有下面两只脚，如果仅仅是麻袋稍稍脱离于地面的那种倾斜在乡间路上的姿态，那很像是漂浮或遗落在路上的一个梦。麻袋生出了脚，独自走在午后乡村路上？

到了桑尼跟前，我说，桑尼，为何好几天不来上学？桑尼深埋着头，不语，身后柴火为她挡住了骄阳，阴影里桑尼一张汗水浸透的火红的面庞，头发散着热气，洗过一样。我说，把柴火放下，桑尼。桑尼挪动了几步，把柴火倚在墙上，借着墙的一点支撑，腾出手，解开肩胛和胸前的绳索，慢慢蹲踞下来，一点一点放下了柴，可以想见，再背起来是多么的难，也因此她不是背也不是挎，而是让同伴把麻袋捆在了自己身上，不到家就不解下。途中歇歇脚也要背着柴火歇。不知道她已走了多少路，柴火从哪里捡来，仓曲说，是从拉萨河畔一个部队锯木厂那儿背来的。我回过身，朝下望去，我差不多看见了那条河，我先看到了公路，然后是树丛，透过树丛能看见一点亮水。那是一条不算短的下坡路，而现在是上坡，可能走了一上午了，现在已是午后。

是因为背柴不能上学吗？我问。

桑尼掠汗，完全不想回答我的问题，看了我一眼，毫无羞涩，可能太累了，太累的人通常都是淡漠的，无论大人还是孩子。她看我一眼差不多也相当看一眼阳光，这是她不乐意的，但那一刻我看到她的瞳孔呈现出一种让我吃惊的琥珀色，好像有什么熔化了。无疑这双眼睛与高原的太阳有关，与对太阳的复杂感情有关，她无法恨太阳，只是无奈，甚至无视。

我说，丹巴尼玛，星期天我们一起去锯木厂。

桑尼，明天来上学吧。

我不能批评桑尼什么，几乎是恳求。桑尼不说话，眼睛望着别处，一声不吭。我想，我得见见她的父母了，不是批评桑尼，我想可能是父母的原因。我听说桑尼的父亲在城里工作，我很想同她父亲谈谈。我问桑尼，父亲什么时候回家？桑尼一愣，仿佛没听懂我的话。我说，我想同你父亲谈谈。说完，我注意到桑尼的表情的变化，通常桑尼的沉默是难以把握的，但这次不同，随着嘴角让我吃惊的抽动，泪水突然流出来。我不知道发生了什么，而且，她那被太阳反复灼伤，熔炼成琥珀色的眼睛一旦盈满泪水，似乎说明了什么。我没见过盲人流泪，但我认为我见到了。

我忘记了某种忠告：小心提到父亲。

原来她没有父亲。她的生父只在坦巴住了三天，之后她出生了。她的继父时间长一点，二十个月吧，那年她九岁。这个男人现在在城里，她去看过他。他离开后再没回来过。

我说，阿妈在哪儿？

桑尼揩着泪，指了指前面。

走，我说，丹巴尼玛，你来背柴。

桑尼抓住柴包，丹巴尼玛抢了半天也没抢下，我说，丹，算了，你就帮她托着点吧。桑尼重新把柴包捆在自己身上，丹帮她系上绳子。我不知为什么要系上绳子，这是一种习惯？我不认为是农奴时期留下的习惯。仅仅是一种习惯。

我们来到麦场上。尽管我已预感到桑尼母亲的个性，但见了面还是让我有些吃惊。这是个与桑尼完全不同的女人，一个强壮的女人，一身厚重的黑袍子，一条灰色包头巾勾勒出一张白而线条强硬的脸。大而凸的眼睛由于脸上皱褶的扯动有点变形，几乎敌意地看着我。我说明来意，桑尼这几天为什么不能来上学，女人的回答非常严厉，几乎疯狂：她说有人打她，骂她，我叫她上学，她不去！说得简截，生硬，咬牙切齿。这是个总是处于愤怒也总打不败的女人，由于愤怒，脸上的皱纹很像高原的褶皱。

有这事？我不相信这是可能的。

桑尼，告诉我，是谁？我问。

桑尼不语，她漠然的表情告诉我，她什么也不想说。显然她不认为这有什么可大惊小怪的，所有人都知只是我不知道。

你们知道么？我说。

我的样子把仓曲和拉珍吓坏了，丹巴尼玛告诉我是旺金和尼玛次仁，他们常骂她，说她臭，骂她脏，还打她。我一拳打在丹结实的胸上：丹为什么你从没对我讲过！你还班长呢！

旺金，我在心中咀嚼着这个名字。

我去过旺金的家，他家有着我所见过的最豪华的经堂，他的父亲不是用青稞酒而是用啤酒招待我。

我说，尽量压着怒火，如果是因为这件事，桑尼，明天来上学吧。桑尼摇头。我说如果不上学，读书，什么都不会改变。桑尼看了一眼母亲。甫看我，母亲说，明天你把达娃送到拉萨去，放他那儿你就走！桑尼的眼泪立刻又流出来。达娃是她的弟弟，她可不想那么做。我说，桑尼，这样吧，明天你先不要去拉萨，先到学校来，上学的事我们明天再谈，好么？

这一次我的话起了作用，桑尼揩着泪点头了。

事情总算过去了，桑尼没去拉萨。

我去了旺金的家，他父亲仍用啤酒招待我，我说，我还是喝青稞酒吧，旺金父亲吃惊地看着我。谈到旺金打人的情况我尽量和风细雨，但还是怒不可遏。

我还有丹还有桑尼，我们一同去了锯木场。

我喜欢桑尼，由衷地喜欢。我说，桑尼，有些东西并不重要，比如新衣服，以后总会有的，但你有的别人可能永远不会有。我说，要不让拉珍和仓曲跟你一起唱？你看行不？拉珍，仓曲，来，你们，桑尼，你们一块唱一支歌。

拉珍邀请桑尼。

桑尼终于站起来，脸红红的，掌声响起来。

她们唱的不是桑尼的歌，是祝酒歌，很普通的歌，她们面对河流，阳光，飞翔的水鸟，声音有点不同，只是我发现桑尼基本上没怎么张口，脸一直通红。拉珍和仓曲径自唱着，我不由地叹气，让桑尼开口太难了。一曲终了，拉珍和仓曲退下，就在这时桑尼开口了，正是我要听的歌：

> 高山的流水哟向东流
> 我的家呀在南头
> 请你请你拐个弯哟
> 把我带到家门口

> 高山的流水哟向东流
> 我的家呀在南头
> 太阳就要落山了
> 羊群还在山外头

1998 年《大家》第 3 期

寺院

　　有时候，像一种召唤，当你走进鼓声的时候，同时也就走进了那传说中浩瀚的白色的寺院。你何时穿越了那片冬天的树林，那谜一样的村落，那些狗叫，卵石，沟壑，水声，你都浑然不觉。白色的寺院群依山而建，像一艘白轮船泊在山坳里，远远看去寺院有着无数蜂窝一样的窗洞，窗洞仿佛自山体开凿而出。无法断定寺院建筑的年代，也无法知道那里有着多少双苍老，智慧，永恒的眼睛。时间在这里无迹可寻，视觉上更是应接不暇，扑朔迷离，无论从哪个角度把握都是不可能的。没有出口，但似乎又到处都是出口，而每个出口又都是事实上的入口。阳光打开或关闭，随时都可能出现一座宏伟的经堂，一个隐秘的院落，一个重檐和回廊之下幽深的天井。阳光一束或几束打在天井的深处的廊檐下，就有水从岩石里渗出，但淙淙的水声并非来自于此，可能是上面。上面，一线水槽在阴影和阳光中贴檐而走，但水声是因更上一层的垂落而产生的。不，那又是另一种声音，另一种时间了。

　　那就撤出身体吧，撤到无数条高墙曲巷中的一条。

　　站在石阶上，站在蜂房一样窗洞里传出的嘤嘤的经声中，终于感觉到了风。如果感觉不到，很可能你突然面对的是一处岩壁般的高墙，一扇紧闭的大门。这不是出口，但很可能是真正的出口。你进不去；如果你进去了，时间将会顷刻流入，永恒将不复存在。但我还是进入了，虽然我看起来仍站在门外。门是虚掩着的，里面的世界辉煌，隐秘，香火盛大，桑烟轻扬，三千长明灯跳动闪烁，照得红袍身影们在金色佛像前飘逸舞动。鼓声咚咚，这是一面深藏的人皮鼓，它源于某种酷刑，但据说惟有洁净美丽的女人皮才配制作此鼓。这是高原神秘的鼓声之源，任何一处空气和水的颤动都始源于此。身着红氆氇的苍茫老僧们面对面成行端坐，经幢一条条从顶部垂下，上面遥遥有小的回廊和倾斜的天窗，阳光落不到地面，只能斜射到经幢并透过经幢，落在高处的雕梁和壁画上。大殿两侧壁画幡影重重，神殿中部，一张黄缎卧榻上，一个看上去已非人间的老者仰卧着，已奄奄一息，某种东西正在脱离他的肉体，至少有三百名喇嘛正口诵经声伴他在中阴得度的路上。

这里是最后的出口，与天界仅一念之遥。一位神明般的主事老僧此时抓住了老人的手，轻握并以悠长的丹田之音念念有声：老人呵，注意我的话，好使你能选择易走的路，你的脚愈来愈冷了，生命已离开你的双腿，冷气正在向上蔓延，你要镇定沉着，抛开生命进入实相之境，毫无可怖之处。老人呵，你要沉着，长夜的黑影已侵入了你的视线，你的生命正在接近，愈来愈接近最后的解脱了。主事老僧一面指引，一面敲打着弥留之际的老人，从锁骨敲到头顶，这样似是让灵魂无痛苦地解脱出来，老僧手舞足蹈地指引似在指点着灵魂沿途的陷阱和避开陷阱的道路：老人呵，山岳朝向苍天，默不做声，清风拨弄流水，花自盛开，你走近时鸟不振翅，它们对你不闻不见；老人呵，你的视力已经丧失，气息已经衰尽，你与人间已无瓜葛，你走你的路，我们走我们的，依照我们指的路线继续你的前程吧……

卧榻上的老人身体内部不断传出有节奏的声响，这种节奏随着神秘而盛大仪式的继续，那时鼓声激越，寺顶高处吹响了低沉的法号，把被度者脱身而去的体滑声传向四野和天空。鼓声催促，并召唤着远方的人们，寺院崇高入云的大殿上，每一条幽静的石阶上朝圣者每日都络绎不绝。人们带着酥油来，带着糌粑来，带着哈达，银器，宝石来。那些个日日夜夜，白山碧水，天高野阔，没有故乡，倾其所有，不问归程，用每一次身体的长度，把河流，山脉，草原与圣地连接起来。在天堂的路上，没有死亡，只有灵魂的飞翔。

1998 年《大家》第 3 期

黄昏

许多次，我试图穿越浩瀚迷离的寺院，我成功了，但只有一次。许多次的迷途而返之后，有一次缘着细小的水源，寻着微弱的水声，逾墙而过，穿过从未到过的颓圮的院落，到了寺院的底部。我气喘吁吁。这里并不平静，事实上每天仍在发生着事情——每天都在坍塌着——放眼望去，这是一个每天都在微量增加的庞大的废墟。我不知道这里已坍塌了多少年代，繁衍了多少传说，我走着，一个人，在阒无人迹的瓦砾、残垣和断壁中，我是废墟中唯一有形的生命。甚至很可能许多年来许多世纪来，我是第一个涉足此地的人，按照有关说法我已走进可怕的传说之中。是的，不错，这里的一切迹象都表明这儿是亡灵的集结地，许多等待出发的亡灵有的据说已等了几个世纪，永远不可能再转生，最终据说会风干变成墙上斑驳的痕迹。诸如此类吧，总之，这是非人之地。某种细微的坍塌声像水滴尘落，有时一小块石片悠然坠地如一片树叶。如果这时突然狂风大作（据说经常这样），雷雨交加，我不知道还会是什么样的情景，还会发生怎样惊人恐怖的亡灵飞舞的景象。够了，赶快离开，一刻也不能再耽搁了，一次涉足，足矣。

然而，这儿其实是必由之路，想超越迷宫的寺院这儿亦是秘径。是的，我穿越了呼啸的亡灵，语言的亡灵，建筑的亡灵，最终逾墙而过，上了一条秘密山路，啊，风，终于够着风了，是大自然的风，不是废墟的风。高处的风很亮，满目夕照，一派火红！我来到了半山腰上，快接近山顶了，我坐在一块飞来石上，坐看黄昏，云起，远方的河流。我的来路，下面寺院的顶部、背部尽收眼底，一览无余，而其正面的庞大、威严与神秘全失，所有正面的伟大的布局在背面都失去了应有的联系，各局部堆砌在一起又孤立无援，再加上那正面无法看到的偌大的废墟，我认为我看到了事物虚弱的一面。唉，谁像我总是喜欢探究事物的背部呢？特别是那些威严事物的背部。现在，整个寺院只不过是我辽阔视野中一部分，而且是很小的一部分，只要我稍稍抬起一点点目光，庞大的寺院立刻就会被我忽略。我并非坐禅，在信仰之地我却是一个怀疑论者，当然，我是温和的怀疑论者，温和到不会向别人说的程度。我不喜欢猛烈的事物，不喜欢强烈、激情，然而眼前的猛烈又让我惊异，我是说黄昏，大面积的阴影。由于地形地貌的原因，高原的黄昏盛大，猛烈，刚刚寺院零乱庞大的背部还在阳光中，转瞬间就掉进从山顶俯冲下来的巨大的阴影中。

　　是的，高原的黄昏是猛烈的！大面积的阴影还在快速地移动，树木，村庄，田野，鸟群，云，水面，纷纷陷落，这会儿它的前沿差不多已抵达一条火红的大河的边缘。火红的河流自东向西，追着落日，源远流长，阴影在巨大的火红面前似乎难以渡河，一时停住了。但周围在变暗，在用更大的维度吞噬流动的火红。然而源远流长的河流几乎有着无限的流域，它快要与另一条更大的河流汇合了，虽为浅浅的远山所阻，河流仿佛一下黯然消遁、不知所终；然而隔过那一线黛色的岛屿般的山脊，火红的光影再度出现，而且愈发辽阔，高远，盛大，水光粼粼，浩淼无边，——那是拉萨河与雅鲁藏布的交汇处，那里像扇面一样，打开了一泓天水相接无限寥远的金色滩涂；滩涂上无数面椭圆的小水泊，像无数面漂浮的马蹄形的梦；这些梦让晚景一照，璀璨无比，闪烁跳动，简直像女娲以五彩之石刚刚补过的还在微微颤动的一角桔色的天……这就是我的黄昏，我每天的黄昏。

　　只是今天，我在高处，在冈底斯－念青唐古拉山系的一块巨大的飞来石上，对岸就是火红的喜马拉雅，我的视域我的黄昏无限广大。我曾见过许多黄昏，见过海上黄昏，见过平原黄昏，见过沙漠和蒙古人的黄昏，那都是超静的伟大的黄昏，是诗歌长河中旷古不变的黄昏，只有这里，这伟岸高原的黄昏才是震古烁今、独步天下的黄昏。它宏大，剧烈，被大团的铅云崩射，被河流分解，被佛光普照，被蜂拥的百万大山纵横切割，以致整个高原几乎要通体透明……

旷古今，哪一个伟大的诗人，作曲家，帝王，能接得住这里的黄昏？也许只有贝多芬，海顿，巴赫、李商隐、李白、秦皇汉武，向晚驱车，登临古原，他们的共同出席共同演奏或可能接住这每天都横空出世、大道无形、立体倾斜的黄昏。是的，这是音乐的黄昏，甚至音乐的悬崖，所有恢弘、细微的节奏、旋律、跳跃、休止、奏鸣、交响都在这地形的折皱，倾泻的光影，地球的黄昏中……

这里，高原的黄昏何曾像古老中原诗歌那样超静？从来没有，事实上，从一开始，从高原浮出海面之日起，高原的黄昏从来就没平静过。我无法想象这纵横的高原曾是地中海，不能想象她辽阔的海面曾迎迓过多少美丽的海上黄昏？那时据说这片海域近东向西，其蔚蓝的波涛差不多波及了整个阿尔卑斯、喜马拉雅、冈底斯地区。后来据说印度板块从南面，也就是从差不多相当于现在澳洲的位置上漂移过来，最终与欧亚大陆相撞，于是海底抬升，高原隆起，伟大的喜马拉雅与伟大的冈底斯并行浮出水面，雅鲁藏布江开始慢慢地川流两山之间。

那么，那片古海退哪儿去了呢？据说一直近东向西，退到了现今的北非与南欧之间，阿尔卑斯山脉一侧，也就是现今的地中海。这是板块学说理论，同时也是诗的理论，因为这几乎已经接近于童话。但如果西藏不产生童话，还有哪个地方能够产生童话呢？学者说，雅鲁藏布江是印度板块与欧亚板块相撞的缝合线，就是说喜马拉雅属印度板块，冈底斯属欧亚板块，雅鲁藏布江携两大板块两大山系，这是一种说法，也是童话；海水退去，但据说并未完全消失，高原深处还残留着海的身影，海的记忆，以及鸟的语言，比如那些人迹罕至、海一样颜色的高原湖泊，它们不仅蓝得像海，而且味道相同：咸的。有人甚至称拾到过变异的活的海螺，我肯定是见不到了，但我相信。我相信会有一种现实性的神话，而且我也在其中。我无法不展开种种遐想，我满目黄昏，我是温和的，但有时内心也异常猛烈。

1998 年《大家》第 3 期

磨房

　　七点钟，太阳还高高的。阳光照在田野上。青稞麦长得不好，到了收获季节还没人来收获。就这样度过整个季节吗？也许就是这样，一直到冬季，到来年春。那时候再深翻一遍土地。前面有了树，一线矮树。一线矮树构成了简单的风景，谁知道矮树下会不会掩映着一条小溪呢？或者一条大河的小支流也未可知，结果就是。还没走到那线矮树，就隐约看到了它的光，它弯曲素静的身影，多朴素的小河呀，它的源头不会很远，但你是不会找到它的。隐约中居然还有一座小桥。小桥埋在了土里，就几块石板，几乎不能算是座桥，就称它是座桥吧。

　　踏上石板桥就进入了树丛。河水流过小桥分成了两股，左边一股稍宽，右边一股已近水渠。事实上也是如此，这股水流是专为前面的磨房而开出来的。两股水流或靠近，或分开，到前面大约一公里的地方又合为一处。葱葱草木差不多把整个水域都覆盖了，特别是两水的中部，树木比河两岸的灌木高出了许多，因此也茂盛得多。一条小径在林木中似有还无，因为走的人少，绿茵茵的草坪总是不断漫过小径，小径由不得就有些荒芜。一个人，午后，或黄昏，走在两水间微微隆起的林荫小径上，除了河上的水鸟，偶尔的鸭鸣，再不会有什么能打扰你的心了。说真的，也许是你打扰了它们呢。许多次发生过这样有趣的情形，一只突然窜进林中的银鸥箭一般把我的视线带到另一侧的水上，一线浮游的像雪一样的鸭鹅便晃动着脑袋，煞有介事地大叫几声，仿佛我的视线侵犯了它们的领地，我绝无此意。

我不过是随便走走，可能的话再看看那水上的磨房。天还很亮，我已经听到水轮转动的声音了，我还闻到了炊烟的草香。渐渐的磨房的轮廓在林中和水上显露出来，水车巨大的轮子缓缓地转动着，扬起了好看的永恒的水花。磨房骑在水上，它是我所能见到的所有石头建筑中惟一的全木质建筑，长方形，没有屋檐，像是一座廊桥。我无法想象，以石头建筑著称的民族早年是怎样建起这座全木质磨房的，尽管它丰富的色彩已经褪尽，线条，雕花，形式已被久远的风雨剥蚀得面目不清，但当年透红的底色，独特的风格仍依稀可辨，也因此更有了一种时间感和沧桑感。事实上没一个民族不是古老的，没有着自己独特的历史沧桑，并且今天仍在延续着。如果说每个孩子都是未来，那么每个老人就是历史。

我不会轻易打扰磨房的主人。那是个生着灰眼睛的老人。其实她并不老，只是看上去已是个老人。可能是因为阳光和别的关系，她的中年看上去比青春似乎还要短暂，就像这里的草原似乎没有夏季，还没完全变绿就已开始泛黄。而且，她那双眼睛，雾蒙蒙的。她叫卓姆，头发已经花白，但还梳着辫子，含着胸，许多次都闪现在学校房前屋后的黄昏里。我们远远地打过照面，但她总是怯生生的，没有勇气走到我跟前。她停了磨房的活来找我却怕遭到最后的拒绝，迟迟没敢张口。她是为孩子的事，她的儿子永毕因上学期动手袭击前任班主任而被逐出校园，我是继任者，当然既成了上学期的事实。但是永毕一如既往每天早晨随着固定的上学读书的人流来到学校，仍然在教室外与同学打闹，说笑，嘻嘻哈哈，只是不再进教室。随着每次课间之后的铃声，校园奇迹般地安静下来。永毕一个人留在教室外，不走远了，斜背着书包在教室四周徘徊，游荡，累了就坐在教室窗根下晒晒太阳，偶尔也拿出卷了的书，在炫目的阳光下翻两下，然后又放回书包。一旦教室内有什么动静，永毕就会迅速地站起来，把生着雀斑的脸贴在窗子的护网上，一动不动地朝里看。

通常教室的歌声最让永毕最为激动，这时候他会像猴子那样上到护窗网上，把整个瘦削的身体印在明亮的窗上，同时也印在窗外绵延的蓝色山脉上。那阵子，通常是下午，卓姆黑色的身影也开始怯生生闪现在校园。开始我完全不知那是永毕的母亲，因为那完全是一个老人的极缓慢的身影。直到有一天我转过墙角听到永毕叫了我一声，我回过身，却没看到永毕——他已及时闪到墙后，出来的是花白头发的卓姆。

那一天我一下就明白了，这些天这个徘徊的影子大概是为我而来。显然，那一天老人鼓起了勇气，但是因为紧张两肩不住地颤抖，仍含着胸，低着头，双手合十，连续不断地说"咕叽咕叽（求求您求求您）"。起初她还对着我说，但慢慢地她的头抬起来，最后已是面向上天，就在那一刹那，我看清了卓姆的眼睛，那原不是一双银灰色的眼睛，而是一双患着白内障的眼睛，并且已为水雾笼罩。尽管那时只是黄昏，天光尚亮，我认为月亮已经升起，只是月华为浮笼罩，像白内障的月光，但同时也是一个苦难母亲的月光。

永毕又来上学了，仍然淘气，管不住自己，但是每每想起卓姆的目光我都原谅了他，我批评他，提到他的母亲，他也不觉得什么。

1998 年《大家》第 3 期

秋天

我知道，这不是一个短暂的情绪，秋天带来的喜悦不是歌唱，而是皱纹深处的安宁。新学年伊始，没有了丹和桑尼，但所有的孩子像果实那样摆在我的面前。他们长了一岁，我没有理由不爱他们。我答应过，要带他们去那条山谷。我们穿过坦巴，穿过桑尼家的后墙山，进入了风和圣皮乌孜山谷。

圣皮乌孜山外表看光秃秃的，山顶云雾缭绕，常年积雪，下面一直到山脚都是球状风化的岩石，没有一丝植被，那些松散的卵石看上去它们关系不错，实际上每一个都是孤立无援的，随时都可能一哄而散。但山谷就不同了，因为水源的关系，因为避开了昼夜的温差和风蚀，因为阳光充足的驻留，山谷溪水长流，植物丛生，草坪终年不衰。有一年冬，雪后，阳光明媚，我进入谷中，沿着冬天清冽的溪水，我发现了多处冰川。通常，这样的山溪进入冬季就会变成整条冰川，但这里不然，冰川是偶然出现的。我注意观察了一下，我发现，偶然出现的冰川是被阴影留住的。阴影留住一小段岩石上的溪水，溪水就变成了冰瀑，冰屋和冰帽，而阳光驻留的地方，溪水明快，哗哗作响，岸上的草坪隆冬之际竟茵绿如春。

我喜欢这条山谷，我把它称作内秀谷。今天我要带他们认识岩石和植物。我多少知道一点沉积岩，玄武岩，花岗岩，页岩和片麻岩之类的知识。我认为石头是大地最悠久的语言，如果不知道岩石的种类，划分，由来，我们怎能和山脉相处或交流呢？你心中没有它们的语言，它们的历史，就算你想沉思点什么也是不可能的。植物同样也每天都诉说着什么，虽然孤独的野山榆寡言少语，像沉默的老人，但花朵纷放的野蔷薇和山枝子就十分喧哗了，至于满天星和点地梅简直一天到晚，不停地嘁嘁喳喳谈论着它们的邻居。植物的语言是大地最丰富的语言，山间一朵很普通的花，你很可能叫不出它的名字。叫不出花朵的名字会使孤独的人感到郁闷，茫然。我注意了一种花很久，就是叫不上它的名字，后来才知道叫活佛花，心一下子就豁亮了，以后再见到这种花就像见到了老友，我会蹲下来，和它说会话，是呀，人这时怎么可能孤独呢？

因此，对于我，光阴从未流逝过。我待在时间中，就像待在羊卓雍，纳木错或斑戈湖的湖心。湖水不会流失，反而会有许多的时间注入。有那么多赶来的时间，河流，鸟，我活得寂静而充实，还有这么多成长的孩子。他们围着我，我也并不老，我们在山谷中。他们问这问那，好像我是先知，我什么都知道，我说，其实我们知道得都很少，我们不可能都知道它们，我们只是它们中的一部分，而且是很小的那一部分。

午餐和歌唱是同时进行的，在谷中一块盈满阳光的草坪上，她们自由组合边舞边唱，不像在尼雪林卡那样经过精心准备，这一次完全是即兴的。事实上任何一次出行都伴着即兴舞蹈和歌唱，除非下令禁止，我又怎么可能禁止呢？我甚至不能禁止每一次的青稞酒。

每一次的酒都使我陷入寂静和回忆。我看着他们野餐，歌唱，舞蹈，我也在其中，但好像又超然物外，我常常看见我自己。我看见我拿着一片叶子，向他们讲述这一片叶脉与另一片叶脉有什么不同。我还看见我站起来，招呼一个攀在岩壁上的男孩。下来，我说，下来，你要摔着了，桑尼，下来，快下来。桑尼从旋柳树上下来，我说，桑尼，该你了。桑尼和仓曲靠着同一棵树，面对着两条不同的河。拉珍呢？拉珍，我听见我在大声喊，然后我看见了仓曲，仓曲说，拉珍在那儿，就在那儿呢！我的意识掠过河岸丛林回到了山谷。这时候我听到了一声尖锐的忽哨。

忽哨来自山谷一侧的山峰上，那是一堆寂静的浑圆的卵石。不错，卵石有时也会寂静地发出忽哨。我认可这里一切可能和不可能的事物。但这次我错了，卵石动了起来，并且有着模糊的五官，天哪，那是五六个男孩满是尘土的脸！他们是长年住在山上的放牛娃，我曾见过半山腰上缓慢蠕动的牦牛，但还从没见过它们的主人，今天终于见到他们了。他们的颜色与大自然浑然一体，就像卵石之于山峰。我不认为他们一定要走下山来，也不一定非要在山上建所学校，只要一间教室，一间草棚或石屋，挡挡风雨，足矣。事实上越是接近自然的人越能接受接近本质的教育，我想，在山上的讲台上，面对溪水长流和太阳鸟的鸣啭，这些孩子会比山下或城里的孩子，更加聚精会神地倾听我的讲解和有关历史的陈述。

　　我不是圣徒，但我确已洗尽铅华。

1998 年《大家》第 3 期

盛会

　　向北，向北，深入大草原，深入藏北辽阔的腹地，深入生命的极限。黄昏的某个时刻，我以为我看见了海市，后来才知道那是草原一年一度的潮汐，一年一度的盛会。所有天各一方的帐篷，所有的老人，孩子，马，酒，风干肉，少量的羊都在路上，都在向一个传说中的地方云集。彼时人迹就像原野上的涓涓细流，从所有的方向汇向藏北，汇成川流，汇成湖泊，汇成万头攒动的人与马牛和羊的海洋。那不是几天或几个星期就能形成的，有的已经到了，有的还在路上，但对于我，一个同样地平线上的人，我的前方，我所突然看到的情景就成了瞬间发生的奇境：人们骑在马上，欢呼着，雀跃着，摇着手臂，哈达，毡帽。

　　狂潮——一年一度生命的狂潮——以突然的横空出世的方式显示了人面对自然马背民族面对天空的力量。草原不再空旷一色，不再寥远荒寒，数万顶白色彩绘的消夏帐篷像迷宫，像海底打开的贝壳，像不明飞行物胀满了藏北草原。劲风吹拂，帐篷成整体地波涛起伏，波澜壮阔，万头攒动。

　　这是草原最盛大的节日，是展示纯粹生命，英勇，爱情，胜利和欢乐的节日。这里没有朝佛，没有经轮，没有五体投地，所有人都是站着的，在马上的。我认为我到了古战场，到了格萨尔王战后狂欢的人民和队伍里。最英武的是男人，最美丽的是女人，这个古老的事实以一年一季生命潮汐的形式在这里完整地保存下来。男人们个个都是好汉，他们头缠火红的英雄绳，身挎腰刀，袒露着臂膀，昂首挺胸，高视阔步。女人个个是花朵，是盛开，是一身鲜艳夺目五彩缤纷的盛装，头戴或棕，或绿，或黑的藏式阔沿礼帽，耳畔坠着松耳石，身上挂满了铜镜，银元，红玛瑙，绿松石，银宝盒，走起路来丁当作响，仿佛带了一支小小的乐队。现在，即便我见到了丹和桑尼恐怕我也难认出他们了。

人山人海，在一块略微隆起的平坦的高地上，我看见了骑手们，他们正整装待发，都是历年负有盛名的骑手。自古英雄出少年，我还看见了非常年青的骑手，说不定那其中就有丹，我这样想。我想我失踪的学生丹在草原上驰骋上几年，一定是一名疯狂的最出色的骑手。但不要再寻找了，我想所有的人都是丹，都是桑尼——我的另一个学生。我试图找到他们，但现在我觉得所有人都是他们。

枪声响了。我背过身去。我是温和的，须以温和感知这一切。我听见马踏草原的声音。我觉得草原在颤抖，马群在呼啸，天空在狂欢，我有点受不了，我只能背过身去，我需要一个相对远一点的地方，最好是一座无人的草山，远远地感受这一切。一个人在大海上会觉得孤单，恐惧，被巨大的自然力量所震慑，但站在岸边就会觉得拥有大海。我希望我回到岸上，我的心力弱得不行，我需要岩石，天空，远处的山峰和雪。我必须积蓄一下力量，以准备很快就要到来的更大规模的夜晚。

我希望先给我力量，然后再给我夜。

夜，黄昏之后，大幕拉开，银河初渡，星汉灿烂。草原盛大的夜晚开始了，古老的全体人民的土风舞开始了。所有的帐篷都点燃了白炽灯，巨大的夜幕下，万顷晶莹透明的帐篷，远远看像热气球那样飘浮着，荡漾着，此伏彼起，此起彼伏，而一切又为更广大的夜所笼罩，如果大海底部也有神秘辉煌不为世人所知的夜晚和舞会，那这里就是。而舞蹈的牧人此刻就像鱼群的盛会，数以万计的人手挽着手，肩并着肩，划腿，跺脚，旋转，狂欢，摇撼了夜，颠覆了夜，草原人旋起来了，旋起了星空，旋起了草原。没有音乐，也无需音乐，全凭着丹田之气，全凭着金属般的喉咙，全凭着人类原始的心跳：

号号号号号　号号号号号　号号号号号　号号号号号
号号号号　号号号号　号号号号　号号号号
号号号号号　号号号号号　号号号号号　号号号号号

这是生命的直觉，活的史诗，古特提斯海的波涛，人类初创时的第一次盛会，是团聚，是庆典，是欢乐颂，是一个伟大诗人的梦想：

如果世界上的姑娘都愿手拉着手，她们可以联成一个大圆圈，绕着海洋。
如果世界上的小伙子都愿当水手，他们可以用他们的小船，
在波涛上架起一座美丽的桥。
这样，我们就可以联成一个围绕全世界的大圆圈，如果世界上的人都来唱歌。

《围绕世界的圆圈舞》——保尔弗

1998年《大家》第3期

天湖

他们蹲在草地上开始用餐，举杯，吵吵嚷嚷。风很大，吉普车停在一旁，两侧的车门都敞开着，听得见风穿车而过的呜呜的响声。他们吵吵嚷嚷。而远处，越过他们模糊的头顶，牛羊星罗棋布，还可以看见一两枚牧人的灰白帐篷。骑在马上的人站在荒寂的地平线上，像张幻影，一动不动，朝这边眺望。然后，就看见了那片蔚蓝的水域。很难想象，在西藏宁静到极点的崇山峻岭中，还隐藏着这样一个遥远童话世界。据说，当西藏高原隆起的远古，海水并没完全退去；在许多人迹罕至的雪山丛中，在高原的深处，还残留着海的身影，并且完整地保留着海的记忆，海的历史，以及海的传说，只是这些传说只能到鸟儿的语言中去寻找了。

现在，阳光远离我们落在湖上。湖水明媚，光滑，我们却掉进苍穹巨大而混乱的阴影里，整个湖盆草原都是这样。这里气候多变，天空绵布着阴云，呈现出一派莫测高深景象，弄得草原苍绿、深邃，有如大片夜色，一直伸展到湖边才豁然开朗，打开一个蓝色透明世界。这湖光山色，纵非天上，已殊人间。他们高高举起酒杯，杯影与湖光重合，还有刀叉声——那么，那湖的光影里就是传说中的岛了？隐隐约约，似隐又现，有点像大堡礁。不，一点也不像。她一峰独秀，脱颖于湖心，并且还戴着一顶迷人的雪帽，并且还微笑着么？他们吵吵嚷嚷。或者千年一笑也未可知。他们乒乒乓乓。最好还是别笑吧，如果孤独，就永远孤独，就醒着，读着太阳和满天的群星。

地上扔着腊肠，熏肉，酒，打开的罐头，撕剩的面包和留着齿痕的骨头。一把亮闪闪的藏刀。那个矮墩墩的家伙站起来，举着一架"尼康"一类的玩意儿给另外几个拍照，嘴里还咬着一根火红的香肠，他们都快活而且油腻地笑起来。司机却笑得勉强，他是个军人，酒量很大，表情坚定，不时瞥一眼空荡荡的吉普车，并且每次都把目光停留在我身上，我靠着吉普车不停地抽烟。

我决心已定，就是说我要不顾一切独自去湖边。那时候我可能因触犯众怒而被扔在这儿，不过我断定他们没这个胆量。倘若他们有的话，也不会放弃去湖边的打算而停在这里大吃大喝。当然了，也说不定。那也无所谓。不错，一"路"上车颠簸得太凶——沿着驮盐牦牛踩出的"路"开到这里，再也无法靠近湖边。下车步行呢？一是时间紧，当日还得返回，二是没这个必要。对了，没这个必要。这就是他们反对我的全部理由。如果大家伙儿把各自的满足与怯懦收集在一起，力量当然也貌似强大，再无动于衷的人也会感到孤单无助。这时候就特别需要酒量。好吧，把给我满上的那杯酒，我始终没过去喝的那一杯抓起来，干了！

扔下杯子，我径直朝湖边走去了。我知道他们都吃惊地盯着我的后背。我的背部感到了他们还没来得及商量的目光。我走得很快，有点儿像跑。后来竟真的跑起来。不管怎样，我应该快去快回，别叫他们过于难堪，尤其是别让司机，那个挺不错的军人太为难了。我多少有点紧张，但主要还是兴奋。一坨坨刺猬状的玛札草或者叫别的什么草在我脚下咔咔作响，偶尔还能看见一朵暗红色的达玛花，开得并不鲜艳，但在此地也称得上鲜艳了，真像俗话说的"万绿丛中一点红"。你不用经意看她就会从老远的草丛里跳进你的眼睛，你还以为发现了一颗红宝石。活佛花开得就普遍了，随处都能看见那一顶顶钻出草头儿的黄帽子。至于点地梅、满天星，那已不是我现在的心情能留意到的了。那得细品，平心静气，屏住呼吸，才能联想到诸如星空、银河，或者童年摇篮曲什么的。总之那属于沉思默想，或半睡眠状态，我这状态不行。我心潮澎湃。我在奔跑。我心里只有一池湖水，只想着快一点儿，再快一点儿，直扑湖边。

我已深入草原腹地，视野越发寥廓，荒远，陌生。现在，当我头顶混乱的苍天，当我如此渺小地置身在如此浩瀚的大草原上，我才猛地感到地球确实是圆的，圆得使山脉都显得矮了下去，群山仿佛悄悄后退着，在地平线边缘下面不时地探头探脑，露出几许牙齿一样的银峰，就连海拔七千多米的念青唐古拉主峰在此地也不过才露出半个雪白的脑袋。当然，这里海拔也已近 5000 公尺。我猛然想起一件事，并且暗吃一惊：据说人在高原切忌奔跑，特别是在 4500 公尺以上，倘若奔跑或剧烈运动，就极容易突然昏厥，乃至暴死。多可怕的说法！事实证明这不过是吓唬人玩儿的。

当然了，我还是放慢了速度。

我小心谨慎但我无法使自己停下来。时间不多了。一条不宽的河拦住去路。尽管不宽也是条河。这该诅咒的同一条河已经是第三次出来和我作对，它那种流法成心跟你过不去，你不知道下一回它会打哪儿溜出来。河水清浅，冰凉刺骨，全是遥远冰川的雪水。岸边杂草丛生，有蜥蜴隐匿其间，要十分当心。不过躲开了蜥蜴，尾随的鱼群是无法摆脱的，你赶都赶不走，有些胆子大的还会在你的小腿肚上亲亲热热地咬上几口，那才叫你开心呢！

总算过了河。此时满目的湖水真叫人激动。这是最后的冲刺了。我又抑制不住地跑起来。隐隐欲裂的头痛又一次向我发出危险的信号。但我此时就像穿上了"红舞鞋"，想停也停不住。至今回想起来，那仍是我生命历程中的一个老大的谜。平时我很珍惜自己，注意饮食起居，冷暖适度，甚至留心自己的肤色、脉搏，哪怕有一点儿小小的不适就疑神疑鬼——当然那通常是在我比较无聊的时候。现在我完全推翻了平时的我，甚而置美妙的生命于不顾。不过话说回来，人的一生能有几次把自己径直交给上帝？什么也别想了……天湖在望，天湖伸手可及！

最初看到的湖岸上那顶灰白帐篷已立在眼前。一群面目不清、衣袍褴褛的孩子叉着两腿站在帐篷前，仿佛训练有素，整整齐齐站成一排，都用乌黑雪亮的眼睛看我。接着帐篷里面又钻出几个高大男人，动作迟缓而坚定，后面还跟着两个蓬着头、露着白白牙齿的女人；其中一个袍襟里还伸出一颗婴儿油亮的小脑袋，很像一只警觉的小松鼠。最后出来的是一个黝黑但面容干净的少女，忽闪着一双深邃的充满黑色梦幻的大眼睛，一副无所谓的表情。我想除了老人，倘有老人的话，这个部落的人都出来了。他们所有人都目不转睛地看着我这个不速之客，奔跑的疯子，不知发生了什么事，好像就要采取一致行动。其实我同他们一样，又何尝不感到某种威胁！我尽量不看他们。当他们发现我并没什么恶意，并不对他们构成威胁，而且是朝湖边去的时候，他们开始窃窃私语，指指点点，后来竟嘻嘻哈哈嘲弄似地笑起来。自然我也随之轻松下来。我朝他们友好地挥挥手，那里爆发出一片兴高采烈的欢呼狂叫。

有趣的是一个男孩子居然反复模仿我挥手的姿势，其他孩子也竞相效仿，许多条手臂戏剧性地挥舞着，一时间草原洋溢着土风舞的味道，就差一点音乐了。不，音乐在天上！此时，太阳西垂，阳光正从湖上辉煌地赶来，草原沉浸在红色热情的气氛里。大群的水鸟从我和那些欢乐的孩子头顶上掠过，无数双翅膀让湖光山霭托浮着滑翔。没有声响。此刻才体会出地球也是无言的。但滑翔的鸟群里唱出了第一声欢叫，霎时间，天空布满鸟的语言，无色的却又多彩的传说漫天飞舞——终于，我一脚踏到了浩瀚的湖边！

飞翔着的传说变成了宇宙的歌咏，像《欢乐颂》，像贝多芬的交响乐戛然而止——我真想一头扎进湖水，扎得深深的，今朝今世再不回头——那里应是沉寂的，又是喧哗的，冰冷的又是炽热的，无色的又是极度绚烂辉煌的——而只要超越那瞬间的迟疑，就会在那属于永恒的一瞬获得欢乐的永生！然而，就在这时候，泪水蒙住了眼睛……

也许……生命之泪也许谁都有过。

谁都有过的生命达到顶峰时潸然泪下的片刻。这时所觉出的疲劳也许是最感人至深的。那就默默地让泪水横流。老天在上，没人打搅你。

那就回味你刚刚开始不久却已创痕斑斑的平生。而现在不过是一部宏伟交响的序曲，它结束了，在你 26 岁的时候……

此时，阳光已经熄逝，水色苍苍茫茫。湖水无言，我亦无言。那么，面对即刻降临的下一轮儿黑暗，我们再见了。

再见，纳木错。

我转身，朝着大面积的阴影，朝着艰辛的却责无旁贷的人生走回去。暮色浓重，我带来了夜，他们仍在等我。随后吉普车载着叫骂在草原上飞快地奔驰，仿佛为了拼命摆脱夜的追赶。我拿出备用的氧气袋子把导管插入鼻孔，在他们的声讨中昏然入睡。仿佛听到他们还在抱怨司机，好像要不是司机固执己见他们非把我扔在纳木湖不可。自然是气话。好了，回到拉萨我请客。

1986 年写，发表于 1987 年《散文世界》第 3 期

藏歌

寂静是可以聆听的，唯其寂静才可聆听。一条弯曲的河流，同样是一支优美的歌，倘河上有成群的野鸽子，河水就会变成竖琴。牧场和村庄也一样，并不需风儿的传送，空气中便会波动着某种遥远的、类似伴唱的和声。因为遥远，你听到的可能已是回声，你很可能因此弄错方向，特别当你一个人在旷野上。

即便荒野的石头，只要你愿意感觉，石头也会发出某种细致的铿锵的声响，甚至如某个久远时代的歌唱。石器时代我们粗糙的手掌自然过于遥远，但歌声不从来就是遥远的吗？尤其在某些时刻，譬如黄昏，夜深人静。

某些时刻……你凝神谛听。

你走着，在陌生的旷野上。那些个白天和黑夜，那些个野湖和草坡，灌木丛像你一样荒凉，冰山反射出无数个太阳。你走着，或者在某个只生长石头的村子住下，两天，两年，这都有可能。有些人就是这样，他尽可以非常荒凉，但却永远不会感到孤独，因为他在聆听大自然的同时，他的生命已经无限扩展开去，从原野到原野，从河流到村庄。他看到许多石头，以及石头砌成的小窗——地堡一样的小窗。他住下来，他的心总是一半醒着，另一半睡着，每个夜晚都如此。这并非出于恐惧，仅仅出于习惯。当有一天歌声不是从山坡上，而是从一孔突然打开的、并且近在咫尺的小窗里飘出，刹那间石破天惊，上苍也为之动容：

　　说说我吧
　　我的爱情是一重石头山
　　石头不动也不摇

　　说说你吧
　　你的爱情是山上雪
　　太阳一出就化了

　　说说我吧
　　我的爱情是河底石
　　磐石永远冲不走

　　说说你吧
　　你的爱情是河里鱼
　　河水一冲就溜走

　　说说我吧……

　　哀怨，也轻松，但是怎样的轻松……藏歌从苦难极深处升华而起，竟从不过分沉重；然而聆听者却一任发呆，魂系天外。爱情，欢乐，死亡，生命的诞生，往复升腾，万古不落的主题，平静如同草木的诉说。这里从不因为死亡或遗弃，新的婴儿就不呱呱坠地，就不啼破异常寒冷的早晨。只有藏歌才能将苦难和苦难的记忆化为抒情，少女一旦成为母亲，歌声就不再是呜咽着，不再酿成出神的泪水；歌声就会化为饱满的乳汁，化为石头底下涌动而出的叮咚的泉水；歌声就是圣母、月光、摇篮曲。如果天上真有音乐，那一定是藏歌。只要隐秘的山村拥有那么一小片天空，天空就会在某些非常宁静的时刻突然颤动起来，因为夜色升起，只好秘而不宣，有时候还会划过一两颗雪亮的流星。

即便山上的寺院，也常常使天空失去平静。那音乐似乎本属于昏暗的阳光难以窥入的神祇殿堂，而殿堂自然就是非人世的空间。但那些红袍加身的孩子是关不住的，特别是他们的心灵关不住，一有机会或不由自主，歌声就会脱出喉咙。因而他站在倾斜扶摇的顶台上。他的下面是浩瀚而白色的寺院群，寺院群顺着山势铺陈开去，白森森错落纷繁，犹如自山体开凿出的巨型浮雕，又像白垩纪留下的冰川残片，有着无数的小而深邃的窗洞，像蜂房一样。他只要伸一下手就可裁一片云，摘一颗星。当他超离一切之上的童声划破沉寂的夜空，不似天籁，胜似天籁。

于是，有一天忽然就到了燃灯节，一个属于那个圣者的节日。山村的每一孔石头小窗都燃起了长明灯。天与地在这一天密不可分，融为一体。点点的灯光，点点的星。那个圣者许多年前死去了，他留下了不可动摇的信仰和传说。他又如期而至了。长明灯就是他的眸子，他的星。家家都期待着什么，都静得出奇，而你也似乎感到某种东西就要降临。

那么，走出谜一样的村子，再穿过一大片无人问津的黑暗，那时你看到了什么？山上，寺院灯火辉煌。后面夜色由浅入深，深的是山体比夜色还浓重的巨幅黑影。正是在这高深莫测的黑影里，寺院燃起了数千盏长明灯。灯火流畅而宁静，分明呈现出一幅玄奥的几何图形，极空灵，极神秘，莫非是那位先圣的心灵已经显现？这岂止让人震撼而已！图案上空，但见桑烟——一种为敬神而燃起的桑烟，缕缕轻扬，像一条条飘带，又像一只只手臂，并且在不停地摆动，冉冉上升，以致整个寺院群也要超拔而去了。那么，你是个无神论者么？在这庄严的图案前你会望而却步么？

你站在积雪很厚的山顶上。夜风瞬间使你汗湿的脊背变得冰凉。你骄傲，为了终于超越于寺院之上。静观默立良久，你顶着一弯钩月从山顶下来，一个人，你从来就是一个人，当你渐渐步入迷宫似的寺院，那些寄养在寺里的狗从无数个角落奔出，朝你狂吠，你没有丝毫畏惧。你见得多了，在八尔廓，在扎什伦布，在雍布拉康和昌珠你都遇到过这情景。在帕里也是这样。可今天这日子怎么了？听不见一声狗叫。你反而毛骨悚然。你来探寻什么？你像异教徒一样，或者压根就不知道什么是信仰，你闯入这神秘的禁地干什么？你怀着鬼神也难以理解的原始冲动么？你睁着一双困兽般的眼睛，既蛮横又惶恐——这就是你，一个在圣殿之下想入非非的人吗？你试探着深一脚浅一脚地向前摸索着，灯光闪烁，已经闻到桑烟潮湿的发苦的香味。

高墙。深巷。你摸索前行。像液体一样的黑暗从你脚下汹涌上来，刚好把你严严实实地淹没。灭顶之灾！你哐的一声跌倒在柔软的石阶上，你的手触到一个毛茸茸的家伙，那家伙好像早有准备，只是轻轻蠕动了一下，居然一声不响地轻轻靠在你身上，就像兄弟那样。你觉得简直太荒谬了，可你分明感到了一丝温暖，并且甚至差不多想要流点眼泪什么的。你们一同向上仰望。上面，天光微熹，寺顶人影幢幢，似乎不时还可以看见从天上伸下一条条手臂，动作很慢，像玩一种叠手操，时散时聚。好像还可以看到一张张俯视的面影，映着微光，轮廓十分清晰。但是看不出表情，连五官也没有。或者整个看去是在微笑？是的，不错，这是一掬没有五官的微笑，甚至想象中的笑。如果上面是人间，那么你是什么？你和一个毛茸茸的家伙靠在一起；如果上面是天堂，你是什么？人间？不，仅仅是生命。或者根本从来就没有人间？或者正因为天堂的存在你才长期被视为非人？在神的史册里没有中间状态。你进不了天堂，又不可教化，这才糟透了。所以你只能和你的兄弟——尽管你不承认它是你的兄弟——蹲在潮湿的深渊里，那么，或许你只能形同困兽才多少有一点力量？你的兄弟从不指望进天堂，因此也就没有地狱可言，甚至也没有反抗。

潮湿，像大雾一样的潮湿，但你差不多已是石头，绝不会发霉，这一点倒是你最不必担心的，那就来支烟抽抽。然而就在我划火点烟的当口，我的兄弟倏然消失了，它一声不吱悄悄地离开了我。我们不是兄弟，我们是兄弟，谁知道呢？这世上真的有所谓兄弟？

这当然……或许只是个……梦魇。

不过，无论如何，你该感谢那个孩子。你最终能走出这场"梦魇"或"黑森森"，多半有赖于那个孩子好像呼喊似的歌声。你吸着烟，一支接一支，那时桑烟已落，代之而起的是你抽的烟。你的兄弟不喜欢你抽烟，但是谁要他喜欢！一支烟让你感到回到人类，你不再有恐惧，一切都如幻觉般地正在消失。当那些手臂、面影、微笑纷纷退去，寺上寺下都只剩下一个人，一个抽烟的人和一个孩子。

孩子是守夜人，我觉得我也是。

孩子走走停停，影子晃来晃去，哪一盏长明灯给风吹灭了，他就把它重新点燃。跳荡的火苗儿的光亮舔着他的红袍子，也舔着他光光的脑袋和像小姑娘一样的面庞。他不过十四五岁，在刚才众多的面影中他显现不出来，但是现在不一样了。现在天已有点发亮了，你再没有了恐惧，你甚至觉得男孩像某个童话，像《卖火柴的小女孩》，他没有表情，平静而安详。他有着多大的舞台呀，怎么可能那么平静，当然是不可能的。事实上很快我就看到他调皮起来。他蹦蹦跳跳，竟然忽然哼唱起来，一点不错，他还是童声！真的，就连他的歌声也像小姑娘的歌声，甚至冬天的歌声！开始是低声的，后来禁不住放开了喉咙。他望着灯火，手里扬着火把，跳着，点燃着并不需要点燃的灯，几乎像一种舞蹈。那歌就那么两三句，头两句像山谷的号子，扬起，然后是休止，一声轻叹：

咿呀——

咿哟——哟——

岂止悠扬！那轻叹的拖腔以黎明为背景，拖得你浑身释然，仿佛飘飘离地，冉冉升起，身飞九重，更难说灵魂寄往何方。不过别担心，灵魂马上还你，当绵长拖腔的尾音行将消失，一个短暂的休止，一个片刻的静默之后第一句重复性的主题早已喷薄欲出，划破黎明的天空，霎时间你觉得天开地裂，以致整个风烛残年的寺院都像是在松动、崩裂、坍塌，发出"咔嚓咔嚓"响声，只怕要落你一身灰尘了，快走……

天已完全放亮，孩子像天幕上的剪影，灯还亮着。

你转身离去，像解脱之后得到某种启示。"某种启示"，你这样想着，站在村边上。早晨格外宁静，村子升起缕缕炊烟。你想你要走了，你要到冈底斯去，而你的目的地是喜马拉雅。你要再次拜谒那条世界上最年轻的山脉，最年轻的牧场，你要找到那支歌的源头。走吧，你说，不要怕渺茫和寂寞，即使没有驼铃你也是骆驼。

1986 年写，发表于 1987 年《散文世界》第 4 期

一条河的两岸

1.分水岭

一滴水融入大海，很像一个人出门远行。

一只岩羊或山顶上的豹子可以独自面对世界，一个人面对世界也是可能的。每一次对河流、草原、陌生山峰的超越，实际上也是对内心空间的超越。许多雪水，湖泊，小的分水岭已是过眼烟云。在高处，在喜马拉雅山的分水岭上，远眺两个方向的流域，寒烟高挂，雪水分流。人不能两次踏进同一条河，但这里人可以一次踏进两条河。用不着费力地选择，河流的任何一个方向都可能成为我的方向。

我漫无目的，非常年轻，二十六岁，在河岸上步履匆匆。因为一只鸟的虚无的弧线，我停住脚步，直到它一头扎进河里，弧线消失。一只鸟可以吸引我，一块云也同样如此。落日时分，我看见河上升起铅云，从山后升起的。我看到铅云翻卷出漂亮四射的金光，我弯曲的剪影被投在金色河上。波光粼粼，晚霞夕照，我逆光而行。逆光中的河流使我想到人与河的关系是一种古老的关系，是生生不息、生者与生者的关系，不是逝者与逝者的关系。

孔子站在川上，想已是暮年。同样，我也不相信希腊人。

2. 蓝色

想拥有一条河的两岸，就得经常渡河。一整天了，老人的牛皮船像是专为等我。他没有什么乘客，笑着把我迎上船。这是冬天的河流，蓝，清，湍急，牛皮舟一到水上就横过来。老人撑舟，顺流而下，很准地在预定位置把我送上岸。我没任何事情，多次到过对岸，对岸总能吸引我。我不过就是走走，面对大山伫立，像没父亲的孩子，或压根就没父亲的概念。望着最初缓升的浅山和谷地，我想，那里一定藏着什么秘密，只是没有一次我能揭示这秘密。

蓝色河水冲击着白卵石，夏季这些卵石是河底的一部分，冬天它们构成岸。阳光似火，卵石光芒万丈，每一颗卵石都像一个太阳。成堆的太阳在河滩上，你就能想象河是多么的蓝。深蓝，冰冷的蓝，完全不为太阳所动。河之冰蓝令每颗卵石更加耀眼，连鸟的飞翔都让你感到晃眼，你真想遁入水中，在那深蓝的玻璃体中，永远不再出世，就像抱着一个蓝色女人。可我只能在太阳中行走，我生为太阳照耀，我是旅人。

我来到沙地上，沿低缓的浅山上升，仰望屏壁般的大山。山顶终年积雪。我于是想，山是凭空而来的吗？我是凭空出现的吗？是山走到了水边，还是水到了山前？山是大地的旅人，永远绵延。山很累，又要出发。事实上，水又何尝不是如此？

3. 牧人走向大海

一次我在拉萨河曲水大桥渡过雅江。曲水有点特殊，拉萨河在此汇入雅鲁藏布江。河口扇面打开，滩涂盛大，气象恢弘，流域内无数马蹄形的沙洲像无数马蹄的梦。这里同时还是青藏高原三大山系交汇处，它们是冈底斯山脉，喜马拉雅山脉（分列于雅鲁藏布江两岸）以及北部赶来的念青唐古拉山余脉。这里江河相遇，群峰苍翠，湖泊逼近天际，因此，据说这里埋藏着解开神秘高原隆起之谜的金钥匙。岗巴拉山危入云端，是群山主峰，它被三大山系簇拥，向上抬升，举杯，那杯中酒是高山之湖——羊卓雍。羊湖一鉴到底，与天相接，酒已经不能举得再高。

我旋山，进入雾海，又透出云层，到了岗巴拉山顶。我与山峰一同立于云层之上，一种遗世独立之感，使我看到西藏更加广阔的天空。羊湖碧蓝，像海，伴有潮汐，据说是当年高原对古海神奇的挽留。高原依然有海，牧人骑在马上，走向大海。黑牦牛白羊群在岸上星罗棋布，像永恒的棋局，而牧人如旷世隐逸的高手，终日行云流水。某一时刻，与牧人的目光相遇，你会突然感到被仿佛浩瀚的水面收去，感到一种提升，飘荡，体轻如燕，几乎可以健步如飞。

4. 空船

我进入冬天的山谷，我在风中行走，我看到了荒草，牛粪墙，浑黄的村落，屋宇上飘扬的经幡。如果不是经幡，那些风马旗，浑黄的村落就无法分辨，正如无法辨认沙漠中的巨蜥。经幡在自然界表明了人的存在，同时也是神的存在。人在这儿是一种多么可怜的存在。我不可能再翻越另一道山，进入另一重谷，那需要很多时间。那里仍可能有村落，但不是我所能理解的村落。而且，老人还在等我。

老人本可以先回对岸，也许他还有别的乘客，但他固执地等。他挣五毛钱，来回一块，戴着旧毡帽，皱纹和笑容给我留下阳光如刀的印象。阳光在山脉刻下了什么，也在他脸上刻下了。五毛钱，空船回来，一个人横舟，是他的一生。这一次他不会空船，我们说好了。老人憨笑，如岩石的笑，使我心里布满裂纹，纹底充满阳光。

5. 冬天

冬天，依然温暖，阳光强烈，但植物还是回到了土地。冬天漫长，天空简明，自然界安静。一场雪降临，两三天融化。河岸上残雪点点。残雪聚集着阳光，燃烧自己，也点燃了阳光。

我在远处或水上看到这些白色的火焰，但当我走近时，它们已变成水汽，一缕缕青烟，被天空吸尽。

6. 布达拉宫：音乐悬崖

幻觉的布达拉宫波动在水上，更像一种幻觉。像管弦乐，或梦幻曲。某种意义，布达拉宫是水上建筑。从环形街望过去，水和音乐是这座白色城市的主题。城市每天从水中升起，就像太阳一样。在一种梦想的高度上，水面是倾斜的，因此无论从哪个角度看去，布达拉宫都最先从水面升起，渐渐露出它的尖顶，然后才是寺院众多红色的钟声。

排窗是布达拉宫最富迷幻的音乐部分，而白墙像雪，非常净，看上去无比辽阔，构成了像高原的背景色。这时整个看去，布达拉宫像一架管风琴被置放于世界屋脊的水中，风穿过红色和白色窗洞时发出高原向世界的奏鸣。布达拉宫是世界建筑的悬崖，就其对天空的想象力而言，她绝无仅有。哥特式建筑无法与其争锋，希腊神庙看上去像一些简单的布局。或许只有金字塔像钟声敲响时，仿佛可以想见布达拉宫的身影。

那时太阳也正在布达拉宫金顶奏鸣。

那时高原上升，万道金光从河上，从布达拉宫金顶直抵我睡眠的石头房子，与此同时微尘与圣音也同时抵达。那时天空透亮如蝉翼，并像蝉翼一样灵敏。而谁在蝉翼上颤动？谁在颤动中醒来？

7. 我的生活

拉萨河流经郊外时展现出平沙、沼泽与田园的景致。学校依山傍水，毗邻白色的寺院。我在学校拥有一份教职，我的石头房子是岸上不多的建筑之一。学校后面的山坡上，我还拥有一小片冬天的树林。

我说拥有，是因为每天我穿过操场时，都要看到墙外那片山坡上的树林。想不看都不行。操场是倾斜的，是山坡向下的延伸。我喜欢那片冬天的树林，喜欢它闪光的落叶，道路，这使我的生活带有明快色彩和冬天的静谧。学校建筑与寺院建筑具有同样神圣的性质，经声与读书声相闻，一点儿也不相扰。

十一月的燃灯节，四月的沙嘎达瓦节，我的学生布满转经路上。我也会去，他们叫我去。他们带着酥油、香草、酸奶，甜食，穿上漂亮的衣服，嘻嘻哈哈，有说有笑。我被她们簇拥着，像外来的传教士，被另一种宗教场景和热情鼓舞。德清卓嘎拿着一条经文向我大声朗读，先用藏文念了一遍，然后翻译过来：人要学习才有希望，才能过上好日子。我真假难辨，她们大笑。她们是善意的。

春天让人生动，发笑。

8. 春天

穿过早晨还在睡眠的山村，进入树林，我有一种强烈的感觉，我的体内也有一片树林。我感到体内叶脉的呼吸，飞鸟的欢叫，大地的催促。春天阳光猛烈，当融雪之水从山体跌落，构成哈达一样的季节性瀑布，我对沉默了一冬的山脉有了一种生动的把握。我记录声音，倾听鸟鸣，描写雪水以及雪水漫过树林的寂静和光亮，表达这个季节的声音、光线和色彩。当我觉得还不可能的时候，树林一夜之间披上绿装。

自然界充满了节奏、悬念和突变，再没有比积蓄了一冬的春天更让人感到自然界和我们身体的速度了。

春天短暂，迷幻，花朵开放。我甚至见过山洞里的花朵，那些花阴湿，奇静，叶片很薄，红色花萼，阳光只有极短时间的照耀，甚至达不到花朵的位置，但它们开放。花期很长，一动不动，手碰一碰，就会有水从根部浸出，像泪水。非常细小的水源拖着流沙从洞口细细地流出，汇入谷中溪水。银沙培育了草坪。一种真正上好的草坪。任何地方都不会有的如此细密的草坪。草坪、溪水成为人们转经之后的乐园，人，自然，宗教，交织并融为一体。

9. 大边巴

大边巴脸上有块疤，据说生下来就有。疤痕的图案十分奇特，很像耳朵错位后印在了颧骨上，并且扯动了她的下眼皮，顾盼时眼白闪烁。此外大边巴脸很长，是个比别人都高瘦的女孩儿，说笑时神气活现，一点儿也不觉得自己有什么不同。有一阵子大边巴好几天没来。她母亲死了。人们神秘、毫无恐惧、窃窃私语，把有关情况告诉了我。

我觉得难以置信。她们说大边巴母亲死后第二天给家里来了通知，说她要在第五天黄昏回家，走什么路线，从谁家门前经过，说得一清二楚。她要人们回避，别冲撞了她，否则她难以生还。规矩人们都懂，当然还要强调一下。那天街上十分安静，大边巴母亲如期而至，借助阴影，一帆风顺回到家中。她从绘有莲花和白象的柜子里取出一只手镯，擦拭干净，交给大边巴；与家人共进了晚餐，还说了会儿话，喝了新打的酥油茶，然后，披上一条哈达，笑着从原路返回。中间没出什么岔子，一切都在安静气氛中进行，不许大声说话，不能碰掉杯子，碗，筷子，邻居被告知收起夜晚饮酒的喧哗。

这不可能，我说。

格吉同我大声争辩，说她亲眼看见大边巴母亲回来的身影，黑衣，包着平时的绿头巾。德清和阿努也说看到了同样的情景。都说看到了，就是我没看到。大边巴又上学来了，看上去没什么变化，手上真的多了一只手镯。她们举着她的手腕让我看，大边巴不住点头，证实她们所说一点儿不假。有一刻，我认为我在大边巴眼里看到了那个黑衣的女人。我见过那女人，去过她家家访，我能想象出她一身黑衣的笑容。

10. 一条河的两岸

我想得到大边巴母亲这件事的解释。但是很难解释，很多事物一解释就奇异地消失了。问题也许在于使用什么样的语言解释，不同的语言有不同的世界，世界存在于语言当中。事情发生了，或者没发生，两种语言无法争论，而我身陷两种语言之中。

什么是真实地发生？真实的边缘或界限在哪儿？比如我相信一张桌子存在，是因为它不仅可视还可触摸，在三度空间内我们证明它存在的手段可以很多，甚至可以多到无限，但我们是否从心灵的角度证实过桌子的存在？这可笑吗？我们从来也不使用这种看似可笑的方法，因为我们生活的空间是有限的。

高原民族的心灵空间是无限的，他们从不相信死亡这件事，生命对他们而言，是一条河的两岸，有舟楫相送，就像河边老人所做的，人们可以过来过去。生死没有明显的界限，中间只是一条河。他们相信并能看见（内视）灵魂的存在，她们说，人要穿衣，灵魂也有衣服，肉体就是灵魂的外衣；灵魂并不总在肉体中，就像晚上人要脱衣睡觉，灵魂也常要离体而去——梦就是灵魂对肉体的暂时游离。假如肉体不堪使用，像穿破的衣服一样，灵魂也会将它丢弃。如果肉体突然不堪使用，比如得了暴病，灵魂就会变成游魂，要四处游荡一段时间。

如果有什么事未了，还会借助原来的肉体返回家中，将事办妥，与家人告别。我常常被告诫，在旷野，山谷，废墟或无人居住的建筑物中，切不可大声喧哗，因为那里通常是游魂的栖息地。

游魂最怕惊吓，一旦被惊吓，就会变成水中的饿鬼，再无法上岸，那才是真正的死亡。这是一种解释，或者一种语言，他们世代生活在这种语言当中。除此之外，他们与我没有什么不同，他们像我们一样生活，开玩笑，饮酒，热爱生命，为前程打算，只是他们认为没有死亡。他们多了一维空间，而我们认为那是不存在的空间，或者一种心理空间。但手镯是怎么回事呢？我不知道。

11. 德拉

那件事过去了，一切如常，没有什么不同，手镯戴在大边巴手上，永远不会丢失。我教育他们，传授知识，也常被他们取笑。没有绝对的谁改变谁，只是一种双向的丰富。世界美好。

　　我在门前开有一小片菜地，自己种菜吃。当我的油菜刚有了点儿模样，一夜之间它少了近一半。德拉偷了我的菜，该死的德拉，她拿去招待她那些不知哪来的胡乱朋友。德拉主动告诉我是她偷的，要我不要瞎怀疑别人，不会有别人，她说。我们没什么交道，甚至依然是陌生的。我来到这所学校并没引起她的注意。她拿出钱。我说钱就算了，你怎么能对那些还未长成的菜苗儿下手呢？德拉说，老了还怎么吃？就是嫩着才吃呀。我说，德拉，你不是藏族，你就是汉族，什么都吃。德拉说，汉族就汉族，你不也是汉族么，别没事老装我们藏族。德拉说不上是汉族还是藏族，她汉族名字叫沈军，藏族名字叫德吉拉姆，简称德拉。她的父亲是藏族，母亲是汉族，这在拉萨十分少见。她是英语教师，毕业于北京外国语学院。她认为我是个有点儿可笑的人，管我叫陶渊明，很不尊重陶渊明。她闯进我的文字完全是出于我对她的气愤，我写到那片菜地不能不提到她。我的菜地被她毁了，还搭上一个古代的诗人。

12. 纪念币

　　我来到渡口，老人看出我有一段时间没来了。他的皱纹没什么变化，笑的时候还是那样深刻。上帝的刻刀已不可能再给他增减什么，他已经完成或接近完成，而我还差得远，太远了，我年轻外露，在德拉看来我还是个可笑的模仿诗人生活的人，想起她来我就切齿。下船时我给了老人一枚银元大小的硬币，那是一枚纪念西藏自治区成立二十周年的纪念币，上面刻有布达拉宫的银色图案。老人握着硬币一直在岸上等我，我返回时他仍攥着硬币。老人张开手要把硬币还给我，我摆手，示意那是他应得的。老人可能真把它当银元了，他觉得承受不起。我无法形容老人当时对我还是对上帝的那种神情，那是用皱纹和不畏阳光的眼睛表达出的并非简单感恩的复杂神情。我认为也应该为老人铸一枚纪念币，或者，在布达拉宫图案背面刻上老人的头像，作为一种古老人类的象征。

　　我要继续我的旅程。至于德拉，我将专文写到我们之间纠缠不清的故事。在那个文本中我会毫不掩饰对她厌恶或喜欢。

2000 年《青年文学》第 3 期

喜马拉雅随笔

天堂主要是由鸟构成的

我看到他的时候，他的红氆氇已大部分为雪覆盖，雪挂在他的眉梢上，从不同角度看他是雕塑，雪，或沉思者。他的背后是倾斜的浩瀚如瀑的白色寺院，雪仿佛从那里源源涌出。他深居简出，每年的雪，是他走出的日子。他已走出寺院多时。寺院年代久远，曾盛极一时，它坍塌的历史像它的存在一样长久。现在,它存在于远胜过它的盛大的废墟之中，并与废墟一同退居为一种色调单纯的背景。不是历史背景，甚至不是时间背景。只是背景，正如山峰随时成为鸟的背景。寺院的语言曾昙花一现，湮没至今，无人破译。他在沉思那些语言吗？不，他与那些语言无关，与那些传说也无关。

他沉思的东西不涉及过去，或者也不指向未来。他因静止甚至使时间的钟摆停下来。他从不拥有时间，因此也获得了无限的时间。他坐在我曾经坐过的飞来石上，那本就是他一年一度的岩石。他面对山下面的雪，谷地，沉降的河流，草，沙洲，对岸应有的群山，山后或更远处的阳光——他在那所有的地方。我远远地注视着他。我的学生在更远一点的地方。他们在山脚戏雪，追逐，堆雪人，戏声到我这里还稍有嘈杂，但我想，到他那里可能已变成天堂的鸟叫。别打扰他吧，让他听到鸟叫，这样的距离正是鸟的距离，据说天国主要是由鸟构成的。

雪已不能触及他

雪远没有止的意思，但我看见他身上的雪开始融化。他的红氆氇从大雪中渐渐脱离出来，雪同他保持着几乎是椭圆形的距离，我认为我看到了大雪纷飞午夜中窗口与灯光的效果，我是说在整个雪中，他真实得近于梦幻。他像一团火焰，雪已经不能触及他。还有什么能触及他呢？

那一刻稍纵即逝

是，有时是挺无聊的，哪儿都一样，重复的日子无论在天堂还是地狱都不受欢迎。为什么人们喜欢雪？日子不再重复，一场雪是一次对世界和生命的更新。有人意识到，有人没有，而无论你意识还是没意识到，事实上你身体内部，特别是那些脆弱或不洁的部分，都在因雪而更新。智者在更新什么呢？我无法获得他那样大的境界，那样的空明，那样不在"场"的飞升，想雪就看到雪，想阳光就看到阳光，或同时看到阳光和雪。一场雪是不能覆盖整个高原的，就像阳光也不能做到这点。我们相遇过两次。我认为是两次，但也许就是一次，这一次。我曾与他并肩（请允许我这么说）站在寺院顶部延伸出的露台上，背后是广阔的废墟，我们将拉萨河谷尽收眼底。我们甚至眺望到了江水与长河在崇山峻岭中相遇的情景，毫无疑问，这是落日时分。我们目光深远，脸被夕阳映红。那时我们曾有过交谈，藏语与汉语的交谈，一种几乎不可能的交谈，但我们交谈着。他告诉我，我认为如此：他非本地人，他是蒙古人，早年从青海来到拉萨，哲蚌寺；他无法确定自己的年龄，因而也说不出入寺已多少年，时间对他从未存在过，时间有意义吗？他不需要时间。如果时间都没有意义，的确是一种伟大的境界，我从未想到这层。我们不可能谈论更多东西，但我认为我们还是谈到了夕阳与河流，因为它正照耀着我们，充满了我们，让我们闪闪发亮，几致在某一刻我们看上去身体内燃，开始发光，浑身透明，我看到的他是这样，他看到的我也是这样，我们彼此映照。然后，我们倏忽暗下来。那一刻真是稍纵即逝。

自由的阅读

1984 年 8 月，一个阳光透射的日子，我站在这所学校的大门口。我的目的地到了，这是一次比梦还遥远的行程，我很累，一脸时间和阳光的风尘。学校几是按寺院的传统，接纳了我，为我提供了讲台、简单的教具和一间石头房子。我站在讲台上或是在孩子们中间，我是被围绕的人，就像大树下的释迦，语调舒缓，富于启迪，我讲述语言、人类和诗歌。我渴望的生活开始了，并且理解了一种长途跋涉后的喜悦。我喜欢我的石头房子，喜欢它花岗岩拼贴的外表，喜欢阳光下它富含云母和石英的光亮。那时我很年轻，心胸开阔，喜欢阳光，蓝色河流，喜欢超现实时间和一切神秘事物，喜欢凝视天空、山脉，星云和暗物质，喜欢对内心长时间的关注。我阅读。除了讲述之外我大部分时间都是用来阅读的。我读鱼王，读灰色马，灰色的骑手，读有交叉小径的花园，读王维和米拉日巴，读四个四重奏、萨迦格言和雪莱，这时我的阅读是一种真正的阅读，一种没有时间概念、如入无人之境、与现实无关、自由的、梦幻般的阅读。阅读中的幻觉和幻觉中的阅读，使我仿佛生活在空中。事实上，多少年来我就没有一天接触过地面，我永远是那种离地三尺生活的人。

时间之箭

而且，我喜欢冬天。喜欢冬天的漫长，沉静，雪，潜在的生长。喜欢阳光直落树林的底部，这时树林灰白，明净，路径清晰，铅华已尽，像哲人晚年的随笔，只透露出大地的山路和天空的远景。整个冬天，我的石头房子常常门户洞开，饱含阳光，这时我崇尚古典，听海顿、巴哈或天方夜谭，读博尔赫斯或加缪，与书中的时间交谈，写一些笔记，片断，不断地追问，使自己简洁，略去一切的多余。我相信，我所做的一切与雪中的智者本质上没有什么不同。我们不过是以不同的方式接近和抵达，我们同样感到了事物的核心，钟的秘密心脏。我们的分歧在于，他是时间的箭头，而我却常常需要返回。

旅行

这时候，唯有旅行。我渡河，一个人上路，越过夏季的雅鲁藏布江，翻越岗巴拉雪山，我看见了美丽的羊卓雍湖，看见湖盆草原上广阔的黑牦牛和白羊群，它们星罗棋布，没人牧放它们，只有黑白子的棋局，没有对局者。或者，这是一场天局？对局者在天上。谁是裁判？不，这里没有末日，因此从来也不存在末日的审判。我的旅行漫长，不计时间，没有目的，没人牧放我。

我见到了著名的卡日拉冰川，看见印度板块与欧亚板块相撞错起的恢弘壮观的断面，一睹年楚河在太阳下明晃的烟波，看见英山的雄姿，白居寺十万佛塔的盛大。我到了帕里。我在喜马拉雅山脊上旅行，被数座八千米的雪峰照耀。帕里被称作高原上的高原，喜马拉雅南北分水岭。我看到卓姆河从头顶上飞流直下，以一天四季的速度，跃下葱岭，冲向低地，冲向异国绿色的平原和蓝色的海岸，而风从海上来，我看到孟加拉湾暖流沿卓姆河溯流而上，一路夹风带雨，跃上葱岭，到了帕里，但再也无法翻越帕里。帕里是西藏的极限，喜马拉雅的悬崖。我在悬崖上，我的脚下，云烟如梦，雪水分流，水从我白皙的脚面和俯下身的双手向两个方向流去。分水岭在上帝和我的手上。我感到江山在手，苍天在握，我甚至可以飞翔，如果我愿意的话。

飞流直下

我真的飞起来。沿河旋山而下，一天四季，呼呼而过。雪山草甸，灌丛花朵，针叶树，阔叶林，四季垂直分布，我感到海风拂拂。帕里之下空气潮湿，水源丰沛，满目青翠，风景如画。这里真称得上天堂，甚至天堂的后花园。我看见了农妇与河边成熟的稻田，看见了雪山森林下面的村舍，亚东小城在卓姆河稍稍迟疑的地方静静地展开。这是一个被梦幻包裹着的小城，她在亚热带森林中，如果不是奔腾的河水，古木桥，河上的远景，小城几乎要密不透风了。

小城古色古香，除了政权有限的几处砖石建筑，小城仍旧沉浸在色彩斑斓的木质建筑的记忆中。作为城市的要素，商店，酒楼，茶坊，卖手工艺和古董的摊点，街景，民居，车站，旅店，招待所，这里都存在，但又是那么的不同。因为这里的一切都是木结构的，饱含着时间和宁静，我觉得我好像走在宋朝的街上，走在另一种文化的清明上河图里。她色彩浓郁热烈，讲究窗饰，门的雕花和图案，但主要是对色彩，特别是对红色调子的酷爱。家家都摆放着鲜花，人们守着大自然丰富的色彩和花朵，已经在大自然的怀抱，但还不够，还要把鲜艳欲滴的植物和花朵搬到房前、走廊、楼宇的阳台和窗上，因此小城是花的世界。

小城下着雨，细雨霏霏，所有的建筑都湿透了。树，楼宇，店铺，街景全湿透了。我走进一家邮电所，向柜台里的姑娘要了两张明信片，稍稍迟疑了一下，写下了阿来的名字，落款是亚东下司马镇。在另一张上我写下了自己的名字。我认为明信片是现代信鸽，我预先把自己寄回了高原。也许我还应该寄给另外一些人，一些更远的人们，但他们是谁呢？我站在桥上，望着流水和远方，那已是另一国度。水流湍急，翻着岩石和白浪，据说这里有一种极为珍贵的鱼，叫鲥鱼。往事如斯如水，故乡如雨如烟。他们是谁？谁？

鸟群

小城还没醒来的时候，我渡过卓姆河。早雾还未散尽，我沿着卓姆河的一条溪流，进入山谷茂密的森林。差不多整整一天，我徜徉在岚雾缭绕的林中。我翻过了一道又一道浅山，每隔不远就要在生满苔藓树上留下必要的标记。也许我已经越过国界，也许没有，谁知道呢，管它呢。森林之溪比比皆是，四个方向的瀑布垂落，鱼还没诞生，各种鸟的鸣啭像不同乐器发出的声音，很容易听出那些大鸟的声音，而小鸟细碎众多的叫声往往与潺潺的水声构成背景上的音乐。有时，背景上的音乐也会突然喧哗起来，是因我的到来？我听不出是抗议，还是迎宾，总之像是发生了什么事情。但不管发生了什么事情，这里的一切都是相对于人类的良知、命运与美好，让我们珍惜吧，我们已经所剩不多了。我采集了植物标本，拍了很多照片。我的想法是，开学的第一天，孩子们会意外地发现，教室成了展室或陈列室，而他们就像亚热带鸟群，开始大声喧哗。

2001 年《散文天地》第 2 期

杀生戒

多年前的一个午后，我登临拉萨大昭寺顶，见到若干黑袍裹身水袖飘逸的藏族妇女，她们手持器具，且歌且舞，边劳动边唱歌，让我禁不住驻足称奇。问友人巴桑次仁她们唱的是什么，巴桑译道："佛大无边，无所不在，可保佑天上的飞鸟地上的走兽，善良的百姓都过上幸福平安的生活。"巴桑虽受过较高教育，但宗教感与生俱来，十分深邃。我问巴桑：鸟兽怎可与人相提并论，还幸福、平安？！我当时觉得那是一件匪夷所思的事。

如果当时我能沿着这个思路，平心静气地反思或钻研下去，或许早有觉悟；但自然的倾向主宰了我，使我在这一重大疑问面前转过身去，朝着悠远的史前走去。我接触能了一点人类学和原始宗教。许多研究结果表明，人类在原始初民时期普遍存在着动物崇拜现象，位于法国南部的鲁瓦·弗雷尔山旧石器时代遗址的溶洞中，发现有半人半兽的"兽王"像便是明证。同样的例子在小亚细亚、西班牙和奥地利也可以找到。动物崇拜的产生除了由于原始人对动物有着强烈的依赖感（动物是当时人类生存的必要条件，事实上现在也是），还由于原始时代的初民还没有把自己完全与动物区别开来，在初民看来动物跟人并无大区别，它们同样有思想、感情、灵魂等等。原始宗教的这种"尊重生命"的自然观，对后世人为宗教影响弥深,而尤以佛教最甚。佛教的基本信念是"众生平等",此众生不仅指人,也指一切动物。佛教戒律最基本的是"五戒",而"五戒"之首即是"杀生戒"。同样耐人寻味的是,耶和华让人类面临灭顶之灾,但在放生挪亚一家的同时,居然没忘了把动物也放在那一叶漂遥的"方舟"之上。

前不久,我不期而入环保领域,耳濡目染,方知当今这世界环境已恶化到十分了得:土地沙化,气候变暖,森林锐减,物种灭绝,呜呼地球生态,百孔千疮!新近偶然又从余谋昌先生那里略知了生态伦理学一二,因此也才有了上述幡然的追忆。

大约本世纪三四十年代,由一个美国人和一个法国人率先提出了"生态伦理学"。美国人认为,伦理学的正当行为的概念必须扩大到包括对自然界的关心,道德上的权利概念应扩大到自然界的实体和过程,确认它们在一种自然状态中持续存在的权利。简而言之,生态伦理学的基本原则是:应当尊重生命和自然界;不应当伤害生命和自然界。妙处大约就在于此。科学的宏论与宗教自然观如果不是异曲同工,至少也是殊途同归。

生态伦理学与宗教有何渊源?我还无从考证,但文化是割不断的则是定论,哪怕是宗教文化也总有给人启迪的地方——至少在它的源头是这样。最后需要说明的是,宗教自然观是以"神祇"为出发点的,而生态之学则是以对现实作深刻反思为出发点的,不能因为殊途同归,就否认二者有着本质的区别。

1990 年 8 月《中国环境报》

拉萨之夜

　　我对西藏度亡风俗了解不多，也很难看到具体细节，一般也不让看。我一直不能具体理解你去看天葬，人家为何感到愤怒，拿石块砍你、夺下你的相机。后来看了一些东西，明白死亡在藏人心中是有路径的，不相干的陌生人会打扰亡者的灵途，这不仅是尊重风俗问题，也是关涉到死者的问题。我没看过天葬过程，我的一个学生爷爷去世，告诉我半夜他要背爷爷去天葬台，并告诉了我大约几点，在哪个天葬台等着，不要走动。我见过他的爷爷，我可以去看。但我没去。我有一种直觉，不能去，为了一种好奇我做不到。

　　拉萨八角街我白天去过无数次，但还从没夜间走过，我想临离开西藏前一定夜间去一次，看看夜间神奇的八角街是什么样，一个叫巴桑次仁的朋友在我临走之前满足了我的愿望，他对我的想法很感奇怪，因为他从未想到要看看夜间的八角街。我住在西郊，那天我们大约三点多钟骑车穿过静如天空街道以及幻影般的布达拉宫，来到了以大昭寺为中心的环形的八角街，无论是我还是巴桑都感到某种莫名的恐惧。八角街既是传统藏族做生意的地方，同时又是朝佛圣地，到八角街一定顺时针走，今天我与巴桑可能算是最早的朝佛者。

　　夜风习习，时紧时急，白天摊位丢下的纸张飞舞着，一些白纸像灵纸一样掀动，两侧藏式楼房的白灰墙泛着白光，黑窗框则像一张张暗影，狗在一些角落缩着，一叫不叫。这种时刻你说是阴间不像，说是人间也不是，这似乎是一种临界，一种中阴，好多年后看了一本书我才明白为什么藏族选择这个时刻送亡灵走完最后一段路。是的，我们碰上了超度的队伍。转了一圈，我们回到大昭寺前，远远就看见寺前人影幢幢。那是1986年7月22日，星期二，我在当天日记中写道："明月当空，八角街沉浸在一种神秘的宁静中，转至大昭寺前，人影绰绰，忽见一列送葬队伍停在寺前，死者由担架抬着，正对寺门，默祷，煞是可怕，人皆举香，香火星星点点。"我记得那一刻我和巴桑大气也不敢出，我没想到会有这一幕，不知是凶是吉，总之心紧成了一团。

回来路上，巴桑告诉我，这是藏族的风俗，死者天葬前都要到大昭寺转一圈，这是人生的最后的告别仪式，然后去天葬台。他一说，我想起来，我们原来一直跟在这支送葬队伍后面，我们也是送行者，我不知道这是否是天意，明月如此皎洁，而我们为什么感到无可名状的惧悚？这肯定是有原因的。我没有查7月22日是个什么日子，我为什么选择了这一天？

关于死亡还有一些神奇的地方，像传说一样，我在《一条河的两岸》写到过一次真实的传说，一个死者已经死了，肉身停在家里，但死者竟传出话。要在哪天回家取一件东西，说出了行走路线，千万不要打扰她。那是我一个学生暴病而亡的母亲。结果那天她如期而至，取走了东西。我的学生都声称看到了，并且说出种种细节。我后来想，她们说的死者回来并非停在家里那个肉身，而是只有她们才视见亡灵。

我一直在试图理解一些现象，阅读了一些书，读了部分《我这样修行》（洛桑·伦巴著，逸夫译），使我获益匪浅，《寺院》的一些描述便来自这本书，可惜只在杂志上看到部分，至今未找到这本书。我手头还有一本《西藏度亡经》（也叫《中阴得度法》，莲华生著，徐进夫译），此书像《埃及度亡经》一样驰名世界，心理学巨擘荣格认为此书是他一生的学术源头，他说："若干年来，乃至从1927年初版以来，《中阴得度法》就成了我的随身伴侣，不仅是我的许多富于启示性的观念和发现要归功于它，还有许多根本的认识或见地也要归功于它。"弗洛伊德发现了人类的潜意识，荣格认为，弗洛伊德所做的研究相当于密宗的"投生中阴"或转生状态的精神境域，但出于对形而上学一贯合理的恐惧，却使弗氏没有因此进入"密宗"境地。而荣格则跨过了弗洛伊德，大踏步进入并拓展了潜意识极其丰富的内容，荣格认为，潜意识里贮藏着人类以往的全部记录。而我认为荣格之所以把《中阴得度法》奉为自己的神明，其原因或许在于《中阴得度法》是一部关于浩瀚的死亡意识的书，而死亡意识恰如人类的潜意识，或者说死亡意识是潜意识的不可或缺的重要内容，因为《中阴得度法》荣格跨过了弗洛伊德。

2001 年

那沙，还是原来的沙么

——观纪录片《无镜》随想

　　许多天前，在京郊友人的"长城山庄"，第一次看《无镜》有一种拒绝的感觉。当时该片导演马莉就坐在我身旁，看片场地不是屋里而是露台上，有三十多人一同在露台上观看。山庄坐落在层峦叠嶂的山峰上，形似烽火台，周边高高低低错落分布着古老的垛口，而一孔孔尖拱形的窗子又像哥特教堂，不西不中，整个看去既神奇又怪异。此外山庄在货真价实的深山里，深得不能再深，有一种到尽头的感觉，仿佛再过前面那道山就有一种"穿越"的感觉，可到另一种时空。是的，整个隐秘的山庄倒也适合看来自高原的《无镜》。然而，我还是愈来愈有一种拒绝的感觉，我不是拒绝片子，而是拒绝人，任何人，包括该片的导演。

　　这样的片子当我看上第一眼就觉得应该独享，没任何人打扰，完全是一对一的观看。片子有我过往的生命烙印在其中，烙印在一个细部，每一张面孔，每一个眼神，每一种述说之中，尽管拍摄之人之前与我毫不相干。的确，我看了一会就离开了，几天之后，我终于有机会一个人面对《无镜》。我是对的。一个人在一个大的无人的场域里，完全投入进去，我和片子不分彼此，思考片子就是思考我自己，思考我自己就是思考片子，许多年前的西藏回到我身上。

　　一切既熟悉，又陌生：眼前的一切是我心中的西藏，又不是。是又不是，恰是艺术之道，不过把握起来绝非易事。是的，不错，如同片子显示的许多可能，有许多角度看待这部片子：知识，观念，是一个角度。片子提供了非常准确、真实、在场的藏传佛教内部的景象与观念。这是观赏这部纪录片的最重的基础，如果不能洞悉藏传佛教核心的表达，其他都不能有根基的欣赏，不能有所附丽。比如因和果，生与死，苦和乐，这是生命核心的东西，也是佛教核心关注的东西，这些抽象的观念性的东西在这部片子里成为具象的存在，生活的存在，语言与生活完全同一，不再神秘。真实代替了神秘，但更深刻的神秘也由此产生。换句话说，通常关于西藏或藏传佛教的表面的神秘感消失了，但来自真实中的神秘愈让人深思。

真实的神秘是：他们，那些信仰者，在一种简单逻辑中完成简单的人生，而人生的漫长、时间，以及全部的细微，让双重的简单变得层层叠叠而成为一种复杂，就如岩石缓慢的形成。为何出家修行？因为消除烦恼，因为不畏惧死亡，因为畏惧尘世生活，因为简单才快乐。就这么简单。而为了这简单，人得变得多简单？

然而烦恼是生命的本质，取消烦恼，经年累月，甚至终其一生与生命的本质作战，是多么的不可思议。片子显示，在简单（闭关）中仍有复杂的细微的无所不在的烦恼，十七年也不能消除，他们焦虑真实内心的声音，他们的对着镜头即凡世的述说异常震动我。某种幻觉消失了。某些幻觉实际上是人的最后一道防线，它可以非常虚幻，但不能没有，就像我们的生活不能没有晚霞。

为了消除不可能消除的烦恼，事实围绕佛教的东西是多么的繁复、绚丽、辉煌，内在的悖论极其隐蔽，但也显而易见。把一切都观念化，莲花，壁画，空间，无比绚丽的坛城，是的，这些都指向作为观念的信仰，但同时也作用感觉，而感觉并不被观念引领，感觉归属生命，自我。换句话说，围绕佛教的那么丰富的形式感、仪式感既消除着自我，又增加着自我。

十七年闭关的修行者证明，自我与烦恼根本不可以消除，于是引入前世概念，即前世积业太多，所以才不能消除。不能消除为什么还要苦修？对，修来世。这里又引入了"来世"的概念，时间的边界因此打通，本来在现世中堵塞的无法自证的东西向虚无的广阔的辉煌的时间敞开，并得以轮回。这些核心的观念在片子中得以清晰的表达。但更深的疑问或疑惑也隐藏在其中，比如前世，来世，现世，三者真的是可以并置放在一起表达的吗？当然，片子并没对此给予显而易见的质疑，但导演个人的忧心、困惑与求解显然以个人化的方式存在着。因此这部片子就理念而言与其说增加了希望，不如说更深刻地绝望。

但这种绝望不是批判的，质疑的，而是向着高处的宗教人类最后的净地吁求的，在平静客观纪录的背后，抒情的东西始终存在。虽然心灵的最深处依然悬空，无着，苦痛，但对可疑问的观念之外的一切导演是毫无保留的认同，且心向往之。这就引出了看待这部纪录片的另一个角度：美，或审美。

美在这部片子无所不在，且是整体的存在。

美，毫无保留地被刻画，表现，追踪。天空，流过寺院的云，寺内空间，光线，无处不在的绛红色，氆氇，面孔，明暗，物品，经册，净水，木碗，目光，语言，所有的细部，中景与近景交替的空间，特写，快速的叙述流与不动的画面构成泉水与岩石般的关系，宏大法会场面，空镜，画外藏女伴着琴的歌声，坛城，辨经，手势，激情，一动一静，如舞蹈一般。

特别是片子有意无间之间慢慢纳入到坛城七日的构建中，因此也获得坛城一样的叙述结构：坛城建成之日，也是颠覆或解构之时。但建构时的执著、悉心、内在的审美，无疑属于自我范畴，每一时，每一刻快感都已无意识地烙印在心上，美之建构亦是心灵的片刻的自我的建构，这与去除自我的基本理念显然是冲突的，也就是说，观念与情感是冲突的；美这时高于观念，会潜在地留在心上，并构成自我，产生因美而生的烦恼。因此，我不认为那么美妙的美轮美奂的坛城被顷刻毁掉之后，心灵沉淀下来的美（色彩、线条、构图、微妙、情绪）也会同毁掉，这就像死的终点并不能抹掉生的过程的意义。生不能否定死，死亦不能否定生。而毁的突然性只能增加美的烈度，心可以很空，但无意识的情绪不会如止水，所以树欲静而风不止。如果美无法消除，自我便不可消除。

因此，我认为《无镜》这部片的审美意义大于宗教观念意义，或者说观念产生的美事实上超越了或背离了观念，获得了独立的意义，同样也使我们获得了欣赏这部片子的另外的目光。总体来说，这部片子的成功就在于其内在的方向不同的张力，在于其异常诡异的相辅相成，因此，其神秘性一方面减弱了，一方面又加强了，指向了更大的未知。

2011 年《艺术指南》

重现的时间

　　很多人写西藏，我希望与人不同。我甚至希望我写的不是什么西藏，就是一个地方，我在那儿生活过，爱那个地方，我与那个地方同在。我并没刻意去那里，事实上也从没有离开过。只要一闭上眼我就站在那儿，在河边，一座小山上，或一棵树下。我的文字从没有一个人在那儿讲述，因此从没有过去时，都是现在时。我没有开始，也没有结束，正像一条河。所以有人说我写的东西没头没尾，我说，一条河有头尾吗？对于更多与一条河相遇的人们，河是无尾无源的，你来到岸边，顺流而下，或逆光而行，相遇那一刻就是头，离开就是尾。我希望文章也是这样。无论在武汉、南京、重庆、南昌，无论在哪儿遇到长江，对我是一样的，长江没有什么不同，长江对所有时刻所有地点和它相遇的人是一样的。我希望读者遇到我的文章也像遇到一条河一样。

　　我从不谋篇布局。想写了就坐下来，不看别处，只凝视自己的心，看它显现什么。然后，我记录，差不多是看到什么写什么。这有点像西藏一个神秘而古老的宗教仪式：观湖录影。遇有重大事故，求神问卜还在其次，到一些重要的神山圣水看看不同时间水中神秘的显影，决定行止，才更为重要。据说布达拉宫最早就是诞生于水中，人们观测水影，取了布达拉宫样子才建成了神奇的布达拉。这是一种近似直觉的行为。我喜欢直觉。我闭上眼，看到。我觉得下雪了，我看到了雪。我看到他的红毡氆已大部分为雪覆盖，雪挂在他的眉梢上，从不同角度看他是雕塑，雪，或沉思者。就这样顺流而下……

就这样有了《喜马拉雅随笔》。由于字数所限，删了几小节，后来又从这几小节诞生（显影）了《一条河的两岸》。与叙事高手、饶舌、煞有介事或喋喋不休的人不同，我是靠视觉写作的人。我不喜欢讲述。比如我讲你听。如果硬要我讲，通常也是自言自语，自己跟自己讲。因此我的文字就呈现出视觉的，同时又是叙事的即自言自语的特征，这样很静，我追求这种效果，因为这样最贴切我，就像我的皮肤让我的心感到贴切一样。然而这种写作是有缺陷的，过于自我，具有很强的拒绝色彩，拒绝别人，也拒绝自己，生长期长，低产。1986年我从西藏回来，二十七岁，写出了《天湖》和《藏歌》，此后十年，甚至到今天，我所有关于西藏的写作均没超过这两篇作品，而它们之后，加起来也不超过十几篇东西，即使这十几篇东西有的也让我脸红。

我觉得作品最高的境界不是讲述，而是重现。是《墙上的斑点》，是《追忆流水年华》，是一个人在井中观天，看到重现的时间。

答火柴

　　火柴：我也喜欢桑尼这个人，许多年前，我从藏北回拉萨途中，在长途车上，桑尼坐在我旁边（当然，我在小说中这样称她）。这是个陌生的少女，一个藏北少女，显然是去拉萨，不是第一次去，我们同路。她已不同于草原上的少女，但也不是通常在拉萨见到的少女，一个具有城市的光亮，同时依然是藏北风中的少女，没有着藏装，但是黑衣服，头发也很黑，记忆中有红辫绳，一个过渡中的少女。主要是她的面庞，像涂了一层釉，类似混血的黑，光亮，眼睛如同溪水中的石头一动不动而溪水长流，能听见空谷的鸟鸣或者笛声。非常美，美得惊人，不是偶然的，而是漫长的，自然变迁的，同时又以偶然方式出现的，比如钻石。

西藏的神性与写作

经常有人问我：你为什么去西藏？你是怎么去的西藏？

我通常的回答是与我大学毕业以后的境遇有关。当然，这里还隐含着一个更深的问题，也就是我的文学志趣的问题。我大学上的是一所师范院校，毕业前我是我们学校一个小有名气的校园诗人，自我感觉不错，甚至有些飘飘然。但1983年毕业后，分配在了北京郊区一所中学，由体制外一下进入一个一潭死水的体制内，让我的感觉一落千丈。我在那所中学当了一年多语文老师，那段教师生活让我感到沮丧，生活看不到希望，写作陷于停顿。我记得我当时经常面对办公室中国地图发呆，我想我这辈子就钉在这样一所中学了？我想有一次远行，一次远走高飞，我考虑了很多地方，但从没把西藏放在考虑之中。我最远考虑到了新疆，正当我费尽周折，与新疆一所中学取得了联系，我记得那年是1984年，一个意外的消息传来，北京要组建援藏教师队，支援西藏教育，期限两年，待遇优厚，双工资，另有边疆补贴，我毫不犹豫地报了名。这比我自己联系的新疆强多了，因为那将意味着辞去北京的工作，不顾一切后果，西藏对我来说简直太便宜了。

而且最主要的是，我觉得我的生活有救了，我的文学创作有救了，那时我一心想在文学上建功立业，我25岁，正是一个人充满野心与幻想的年龄，我觉得这下我可以展翅高飞了，到了西藏肯定能写出不同凡响的作品，甚至是一鸣惊人的作品。我的想法应该说不错，是一个年轻人正常的想法，并且从现在来看，我也确实得到了这个结果，但当初我绝没想到的是，这一结果竟延迟了差不多二十年之久。二十年是个什么概念，大概同你们的年龄差不多了吧？

确实，有人到了西藏不久便写出了有影响的作品，比如诗人马丽华，小说家马原，还有一些画家，他们都是八十年代成的名。马丽华写出了《我的太阳》，名动一时，马原写出了《拉萨河女神》、《冈底斯的诱惑》等名篇。我认同他们出色的才华，但我仍然感到不满足，因为我在写作上遇到的困难，在他们那里同样仍是困难，在表现西藏上他们并没走出一条我认为的成功之路，尽管他们取得了成功。马丽华后来不写诗转为写纪实作品，马原小说的贡献并不在于表现了西藏，而是借助西藏的背景完成了某种小说观念的革新，也就是说马原小说的主旨不在西藏，这是马原出色的地方，也可以说是狡猾的地方。我这人比较实在，或者也比较笨，我是在别人绕过去的地方非要走出一条不可能的路来。绕过去肯定有绕过去的道理，我也知道，但我就是不能走别的路，我停顿了，这么多年我几乎是被西藏关住了或者囚禁起来。我写得非常少，少得让许多人吃惊，在老舍文学奖颁奖会上，我曾在获奖致词时说了我的写作情况，我说，虽然我的写作历史有二十年了，但至今发表的作品不算《蒙面之城》不超过十万字，引起了一片唏嘘之声。通常二十年的写作少说也有一百万字了。

有人说我捡了一个大便宜，一本书就取得了这样的成功，人家写了几百万字，出了诸多本书，也没你便宜，你可真是走运。我不知道怎么回答他们，我觉得我有苦难言。会后一些记者采访我，问为什么写得那样少，我说是由于西藏，西藏把我困了许多年。她们问我那是为什么？我说我去西藏是为了写作，但西藏反而制约了我的写作。这看起来有点矛盾，实际上一点也不矛盾。首先，这是由我的性格决定的，我不是一个绕过困难的人，我对困难有一种执迷不悟画地为牢的精神，我是那种非要走通困难的人。北京人管这种人叫"轴"，说这人特轴，就是固执，固执到愚笨的程度。其次，是由于我的对象决定的，也就是西藏，西藏本身难度太大了，不是一般的难度，想要整体的表达出西藏的感觉，实在是一件难而又难的事，甚至是不可能的事。这是为什么呢？

下面我从三个方面讲一下西藏与写作的关系。

上：自然的神性

刚才我们谈到西藏的难度，西藏究竟难在哪儿呢？我觉得首要的一点是西藏的自然环境与人文环境对人构成的震撼，那种震撼因为是诉诸感觉的，非叙事的，你感受到了，却说不出来，你一时激动写下的文字只能表达你心灵受到的震撼，却无法呈现你的对象，你好像一切都写出了，但就在你落笔的时候，就在密密麻麻的字里行间，一切又都神奇地消失了。文字刚刚还像蚂蚁一样在你心中爬动，但落在纸端上却像是尸横遍野，全成了死的，干的，这让任何一个试图表达西藏的人都感到无力与沮丧。我心中有那么丰富强烈的感受，为什么死活就说不出来？我当时恨自己，恨自己的无能，我不知道我为什么表达不出，直到离开西藏的很多年后，《阿姐鼓》问世，我才恍有所悟。我明白了一个道理，人们面对西藏实际上就像面对音乐一样。打个比方，当你听完贝多芬的《命运》或《田园》，你能说什么吗？你说出的能同音乐相比吗？这是音乐的特点所决定的。大家知道音乐的特点是抽象的，模糊的，氛围的，它诉诸人们隐秘的内心与情感世界，它无法用语言表达，而西藏恰好具有音乐的全部特征。西藏的神性一如音乐的神性，是不适合言说的。

我还是举个例子吧。

1985 年 7 月，我在西藏进行了一次漫游。那是一次特别有意义的旅行，因为是随西藏一个地质夏令营，参加西藏地质变迁的考察活动，所以特别地长知识。我们要从北到南，翻越许多大山，渡过许多大河，直到喜马拉雅山南坡的边境小城亚东。据说那里满目青翠，已是海洋性气候。

我们从坐落在冈底斯山余脉的拉萨出发，在拉萨河与雅鲁藏布江汇合处，也就是曲水大桥，渡过雅鲁藏布江，进入了喜马拉雅山脉。这次旅行我才知道，拉萨是西藏三大山系的交汇处，分别是喜马拉雅山、冈底斯山与念青唐古拉山，三大山系两大江河荟萃于拉萨河谷，那是何等的恢弘壮阔？我对拉萨作为世界之王的城市已经毫不怀疑。我们就像小甲虫一样，每个人手中都有一把小锤子，小铲子，我们分别敲击了喜马拉雅山与冈底斯山，考察了两大山系的岩石碎片有什么不同，哪些是火成岩，哪些是沉积岩，那些是片麻岩。渡过雅鲁藏布江之后，我们开始翻越进入藏南的喜马拉雅山的第一高峰岗巴拉山。

岗巴拉山是通往藏南的必经之路，距雅江水面相对高度 1 900 米，海拔高度近 6 000 米，山上终日云雾缭绕，汽车经常在飘忽的大雾中穿行，云雾露出天时，我们看到周围小的山峰，看到西藏更加广阔的天空，看到山河荟萃的壮美景观。刚一翻过岗巴拉山，羊卓雍湖几乎就在山顶上迎接了我们，最初我还以为是一片蓝天呢。它几乎不能称之为湖，它蓝得简直像一个风平浪静的海湾。我们在这里住了一晚，第二天到江孜，在江孜我们考察了地球板块学说的理论，实地观察了印度板块与欧亚板块相撞错起的标志性地貌。那是一排绵延的褐色断面，一高一低，看上去的确像两个大陆相撞撬起的情景。

一路上，随队地质工程师徐正余先生给我们讲了千万年前西藏高原隆起的历史，正像大家都知道的，西藏高原原是一片古海，后来沧海桑田变成了世界屋脊。但过去这片古海与当时的世界是一种什么关系，我一直不甚清楚。徐正余先生以科学家的严谨与生动告诉我们：大约在七千万年前，那片古海叫古特提斯海，是一个希腊女神的名字，也就是古地中海，当时它是个近东向西的狭长海域，她蓝色的波涛差不多波及了整个阿尔卑斯山与现在的喜马拉雅山地区，与现在的地中海是一个海域。后来由于地球板块的漂移，现在的印度板块从南面，也就是差不多相当于现在澳洲的位置上，逐渐向北漂移过来，最终与欧亚大陆相撞，地壳隆起，海水渐渐退去，喜马拉雅山与冈底斯山几乎同时并行浮出海面。

那么当初那片古海退到哪里去了呢？退到了现在的北非与南欧之间，也就是后来产生了希腊文明的地中海。

徐正余先生说，雅鲁藏布江逶迤千里，它的两岸分别是喜马拉雅山脉与冈底斯山脉，同时它们也分属两大不同板块，喜马拉雅山属印度板块，冈底斯山属欧亚板块，而雅鲁藏布江恰好就是两大板块的缝合线。徐正余先生讲到这里，我当时激动得不得了，我觉得整个青藏高原都立体起来。我被最大程度地震撼了，科学在解释自然的同时构成了诗意与想象力，你们想想，两大板块相撞隆起，海水慢慢退去，那是一幅怎样生动的空间图景？我记得我曾私下问徐先生，那片海真的退干净了吗？我指的是西藏高原有那么多海一样蓝色的湖泊，比如羊卓雍湖，它像海一样辽阔，并且有着海的潮汐，海水的咸味，我听说有人还打捞到过古海螺，那么那会不会是当年古地中海的残留呢？

我的话把徐先生问住了，他沉吟了半天，说好像不是这样，西藏的湖泊有它自己的成因。他问我听谁说打捞到过古海螺，我一时语塞，想不起听谁说过。不过，徐先生说，你这样想或许也有一定道理，你可以这样想象。时至今日我也不知道我的想法是对是错。西藏就是这样神奇，连科学考察也充满了诗意和想象力，某种意义西藏是世界想象力的一大源泉。我举这个例子想说明什么呢？我想说的是那次旅行给我带来了无与伦比的震撼，但我却又无力表达。我能表达两块大陆相撞的情景吗？我能表达喜马拉雅与冈底斯山两大山系并行浮出海面，之后江河奔流的情景吗？我怎样表达海水徐徐退去的声音，高原隆隆崛起的响声？以及大海的波涛声？这是一种神性，一种造物的神性，我觉得只有音乐可与之相比。而且我还觉得只有全世界最伟大的音乐家，比如海顿、巴哈、贝多芬、肖邦、德彪西他们相加，构成一个世界最庞大的乐队才能表达青藏高原隆起的情景。诗歌有时也能作一点工作，比如我国古代最鬼才的诗人李贺李长吉的诗，他有一首叫《梦天》的诗，其中有两句叫做："遥望齐州九点烟，一泓海水杯中泻"，作者梦中到了宇宙，在宇宙中看到了中国，看到了大海，他说"一泓海水杯中泻"，那是怎样神奇的想象，我想那杯子，在我看来大概就是现在的小得多的地中海吧。

许多年来我没办法写作，没办法叙事，我心中除了波涛还是波涛，除了山峰还是山峰。西藏导致了我内心巨大的难度与至高无上的高度，我只有感受的份，激荡的份，却完全没有表达的可能。许多时候我觉得能写点什么了，我将要落笔了，却又无从下笔，我根本达不到我内心的尺度。我的文字无法变成西藏本身，无法变成西藏的对应物。我写得少、如此困难，西藏的辽阔、神性与高度是根本的原因。我需要时间，需要梦绕魂牵，需要千百次地锤炼内心的记忆与感受，直到我具有了西藏那样的灵魂，具有了一个可以对应西藏的人物，比如马格那样的人。那时我不再外在于西藏说话，而是与西藏共呼吸，我才可能真正拿起笔，而这时候差不多已是十五年之后。我觉得某种东西在我心中成熟了，直到1998 年我才开始动笔写作《蒙面之城》。这里我不能说我取得了多大的成功，但我确实在表达西藏上有了一些进展，我在别人绕过去的地方走出一条若隐若现的荆棘之路。你们之中可能有人看过了，这里我读一个片断，你们看看我是否取得了一点进展。（略）

中：人的神性

上面我讲了西藏自然的神性，西藏的另一个神性在哪儿呢？

在于生灵，或者生命，也就是那里的人。西藏人的神性与西藏特有的人文地理环境有关，与那种环境必然产生的那种宗教密不可分。不过你们别以为到了西藏，就可以随处可见西藏人的神性，比如那些磕长头的，转经的，红衣喇嘛，山洞里的修行者，或者一些神奇的风俗，比如天葬、水葬等。那是一些表层的易见的东西，它们构成了某种神性，但不是我认为的神性。我认为的神性是什么呢？我认为的神性是神性中体现出的人性，你光见到表面的神性不见人性，你就不能真正体会西藏的神性。那么神性中的人性是什么？

我还是举个例子吧。我到了西藏，在拉萨六中教书，这所学校比较特别，是拉萨市属中学惟一不在城里的学校。它离城里很近，但又完全是郊外景象。拉萨是一个河谷地带，拉萨河在流经布达拉宫脚下不久便在西部展现出一派空旷的田园与沼泽地的景象。1984年那里公共建筑还非常地少，拉萨六中是河岸上不多的建筑之一。它面朝公路，背靠西藏最大的寺院群——哲蚌寺，东侧是一大片群山环绕的沼泽与牧场，西侧与后面，一墙之隔是一个名叫坦巴的村落，那是非常美的一个石头建筑的小村，六中差不多就在村子之中。六中与村子关系密切，我的许多学生以及他们的家长、兄弟姐妹就生活在这个古老的村子里。学校有围墙，但已形同虚设，因为有很多狗洞，有的洞大了就成了口子，也就是说我从学校的任何一个方向都可以进入村子。

村子是哲蚌寺圣山脚下延伸下来的坡地，连我们学校的操场都是倾斜的。夏天化雪的季节或雨季，水流往往择地而出，形成了村中网状的季节性的溪流。中午的时候，阳光灿烂，非常安静，连狗都在午睡，在墙下眼都不睁一下。白色的石头房子有短小的阴影，棕色的牛粪墙也有自己的影子，一切都在产生自己的影子。我经常在吃过午饭后在村子散步，我能看到阳光在缓慢地移动，阳光非常亮，夏季由于许多方向都有水声，我有时感到整个村子都好像具有水的亮度。

就在这种时候，有一天，我看见一个男孩，一个也就三四岁的男孩，从一个石头院落的虚掩的门走出来。他在这种万籁俱静的时刻出现，一下引起了我的注意。男孩走在阳光里，穿着非常简单的衣服，西藏中午的太阳那么强烈，他像是毫无感觉，也没有什么方向，完全是由于地势的倾斜引导着他，让他朝下面走去，就像是地球引力的结果。

他不可能走得太远，因为不论他朝哪个方向走都会有小溪拦住他。这种小溪流很细，很浅，也就一尺来宽，通常不会对大人构成障碍，但对三岁的孩子就不一样了。男孩停在了小溪旁，好像想了一下，接受了自然不让他过去的启示，于是就蹲下来，很认真地看着欢快的流水。这时村子里一个人也没有，好像整个世界都没有人，只有我和这个三岁男孩。我看着他玩水，他的视线很低，根本没注意到我，那情景就好像我们两个人都站在时间之外，中间是欢腾的尺宽的小溪，如果我不是外星人，那么他就是，或者我们分别来自两个星系，同时到了地球上。

男孩看了一会儿水流，试着用一只小手去拦截水流，水很急，结果水流一下顺着他的手涌到他身上。水好像有一股神秘的力量，使他一屁股坐在沙地上。他愣愣地坐在地上，坐了一会，显然感到了某种恐惧，但说句实话这点恐惧对一个人，只要他是人不管多小，都算不了什么。不出我所料，他果然再次坐起来，再次尝试，已经变得谨慎，他没有再跌倒。

他出来玩水，但是没有任何玩具，什么都没有，他的简单的甚至有点破烂的衣服可以证明他不可能有什么玩具，可是他依然要玩耍。他要使用工具，这是人类的天性，结果你们猜他发现了什么？鞋，是的，他的鞋。刚才的水流打湿了他的鞋，他可能感到不舒服，坐下脱鞋，结果一下发现了鞋。

他把一只鞋拿在手里，端详了一会，然后毫不犹豫地把鞋浸在水里，鞋立刻就灌满了水。他提起来，倒下去，他快乐极了，自己笑，好像他有多伟大的发现。他虽然很开心，可我看在心里却有某种牵动，1984年这个小山村还很贫困，一个孩子没有玩具，只能玩自己的鞋，让我感到一种说不出的难过。可是他的确又是玩得那么开心，玩得浑身上下都是水，后来他可能玩得有点累了，或者不那么精神集中了，结果一失手小鞋掉在了水流里。小鞋立刻漂了起来，漂走了，漂得非常好看，几乎又像是一个发现。男孩没有去追，相反非常好奇，直到小鞋漂得看不见了。

男孩看了看沙地上另一只鞋，拿起来，依然没有犹豫，轻轻地把小鞋再次放在小水流上——我简直奇怪他居然没任何犹豫！小鞋再次漂起来，顺流而下，男孩看着，一动不动，这时他脸上的笑容消失了。他望着远处小鞋消失的地方，眼神不再天真，甚至你可以说是那眼神是深刻的，他的整个样子就像一尊迷茫的小铜像。他看看地上，两只鞋都没有了，这回他真正的一无所有了，而且也没了玩的兴致，于是赤着脚向家门走去。

当时看得我什么都说不出来，现在也说不出来，这里面究竟蕴含着什么？你可以说非常单纯，但是单纯得好像无所不包。他就像一个关于人的寓言，但他又是真实发生的，不是人能创造出来的。如果说他第一次失手还带有自然的属性，那么他第二次重复意味着什么呢？意味着人的意识的觉醒？意味着一种发现或者获得？就像牛顿通过苹果落地发现了地球的引力？但又显然不同，他同时不也是失去？而且是永远的失去？事实上男孩的行为已包含了人类的全部秘密，他的行为难道不是我们整个人类童年的行为吗？

男孩毫无疑问不是一个预言家，他长大以后会过着所有普通人那种与生存难解难分的生活，他的灵性与闪光的过程远不及生存生活对他的规范与制约，他任意行为的空间是极有限的，而每一次任意行为都要付出代价。实际上我说了这么多仍无法诠释这个男孩的行为。

好了，我再举一个例子。还是一个男孩的例子，不过他的身份有点特殊，他是个出家人，一个十几岁的小喇嘛，也是我亲历的一个故事。西藏有许多节日，绝大多数与宗教有关，像晒佛节、雪顿节，沐浴节、萨噶达瓦节，燃灯节。燃灯节是西藏宗教气氛最神秘诡异的一个节日之一，一般在每年十一月的某个日子，现在我记不清具体是哪一天了。据说这一天是释迦老周尼涅槃与复活的日子，这一天的晚上家家都要燃起长明灯，所有的寺院也要在寺顶上燃灯。这个节与其他的节不同，不热闹，非常安静，而且过节只在晚上。第一次过这个节我完全不知道，有一天晚上，不知怎么一来我们学校边上的小山村子突然亮起来，更为特殊的是山上的寺院也亮起了灯，那灯就像城市建筑物周边的灯，在山的背景中呈现得既神秘又清晰。我当时吓坏了，那种气氛有点恐怖，赶快问了一个藏族同事，才知道今天是燃灯节，是纪念一个伟大死者涅槃与诞生的日子。

我当然不能错过这个节日，于是穿上羽绒服从我们学校后墙一个豁口钻了出去，来到了村子里。这是个庄严神圣的日子，家家院门都关得严严的，窗口亮着酥油灯，没人出来走动，一个人都没有。由于酥油灯光线有限的缘故，我有一种在水底走路的感觉。我要夜上哲蚌寺，想看看那里的虚实，我敢说那个晚上我可能是全拉萨最胆大妄为的人。其实我也很害怕，但由于好奇心的驱使，我炸着胆子踏上了通往哲蚌寺的坡路。

这个晚上连狗都老实，竟然没一声狗叫。家家的小窗都燃起了酥油灯，我无法形容那种整齐一致的灯光，那种光感确实让我感到有某种东西正降临。据说神降临时万物都得安静，都得静静地等待，那么像我这样一个出来游荡的人是否恰当呢？显然不恰当，这个夜晚让我忽然想到"我是谁"，我没有宗教信仰，我是个无神论者，但此时此刻我不能不对自己产生了怀疑，我作为人感到了从未有过的孤立与恐惧。我那时觉得自己顶多是半个人，但就是凭着这半个人我终于穿过了村子，来到一大片开阔的黑暗地带，这时我朝山上的寺院一看，几乎惊呆了。太漂亮了，或者太恐怖了。

我进入了山下一片树林，这是去哲蚌寺必经之路，当我穿过这片黑幽幽的树林时，哲蚌寺辉煌的灯火当时一下把我给镇住了，太漂亮了，漂亮得简直恐怖。偌大的哲蚌寺寺院群，被数不清的灯火勾勒出巨大而复杂的轮廓，灯火又流畅，又宁静，分明呈现出某种我从未见过的巨大的几何图形。我不由地停住了脚步，我记得我当时非常犹豫，这么神秘庄严的时刻，神降临的时刻，我能这样一个人涉足吗？我当时想，或许这是那位伟大圣者的心灵的显现？我意识模糊，已经不能相信自己。我甚至不由自主开始向寺院走去，几乎可以说不是我要去寺院，而是被某种神秘的力量吸引着，或押解着，踏上了通往寺院的朝圣之路。

关于哲蚌寺，它在西藏的法力可以说首屈一指，它是西藏三大寺之首，是西藏传统最深戒律最严的寺院，它的建筑规模之大、布局之繁复甚至比布达拉宫还要神秘莫测。我曾在一个系列散文中对它进行了描述，这里我可以给大家念一段：

白色的寺院群依山而建，像一艘客轮泊在山坳里，远远看去有着无数整齐的蜂窝一样的窗洞，窗洞仿佛自山体开凿而出，又像白垩纪留下的冰川残片。无法断定它的年代，也无法知道那里有着多少双智慧，苍老，永恒的眼睛。时间在这里无迹可寻，视觉上更是应接不暇、扑朔迷离，无论从哪个角度把握都是不可能的。没有出口，但似乎又到处都是出口，而每个出口又都是事实上的入口。阳光打开或关闭，随时都可能出现一个隐秘的院落，一个重檐之下的天井。昏暗的天井中一束或几束阳光打在廊檐下，就有水从岩石里渗出，但淙淙的水声并非来自于此，可能是上面。上面，一线水槽在阴影和阳光中贴檐而走，但水声是因更上一层的垂落而产生的。不，那又是另一种声音了。

有时会感觉到风，如果感觉不到，很可能你突然面对了一处高墙，一扇紧闭的大门。这不是出口，但很可能是真正的出口。你进不去；如果你进去了，时间将会顷刻流入，永恒将不复存在。但我还是进入了，虽然我看起来仍站在门外。门是虚掩着的，里面的世界辉煌，隐秘，香火盛大，桑烟轻扬，三千长明灯跳动闪烁，照得红袍身影们在金色佛像前飘逸舞动。鼓声咚咚，这是一面深藏的人皮鼓，但这并非源于某种酷刑，据说唯有洁净美丽少女的皮才配制作此鼓。这是高原鼓声之源，任何一处空气和水的颤动都始源于此。身着红氆氇的苍茫老僧们面对面成行端坐，神殿中部，一张黄缎卧榻上，一个看上去已非人间的老人静卧着，奄奄一息，某种东西正在脱离他的肉体，至少有三百名喇嘛正口诵经声伴他在中阴得度的路上。这里是最后的出口，与天界仅一念之遥。

现在我接着讲那晚的情况。简单地说，我差不多在午夜时分进入了寺院。远看寺院你觉得它很明亮，但一旦深入，因为太大了，寺顶的灯光根本照不到下面，所以是一片漆黑。我在高墙深巷中摸索前行，同样没一个人走动，没一声狗叫。白天寺院的台阶上有成群的狗，现在好像一个也不见了，我还有点怕它们，结果它们连影子也见不到。夜非常黑，某种潮湿像夜一样从我脚下升起，头顶是一线天，有一些灯光，而我就像在深渊里。我战战兢兢地走着，可能是太紧张了，一不小心一脚蹬空摔倒在一个毛茸茸的东西上。这东西居然动了一下，紧接着又向我靠过来，甚至贴在我身上。我吓坏了，毛骨悚然，我以为遭到了什么报应，一动不敢动，我听到粗重的喘息声，定睛一看，原来是条狗，一条很大的狗。它靠着我，好像我们是兄弟。

我觉得这简直太荒谬了，西藏的狗被人宠得不怕人，愿意接近人，尽管如此，我觉得还是荒谬绝伦，我怎么能降低为狗，并在狗身上取暖呢？我站起来，坚决地离开了它，它让我感到愤怒，感到自己已溃不成人。然而，就在我离开那条狗之后，我突然又产生一种怜悯和孤单的感觉。我记得我当时几乎要流点眼泪什么的，总之，感觉非常复杂，难以言说。

我抬头仰望，差不多已到了寺顶，这时天光微亮，桑烟升起，寺顶上人影幢幢，好像正在退场，某种仪式刚刚结束。我不想让天界的人发现我，我的贸然出现无论对我，还是对天国的人都是一件尴尬的事情，我最好成为某种秘密，不要被发现。我躲在暗处大口抽烟，或许别人还以为是桑烟呢。我记得我当时使劲笑了笑，笑得一定很变形，也很难看。没法不难看，那是给自己壮胆呵。我想等没人了再上去，我要亲眼看看那些酥油灯。那些灯的小火苗在跳跃，我要用手放在灯火上试一试，看看我是不是有痛感，是不是还是人。

寺顶完全静下来，我觉得差不多了，开始往上爬，就在这时一个红袍喇嘛忽然出现在我头顶上，我已经来不及躲闪，心说坏了，肯定被发现了。结果什么事也没有，原来是喇嘛在给被风吹灭的灯重新点燃，非常专注。这时我完全可以躲开，但我发现是个小喇嘛，甚至还是孩子，看面相也就十五六岁的样子，非常清秀，几乎像个女孩，这让我感到非常亲切，决定不再走开。我不知道这时已是不是在黎明时分，但可以肯定这个小喇嘛是这里最后的守夜人。他一身红袍，一双黑眼睛，毫无倦意。这孩子走走停停，哪一盏长明灯灭了，他就用火把重新点燃，跳荡的火光舔着他的红袍子，也舔着他光光的脑袋和像小姑娘一样的面庞。我不知道他看见我没有，或者也许看见了但并不理睬我，或者我早就被人发现了？只是所有人都对我视而不见？

在这样一个伟大而庄严的夜晚，人们视我为无物？直到这时我才体验到佛深似海，佛家的世界宽广无边，我不过是宇宙的一粒微尘，恒河的一粒沙子，我刚才的恐惧是否太多情了？你以为你是谁？根本没人理睬你。

我没有去打扰那个天使般的孩子，我觉得见到这孩子应该心满意足了。我忽然想到或许这孩子是来点化我的？他就是伟大的释迦老周尼化身或降临？然而就在我胡思乱想之即，这孩子忽然发出了声音，他在哼一支小曲，开始声音不大，很小，随随便便哼的。我本来已往下走了，就停住了脚步，顺声向上望去。这孩子真有点顽皮，明明灯都亮得好好的，他仍拿着火把指指点点，好像点灯似的，一边点，一边哼唱，后来声音竟越来越响亮，差不多完全进入了某种角色。歌声就那么两三句，反复地重复，但每一次重复都像是一次加深，中间有休止，有停顿，循环往复。我现在无法形容那歌声，但我可以告诉你们，那绝不是宗教音乐，绝不是寺院里念经声。我现在给你们学学，可能不一定准，但差不多是那感觉，他是这样唱的：

　　咿呀——咿哟——哟——

　　就这样反复，特别是那句尾音的低调，几乎有点哀伤，当时听得我真是有点魂飞天外！你们可以想象这孩子来自哪儿，谁把他送到规模庞大如同迷宫的寺院。他被宗教的火光照耀，但他心里想的是哪儿呢？

　　毫无疑问，那是一支牧歌，是一个人与一大群羊走在茫茫的草原上，走在回家的路上，这支歌感人至深呵！怎么评价这个男孩的歌声呢？如果在草原上我听到这支歌我想我不会有这样复杂的感动，不会有这样强烈的记忆，那么原因何在？我想恰恰是他在戒律森严的寺院里，在这样一个与神相通的守夜的时刻，他才唱出了家乡的歌。他以一种人性的极致直通到了神性的极致，从而在神性中更昭显了人性的光辉。而且它是自在的，丝毫不存在强迫的意思。对于家乡的思念，对土地的眷恋，并不影响对宗教的虔诚，我认为这就是西藏的秘密所在；人在自然环境与宗教情怀中，既通灵又具体，所以西藏或生活在西藏的人才那样神奇地震撼着我们，可我们又难以说清其中的原因。许多年了，一想到那个孩子的歌声，我就觉得整个西藏都立体起来，如在眼前，那歌声可以说相关了一切。很多年来，我想表达这一切，却总也表达不好。我不知道我们国家的作曲家都在干吗，西藏有那么丰富的音乐素材，那么丰富的音乐元素，那么恢弘的音乐框架，那么细腻的寓言般的人性光辉，可以写出多少部伟大的音乐作品，可为什么始终就没出现呢？我真不明白。

下：大师的神性

讲了两个孩子，再讲一下十世班禅大师。

应该说我与十世班禅不仅有一面之交，还有一念之交。我说是一念之交实在是因为我作为沧海一粟的确感受过大师的一念，我被照耀，永远难忘。那是1986年，我清楚地记得是2月17日上午，那一天中断了二十六年之久的驰名世界的"西藏祈祷大法会"首次在拉萨大昭寺广场恢复举行，由十世班禅大师主持。大昭寺前人山人海，僧俗两界足有十万之众。大昭寺顶是大法会中心，班禅大师已经莅临，尚未出现在寺顶。人们等待着，翘首仰望。我和一个叫林跃的我们教师队的同事置身于手臂和目光的海洋，我们像恒河之沙那样细小，微不足道。这是个历史性的日子，二十六年一遇，那一年我恰好也是二十六岁。阳光普照，人类盛大，无数的目光陌生而激动，一张张来自遥远的不同方向的广漠的面孔，似乎把各地不同的阳光带到了大昭寺广场，你不用细看就能从他们的脸上辨认出不同地区的阳光和雨露。

如果恒河之沙也有妄念的话，大约就是我和我的同事林跃了。我居然向林跃提出能否跻身到大昭寺顶看看，这在十万仰视的众生之中绝对是个妄念，但我认为也许有这个可能。大昭寺当然戒备森严，红衣喇嘛和保安人员已将寺院团团围住。但是根据以往的经验我们可以不必进大昭寺也许仍然可登上寺顶，因为就在前几天，我们还被一个藏族同事引领，在毗邻大昭寺的宗教局小院登上过大昭寺顶。

我们知道宗教局与大昭寺有一条通道，我执意试试，林跃被我说服了。我们沿广场一侧溜到了宗教局小院。因为宗教局小院是当时法会布施的地方，院子里挤满了人，老人、孩子、妇女，青年人，有的衣冠整齐，有的是牧民，舍钱的，送米的，供酥油的，送宝物的，一个明显是八角街职业乞丐的老人把一小口袋青稞倒进了大的青稞口袋，场景十分感人。我们看到了小院回廊的楼梯口，竟然无人把守。我们侧身而入，楼梯又窄又陡，到了上面，一条木质回廊与大昭寺连通，我们几乎看到了寺顶，可以听到了隆重的辨经之声，心里的喜悦无以复加。这时候除了错落的顶部我们还没看到一个人，回廊上也没人。我们穿过了长长的回廊，到了大昭寺顶的边缘，这里有个入口，有人把守我们被拦住了。拦住我们的是两个非常高大的红衣喇嘛，我们不能再前进一步。我们恳求喇嘛放我们进去，说了许多好话，说我们是北京教师队的，前几天市长还专程慰问了我们。但是说什么都不让进，要有通行证。事实上我们能溜到这儿已非常幸运了，我们看到了寺顶回廊上坐了一圈整整齐齐的喇嘛，有两个对吹海螺的喇嘛一动不动，看上去像壁画一样，不远处就是大昭寺著名的天井，我们的取景框收进了他们。

　　我们正团团转，忽然看见一个穿军大衣的中年人从里面走出来，手里提着步话机，戴着茶镜、胸卡、礼帽，很有风度，我一看这不是丹巴坚作市长吗？前几天还接见过我们。丹巴市长是这次大法会领导小组组长，他也看见了我们，当然不认识我们。我斗胆走上前同市长打招呼，您好，您是丹巴坚作市长吧？丹巴市长审视地看着我，显然因为叫出名字表情一下缓和了，甚至觉得有点奇怪我们怎么知道他的名字。市长向我点点头，我也不管什么礼数了，一下握住了丹巴市长的手，赶快自我介绍，说到几天前的北京教师队见面会。我们请求市长带我们进去。丹巴坚作市长看了看把守的喇嘛，说，他们不认识我呀？我说，您是市长，他们还不认识您？我说，您不用说什么，前头走我们后面跟着就行，准能进去。丹巴市长笑笑，幽默地说：那就试试？

　　巧极了，我们刚才软磨硬泡时提到丹巴坚作市长，现在我们就跟在市长后面，到了喇嘛跟前，我说：瞧，丹巴市长接我们来了。丹巴市长回头看了一眼，似是默认，没说什么，也不用说什么，我们顺利地通过了！

我们追着市长，向市长道谢，同市长谈笑风生，我们的意思是想让这里游动的保安人员多看看我们和市长大人在一起！我们胸前没有任何证件，怕被盘问，这一招还真见效，竟然没一个保安人员过问我们，我们是那天大法会上惟一没佩戴标志的人。那时中央来的人与自治党委书记伍精华等各界政要已坐在寺顶的遮阳伞下，另一侧显然也是各类贵宾显要，此刻正在观礼的著名的大昭寺天井红衣喇嘛发愿诵经。寺顶最高一层是一个正黄色佛阁，班禅大师身影隐约可见，似乎正与一些大德高僧谈经论法。诵经发愿一完，格西辩经开始了，正方形天井，黄绸铺地，一位苍老喇嘛端坐法台上，身后一字坐了六个喇嘛，四周至少有两百名红袍僧人。此时一个年轻喇嘛正同法台上的老者及身后六人辩经，又拍手又跺脚，不时发出哄堂笑声，有时甚至相互还抓头发，拽领子，像打闹似的。人们笑，大笑，历史回到二十六年前，一切都没有忘记，但一切又是新的开始。

正看得有趣，忽听寺顶贵宾席上欢声雷动，原来班禅大师步出寺顶佛阁。大师身裹黄绸，颈戴哈达，身材高大，满面祥光，后面跟着一行大德高僧。伍精华等政要起立迎上去，席间藏族同志也一拥而上，保卫根本无法拦阻。众人簇拥着大师走向寺顶，面向广场十万僧俗，全场欢声雷动，五体投地。大师挥手，移步，声如洪钟。我和林跃也随着人流慢慢挤到前面，面向广场。我的右边是自治区党委书记伍精华，过去就是班禅大师。我举着照相机一通按着快门，甚至一条腿骑在了寺沿上，由于探身过度险些掉下去。我当然非常非常激动，与大师咫尺之间，刚刚我们还是淹没于广场的恒河之沙，现在居然奇迹般地出现在寺顶班禅大师的身旁，简直是不敢想象的神奇。

如果事情到此为止大约也仅仅是神奇，如果没有后面发生的事情，我们甚至只是大法会的一个无人知晓的插曲。但是事情并没结束，班禅大师与一行显要接见完广场十万僧众后，要在寺顶合影，差不多有二十人的样子。新闻记者纷纷举起相机，长焦变焦快门暴响。我们不是记者，不敢太靠前，躲在人后，只能从人缝中拍照。我不甘于此，这样怎么能照出好照片呢？我的身后是一道女墙，我决定登上女墙俯拍。女墙有一些支柱，我蹬着支柱向上爬，刚爬到半截只听支柱"咔嚓"一声响，我摔下来，粉尘四起。我摔了个四脚朝天，相机摔了出去。支柱早已干朽，我相信也就是我，百年来没人想要蹬着支柱爬上女墙。所有人都回过头来，我注意到包括班禅大师似都是一怔，我当时吓坏了，心说这下完了，我是谁呀，怎么混进来的？弄出这么大响动，要是有人盘问，还不给抓起来？！

但是居然没事！没人抓我。合影继续进行。我们闯了祸，再不敢抛头露面，就猫在最后面。拍照完毕，刚刚散开，奇迹发生了，班禅大师拦住了伍精华等一行要员，竟然抬起手来，越过众记者的头顶招呼我和林跃，当时所有人都愣了，不知道发生了什么。班禅大师非常高大，有越过人们头顶的身材。原来大师要我们到前边来，让我们专门拍一次！我们简直不相信是真的，但又的确是事实，我们愣住了，不知如何是好，直到有人催我们过去！

我想在我摔倒之时，班禅大师就显然记住了我们，知道我们个子小，一直在后面，因此刚一拍摄完毕就拦住了别人。显然班禅大师那时就已动了慈念。我们是什么人呀，没有专业相机，没有证件，没有任何标识，但是我们让大师动了念。大师心细如发，感念众生，感念最微小的生命的颤动。众目之下，我们走到近前，两架可笑的傻瓜相机咔咔胡乱响了数下。我们示意拍好了，这时藏族同胞，都是有身份的人，一拥而上，让大师摩顶。我们当时感到如此激动如此殊荣，心里久久难以平静。

现在事情已过去十六年了，想起那天前前后后的事情，现在我都觉得是不可能的。这里面有几个关键节点，首先是我们动念，接下来是宗教局小院，关键时刻遇到丹巴坚作市长，市长给了我们不可思议的信任，而且是如此的幽默。这要是在内地你们能想象吗？一切都不能想象；最后是班禅大师神性的动念——那种对人的悲悯与同情。这是神性吗？我以为也是人性的至高境界。一切事实上都有着某种隐秘而必然的联系，我至今不能表达其间奥秘。

西藏有许多神性的触点，非常细微，但每个触点又都蕴含着博大无边的内容，似乎这里有一个完整的关于人神的体系。这个体系与自然相连，与山山水水相连，与一草一木相连，与万物生灵相连。从西藏的隆起，从三岁男孩，十五岁少年，到丹巴坚作市长，班禅大师，我觉得有着一脉相承的东西，一切都是全息的，不可分割的，人即自然，自然即人；神性即是人性，人性即是神性。只有理解了这些，并让这些成为你身体的一部分，甚至你就是西藏，你才可能表达西藏的一二。这个过程我用了差不多二十年，也就是说将内心沉淀锤炼了二十年，但我仍不敢说我可以表达西藏了。我只能说西藏给了我一种严格，一种尺度，一种超越，无论我是否写西藏，西藏都在我身上。

（本文为在中央财经大学的讲演）发表于《天涯》2005 年第 6 期

西藏往事——与祝勇对话

时间：2012 年 5 月

地点：798 艺术区

祝勇：你好，宁肯，今天很高兴你能来到我们的节目，我们一起聊聊你的西藏往事。我们先说说你的笔名吧。

宁肯：我最早用这个笔名，是从西藏回来写的两篇散文。

祝勇：比《沉默的彼岸》还要早？

宁肯：比《沉默的彼岸》还要早，应该是 1986 年，韩少华编《散文世界》，约我写西藏。当时我写了两个，一个《天湖》，一个《藏歌》。然后那时候我就想到使用笔名，然后就想到用"宁肯"这两个字，因为我觉得"宁肯"这个含义呢，有点……比较符合我的性格吧，而且也朗朗上口，好记。

祝勇：我觉得这两个字里面，包含某种决绝的成分，我感觉你也是挺拧的。跟文坛上其他的作家相比起来，我觉得你包含着某种果决的因素在你的性格里面。比如说现在的文学，越来越边缘化，而且越来越世俗化，在网络文学的冲击下，很多作家开始就低，变得越来越浮躁。但是你写作一直坚持这种非常严肃的这样一个路线，而且写得非常扎实，十几年出一个作品，所以，就是如果没有一个很让你激动的作品出来的话，你宁肯不写。这个是你天生的性格？

宁肯：这种性格呢，其实北京话有一个词叫轴，什么叫轴，就是有一个事感觉过不去，他就跟这个感觉耗上了，有点画地为牢的感觉，或者说钻牛角尖，非要把它钻通，我宁肯怎么样也不怎么样，所以就有这种比较轴的这种感觉。我写作呢，也是有这种情况，如果要是不把它写好，我就宁可不写，或者停下来，或者我反复地改，直到我感觉到了，我才能够把这个东西拿出来。

祝勇：其实我觉得你的作品量还是不多。

宁肯：对，量不多。

祝勇：你从八十年代开始写作。

宁肯：我实际上从上大学就开始写作，1979年上大学就开始写诗，1979年，1989年，1999年，应该说有三十年了。

祝勇：三十年出了四部长篇，还有散文，散文有多少？

宁肯：如果说纯散文，可能连一本散文集都不够。就是不包括随笔，就是所谓的"新散文"。你也是"新散文"的主将，从最严格的"新散文"定义来讲，可能我估计连20万字都不到，其他的我就觉得很难称得上散文的东西。

祝勇：所以你对自己的作品，自己的写作非常的苛刻。就是这种苛刻，酝酿出像《天·藏》这样非常优秀的作品，下面我们就念一段你新出的作品《天·藏》。

祝勇：好像是你到西藏以后呢，把你封闭到一个属于自己的世界里面。

宁肯：对。

祝勇：去跟自然，去跟西藏来对话？

宁肯：对。你刚才念的这里面，其中有两个非常重要的东西，一个是阅读的感觉，一个是视觉，阅读是那种完全超现实的，没有其他事物，就是比较封闭的，甚至是一种幻觉的，在幻觉中的阅读和在读中出现的幻觉，这个阅读本身已经感觉到西藏的高度，那种没有边界感觉，同时呢，每天视觉上一出门看到山村外的那片冬天的树林。

祝勇：所以我就觉得你到西藏以后，你好像把你自己全部的感官都打开了。

宁肯：对。

祝勇：比如说你的视觉，嗅觉，听觉都非常的敏锐。

宁肯：不敏锐也不行，因为什么，因为它那个地方，就是一个让你打开的那么一个地方，因为我到的是一个在拉萨边缘的地方，是八十年代拉萨的西郊，当时西郊建筑物很少。

祝勇：现在的拉萨也不大。

宁肯：对，当时那个哲蚌寺那一带是很荒凉的。

祝勇：当时是哪一年？

宁肯：1984 年，我作为援藏教师队到了西藏，当时我们能够留到拉萨城里的有两拨人，教师 28 个人，有 20 人是留在拉萨城里，然后有 8 个人去到郊区，很多人都不愿意去郊区，当时我非常主动要求去郊区，因为我就是想找那么一个所谓诗意的栖居，我觉得拉萨城里还不够诗意，不是我想象中的西藏，我想象的西藏首先是一个旷野，草原，河流，寺院，拉萨的郊外正好符合我这样一个感觉。

祝勇：所以你去了以后，是不是觉得挺满足。

宁肯：非常满意，完全算是一个理想之地吧，我觉得就像海德格尔说的那样，诗意的昔居，那个地方。你看最高处是寺院，寺院下面是一个刚才你念的冬天的树林，树林的下面是一个村子，藏式的村子，黑白色调的村子，然后挨着村子就是我们这所学校，学校边上就是公路，公路过去就是拉萨非常有名的地方叫拉鲁湿地，大片湿地，过了湿地就是拉萨河，所以你看它这个层次非常非常的好。

08：55

祝勇：你住在什么地方？

宁肯：我就住在学校里。学校当时给我了一间，他们叫做白铁皮房子，但是他那房子都是用岩石砌的墙，四面是垒起来的，质感也非常强。

祝勇：离村落也近。

宁肯：离村落也近。

祝勇：这样的环境，你想打开的时候，你可以找人去聊天，去寺庙里面，去感受氛围。

宁肯：可你要不做老师，谁也不认识，你不可能到人家里边去。那么我有一种特权我是这个村子的老师，很多村民都认识我，家长也认识我，散步的时候看到学生我就可以到他们家去拜访，非常自然。一般人进藏，你不是老师，那种游客，总隔着一层，你很难融进去。那么我当时那个状态，村民都知道我是老师，先生，西藏人是很尊重老师的，管老师都叫"给拉"，藏语叫"给拉"。他们邀我进去喝一杯茶，我坐那儿，有时候他们汉语说得不好，孩子也就是我的学生帮我翻译，然后我呢，再把孩子的学习表现介绍介绍，喝点茶，出来，又开始走。我觉得有一个事情对我印象特别深，就是我在我们学校旁边散步的时候，进到了一个家境不是很好的学生家里。一般来说，就是家境比较好的，家里比较富裕的愿意让你进去，家里不太好的环境，他会有点回避你。我就有一次进了一个边缘的学生的家里边，进去之后呢，他们家没有客厅，把我放在经堂里，藏族家里边，不管有多么贫困，都有佛龛。

祝勇：有经堂。

宁肯：对，有一个小小的经堂。是一个心灵的地方，礼佛的地方，这家主人就把我引到那个地方，经堂里边，非常简陋，但是非常的干净。

祝勇：他想表示他的隆重。

宁肯：隆重，干净，而且把你作为一种神圣，你知道吗，一般说来经堂是不待客的。

祝勇：对。

宁肯：但是面对我这样的客人，这家主人不知道怎么办，就把我带到经堂里面，就给我喝茶，然后跟我聊天。西藏的房子一般是两层，下面放着牲畜，上面是住房。所以我进他们家的时候，一头牛很木然地看着我，有一些个味道，环境不是很好，上去以后有两间房子，是非常普通简陋，唯独进了那个经堂，一下我就觉得特圣洁。这个地方升华起来了，所以我觉得西藏人不管什么样的条件，有了这样一个精神之后，他们都是平等的，这个给我印象非常深。

祝勇：从你的描述来说，你去的这个地方，西藏拉萨西郊这样一个地方，哲蚌寺旁边的一个村落，对于写作者来说是一个非常理想的地方。基本上你要什么有什么。

宁肯：要什么有什么。

祝勇：而且你进入他们的生活也非常的方便，非常直接地了解了他们的生活，他们的喜怒哀乐。

宁肯：对。

祝勇：那当时你写作的状态怎么样，顺利不顺利？

宁肯：当时的写作并不顺利，因为什么呢，其实当时最大的感觉就是说所有的西藏的一切都在震撼着我，从大的天空，山脉，草原，那种自然的又超现实的东西震撼着我，到小的每天的细节，像刚才我进到藏族家里面的佛龛，小经堂，这之中有太多的感受，可这些东西当时是无法表达的。你知道吧，这种东西实际上后来我给它总结了一个东西。后来你在散文之中，你也谈到过，引用过我这段话，就是西藏是一个什么地方，西藏非常类似于一个音乐的地方。

祝勇：对。

宁肯：整个西藏的环境都有音乐的特点，而音乐的特点是抽象的，感觉的，非叙事的。比如我们听完贝多芬，听完莫扎特，我们感觉非常强烈，但是我们很难用语言表达。西藏有全部这样的音乐的因素，每个细节都像一个音符，每条河流都像一个旋律，每家人那个眼神都像是一种对你心灵的冲击，但当你面对这些东西的时候，你是没法表达的。

祝勇：而且，尤其不容易用小说来表达，小说有一个自己的逻辑在里边。

宁肯：对。

祝勇：西藏的那种生活，它不是逻辑性的。

宁肯：不是逻辑性的，因此也不是故事性的，故事都有因果逻辑关系，而西藏是无法用一个因果故事概括的，所以它更是一种音乐性的存在，一个抒情的，抽象的，所以要想把这种东西表达出来，特别用小说的方式表达出来，那是太难了。但是我觉得，我不是叫宁肯吗，就拧在这地方，我就想把这些无法表达的东西，感觉性的东西，音乐性的东西放在小说里边表达。

祝勇：刚才你提到的 1979 年就开始文学创作，那就是说，在你进藏之前，你已经写了五年了。那你选择哲蚌寺这样一个地方呢，我觉得你也是带着文学的目的去的。那么面临这么大的冲击面前，你看到有一种言说冲动。但是呢，你又一时很难去把握。这种感觉，这种纠结，这种矛盾给你带来一个什么样的影响。就一个作者想写，但他又一时写不出来，找不到一个自己的战略的出口，是非常的困惑的。

宁肯：非常的困惑。

祝勇：不知道你那时候状态怎么样？

宁肯：我那时候干脆打消了写作的念头，干脆就感受，就生活。

祝勇：就不写了。

宁肯：对！但是我要做一些非常重要的工作，就是用日记的方式记录我每天的感觉。

祝勇：就是还是为将来的创作做准备。

宁肯：对，为未来的创作做准备。就是说，我感受到这个事物对我的震撼，我先不考虑写作，而把它记下来，做最原始的工作，不是上来就进入创作，我觉得那是不行的，必须好好地把我自己沉浸进去。所以比如说有些感觉留在日记里边，现在我回想起来，我就觉得非常好。比如说我在西藏那种——我与大自然，一个人刚刚醒来，看到的和听到的西藏的那种瞬间的感觉，我在日记中记录下来。我可以把它们概括为西藏的瞬间，一个人西藏的瞬间，有时刚刚醒来，就像刚刚出世一样，世界是新的。某一天我就写了这样一篇日记：

大雪覆盖了拉萨四周的群山，今早一起床，阳光耀眼，群山铺上了银装，屋顶的雪正在融化，滴滴答答，隔壁蒋老师家的电视正播放钢琴独奏曲，金属的敲击，奏鸣的音响像阳光的波浪，在我梦醒的一瞬扩展，中间穿插着雪融的声音，真是美极了，仿佛一明亮有生的梦，代替了另一个梦。我那样听着，一时只觉得世界变得那样单纯，明亮。除了钢琴，学生什么都不存在了，我一动不动，居然出现了幻觉，在白茫茫的雪原上，阳光普照而明媚，一架钢琴放在雪上，那是一架黑色透明的钢琴，一群鸽子在琴键上飞来飞去，美妙的音乐随着他们的起落，从那里响起扩展，阳光也是从那里流淌出来的，这时我的脑海中，像屏幕似的显示出一首诗的题目，高原，钢琴和雪。

祝勇：感觉醒来以后你的知觉非常的敏锐。

宁肯：非常敏锐。

祝勇：就是每一个非常细微的信息，你全能把握住，产生联想。你有一句话我觉得写得特别的好，就是仿佛一场梦境，取代了另一场梦。感觉特别的好，因为在西藏本身就分不出来是梦境还是现实，它的现实有点像梦境。

宁肯：对，现实和梦境有模糊的状态，这种模糊的感觉就是，你觉得醒了，可能又进入了另一个梦。

祝勇：这个梦它本身，跟现实非常接近。比如说你日记中描写一个黑色的钢琴在白的雪上面，就很梦境又很现实。

宁肯：对。

祝勇：然后鸽子在琴键上跳动。这是对梦的描写，但是又非常接近西藏的真实的那种感觉。

宁肯：没错，因为我曾经在一个散文里就描述过，后来就把布达拉宫，放到一个整个西藏高原上的一架钢琴，因为布达拉宫那种梯形的结构，那种大的原野上，黑白的窗户的琴键，它发出的那个声音，我觉得就是有点像钢琴的那种感觉。所以就是说，我觉得拉萨河的倒影一倒，就是非常像，所以我觉得为什么后来我能够，感觉有这样的，可能当时出现这样的印象。

祝勇：我觉得你对声音和音乐特别的敏感。

宁肯：对，是的。

祝勇：因为我读过你的一篇散文就是《沉默的彼岸》，收在当年一个散文集，聆听西藏里边，所以聆听西藏出现一个《沉默的彼岸》，我就觉得特别的有意思，翻开这本书的时候，因为它是聆听，你是沉默。但是《沉默的彼岸》里面第一句话，我到现在还记得非常清楚，你是说，西藏的寂静是可以聆听的。

宁肯：对。

祝勇：西藏的寂静是可以聆听的，所以我就觉得你对听觉，对声音，非常的敏感。所以你刚才说，布达拉宫是一架巨大的钢琴，架在山的上面，我觉得非常有震撼力。

宁肯：也是声音。

祝勇：比其他的形容更有震撼力。

宁肯：因为它更旷野化，因为西藏，布达拉宫很宏伟，那么比它更宏伟的是什么，是整个高原，相对高原来讲，布达拉宫就像是一个巨大的钢琴。

祝勇：这种说法很魔幻，又很现实。

宁肯：是。

祝勇：就好像我们看马尔克斯的《百年孤独》。我们觉得他非常的魔幻，比如说他写一个村子下的三百天的雨，但是在那儿就是现实，并没有去编，所以无法区别现实和魔幻和梦想之间的界限。

宁肯：我觉得这个和那什么有关系，和现实对你刺激强烈的程度，就是，实际上，感觉的真实是最大的真实，最高的真实。

祝勇：不是物理的真实性。

宁肯：不是物理的真实，因为你的感觉会产生真实，甚至会创造真实，所以就是说，当我说出，比如说布达拉宫像一个巨大的钢琴，这个真实已经产生了，但是它是通过我的感觉，如果我不说它像一个巨大钢琴，可能，这钢琴还不存在。

祝勇：所以刚才你那句话，我觉得是核心，就是一个梦取代另一个梦，我觉得描述西藏特别的准确，我曾经看过史铁生的一个小说，叫《往事》。就是专门写梦的，就是整个短篇小说从一个梦里面醒来，他认为自己醒来的时候呢，后来他发现是在另一个梦里面。然后他不断的一个梦接一个梦，一个梦接一个梦。

宁肯：有点像盗梦空间，几层。

祝勇：对，那么在他小说的最后呢，他说，他已经不知道是现实还是梦了，实际上是在现实当中，但是最后的结尾他说，有没有人把我再一次叫醒。

宁肯：非常好。

祝勇：他是不断的，梦被中断，被唤醒的这样一个，那么在现实中，他最后说，有没有人把我再一次叫醒。

宁肯：对，这也说明什么问题呢，就是说比如像史铁生是一个非常特殊的情况，他生活非常的局限，也非常安静。

祝勇：但他的思维非常的发达。

宁肯：正是这种简单的生活，人的感觉才非常丰富，比如我在西藏那样一个大的旷野里边，住在一个简单的石头房子里边，感觉就会非常的发达，无论是听觉视觉，甚至是幻觉，都非常的灵敏，外面有一点点动静，我都能够捕捉到。这就像一只麻雀站在树上，有一点风声，它马上就可能回过头来。所以就是说，这种东西一定要和你的环境相关，你比如现在，我们的感觉，我们现在待在这种大的都市环境里边，我们的感觉就在退化，甚至我们很烦外面的声音，烦外面的声音，你想听到的声音你听不到，不想听的充斥在耳，这时候感觉慢慢地就会退化。

祝勇：都市呢，让我们离自然越来越远。有时候我们去超市里面买蔬菜，买馒头，但是我们从馒头里面已经吃不到小麦的味道了。

宁肯：没错，这个太对了。

祝勇：事实证明你就放弃拉萨市内的生活，选择郊区，是非常明智的选择。

宁肯：非常明智的选择。比如说要写这个——刚才说得这么丰富的感受，包括我刚才读的那段日记——这东西在小说里怎么表达？另外，我觉得还有一个非常重要的东西，就是沉淀，后来我明白了这个道理。

祝勇：现在突然明白了一件事，就是你为什么写得这么慢，我觉得你这个慢是西藏给你的。

宁肯：没错，对，太对了，你说的这个，我曾经在一篇文章里也谈到过，因为很多人到了西藏，写了很多东西，我到西藏反而写不出来东西了，我感觉是西藏这种巨大把我一下给镇住了，我只有感受的份，接受的份，我却不可能表达，没有时间表达，也没有经历，甚至也没有体力表达，西藏作为存在物太大了。

祝勇：另外还有一个原因，就是在西藏时间的这个概念，就不太强烈了。

宁肯：对，西藏的时间与空间是不对等的。

祝勇：时间界限模糊了，所以很多西藏人都是非常缓慢的，长时间地专注于一件事情，哪怕非常细微的事情。

宁肯：没错，你说得非常对。

祝勇：在现代都市里这是不可能的。

宁肯：不可能的，因为西藏，甚至有时候我会感觉，它是只有空间感，没有时间感，因为空间的巨大和辽阔，以及它每天的生活几乎是重复的，永恒的，没有什么变化，每一天都是同一天，因此人是慢的产物。

祝勇：所以它就没有开始也没有结束。

宁肯：没有开始，没有结束。

祝勇：没有过程。

宁肯：时间长了以后呢，这种时间就是消失了，我们每天见到的是空间。

祝勇：对。

宁肯：那么，这种空间感我觉得，也需要就是说到最后表达这种空间感的时候，需要沉淀。为什么特别讲到沉淀这个词，一方面西藏，它给了我非常丰富的东西，一方面呢，它又让我必须沉淀下来，用时间发酵这些感觉，所以才能够在若干年之后表达它。也就说，西藏给你东西，你真正想把它表达出来必须要时间，等它发酵。我等了十年之后才开始，才开始写我第一部关于西藏的小说《蒙面之城》。所以我就觉得，我到西藏是为了写作，但是西藏呢，反而制约了我的写作，反而把我关起来了，一关就关了十年，等于把我囚禁起来了，你在那儿待了两年，回来你要用八年的时间去消化它，甚至十年的时间去消化它。而消化了的东西，和当时现场的感受我觉得这又是一个非常神奇的过程，也是非常必需的过程，很多事情必须到事后、回忆起来，那个真实的东西，当时现场才能够被逼出来，才能反映出来。这也是为什么我能够许多年之后，在《蒙面之城》里面，大量的西藏的描写能够对人有所震撼的原因，其中很大一点，是时间起了作用。

祝勇：你是在西藏待了两年，回来八年，才写的《蒙面之城》？

宁肯：不止 8 年，你看我是 1986 年回来的，1984 年去的西藏，1986 年回的北京，到 1997 年开始写《蒙面之城》，11 年。

祝勇：这 11 年当中的生活是什么样的？

宁肯：这 11 年呢，从西藏回来以后，当然都是比较正常的生活，比如说，换了一个单位，回来以后不到学校，就到了一个报纸，然后这个报纸呢，因为八十年代正好也是一个动荡的年代，出现了转折的时期，我也在这样的转折，经过了一些波折，最后又总算稳定下来了。但是我觉得这段生活怎么讲呢，虽然离开了西藏，虽然进入一种新的命运之中的这种转折，但西藏始终对我是有影响的。他对我的影响体现在各个方面，为人处世，工作态度，看事物的态度，我觉得西藏给了我最重要的东西就是超越，就是，在重大利益面前，我总有一种超越的东西，而这种超越反过来又给了我一种特别神奇的意想不到的东西，也就是你越超越，这个东西反而越找你来了，很多人不超越，很纠结想得到那个东西，却得不到。举个例子，后来到了九十年代初，1992年，我辗转来到《中国环境报》，邓小平南巡讲话，我们的经济列车又开始启动，经济很热。

祝勇：那时候很著名的一个口号就是，搞导弹的不如卖鸡蛋的。

宁肯：对，经济生活非常活跃。

祝勇：知识分子反倒有点不值钱了。

宁肯：对，一切都开始好像以经济为中心，经济是衡量一切的东西，谁能站在经济的潮头谁就是骄子，我们这个报纸，原来有一个叫广告科，广告地位越来越重要，广告科升格为广告部。我们报纸是一个局级单位，一个部相当于处级单位。那么升格后的广告部主任是谁呢？报社重新挑选。我根本没有想这事，但很多人想去当那个广告部主任。

祝勇：直接跟钱打交道，可以想象。

宁肯：而且有自己独立的账号，而且马上成立广告公司，公司化管理，独立性更强，权力也就越大，我当时只是一个普通编辑，即使从级别上也不可能一下到处级，根本没想，有一天报社领导找到我，说让我当广告部的主任，我去牵头搞广告，我那时候满脑子想的是文学，准备东山再起，经过一番波折，好不容易消停下来了，可以写点什么了，没想到这顶帽子落在我头上。

祝勇：为什么呢，真是挺神奇的。

宁肯：后来我才知道，领导的考虑是，广告部是一个经济前沿，是跟钱打交道，他们首先要对这个人的人品相信。我想我一个去过西藏的人，人品在他们看肯定没问题，因为平时我不自觉流露出来的东西，让人家觉得我身上有一种可信的东西，所以简单地说，他们觉得两个原因，一是我人品适合干这个工作，二是感觉我这个人比较灵活。而这两点，其实都是西藏赋予我的，不自觉地形成了格性的东西。

祝勇：可能你自己都没有感觉到，别人感觉到了。

宁肯：没错，我自己没感觉，别人感觉到了。

祝勇：当处级部的领导是件好事，但是对你来说，又意味着另外一个问题，就是跟你写作梦想是不是离得更远了。

宁肯：对，当时呢，我就做了一个比较大的抉择，就是我到底接受不接受这样一个安排，后来我深入地想了一下，因为我觉得，我的考虑是对的，我还是最好接受了，为什么，第一我觉得我有西藏这样一个感觉，完全艺术化的感觉，但是我实际上，我始终对现实有一种格格不入的东西。当然我觉得作为一个作家，或者艺术家来讲，他有高度的艺术的感觉，同时要有穿透现实的能力，深入现实的能力，这点是我一直所缺乏的，那么，广告部这样一个部门，这样一个经济前沿的部门，这个我可以深入现实，深入当代经济最重要的生活，核心部分，这种东西，好像是上级给我安排，说你是那样一个人，你现在还需要这样一种锻炼，没有办法，当时我有一种被认可的感觉，这是上级的安排，所以呢我就觉得，我当时跟报社签了三年的合同，我说我就干三年，我当时没打算干这么长的，因为我觉得这不是我一辈子要干的事情，但是我觉得是一个机会，是一个锻炼我自己的机会，认知现实社会非常重要的机会，所以就干了三年，干了三年以后，因为当时我也不是说我有本事，那个大潮推着我，就是那三年干得特别好，报社的广告额翻翻地往上涨，从一开始几十万，后来赚到一百万，上升到几百万，最后上升到五六百万，所以想退吧，还退不下来了。所以用了两年的时间退了，也就是五年之后才退下来，这时候退到什么时候，退我写《蒙面之城》的时候，1997 年的时候，在西藏的那种感觉又回来了。

祝勇：为什么这个时候那种感觉又回来了，我感觉一个平常的人，有可能被经济的大潮越推越远，我身边有很多这样的人，一开始是怀着文学的梦想写诗。但是文学太穷了，他说只要我挣够一笔钱我就回来，但是这些人，一去不复还，没见他们，挣够了很多钱之后，就对文学彻底地放弃了。

宁肯：没错。

祝勇：没有人再重新回到这个领域里边来。所以我感觉你在这里的时候，应当是离你的文学梦想越来越远了，因为你的广告的这个事业也是越来越成熟，越来越发展。那什么样的契机又让你重新回到西藏写作这样一个轨道上来？

　　宁肯：所以我有时候觉得这些都属于命运的一种安排，我觉得，其实我在西藏的时候，就写过一个日记，我曾经在我最难的时候我就有过这种上天的感应的感觉，其中说过一句话，"上天既然创造了我，肯定有他的想法"，虽然我当时处在那么一个困顿的状态。所以我有时候会感觉到这种，这是一种上天的想法。那么在西藏这个问题也是，就是到一定程度，突然我就感觉到，你得回来了，当然要有契机，那个契机是什么呢，首先我觉得第一，我心里有一种愿望，就是西藏给我的东西，是不可能丢掉的。

　　祝勇：这么多年当中，这个愿望一直没有泯灭。

　　宁肯：首先它有愿望没有泯灭。

　　祝勇：对，一直存在。

　　宁肯：一直存在，当然，它被现实给弄得很淡，遮蔽了。触发点是有一次，我去谈一笔广告生意，当时我已经开上雪铁龙那种车，法国进口的，已经是站在很前沿的，那时候有车的人很少，我开个车，我到天伦王朝饭店去谈一笔广告的生意，走在路边上，就在东边路边上，我突然听到了朱哲琴的《阿姐鼓》，这事我谈过多次。朱哲琴的音乐对我来讲是一个导火索，所以我当时用了引爆一词，西藏那种感觉都是地雷，都是炸药，许多年了全部压在心里，由《阿姐鼓》引爆了。

　　祝勇：就是这么多年隐藏下面的线索，那根火药线，一直都没有断。

　　宁肯：一直都没有断。

　　祝勇：但是你自己可能不知道，不是很敏感地察觉到。

　　宁肯：没那么强烈。

　　祝勇：但是它仍然存在。

　　宁肯：仍然存在，越发展越大轰动。

　　祝勇：而且在九十年代经济大潮的那样一个环境下，对西藏的那种宗教氛围，文化氛围那种感觉，我觉得它的那种反差更大，张力更大。

　　宁肯：没错。

祝勇：跟八十年代又不一样。

宁肯：不一样，我从广告退下来，我把那带子拿下来开始听，《阿姐鼓》一共是有 7 个曲子构成的。我呢就是听了 7 个曲子写了 7 篇散文，就是《沉默的彼岸》，从那儿开始，把西藏唤了回来。

祝勇：幸亏它就是 7 个曲子，它如果是 20 篇曲子，你会写 20 篇散文。

宁肯：因为听每一个曲子，我都能想到我的西藏的那种生活是一种什么状态，那个情景是什么，所以我觉得为什么有新散文，新散文天然的就是感觉真实，最高的真实，是吧，它是文本，它是生命，是西藏，朱哲琴，是《阿姐鼓》和我的生活。

祝勇：实际上我们原来的散文太单一了，在这种新的散文里面呢，把音乐哲学很多因素调动了起来。

宁肯：对。

祝勇：成了一个综合性的文本。

宁肯：综合性的文本。

祝勇：而且更有力量。

宁肯：对，它的入手跟传统散文完全不一样了，因为传统散文首先你要写时间地点人物，一事一议。

祝勇：把这事来龙去脉说清楚。

宁肯：对，说清楚，对吧。

祝勇：但是它比较平面化。

宁肯：对，比较平面，但是新散文，或者西藏这种感觉是什么呢，它从高处直接横插进来。

祝勇：对。

宁肯：比如你刚才提到的藏歌，开头是什么，开头是"西藏的原野是可以聆听唯其寂静才可以聆听，"我给你念一段。

祝勇：所以还是刚才那句话，就是你对音乐和声音特别的敏感。

宁肯：对。

祝勇：就是在滚滚红尘当中，就是谈广告的这样的过程中，这个朱哲琴的歌声传出了这种音符，这可是在王府井的芸芸众生之中啊。可能只有你一个人介绍到了这个信号，很有可能，别人都是这个耳朵听到那个耳朵冒出去，对吧，一路就走出去了。

宁肯：对对对，别人他没有炸弹，我是有炸弹，有西藏给我埋藏的地雷，我觉得这就是非常重要的区别。

祝勇：那这样的话你的第一部长篇小说《蒙面之城》进展是不是特别顺利呢？

宁肯：进展还算比较顺利，但是我写得算比较认真，前后一直到出版大概用了三年的时间。三年时间我觉得是一个比较正常的时间，当然和现在很多人，三个月写一部长篇小说没法比，我这可是太漫长了。但是我觉得我需要三年这样的时间去写这部书。

祝勇：那这三年当中是个什么样的状态？

宁肯：这三年，这三年基本上就处在一种超现实的状态，就是每天我生活在一个倒流的时间里面，而没有生活到一个现实之中。我生活在西藏，生活在过去，生活在原野上，我觉得，人和现实的关系其实有时非常模糊，我有时候上班，骑车或等公共汽车或者怎么样，都是一种恍恍惚惚的状态，但你也不会出错，也不会说一下把人给撞上，不会，都很准确，但实际你还有另外一种感觉在包围着你，就是这样一种状态。

祝勇：那这个写作过程中，您跟您原来学校的学生，包括就是您讲到的村子里的村民们还有没有联系？

宁肯：我在没写到他们的时候就有些个联系，因为有时候他们到北京来。我跟你说，在拉萨的时候我教书是非常神奇的，我教了三个年级。

祝勇：就一门课？

宁肯：同样是语文，我教了预备班，初二和高二，也就是教了三个年级。

祝勇：课文是不一样的。

宁肯：不一样，就说预备班，是属于小学的语文，我刚到那个学校的时候，学校创办了纯藏族班，过去之前呢，都是汉藏混合班，然后我教这班的汉语，教什么呢，就是先要复习小学的东西，小学的课本拿来重新讲，所以我等于教他们小学的语文，然后还教一个初二班，一个高二班。

祝勇：差别很大？

宁肯：当然了！

祝勇：小学、初中、高中。

宁肯：对了，有一段我同时还在部队兼了一个大学语文，所以那边的生活非常精彩。

祝勇：四项全能？

宁肯：四项全能，哈哈！我教的高二的那批学生里边呢，我回来以后他们就开始考大学了，其中有三个藏族的学生都考上了大学，一个考到了青海西宁，最近的是考到天津轻工业学院，然后是陕西的有一个咸阳民族学院，所以就说他们，天津的那个学生到过北京，到了我家，所以跟他们还都有些个联系。那么在写作过程之中倒没跟他们联系，因为我没有把他们直接写进《蒙面之城》，但是我觉得仍然跟他们有一种精神上的那种联系，我知道他们还在那儿，他们毕业以后又都回到那里边，这个是这样。

祝勇：《蒙面之城》出版是差不多到了1995年了吧？

宁肯：不是，2001年出版的，先在《当代》上连载了两期，然后作家出版社，发行了单行本，当时产生了很大影响。

祝勇：在这之后呢，我知道你又写了两部长篇小说，《沉默之门》和《环形山》，但这两部小说都非西藏题材吧？

宁肯：非西藏题材。

祝勇：那么去年2010年你又出版了一部西藏题材的长篇小说《天·藏》，还获了施耐庵文学奖。

宁肯：还获得了老舍文学奖，这是我第二次获这个奖。

祝勇：那这两部西藏作品之间又隔了十年，为什么又隔十年这么长的时间？

宁肯：这个确实也是一个说来话长的事情，但是简单说呢，因为《蒙面之城》涉及到西藏的时候，是一个比较浪漫的写法，写出了它自然的一面，没有涉及宗教，那种自然的诗意的东西有了，人在大自然的过程很充分，但是呢，我始终就觉得有一个很遗憾的地方，那就是西藏有着巨大的宗教的存在，如果你的作品中没有体现出宗教的味道来，这个西藏好像不是很真实，是更外在于西藏的。作为一个外人来讲，你感受西藏可以把不理解的宗教屏蔽掉，你可以看山看水，是吧，这个没问题，但是如果你想表达西藏，宗教就是一个很大的问题，但宗教对我来讲写入到文学作品非常困难，非常困难，这个东西一直就是等于是把我又难住了，写完《蒙面之城》按理说，西藏题材你可以接着写，但我又无法再写了。

祝勇：这个是非藏族作家写西藏的一个最大的障碍？

宁肯：是，最大的障碍。因为宗教，你了解吗，咱们也多少了解点，但是咱们的了解都属于比较表面的。

祝勇：我们是作为知识来了解。

宁肯：对，知识。

祝勇：但是呢，他们是跟宗教融为一体，宗教是他们的血肉灵魂生命，这完全不一样。

宁肯：对，所以就是说你怎么涉及宗教？你得去感受，比如这个佛像代表了哪些内容？这个壁画上说的什么？它背后都是有内容的，你不了解怎么去表达它，所以一方面就说，我觉得特别容易浮皮潦草地表达，再一个会陷入进去，你一旦开始去研究宗教的话你可能就出不来了，等你研究懂了以后，你可能也就写不了西藏了，就无法再用文学来表达西藏了。实际上我就一直有很多东西想表达，但是宗教又把我困住了，所以这也是我的宁肯这个名字，可能在这儿又起作用了。

祝勇：就是宁肯不写西藏题材的小说，就写两部咱们内地题材的现实生活的小说。

宁肯：对，我也不去触碰它了。其实你说可以不可以写呢，要硬写也是可以写的，但是肯定写不好。后来到了 2006 年的时候，我的一个朋友给我介绍了一本书，叫做《和尚与哲学家》，看了这本书以后对我帮助非常大，一下就解决了我在表达西藏上的困难。这本书简单地说是一个法国人写的，一个法国哲学家，他是法兰西的一个院士，他的儿子许多年前，皈依了佛教，一直在尼泊尔。本来他的儿子是一个科学家，已经读了生物学的博士，而且正和他的导师研究世界上最尖端的生物科学，他的导师当时刚刚获得了诺贝尔医学奖，但是正是在这个阶段，他呢，一次喜马拉雅山的旅行，在印度，发现了西藏的一些个活佛、学者，对他震撼非常大，由此他开始对佛教越来越感兴趣，以至于最后他放弃了他的科学研究，来到了喜马拉雅山，成为了一个佛教人士，皈依了，剃度了，在尼泊尔喜马拉雅山他一待就待了二十年。那么他的父亲呢，一个著名的怀疑论哲学家，当年来讲对儿子这种选择并不赞成，但是西方人是比较尊重孩子的选择的，二十年过去之后，这个哲学家发现，佛教在西方的影响越来越大，而且佛教本身的哲学色彩很浓厚，这老头，这个院士呢，对佛教发生了兴趣，许多年之后就来了尼泊尔，跟他儿子做了一场对话，就是关于哲学和宗教对话，特别是西方哲学和东方佛教的这种对话，它里边有最基础的对佛教的问答。

祝勇：听上去很神奇，哪些回答？

宁肯：比如父亲问：为什么要磕长头？这个转经筒是怎么回事？这些是普通人的问题，同时也有那种高端的，比如在认识论上，在对世界的认识上的提问与回答涉及心理学，哲学，精神分析学等等，所以这本书让我一下找到了一个角度，就是进入宗教的这种角度，从最低端到最高端，让我对表达宗教有了一种信心。

祝勇：又引爆了？

宁肯：又引爆了，因为看这本书我就想我当年在西藏的生活，几乎就是一个僧人的生活，一个星期就要去一次哲蚌寺转一转，村子里还有一个小的寺庙，每天散步都会走到这个寺庙里，有感受没知识，没深度，从来没有深入过，那么这外国父子两个人的对话，一下打开了我的感受的空间和知识的空间，找到了一个特别的外国父子俩的表达角度，于是我才又开始写第二本西藏的写作，才有了《天·藏》，才敢写《天·藏》。

祝勇：这个小说在你这个障碍打开了以后，进展应该是比较顺利的吧？

宁肯：当然，也不是很顺利，也是磕磕绊绊，因为任何一个东西来讲呢，它的主要问题解决了之后它的枝节也很重要，就是：写什么已经解决了，怎么写这又是一个大问题！而且，确实，宗教这个东西进入到文学创作里边，是一个非常有忌讳的问题，你怎么能够让它融合到你的文学里边去？而不是说教的，布道的？因为它属于理性的，甚至教条的，你怎么把它跟自然融合在一起？这些东西都需要你在形式上要做很多很多创新的功课，有时候是非常难的，有时候就是写不下去了，就觉得自己的这次写作是一个失败性的写作。

祝勇：那你有没有怀疑过你这样的选择？

宁肯：怀疑过呀。

祝勇：或者是这样的性格，非要啃一个硬骨头？

宁肯：怀疑过，怀疑过，太怀疑过了，有时候我觉得我写的东西可能是一个没人看的东西，是一个完全犯了写作大忌的东西，因为写作是不能把这种过于理性的东西引入到感性的写作里边。

祝勇：但是，我觉着你在这种怀疑当中，还有一种自信，或者是说你自己非常肯定的东西，那就是你对你的小说有自己的要求，或者是你建构了自己想象中的小说，《天·藏》，还有你其他的写作，跟咱们书店里面流行的其他的小说完全不同，你有你自己的坐标系，我觉得你可能比较喜欢《没有个性的人》这样的小说。

宁肯：对对，我认真读过穆齐尔的这本小说，还有，就是，我感到困难，但我没有放弃，虽然我一直在怀疑自己但是我没有放弃，我在找原因，在尽量地磨合。其实我做的很多工作是修改，这书写了将近四年的时间，其实初稿大概用了一年多一点时间就写完了，但是没法看，天翻地覆地改了两年，改什么？就是磨合，就是把那些不兼容的东西让它兼容了，通过我的这种功力，我的这种努力，达成了，有时候我觉得，这东西也就是我写，我要不写恐怕就再没有人能写出这个东西来了。

祝勇：实际也是这样子的！

宁肯：也是这样。

祝勇：《天·藏》你不写就没有人写。

宁肯：真是很难写，因为它把那么多宗教的历史浸润在了一起。

祝勇：还有哲学性的。

宁肯：对，哲学性的，这太难了，按理说人们会批判一个小说有过多哲学色彩宗教色彩的东西。

祝勇：因为我们中国的读者，没有这样的要求。像德国，是这样偏执的这样一个国家，一个民族，日耳曼民族，所以它会产生那种理性比较重的小说。

宁肯：对。

祝勇：像《没有个性的人》这种书，中国读者没有这样的要求，读者只要好看，所以中国人是《三国演义》《水浒》渲染出来的，没有这个要求。

宁肯：没错。

祝勇：这样的话，你在写作过程中，是不是觉得非常孤独呢？

宁肯：非常孤独，当时这个写作，其实来自两方面的困难，一个是读者，我估计会非常少，因为这么一种深奥的小说，这么一种非常个人化的小说，而且刚才咱们说到西藏又是非叙事的，这里边确实是叙事不多。

祝勇：没太多故事，对于期待故事离奇情节的读者，它满足不了。

宁肯：对，你要想找到一个好看的故事，在我这里你找不到，但是你要想找到一个人是怎么存在的，是怎么生活的，可以在我这书里边找到，因为有一部分读者他更关注就是：我通过看你的书看你的人物得到精神满足，小说可以没有精彩故事，但是必须有精彩人物，有些读者就是始终盯在小说人物身上，他是怎么存在的，他的存在有多少跟我产生共鸣，我是在这样一个意义下写作的。

祝勇：这个小说的真实终极目的，还是呈现人的存在对吧？

宁肯：对，没错。

祝勇：用小说这种方式跟读者进行交流和沟通，如果没有这个层面上的意义的话，那些故事是没有价值的。

宁肯：没错，没错。

祝勇：也就是说一般小说，你这故事再精彩再离奇，跟我有什么关系呢？

宁肯：没错，所以我觉得我的小说，这个《天·藏》，跟传统小说最大的区别，就是，传统小说它是通过让你做一个梦，给你讲一个故事，让你都忘记了你的存在，就像好莱坞的梦工厂，看完电影一散场就完了，你从中获得一种什么？那么我的小说是让读者始终是在场，你不会觉得读我的小说像做一场梦，你是非常清醒地意识到小说中的人物的存在以及你个人的存在，这是这个小说最大的特点，虽然大多读者不习惯这样的小说，但是我觉得中国需要这样的小说。

祝勇：非常需要！

宁肯：因为要提升我们小说的品质，怎么提升？不仅仅是在故事层面。

祝勇：实际，叙事是小说的一个手段，并不是小说的本质。

宁肯：对，没错。

祝勇：小说的本质还是描述人的生存状态，一些思考性的东西，所以八十年代的中国先锋小说在这方面做了一些探索，但是到九十年代特别是新世纪以后，中国的小说实际上是在大幅度地后退了，不是在往前走，而是在往后撤，包括一些当时很具探索性的先锋小说作家，都在回归到情节，回归到故事。

宁肯：他们大面积地溃退。

祝勇：溃退，回到《三国演义》回到《水浒传》。

宁肯：这个和市场的经济有关系。

祝勇：对，在这样的一个氛围之下，其实你的小说呢，实际上接续了这样的一个中断的传统。而且，我觉得还很像那个新浪潮的电影。

宁肯：那种作家电影吧。

祝勇：作家电影，罗伯格里耶。

宁肯：对，我关注他们的东西。

祝勇：他们做了一些探索，包括放大这样的电影。

宁肯：其实我在《天·藏》里面也提到了什么新浪潮电影之类的，所以这种影响痕迹是很自然的，因为我觉得对于八十年代来讲，其实留下了非常宝贵的经验，但是最后没有继承下来。

祝勇：没继承，是被当成一个负面的东西给扔掉了。

宁肯：我们老是那种狗熊掰棒子。

祝勇：对，这非常可惜。

宁肯：本来，一个好东西它应该延续发展壮大，但是它中断了，所以我想呢，他们消失了，但是他留下的那种影响还在，肯定还有人接着那种探索的精神，表现人的本质的东西，接着往前走。不仅仅是我，其实现在还有其他作家也都在往前走，据我了解，只不过现在还不是特别被人注意，所以我觉得将来这个时代你看吧，等到这个时代水落石出的时候，我们在清理这个时代的时候，会发现很多好东西，我绝对相信。

祝勇：那我们就读一段你的小说？

宁肯：好啊。

祝勇：这样我们更真切地感觉到你的，感受到你的追求。

宁肯：对对对，这种接续八十年代的探索精神上的这种小说，特别是在小说的开头上就已经体现出来了。

祝勇：那我读第一段。

宁肯：好，我也想听。

祝勇：小说的开篇是这样的，我的朋友王摩看到马丁格的时候，雪已飘过了那个午后，那时漫山洁白，视野干净，空无一物，在高原，我的朋友王摩，说你不知道一场雪的面积究竟有多大，也许整个拉萨河都在雪中，也许还包括了部分的雅鲁藏布江，但不会再大了，一场雪覆盖不了整个高原，我的朋友王摩说，就算阳光也做不到这一点，马丁格那会或许正在看着远方或山后更远的阳光呢。事实好像的确如此，王摩说马丁格的红氆氇尽管那会已被大雪所覆盖，尽管重者身处也覆满了雪，可看上去并不在雪中。

祝勇：非常奇特的一段描写，从一场大雪开始，然后你说到雪的面积。

宁肯：是这样，用了这样一个词。

祝勇：很少有人考虑到雪的面积。

宁肯：下雪和面积有什么关系呢，人们不会这样想。

祝勇：对，然后这个阳光面积有多大，雪的面积和阳光的面积谁大？就是这种感觉完全是一个新浪潮的感觉，新小说的感觉。

宁肯：但它本质上也是西藏的感觉。

祝勇：也是西藏的感觉。

宁肯：就是说你即使没有意识到新浪潮，没有这样的概念，也会出现这样的描述，为什么说这是西藏本身就有这样的东西，因为西藏就是这样，特别是下雨的时候最明显，东边来了一块云彩，下了雨，那边还就有阳光，雨雪总是局部的，就是那种局部，因为旷野大了之后吧，任何一种天象都带有局部性。

祝勇：都不是覆盖性的。

宁肯：都不是覆盖性，覆盖不了，所以有时你脑子里就会产生一些局部的感觉，我忠实地把这种感觉给它描述出来了。

祝勇：所以这个小说的格调，从第一段的描写中就奠定了非常强烈的，非常浓厚的西藏的感觉。

宁肯：所以，我觉得任何的艺术的本质来讲，其实主要还是受到现实的影响。就是，你在现实中深刻地感受到了什么东西，它肯定会用它自己的方式有一天会出现，甚至会出现这样的一个词汇。说句实话，当初我也没有想到用"面积"这样的词，一场雪的面积，我们过去很少用这个词，但是我觉得只有在西藏生活过，你才会发现这个词很新鲜。

祝勇：但是很准确，没有比它更准确的词汇了。

宁肯：所以，这就是西藏。

第二辑　旅行

我的二十世纪

虚构的旅行

一次沉默的旅行，很像一场无声的梦游，只有视觉和场景的移动，语言消失了。列车在约纳河秋天的田野和小块的森林中穿行，可能已过了枫丹白露，可能还没有，我不知道。在陌生语言的土地上，我的语言成为神话，许多天来我的沉默像一棵树的沉默，我穿越了比利牛斯高地，整个行程未出一声，也未曾与一条河相遇。也许不远处有众多的河流与我同行，而我一无所知？直到近海我才见到一条像样的河流。我不知它的流向，它好像突然出现在我的前方，但也可能始终在我的背后。没有语言一切都不能确定，就算我手握地图，我的旅行仍带有梦幻的性质，甚至像一场虚构的旅行。

睡眠与场景

我不能确定这是否是一个港口城市，空气中的湿度与机油味在我最初醒来时，我还以为真是一个港口城市。但显然不是。湿度与海风无关，海还很远。我醒了，点上一支烟，把头伸向窗外。这里离机场很近，是个新区，星光浩渺，隐约有一些高地，看上去像夜视镜下的光感。我的睡眠有点像白夜，大约只睡了一两个小时，显然被另一个太阳照醒，而这里仍是黑夜。到旅店已经很晚，我记得当时看了下表，那是我每天睡眠的时间。一些此地午夜的男人女人正在进入大堂的酒吧，女人们没进吧门就快乐地扭起来。吧门敞着，音乐摇晃，诱人，触及身体，让人想入非非。

上楼，开了房间，洗去旅途倦意，换了件新衬衫，我想也许应该下去喝一杯，那儿的音乐不错。没坐电梯，沿木梯走下去，磨损过度的梯铁清晰地发出了我的踢踏之声。这是一座六层的旧式酒店，木结构，有一种灰尘被擦拭后的芳香。我喜欢楼梯，特别是一个人下这种旧式楼房的楼梯，那时我会感到一个人踩着了时间的琴键或者拨动了墙上古老的挂钟。整个建筑好像空无一人，只有我与楼梯发出的声音。我清楚地意识到我是一个下楼梯者，同时又像时间中的影子，我进入了某种事物的内部。过去楼梯是引发古典爱情的场所，无论回眸还是拥抱，由于楼梯的暂时性使那种爱情让人陶醉。后来楼梯引入了悬念，更多时候成为谋杀现场，古典爱情一去不返，福尔摩斯成为楼梯的主角。我觉得福尔摩斯才是真正的但丁，人们正是通过福尔摩斯才开始进入了现代：由楼梯到电梯，凶手在古老的楼梯上消失了。我喜欢楼梯，但一切都已不可能。令我奇怪的是，现在楼梯虽然空无一人，形同虚设，但看上去仍然有人时时擦拭，扶手、雕饰一尘不染，像永恒的没有下文的悬念，或者是对福尔摩斯的缅怀？

酒吧本身像一件木质乐器，声音老旧又轻佻，我稍稍迟疑了一下，这也是我多年的习惯。站在门口，烛光不错，人很多，音乐已开始热烈，有一种老熟的氛围，显然这不是一个为异乡人预备的酒吧。异乡人酒吧一般是安静的，音乐成为背景，歌手成为装饰，歌手低吟，孤独的人在一起仍然孤独，因此通常我愿去那些熟客酒吧。异乡人置身熟客酒吧有点像看老电影，看别人的梦自己置身事外。侍者似乎并不欢迎我，神情冷漠，但还是把我带到一个有格栏的座位上。酒吧坐得很满。侍者问我喝点什么，我想是这样，我说了想要的，使用汉语。侍者摇头，就像他说话我摇头一样。侍者走了，不一会端来一个托盘，上面放了一杯啤酒，正是我想的。如果我继续摇头或使用我神话般的语言？我想还是算了，算了吧，你不应该有什么不满，啤酒是通行的语言。

烛光，烟雾，音乐，人们在吧台或格内饮酒、喝咖啡，一些人在跳舞，贴得很近。环视四周，像我这样一个人的仍有一两个，我不再觉得孤立。我呷着啤酒，渐渐地看清了所有的人。人们三三两两一起，显然是本地人，让我奇怪的是跳舞的人大多是女人和女人，男人和男人，很像我早年记忆中的大学的舞会，那时因为初学，同性间多有练习者，几乎称不上舞会。我记得我最早的一个舞伴是个比我大七岁的一个一脸胡子的家伙，东北兵团回来的，自称祖上有匈奴人血统，是我们班长，我们缠在一起，都笨得要命，像那种上不去槽的牲口，马或骡子。但这里看上去不同，虽是同性之间，但温文尔雅，自然贴切，甚至温情脉脉。我看见两个女人在接吻，很美。后来又看见了男人之间，就像骡子和马那样，有着很长的胡须。我有一种被灭的感觉，就好像我接受了或者我凑近了我们班长，我听到我的胃尖叫了一声。

或许这同样是我醒来的原因？我梦见谁了？

窗外一种类似雾一样的东西正在升起。往事混乱。吸烟。一支接一支。渐渐地我看到了事物的轮廓，事物在夜晚也有轮廓，但那是静止不动的轮廓，而晨曦中的轮廓是变化的，甚至是诞生的。我看到白带一样的公路怎样从黑暗中脱离出来，一辆汽车由近而远，开得很慢，在转弯的地方消失在一片丘陵中。那是一片起伏的坡地，完全为草坪覆盖，坡地植被比柏油路从黑暗中呈现得要朦胧一些，因而也更宁静一些。我看不到绿地后面的事物，坡顶隐约有一件雕品，后面是天空。我猜那儿可能是个有纪念意义的场所，或者是个街心公园，我猜对了。

天已发亮，但城市还没醒来。我走出酒店，感到清爽。如果说西方人通过夜晚延长生命，那么东方人则在清晨观照生命，与自然同步。我们喜欢早晨，因此我们生命中的混乱远远小于西方人。街上整洁，没有一个行人，零星的出租车停在道边上，洒水车的驶过使空气充满湿度，暖色调玻璃幕墙建筑构成了新区的现代性。坡地上的公园是开放式的，没有围栏，简明，具有抽象意味。我是惟一踏上公园缓慢石子路上的人，我惊动了一些道两旁矮树上的鸟，或者没有惊动，它们的鸣叫是欢快的，动人的，事实上可能与人无关。

拾级而上，通过一处人工水池和稀疏的瀑布，来到一片齐整开阔的水泥砖地上。是个小广场，两侧是构成风景曲线的黛色坡地，一张白色的圆桌，几把圆背椅，不像是给人坐的，像是静物，它们的亮度在早霞的阴影中显得十分特别。随着高度的上升，我接近了山顶上的雕塑。雕塑是金属的，气势宏伟，凌空欲飞，大致可能想象成鸟一类的事物——光线几乎是一瞬间有了变化，一缕明白无误的霞光打在雕塑上，我不禁回过头，看见身后绯云漫卷，朝霞满天。太阳刚刚露出金边，在对面山坡黛色曲线上，须臾之间已露出半轮金盔，然后一跳，升起来了，连同一幅绚丽的逆光画卷。太阳虽然升起但对面非感光的山坡、草坪、中部开阔地，以及那组白色圆桌椅仍在大面积的逆光里，而山坡曲线之上一组高旷的几何框架式雕塑、方柱以及树团组成了一组透视感极强的逆光剪影，雨后形成的水洼正在感光，破碎但水天一色。我登上山顶，像雕塑一样感光。马德里在已照耀中，我差不多看到了她十五世纪灰白色建筑，街景，雕像，教堂，以及广场。

时间戏剧

约纳河将把我带往另一个城市，在幻觉的一动不动的旅途上，我能记起一点尼斯的是它的海水，我刚刚离开那个小城，那时天气不错，阿尔卑斯山伸向大海，卵石构成岸，因此海水非常蓝，比天还蓝。我曾在高原的拉萨河的蓝中照见过自己，在这里又发生了同样的事。我掬起海水，一如当年掬起拉萨河，我想看看水到了我手上是否还那样蓝，是否还像宝石一样，结果发现了我的手指和掌纹，它们几乎被放大了，我无法形容，感到陌生。我不好说我的手变得有些女性化，但我确实觉得那像别人的手或者女人的手。我从黄昏看到夜晚，看到阿尔卑斯山的夜色对蓝色海水的入侵，女性化的尼斯凉下来，沉在黑暗中。我觉得任何一处海水都不像尼斯的海水那样不喜欢夜，即使邮轮和岸上的辉煌也不能改变海水的黯然失色。

街上，夜晚的美丽如同烟花的美丽，极尽繁华，被称作英国人或法国人散步大道两侧酒店林立，光芒四射，灯红酒绿，所谓的天上人间大致如此。我承认我感到目眩，同时也知道这一切与我无关。我离开海滨，背对奢华，向偏僻山麓走去。我的眼睛渐渐变得安静下来，阿尔卑斯山下的小城在山脚展现出原有的朴素与真实，街角的啤酒桶，石径，漆黑的金属窗棂，寂静的酒吧，这一切都更吸引我。我走进一家小酒馆，要了啤酒，靠窗坐下。这里过往游客不多，游人都在海滨大道，在夏纳，因此这里显然是老主顾，甚至连背包客也没有。小酒馆古色古香，有吧台，靠窗的桌，雕花木格刚刚高过桌面，大体把客人分隔开来。

没有注意我，东方人在小城已司空见惯。酒馆很老，以至我没看见一个年轻人，大多是中年人，他们坐在磨损的吧台上，饮酒，互相调眼色，显然是为了包白头巾的老板娘。一个显然喝了不少，舞动酒杯，神气活现，喋喋不休向老板娘说什么，拉老板娘的衣袖，后来竟跳下吧椅原地旋转起来，非常专业，不能小看这个人，说不定他是个舞台艺术家，至少曾经是。大约潦倒了，这人形消骨瘦，酒使人瘦，现在他是个十足的酒鬼。他转了一会回到吧椅上，拉老板娘衣袖，老板娘神清气定，倒酒，擦杯子，打酒鬼的手，看也不看酒鬼，就像舞台上一样。这正是我要找的，想看到的，这方面我已有相当的经验，我同样是个角色——我是说在可能的别人的眼里。但我没发现这样的眼睛，我与小酒馆已融为一体，时间短暂而漫长。我希望有人在酒馆写作，比如马尔克斯或海明威或本地的诗人，但是没有，没有一个作者。

吧台靠门的另一个人，戴着细边眼镜，脑门很亮，不是年轻人，但神态干净天真，衣着得体，一直不说话，只是表情与周边有交流，非常谙熟的交流，显然也不是一天两天了。这是四个人中惟一读书人的模样，让我想起萨特或尤奈斯库还不太老的时候。不过我不认为他是个戏剧家，他顶多是戏剧中的人物。我们的左侧，也就过道上，还摆了一套桌椅，它们本不在格局之内，却摆在了过道里，像是临时加的，离我大约一米的样子，一直趴着一个女人，半天都不动了，从侧面看她脸色暗红，头发卷曲，她身后站着一个瘦弱的男孩，大约十一二岁的样子。不用说女人喝多了，这一点甚至从男孩的表情上也可以看出来。我觉得男孩像《词语》中的少年，看上去无奈，镇定，甚至冷漠。他的母亲在这儿喝多了，并且经常如此，他没有办法。就算事已至此，已足可以让我在旅途中闭目品味，比如古典的欧洲，文化的欧洲，甚或没落的欧洲。文化因没落才愈显其价值，而勃兴总是遭诟病，据说法国人从不把牛仔放眼里。这是说不清的事，我更同情法国一点。

我继续讲这对母子。我记得当我的啤酒要到第二杯时，女人突然抬起头，睡了一大觉似的望着前方，眼底浑浊，肤色很深，即使不喝酒也不是老板娘的白嫩皮肤，如果把头发梳一下仍是个有品位的女人。女人并未感到我注视的目光，当她做梦似的突然朝向我，我们相视，各有各的理由。男孩向女人指了指我，对女人说了些什么，然后女人对我说了句什么，我摆摆手。我不想招惹她，无论她是向我打招呼，还是问我是否能请她喝一杯。在她眼里我大概是那种典型寡味的东方人。女人摇摇头，拿起酒杯，酒杯空空如也，她发脾气地放下，又埋下了头，像刚才一样。我以一种平静观察着一切，也拒绝着一切，我让她感到不愉快。男孩与女人说的话无疑与我有关，但时至今日我不知他说了什么，我甚至猜测不出男孩能说什么。女人显然是由于男孩的指点才醉眼蒙胧注意到我，男孩会提醒母亲让一个陌生人请女人喝一杯吗？如果不是，那么男孩的意思是什么？也许仅仅是让女人清醒一点？难道东方人看着就让人清醒？

女人埋头后并未再次进入梦乡，而是慢慢地向后滑，椅子发出了吱吱的响声，到了一定程度男孩终于出手，拉住了女人。男孩拽起女人，非常吃力，我看到男孩的脸都憋红了，应该有人帮男孩一把，那么多老主顾，但是没有。男孩把女人一只醉了的手臂吃力地放在自己肩上，搂着女人的腰开始向外走。其实我并不比别人冷漠，我发现在场的人甚至比我还若无其事，只是躲闪，没人伸出手。一个十岁男孩架着出了名的醉鬼母亲，我想这大概是事物的核心，是经常上演的生活。至于男孩的父亲，我想这里人比我清楚，不过我知道，现代的父亲似乎比战争时期失去的还要多。都去哪儿了？谁知道呢。

女人坐着的时候，醉态还不明显，一旦站起来头发散了一脸，跌跌撞撞，根本不能走路，途中又被桌腿绊了一下，突然向下倒去。那一刹那，我看到少年萨特拼出全力撑住了母亲，没让女人倒在地上，而是顺势趴在了邻近的桌子上。男孩真是了不起。现在，他面对烂醉如泥的母亲，一点办法也没有了。女人伏在别人桌上并越过了桌子，脸朝地面，两手无力地垂下，头发如瀑垂到地面。如果女人不是大醉男孩尚能扶着母亲回家，现在男孩只能向别人屈服。他转过身，迟疑地，向着吧台的男人们。他走到戴圆眼镜男人跟前，向男人说着什么。这种情形显然不是第一次，男孩大概求过所有的男人，我不认为每次都是无代价的，男孩绝望的但并不热切的祈求完全是听天由命的，显然是碰过壁的。戴眼镜的男人迟疑了些时候，不情愿地或者重复以前地下了吧台，与男孩走过去，很熟练地一同架起头朝下的女人。我想假如这个男人是男孩的父亲？这个有可能吗？那将是一个真正戏剧场面，那倒符合真正的荒诞精神。但日常就是日常，日常比戏剧更让人无奈。女人虽然醉了，但就在男人架起女人的那一刹那，我甚至认为女人是清醒的。我看到了女人血红眼睑中深黑的眼睛那里看着什么，我无法形容，我认为我看到了杜拉斯晚年的眼神。我一直目送着三个叠在一起的人。三位一体。他们过了十字路口，消失在一条小巷。我想，假如男人不回来了？如果不回来，那么他会是男孩的父亲？我期望是，但我觉得是比不是还悲哀。

我的想象尚未完全展开，就已看见戴眼镜的男人。他回到酒吧，像什么事也发生一样，仍坐在原来的吧椅上，喝那杯马提尼酒或杜松子酒，而不是啤酒。我的戏剧精神再次回到现实，那个转圈酒鬼仍跳来跳去，追包着方巾的老板娘，神气活现，拉老板娘的手，被打掉，把杯子递上去，再来一杯。我似乎被感染，要了第三杯，品着时光以及我自己。我非但没有世纪末叶的感觉，反倒有一种回到世纪初之感。我觉得一切都没变，光阴，时序，布景，酒，光感。《等待戈多》是一个糟糕的戏，是一种纯文人形而上的挣扎。这里根本没人在等待，等什么呢？人们活着，平淡，孤立，极端个人，品着每一秒钟的生命，被每一个具体的想法、时态与细节引向时间深处。深处一无所有，像河流，带走一切，周而复始。

巴特之塔

莫泊桑站在铁塔上说，铁塔是巴黎惟一一处不是非得看见铁塔的地方。罗兰·巴特进一步说，在巴黎，你要想看不见埃菲尔铁塔，就得时时处处小心。这些话说得巧妙但华而不实，倒是法国人的风格。我见到铁塔是困难的，在飞机上和里昂到巴黎的火车上我都没一下见到铁塔。当然我最终还是见到了。铁塔不宜近看，还是远观或停留在明信片上比较好，近看太真实，太简单，我不喜欢铁塔，一点也不喜欢。当我置身于铁塔之下，我发现无论是我还是铁塔，都有某种东西开始脱落，我觉得铁塔丑陋无比。我的天空被巨大的穹隆笼罩，梦想的巴黎被铁条分隔，我不能说感觉自己像个囚徒，但我确实感到巨大的紧张、压抑，甚至愤怒。

没有灯照的铁塔毫无美感，就是一堆生铁，简单生硬，完全是由简单的几何逻辑构成了它的强大、繁复与极端向上的空间。由此铁塔甚至产生了一种不可理喻的或者说非理性的东西，正如一种抽象理性发展到极致就成为不可理喻，不可一世。铁塔绝不像它在明信片那样与法国协调，那是被各种辅助手段虚幻的结果。事实上铁塔在法国出现得十分怪异，我觉得铁塔某种意义更像是德意志哲学的产物，铁塔是一种超越与疯狂的哲学，像尼采或瓦格纳的歌剧。我不知道俾斯麦或希特勒站在埃菲尔铁塔上是否感觉更好一点，但我知道后者的宣传部长一到巴黎便上了铁塔，并大喊大叫。

铁塔不代表法国精神，至少它与法兰西文化无关。

我后来查阅历史，铁塔建立之初并非没有争议，事实上很多人反对铁塔，巴黎人不仅觉得它破坏了巴黎，而且还是不祥之物。法国人的天才在于他的本能与直觉，通常都是对的。从后来情况看也证明了铁塔是不祥之物，两次铁血战争甚至欧洲的被超越，很难说与铁塔没有神秘的联系。铁塔预示一条没有边界的指向，至今仍有某种精神想握住它，仍在起作用。拆除铁塔的动议在世纪之初一直不断被提出，有几次几乎已决定了。但随着时间推移铁塔获得了时间的许可，强烈的不满与愤怒中若干次几乎被动议拆除，动议早已销声匿迹，一切都已不再被提起。法国人后来做的全部事情就是诠释铁塔，美化铁塔，改变铁塔，以至巴黎实际上存在着两个铁塔。

是的，法国人一直在做一项工作：试图改变铁塔或用语言重新建一座铁塔，使铁塔成为全人类的，而不再是异己的不祥之物。语言的铁塔行之有效，以致全世界都相信铁塔已取代巴黎圣母院成为法国的象征，精神的出口，某种通往天空的梦想的捷径。铁塔不再是怪物，成为典型的现代神话。

解构主义者巴特在结构铁塔时显示了他语言的天才，巴特不再纠缠铁塔本身对人类本能的伤害，而是转而对铁塔的功能展开了语言分析。首先，巴特《在埃菲尔铁塔》一文说，铁塔在诞生之前就已经存在人们心中了。虽然这几乎是一句废话，但它的确带有一锤定音不容置疑的性质。我们为什么要去参观埃菲尔铁塔呢？巴特说，毫无疑问，是为了参与一个梦想，铁塔并不是一种通常的景物，走进铁塔向上爬去，沿着一层层通道环行，等于是既单纯又深刻地临近一种景象，并探索一件物体的内部，把旅游的仪式转换为对景观和智慧的历险。

"每一个铁塔的参观者都在不自觉实践着结构主义：巴黎在他身下铺开，他自动地区分开各个地点，但并没停止把各个地点联结起来，在一个大功能空间内来感知它们。他在进行区分和组合，巴黎对他呈现为一个潜在的为理智准备好的、向理智开放的对象，但他必须运用最后的心智活动亲自将巴黎结构出来。让我们在铁塔上看一看巴黎的全景图：你可以分辨出由夏约宫倾斜而下的山丘，在那边是波罗纳森林。但凯旋门在哪呢？你看不见它，它的不在，迫使你再一次审视全景，寻找这个在你的结构中失去的地点。你的知识在和你的感觉作斗争，而且在某种意义上这就是理智的含义：去结构。"

这是迄今为止我见到的对铁塔最成功的辩护，但我仍然不能同意巴特的观点。当巴特把铁塔当成巴黎的"眼睛"，巴特的确是杰出的，问题在于你是看铁塔，还是看巴黎？巴特难道可以只让人们借助铁塔"结构"巴黎而对铁塔视而不见？让铁塔也像人一样成为自身视觉系统的盲点？事实是当我还没置身于铁塔之上，铁塔就已让我的视觉系统因震慑而目瞪口呆，我的"智慧的历险"更倾向于此时对铁塔的专注，抓住内心的反弹不放。我是固执的。我对巴黎并无研究的兴趣。夏约宫在哪儿，凯旋门在哪儿，波罗纳森林在哪儿，这对于一个匆匆的过客真的有意义吗？仅从巴特对铁塔的辩护，显然巴特仍是一个结构主义者。巴特的盲点显而易见，《埃菲尔铁塔》一文只对法国人有效。

圣米歇尔大街

丧失了汉语，我和巴黎都成了盲人。白天一整天沉默的奔波之后，是夜晚的沉默。巴黎灯红酒绿，满目浮华，光怪陆离，但我却常常不知自己身在何处。我不知道哪是先贤祠、凯旋门、香榭丽舍大道？哪是圣心教堂、玛德莱娜教堂？我究竟是在蒙马特高地？还是在圣米歇尔大街？这些当然是书上的巴黎，我在书中熟悉它们，但置身现场我却茫然无知。我很想到圣米歇尔大街碰碰运气，我听说那里有许多旧书摊，早年的海明威经常去那里，甚至晚年在开枪打死自己之前还到了圣米歇尔大街旧书摊闲逛。我听说有一年海明威这头老狮子隐没在圣米歇尔大街旧书摊和巴黎青年大学生的人流里，结果被当时还默默无闻的年轻的马尔克斯发现。马尔克斯激动而又矛盾，不知道是该上前请求谒见，还是穿过林荫大道向老人表达仰慕之情。马尔克斯觉得两者都极为不便，情急之下，他把两手握成杯状放在嘴边，如同丛林里的壮汉站在人行道上朝对面喊道："艺——术——大——师！"这事是马尔克斯自己说的，马尔克斯后来写道："欧内斯特·海明威明白，在这一大群学生中不可能会有另一位大师的——海明威转过身来，举起手，亮着孩子般的嗓音，用卡斯蒂亚语高声喊道：'再见了，朋友！'这就是我见到海明威的唯一时刻，那时我游荡在巴黎街头，毫无目的和方向。"

另一则故事，我记得是在《读者文摘》上看到的：一对美国情侣来到巴黎，在一家咖啡馆看到了海明威打电话的侧影。两个年轻人决定请海明威过来喝一杯。这是典型的美国人的性格，结果，海明威真的被两个年轻人请了过来。海明威称赞了女士的美貌，呷了几口啤酒，说还有事，与年轻人告辞。两个年轻人非常激动，但令他们更为激动的是，结账时发现海明威已把他们的账付了。

两个故事说明了什么？显然后者比前者更朴素，更符合海明威的特点，但意义不同。马尔克斯是小说家——不是说我不相信小说家——但我认为马尔克斯显然虚构了一些东西。这当是马尔克斯的特权，他有权虚构任何事物，包括自传、回忆录、与某人的会面。某种意义，在巴特看来写作已不存在真实与虚构的区别，一切皆为文本。不过在文本中指出哪些可能是虚构部分，我认为仍有意义。比如说马尔克斯见到海明威也许是真的，喊"艺术大师"是可能的，但海明威的回答呢？回答是一回事，需要回答是另一回事。如果马尔克斯需要回答，那么海明威就必须在马尔克斯的文章中回答，这就是文本。

但我认为不用说回答，就连马尔克斯的大声呼喊的回声可能也不会有。但十年后马尔克斯写出了《百年孤独》，海明威的回答就成为一种必然，因为它等于告诉人们孤独与回答存在于每个人的内心与幻觉之中。可以想象当年还处于茫然中的马尔克斯在巴黎街头是怎样的孤独，他的国家在遥远的拉丁美洲，那里正饱尝着马孔多小镇梦魇般无人问津的战争、噩梦、残酷和军人统治。因为偏于一隅和文化的隔膜，他孤独的呼喊从没人听到，甚至根本没人有耐心倾听。那么当年的马尔克斯来到巴黎是要倾听西方，同时还是寻求西方的倾听吗？他太需要海明威的回答了，哪怕"魔幻"地回答一声。

我在巴黎没见到任何人，有时我觉得咖啡馆里坐着萨特或加谬，我坐在他们曾坐过的椅子上，但很快我就觉得这世界上只有我一个人。我找到了一个书摊儿，就在塞纳河边上，但书上的字我一个也不认识。我看到巴黎青年大学生了吗？没有，在我看来所有人都是游客，都是我不认识的字。

但是回到房间，回到书里，一切又熟悉起来。

红磨坊

走进红磨坊之前我一直认为红磨坊与面包有关。我不知道是怎样形成这种印象的，好像是在人们谈论法式面包时，听到过红磨坊这个词。那时我居住的那个城市已出现了多家装潢考究的面包房，不少是同法国人合资的。而且，谈论同法国人合资面包房的事在我身边就有几起，后来都不了了之。因此我的潜意识里大概固执地认为红磨坊是法国的老字号，就像我们的六必居、爆肚满、酱肘子。带着这种印象，我被带到了红磨坊，据说是来看舞蹈，我不太理解。

红磨坊灯红酒绿，光怪陆离，霓虹灯风车闪烁不定。风车是红磨坊的标志，它显得非常巨大，仿佛整个巴黎就是由它转动的。我看不出一点面包或酱肘子的迹象，豪华耀眼的装潢也没有一点面包房的影子。入门之后，宽敞的过厅似乎有无数种绚丽的灯光向我射来，两侧的招贴画舞女纷呈，大腿亮相，妖娆惑众，我不再想面包的事。来这儿的人衣着考究，存包、领牌、被侍者引领，像参加某种庄严的仪式。我有一种预感，我觉得这里是巴黎的一个重要入口，一个神秘的核心地带。我被带到古色古香的二门，二门是关着的，我走到跟前的时候它自动打开，里面的侍者把我接进去，门再次关上。在巴黎，作为一个过客，我一直有一种被拒之门外的感觉，现在我觉得窥到了一点什么。

座位是预订好的，还在比较靠前的地方。侍者带我到我的座位上，同桌还有另外三个陌生国籍的人，可能是法国人或英国人荷兰人西班牙人。我从来弄不懂他们，就像他们也常把我当成日本人越南人或高丽人。侍者提来一篮子葡萄酒和香槟酒，示意我可任选一种。我要了一瓶香槟酒，这是我应得的。舞台很大，灯光空明，演出还没开始。

我不知道怎样称呼这里，是大型酒吧，还是剧场或宴会厅？总之，这儿不是一个单纯的场所，这里大体由三部分组成：舞台，围绕舞台的环形酒吧，剧场（阶梯依次上升，一直排列到黑暗的后部）。整个看去大致可容纳千人观赏、就餐，座无虚席。我的位置距舞台只隔了三排餐桌。侍者穿行，不少人除了饮酒还在就餐，不时用餐巾抹着嘴。

我有点后悔要了香槟，我应该要葡萄酒。实际上这两种酒我都不想要，我实际上喜欢啤酒，想要扎啤，那种大扎的，像在爆肚满或东来顺那样的大扎。香槟太让我扫兴了，我又不是绅士。

不，我要啤酒。我招呼侍者，把香槟推给他，连比带划，怎么也表达不出啤酒的意思。后来突然想起啤酒是外来语，啤，我说，啤儿，比尔，屁尔——侍者终于点头了，收起香槟，不一会送来啤酒。

这时演出开始了。我感到一种满足。

音响轰鸣。震耳欲聋。大幕一瞬间被拉开，巨大的视觉冲击由于毫无准备感觉突然掉进另一世界。原来我以为舞台不大，结果幕一拉，场面如此宏大、绚丽，以致使观众的空间突然变小了，观众一下子面对了欢腾绚丽的海洋：百名表演者像天女散花，像无数从壁画上走出的美女，她们向你微笑，向你歌唱，向你震颤，向你展示她们的羽毛，霓裳，乳房。特别是后者，如此盛开、逼真，让人难以置信。中间领舞者是一男一女，以这两个人间尤物为中心，展开为拥抱观众的宏大的由霓裳和敞开有胸部构成的整体造型，而布景具有古罗马的建筑风格，远景是希腊的天空和海洋，穹顶和两侧是铺着红地毯的楼梯，楼梯伸向观众，每个梯级上都站着各国古典风格的裸体造型，就像雕塑那样。但她们是真人，她们是生动的，鲜活的，眼睛和睫毛在眨动、传神，乳房和胯的颤动仿佛表明她们似乎正欲从历史建筑墙壁中走出来。她们是虚幻的，又是真实的，真实得无以复加。如此古典的大规模的霓裳、胸部、人体造型使整个舞台几乎成为一次大规模的装置艺术、一次复活了古典绘画建筑与雕塑艺术的盛宴。我不能不把她们的线条同卢浮宫联系起来，我刚刚参观过卢浮宫，脑子里充塞着艺术大师们对人体的沉思、痴迷、审美、歌唱和梦想。人体是文艺复兴人与道文主义的核心，尤其当我看到德拉克洛瓦《自由女神引导着人民》原作，觉得德拉克洛瓦已把人体升华到了悲壮有力、感人至深充满革命味道。而这里的人体造型表演与西方人体艺术传统可以说一脉相承，同时由于将人体公众化和现代化更显得热情洋溢、神采飞扬——女人裸体从传统的画布和建筑物进上舞台（事实上也进入了海滩）和公众，让人惊心动魄，也更让人热爱人生。吃了酱肘子或爆肚满如果不欣赏人体，简直就是自戕行为。

整体亮相后，每场演出不仅是歌舞，还有简单的情节，类似歌舞剧或情景剧的片断，呈现出后现代的拼贴式的情境表演。每个节目都不单纯，都加入了不同因素，甚至可以看到不同时代的并置，可以能同时看到西班牙舞女热情粗放、日本舞女如浮世绘、阿拉伯舞者刀光剑影展现出天方夜谭的爱情，而华尔兹舞的庄严展现出欧洲宫廷的豪华与经典，同时还有桑巴舞、恰恰、迪斯科，牛仔，甚至重金属的摩托车也驰上了舞台，摩托车载着现代摩登女郎，风驰电掣……毫无疑问，表演融古典与现代、西方与东方于一炉，但一切又都是法国化的或红磨坊化的，因为无论哪一个国家民族的服装，红磨坊都以惊艳的女性乳房为整个花哨服装的视觉中心，并且事实上被重新设计了——无论本来多么封闭的阿拉伯公主，还是同样严实的日本绣女，更不消说奔放的西班牙女郎、本来就祖胸露臂的华尔兹，概莫能外。至于我们古老的敦煌的飞天，本来只存在壁画上，但在这里成了真实的人体飞翔——她们不断沿着空中的索道飞向观众，在人们头顶上掠过，散下一束束香花。人间所能制做出的视觉快乐，在红磨坊可以说无以复加。这时候没有思想，也不需要思想，对于一场视觉的盛宴，我们只要身体就够了。

在两组歌舞剧之间，常常穿插着一些幽默滑稽表演，让你的视觉放松一下，大笑一阵，不然眼睛太累了，眼睛会受不了。我不喜欢滑稽或魔术表演。我曾看过太多的让人发笑的表演，比如我们的相声。我不想在巴黎笑。然而没想到笑却找到我头上，一个卡通般装束的表演者这时走上了舞台，他的样子让人发笑，但我觉得一点也不可笑。他提着一只大箱子，挤眉弄眼，装神弄鬼，可以突然把自己放大、展开、然后又缩小。他的箱子总是无故落地，以逗人笑。但是没什么人笑。他不受欢迎，直到他走下舞台来到就餐的观众席上，才引起真正的注意。他欠身邀请一位男士，示意这位男士到台上；又邀请了一位女士；当他准备邀请第七个人时，看了一会，跨过前面两排餐桌子向我走来。我以为是看中我旁边的女士，结果是我，我摆手，指旁边的女士，结果非要我起来。

我是最后一个被邀请者，因此魔术师抓住我的手，举起来，招摇过市把我带上了巴黎的舞台。七个人站在灯光四射不可一世的舞台上。我最后一个上台，被放到了七个人的中间。七个人可能代表了七个国家或民族，但也可能只是两个国家——中国和外国。在我看来，中国是那种可以相对于整个世界的国家，这些国家为数并不多，甚至屈指可数。比如美国，或者还有俄国。后来我才知道邀我上台的小丑在法国大名鼎鼎，是法国著名的滑稽魔术表演大师，名叫Eric.Boo，但当时我认为他不过是个小丑。他向在台的每个人做了一个动作，示意模仿他，到我跟前时夸张地歪着头看着我，好像我有什么特别。我同样回报了他一个怪相。我对舞台并不陌生，上中学时我曾在上千人的舞台上表演过自己编导的相声小品，并获得过演出一等奖。我的面部肌肉可以说训练有素，即使多年后使用一下也并不感觉费力。Eric.Boo做了一个稍稍复杂一点的动作，我的模仿引起了哄堂大笑。Eric.Boo握住了我的手，把我从一排人中拉出来，又拉出一个金发女郎，我们两人各站一端。Boo示意我们摇动手臂，我们摇起来。剩下的人被排成一队站在中间，一声哨响，我们开始摇臂，Boo示意让他们跳起来。哨声越来越紧，我们越摇越快，台上跳得一塌糊涂，台下一片笑声。

表演结束时，我们来中间，我与金发女郎握手，Boo 热情地拉过我和金发女郎，把我们的手举向观众，Boo 向我说了句什么，我也向他说了什么。但是什么呢，我们两人都莫名其妙，于是大笑。

大幕拉上又拉开，歌舞剧继续进行，真是美不胜收。散场的时候，一些人发现了我，向我致意，发出"OK"，我在巴黎的舞台险些一举成名。我走进了附近一家咖啡馆，只能说"一家"，因为我叫不上它的名字。我想要一杯杜松子酒或马提尼酒，但我无法开口。我只会说汉语，我唯一可选择的只能是啤酒，屁尔。我要了啤酒，我在想，红磨坊之于巴黎或世界到底意味什么呢？

为丑陋干杯

"为丑陋干杯！"劳特累克、高更、凡高在红磨坊粗野地大喊大叫。他们沆瀣一气，旨趣相同，相见恨晚，且都神经质，其貌不扬。特别是劳特累克，是个瘸子，凡高也不怎么样，不久前还是个矿工，一脸僵硬，目光一动不动，高更要好一些，但表情也时时因恶作剧而变形。凡高就是在红磨坊结识了高更，走向了一条不归路。凡高后来割掉自己的耳朵，甚至自杀，都与高更密切相关。

劳特累克出身于贵族，少时骑马跌断了两腿，骨头接好但不再发育成为畸形。由于身体残疾、心灵变得扭曲而敏感，劳特累克反对一切高贵而美好的事物，"我尽量描写真实而不描写理想，我甚至连那些小小的肉瘤也不放过，我喜欢用有趣的茸毛去装饰这些肉瘤……"在一封给友人的信中劳特累克这样说。

一本中文小册介绍，红磨坊一带的蒙马特高地原位于巴黎北部的丘陵地带，原是荒凉偏僻的地方，曾经有大片的葡萄园和旋转的风车，十九世纪末，斜坡上的大片葡萄园废弃了，山丘上旋转的风车停止了转动，磨坊也纷纷荒废，其中一些改成了酒馆、娼楼、咖啡馆和舞场，每逢假日，人们接踵而来，热闹非凡。这里往往舞池与餐桌连在一起，色彩十分浓郁，是社会下层人的聚集之地，舞女、妓女为上流社会和学院派人士所不齿。或许正因为如此，一大批反叛的作家和艺术家喜欢混迹于此，蒙马特成了现代艺术的滋生地，孳生出了一代反叛艺术家。这些人包括毕沙罗、塞尚、凡高、高更、左拉、劳特累克，波德莱尔，他们与学院派主流艺术在此分庭抗礼，发表了著名的"为丑陋干杯"的宣言。

然而像任何一个艺术流派都不免内讧一样，小说家左拉由于不满塞尚对前印象派画家的超越，对昔日同窗好友塞尚大肆攻击，塞尚因此决定离开巴黎，到了普罗旺斯的"圣维克多山"潜心绘画。我从西班牙进入法国，在阿尔卑斯山与法国中央山脉交汇处见到了"圣维克多山"，那是阿尔卑斯山到地中海沿岸结束时留下的一段断崖似的绵延的侧岭，看上去像中国北方的长城那样整齐。我注意到这里的山区多呈淡紫暖白的色调，气候炎热，日光充足，光感变化万千。此外，据说圣维克多山还是著名的古战场，很早以前因罗马人与北方条顿人在此山有过一场死亡20万人的殊死大战。塞尚在此隐居下来，终日作画，以《圣维克多山》为题作了无数的不同时间、光线的写生和绘画，并写下了《绘画是一种光学》一文，塞尚的实践艺术成就成为立体派乃至整个现代艺术真正的开端和奠基人。

塞尚走了，凡高和高更也离开蒙马特。积于生活、残疾、本能等等纠缠不清的原因，劳特累克深陷蒙马特灯红酒绿的世界醉生梦死，不能自拔。蒙马特也欢迎劳特累克，这里总是有他的画家身份的席位。他以丑陋自居，反叛到底，他不仅随意出入，也能找到倾谈的对象，被称为蒙马特的一位丑陋的名士。1889年红磨坊经过整修，重张开业，声动巴黎。应红磨坊老板之邀，劳特累克为红磨坊绘制了著名的大幅海报《红磨坊的拉·古留小姐》。海报上拉·古留小姐迷人的舞姿，掀开的衬裙，在黑色侧影的映衬下格外迷人。当海报帖满巴黎的大街小巷时，巴黎人被诱惑了，纷纷涌入红磨坊，一睹"拉·古留小姐"。此后，红磨坊吸引了包括英国皇太子等上流社会的名士，至于来巴黎朝圣、流亡、写作、发起艺术运动，许多国家的年轻诗人、作家和艺术家更是数不胜数。1907年，红磨坊演出《埃及之梦》，其中一位名叫格莱特的舞星率众大跳泼辣、热情、半裸的"康康舞"，再度轰动法国乃至欧洲。"康康"在法国一如"弗拉明戈"在西班牙，"牛仔"在美国，成为典型的国别舞蹈。1992年迈克尔·杰克逊的妹妹拉托依亚·杰克逊来到巴黎，与红磨坊签约成为领舞演员，世界流行艺术在此汇集。红磨坊不断吸取外来文化，其间种种艺术的嬗变无以胜数，常演常新，事实上也成为世界流行艺术的舞台。据说每年法国国家电视台在圣诞节期间都要现场直播红磨坊盛大演出，一如中国春节联欢晚会的实况，而劳特累克的那幅开创海报先河的名作也成为了红磨坊永久的悬挂和标志。

劳特累克是十九世纪后期成名画家中最年轻的一位，死于1901年，年仅39岁。那一年20岁的毕加索也到了巴黎，当他亲眼目睹了劳特累克红磨坊的作品，情不自禁地说："我现在才了解这位矮小畸形的男人，竟是如此伟大的画家。"

我对红磨坊的兴趣当然在于我的某种偶然的经历，我记得那个晚上我兴致勃勃地读完了那本中文小册（从地摊上买到），感觉颇不平静，感觉那真是一个好年代。而后世的现代艺术虽然五花八门，不断出新，但与自身的生活已无多大的关系。

阿姆斯特丹

水。音乐性。建筑与秋天。雨把秋色点燃，因而更鲜艳、纯粹。建筑像树木一样，也有季节：阿姆斯特丹是欧洲北部的一片纯正的枫叶。我随季节到了荷兰，随秋天到了阿姆斯特丹。秋天像火，但雨把它打湿了，水与火构成了荷兰湿漉漉的亮色。我已经很累，荷兰给了我一份意想不到的安宁。

那就让斯宾诺莎安睡吧，让伦勃朗，让凡高，让高更，让蒙德里安，让劳特累克，让塞尚。不打扰他们了，也不去想他们。我只想拥有一个纯粹的荷兰，一个陌生的但却是我个人的阿姆斯特丹。我懂得自然界的语言。也读得懂建筑的语言，我对语言不再有任何要求。在鹿特丹我渡过了莱茵河。因为就要入海，莱茵河的宽广让我吃惊，像武汉的长江一样宽，颜色也一样，甚至两岸的辽阔与空濛也一样。

我不能想象荷兰这样美丽如风景画片的国度，能容纳下这样宽广的大河。无疑莱茵河泛滥起来是可以吞没一个像荷兰这样的明信片般的国家的。但是没有，从来没有，也不能。荷兰很小，但因为莱茵河获得了一种宏大的胸襟和气魄。她的工业和贸易触角伸向全球，包括我的剃须刀与随身听都是荷兰生产的。

小国有大的气魄，而大国常在而不当。

是的，我越来越倾向小的事物，倾向于细节与内心，就像我昨天在贝特留斯山谷那样，一个人和清晨，和一条山谷，和山谷中沉睡的建筑。我在谷底散步，什么也不思，什么也不想，甚至不想这是一个叫卢森堡的地方。我只想深深地沉浸于自我，只想与幽深的石径与桥、早雾和流水相遇，只想进入谷底火红的枫林，进入那些秋天的果实，撇开一切相关的历史、文化和传说。我在谷地建筑构成的石径上与一个卢森堡老人远远相视，两侧是尚在沉睡中的窗和门。我沿径而下，老人在下面，在细雨中靠着门板吸烟斗。旁边的门只开了一扇，很小的一扇门，另一扇还关着，碎石径泛着早晨特有的那种有过夜雨的白光。因为整个谷中似乎只有我和老人，当我们擦肩而过，就在我们相视的那一瞬，我看到老人在用目光向我致意——一个苍老的像是失眠了五十年的笑意。"您好"我情不自禁地说。我相信老人也说了同样的话，他的嘴唇动了一下，这时，只要开口，无论何种语言，人类都能听懂。但是我们的确不能再说什么，我们只有各怀着内心的波澜擦肩而过。我觉得老人的笑十分长久，就像上帝的底片可以被重复洗印出来。我到了谷底，到了川流不息的贝特留斯河上一座桥上，就像现在我站在阿姆斯特丹的雨中，看着湿透的街景，运河，游船，两岸音乐般的建筑，老人失眠的微笑就在河上，河上的白光一如老人的白发。老人就是老人，就是一种存在，没有任何别的意义。

我上了一条游船，船上有大约五十个座位，但只有不多的人，多数座位空着。我喜欢那些空着的座位。游船在如网的河上航行，就像汽车在公路上。荷兰是个水上国家，阿姆斯特丹是个水上城市。阿姆斯特丹没有什么特别讲究的桥，不像塞纳河上的桥，有着那么多的人文积淀和历史钩沉。在巴黎我曾在塞纳河上试图找到米拉博桥，但其实也许我就在那座桥上，如果没有语言，我觉得巴黎的任何一座桥都可能是米拉博桥。或许荷兰也有这样的桥？但我不想再想这些。我愿桥就是桥，就是一种连接，一种简朴，像阿姆斯特丹的数百座普通的旧桥。还有什么比水更朴素的？桥也应该这样。但岸上的建筑无疑应是典雅的、暖色调的，像古典音乐，是室内的。欧洲的古色古香到了荷兰达到了某种极致，已有了北欧的某种宁静氛围。但她又是暖色的，没有极昼或极夜的那种静止与虚无。荷兰四季分明，时间生动而准确。雨后，夕光从教堂灰色尖顶打过来，照在城市暗色调的河上，红色准时地成为建筑的背景。特别是夜幕降临时，被古色古香建筑划分的晚景与城市初燃的灯火辉映在河上，那一瞬间，仿佛天火已燃了一个世纪，就要熄于世纪末叶。

　　欧洲是太安静了，安静得似乎只有等待，让人不安。

1997 年

文明的墓地

　　火车始出夜晚的开罗，城市灯火渐稀，窗外黑色茫茫。我睡眠不好，在火车上更无法成眠。尼罗河可能就在身边，却咫尺天涯，我看不见她。毫无疑问火车沿着尼罗河行驶，直到名叫一个阿斯旺的地方。那是火车终点，但不是河流的终点。在地图上，我曾无数次想象过尼罗河，现在她就在我身旁，可我仍要像在远在千里万里之外想象她。夜晚我数次剥开疾驶的列车窗帘，但是一无所见，我甚至只在窗玻璃上看到了自己的面孔，如同我在国内旅行常有的那样。

　　白天已参观过金字塔、古埃及博物馆，与纪元前三千年的墓葬文明——数万个橱窗一一会晤，说实话我的感觉并不好，金字塔是真实的墓地，而古埃及博物馆则像 6 000 年墓地的盛宴，虽琳琅满目，却让人窒息。文明与墓地与死亡总是联系在一起，仿佛古文明在发端之日就预见到了自己的死亡。在秦始皇陵我曾遥想金字塔，现在在金字塔又遥想秦始皇陵，我相信埃及人与中国人有着某种相似的感受，伟大已成往事，成墓地，因此我们不能像西方旅游者那样对地下灿烂文明既惊叹，又轻松。我觉得我熟悉埃及的一切，一切都在让我回望，让我回到过去，仿佛我们仍是那时代的人。我不能说我们的文明太重，但我们的确无法轻松。我记得里根当年在参观秦兵马俑时曾发出伟大的赞叹，但同又对着庞大而宁静的士兵喊了一声：稍息。这是美国人的幽默，美国人与古埃及古中国没有联系，我们绝对发不出这种幽默。

因此我更向往埃及的河流，我赞同埃米尔·路德维希（《尼罗河传》的作者）的观点："无论法老有多么长寿、多么强大，即使他大肆宣扬登极四次,尼罗河仍要比他长寿和强大一千倍。从早晨时刻永恒的运动开始，度过岁月、度过年代，法老接受了他所有的权力，但请注意——实际上现在只留下了三个雕像，第四个雕像上面的砂岩部分已倒在自己脚下。"

这是真实的场景，对此我不想置评。

2005 年

冲动的河流

　　阿斯旺是个美丽的小城，尼罗河平滑如镜，岸上绿树成荫，古老的旅游马在一路铃声招揽着生意，在便道上奔驰。即使不坐上去，即使只在路边看着花哨奔跑的样子也让人高兴。阿斯旺因水坝驰名世界，在三峡大坝未建成之前它仍是世界第一，此刻，北京作家团一行就站在这条大坝上。大坝高 110 米，上游库区烟波浩淼，水天一色，而飞流直下的尼罗河在远处同样安静，如同梦幻。尼罗河因一条大坝仿佛把一个古老的梦分成了两个梦，人站在大坝上仿佛手挽两条不同彩练，跳一种两重天的造型强烈的舞。三天以后我在红海"一千零一夜"的舞台上的确看到了类似的舞，让我不禁想起阿斯旺的情景。那是一个阿拉伯男子，身着色彩舞衣，随着音乐翩然旋转，当音乐的速度加快，舞者的裙摆也跟着飞扬起来，像极一张巨大落差的彩色的大伞，当速度转到最高点，裙子竟然分开成上下两层，上面那层慢慢上升，形成一个倒伞，包裹起舞者头部。突然间，这伞又滑到舞者的手上，变成了名副其实的大伞舞！那真是千变万化、如幻如梦，据说这种舞蹈是由 13 世纪伊斯兰神秘教派哲学家所创，是为了冥想之用。透过单调、简单的动作，达到宗教的高潮与冥想之境。我不知道建造阿斯旺水坝是否受到这种古老舞蹈的启示，但是的确，我在大坝的风中感到了旋转，甚至在一种眩晕的飞速的如梦如幻的落差中产生了瞬间的冥想：我就是那个圆点。

阿斯旺的确让人冥想。

由于大坝的建造埃及的经济获益匪浅，但是也有代价，一种诞生于尼罗河的古老水文－时间节律，随着大坝耸起彻底不复存在，六千年的古老文明实际上到1970年大坝耸起才真正宣告结束。

公元前4000年，埃及人就把一年确定为了365天。在古王国时代，当清晨天狼星出现在下埃及的地平线上，也就是天狼星与太阳同时升起——天文学上称为偕日升时，尼罗河开始泛滥。泛滥的时间非常准确，简直就像钟表一样，古埃及人把这一天称为一年的第一天。那时观测天象的祭司清晨密切注视着东方地平线，就是为了找到那颗天狼星。

"啊，天狼星和太阳同时出现了！"

身材高瘦、脸庞黝黑、鼻子尖尖的祭司精神振奋起来，很快这一消息从下埃及传到上埃及，进而传遍整个埃及。那时尼罗河两岸的庄稼该收的大部分都收了，但还应该清理一次；勘界用的标志该埋的都埋了，但还应该检查一次，然后，就静静地等着那浩浩荡荡的尼罗河水挟带着肥沃的泥土来吧。

与黄河、印度河、幼发拉底河同样孕育了古老文明的河流不同，尼罗河的泛滥极有规律，每年洪水何时来，何时退，古埃及人很快就掌握了。每次洪水泛滥都会带来一层厚厚的淤泥，使河谷区土地肥沃，庄稼可以一年三熟。但洪水之后，土地的边界全部被淹埋，重新界定土地边界需要精确的测量，于是在埃及产生了一个特殊的阶层——土地测量员，这些土地测量员就是现代测绘学的鼻祖。洪水是可怕的，自古以来，人们总是把洪水和猛兽联系在一起。然而，尼罗河两岸的埃及人民不仅不将尼罗河泛滥视为不幸的灾难，而且还虔诚地盼望其泛滥，并于其泛滥之时予以隆重的庆祝。那时人们即喜气洋洋，河面上，无数舟楫荡漾，人们在船上唱歌跳舞。

但是这一切都已结束，水文的节律消失了。

天狼星照样升起，而河水已不再冲动。

阿拉伯人仍在跳舞或冥思。

2005 年

克里斯蒂

　　我的同行克里斯蒂住过的酒店在阿斯旺享有盛名，据说住一晚克里斯蒂住过的房间比住总统套房还要贵，听到这个消息我一点也不觉得过分，一个小说家享有这样的荣耀我认为自然而然。当游人熙熙攘攘跳上甲板，当游船像当年的电影那样鸣着笛离开码头，当酒店渐渐消失在岸上的视野里，我觉得所有的乘客都是电影中的乘客，虚构的场景与真实的场景重合，尼罗河在强大的电影力量下已是电影化的尼罗河，而古老的尼罗河似乎已退居为想象的背景，我相信每个上船的旅客都无法不想到那部伟大的电影，无法不既当真又戏谑地想到会不会真的发生一次惨案？特别对于中国人，在封闭许多年之后的开放之初，这部电影差不多是最先引进的一批，如果说它让中国人目瞪口呆有些夸张的话，那么每个观众都受到强烈的视觉与语言的冲击确是真的。许多人看过何止一遍，台词口口相传，比如：

　　　　"无声就是默许。"
　　　　"悠着点儿。"
　　　　"女人最大的心愿就是让人爱她。"
　　　　"不，比利时人。"

"如果她睡不着觉，如果她走出船舱，如果她看见凶手……"

最经典的段落：

"夫人们、小姐们、先生们，朋友们，该收场了！我赫卡尔·波洛现在很清楚地知道是谁杀死了道尔太太……"

许多年前我大段地背诵着这个精彩的段落，我成为《尼罗河惨案》众多发烧级人中的一个，那时是多么贫乏，以致电影看过两遍之后就能大段背诵，那时我的脑子还充斥着大量的样板戏的台词"天王盖地虎，宝塔镇河妖，莫哈莫哈，正当午时说话谁也没有家！"那时我们多爱背台词，所以当真正的艺术被引进来，我是多么惊心动魄，那时我绝没想有一天自己也成了作家，也像波洛和许多乘客那样踏上尼罗河的游船。我与尼罗河有着某种想象的关系，特别现在作为克里斯蒂的同行，我怎能不感到某种想象的冲动，我甚至提议北京作家团每个人构思一篇同题小说，但是应者寥寥。我们要在河上航行三天，游船一如移动的酒店，窗下即河水，几乎伸手可及，窗外景色宜人，风光无限。那时正午太阳下，尼罗河阔大平静，缓慢而不动声色，岸上高大的油枣树或单棵或几株或十几株密集地聚在一起，挺拔地伸向与河水同样颜色的没有一丝云彩的天空。不远处就是沙漠、荒丘，以及看上去无人居住的古堡，这些都是一个作家的想象空间。尼罗河因《尼罗河惨案》给了人想象的张力，我相信没有一条河像尼罗河让人产生想象冲动。我在餐厅用餐，我穿过过道，我路过某人房间，我来到船舷，上到甲板上，甲板上有躺椅、藤椅和藤桌供人休闲，当夕阳西下，河水被染成火红色，甲板上的人也变成了红色，这一切都构成了我神神经经的遐想。

夜晚，枕水而行，枕水而眠，我从未睡在水上，这使我感到无限的奇异，我在构思我的故事，我在想种种可能性，浪漫的，古老的，恐怖的，甚至解构的，后现代的，我在想"惨案"的另一种可能性，譬如根本没有凶手，譬如像我这一样一个神神经经想入非非的人的确发现许多蛛丝马迹，但一切都似是而非闹出许多笑话，或者我杀了人，然后我开始调查自己……

三天的尼罗河航行，不断下船，参观了菲莱岛菲莱庙、未完成的方尖碑、拉美西斯二世神庙、埃德夫神庙、卢克索西岸的国王谷、哈特谢普苏特女王庙及哭泣的门农神像，最后是世界上最大的神庙群：卡尔耐克神庙和卢克索神庙。尽管一路饱览尼罗河两岸古埃及六千年的人类文明遗产，但是到了气势恢弘气象万千的卢克索神庙群，我禁不住再次掉进克里斯蒂的叙述圈套。《尼罗河惨案》一个颇具异国风光的场景就发生在卢克索神庙群，我还记得电影中那块柱顶的巨石怎样神秘松动、滚下以及落地的巨大声响，克里斯蒂是多么会选择谋杀的地点，这不过是一个枝节，但给电影或小说带来了怎样的观赏性，以致当我真的来到了卢克索，观赏和凭吊倒成为其次，回忆电影中的场景才成为主要。直到这时我才发现我必须警惕克里斯蒂了，如果说克里斯蒂使尼罗河名声远扬，那么是否在另一种意义上也"谋杀"了尼罗河？

2005 年

沙漠之蓝

事实上，直到大巴在阿拉伯沙漠行驶了七个小时，直到沙漠上突然出现了一抹惊人的蓝，我的埃及之旅才算彻底告别了克里斯蒂。请想想吧，在大漠孤烟中行驶了七个小时，突然石破天惊出现了一抹蓝色的大海，那种激动的确可以让人忘记一切。那是红海，沙漠之蓝，蓝得恐怖，像另一世界。

我曾想象红海是否真的是红的，为什么是红的，我想是否因为阿拉伯沙漠过于庞大，在太阳之下金光闪闪，以致把狭长的红海给映红了？在地图上我知道红海是狭长的，我知道她位于亚洲与非洲之间，连接了印度洋、地中海和大西洋，是海上交通要道，据说连郑和的船队也曾到过红海。我还知道红海的扩张之谜，红海是世界上最年轻的仍在生成的海洋。1978 年 11 月 14 日，北美的阿尔杜卡巴火山突然喷发，浓烟滚滚，溢出了大量熔岩。一个星期以后，人们经过测量发现，遥遥相对的阿拉伯半岛与非洲大陆之间的距离增加了 1 米，也就是说，红海在 7 天中又扩大了 1 米，这种现象被称为红海之谜。

2000 万年前，阿拉伯半岛开始与非洲分开，诞生了红海。现在还可看出，两岸的形状很相似，这是大陆被撕开留下的痕迹。非洲板块与阿拉伯板块间的裂谷，沿红海底中间通过，在近 300 万—400 万年来，两个板块仍继续分裂，两岸平均每年以 2.2 厘米的速度向外扩张。现在红海还在不断加宽，将来有可能成为新的大洋。海洋地质学家解释说,红海海底有着一系列"热洞",在对全世界海洋洋底经过详细测量之后,科学家发现大洋底像陆上一样有高山深谷,起伏不平,从大洋洋底地形图上,我们可以看到有一条长 75 000 多公里,宽 960 公里以上的巨大山系纵贯全球大洋,科学家把这条海底山系称作"大洋中脊"。狭长的红海正被大洋中脊穿过,沿着大洋中脊的顶部,还分布着一条纵向的断裂带,裂谷宽约达 13-48 千米,窄的也有 900-1 200 米。在裂谷中部附近的海水温度特别高,好像底下有座锅炉在不断地烧,人们形象地称它为"热洞"。科学家认为,正是热洞中不断涌出的地幔物质加热了海水,生成了矿藏,推挤着洋底不断向两边扩张。

但是红海为什么是"红"的呢?

明明是蓝的,而且在我看来由于沙漠的映照红海比地中海还要蓝,比印度洋还要蓝,比中国的三亚,比任何一处海水都要蓝。有的海水远看比较蓝,但一到近处就显出了灰或绿,但是红海不同,我到了她近处,甚至把红海捧在手里感觉她还是那样蓝。下榻的酒店就在海边上,酒店可能考虑到沙漠之后对海的渴望甚至把酒店建成"U"字形,将一湾蓝色的浅海揽入了怀中。清晨,我来到酒店的外海(我只能这么说)沿着石砌的甬道散步,红海的涛声在远方呈现着两种极致的单纯色:白色与蓝色,并且分布得层层叠叠,几乎提示着另一种水文时间。有人比我还要早,远远地我看到两位穿着鲜艳的女士,一个是徐坤,一个是赵凝,她们可能与太阳同步,太阳一升起她们就到了海边。让我惊讶并羡慕不已的是,她们每人手里都拿了一个小本,像小女生似的面对大海写字,毫无疑问写诗,哪怕可能不是诗,但她们向大海敞开了自己,她们就是诗人。

红海之"红"也许就是当初命名她的人的一种感觉吧。

或许就如诗人们常有的感觉。

说不定就是女诗人。

2005 年

矮岭温泉构图

　　回归自然是现代人的时尚，同时也是人类审美心理的需求，任何具有眼光的开发与建设都不能无视甚至低估了这种需求，特别是对旅游而言。"与其说是建设，不如说是破坏"，记不得这是哪位哲人说的话了，然而，类似这位哲人一语道破的现象在我们新的或者老的旅游区不是随处可见吗？譬如温泉吧，本来是天成的与周围特定环境浑然一体，但一经人类开发，盖上若干浴间或浴室，游人或浸泡或沐浴，老实说那感觉与居民区的澡堂子已无多大区别，全然领略不到温泉择地而出的天然美。即便著名如华清池、黄山温泉，当你一头扎进那热气缭绕的浴室时，你与大自然的联系也就被切断了。

　　难能可贵的是龙腾矮岭温泉却不是如此，这里既无考究的浴间，也无豪华的浴室，周围建筑与自然浑然一体。当你沿着幽深古朴的山谷小径行走时，你绝想象不出龙腾矮岭温泉原来竟是一处稍加梳理的原始自然景象。温泉四面高山环抱，山上覆盖着浓密的亚热带常绿阔叶林，遍生奇花异草，围绕着温泉形成了一个绿色的封闭圈，保持着原始的自然生态。四座蔚蓝色露天浴池呈梯阶状，水水相接排列下来，弯曲如蛇行，每座泉池都顺其自然，选取覆满亚热带植物的岩石壁作为泉池的内壁，使泉池与山体连为一体，天衣无缝。人在池中，花草伸手可及，鸟雀于头上绝壁鸣啭嘤嘤，正所谓"鸟鸣山更幽"。泉池底部凹凸不平，高低错落，深处可没人头，浅处不及人膝，犹如天然水潭。

矮岭温泉坐落在广西龙胜，距桂林市百余里，温泉水温在 38 度到 42 度之间，既适合人体长久浸泡，又能促使毛孔舒张、肌肉松弛、血气流畅。洗浴同时还可以欣赏四周幽闭而清静的原始自然生态环境。这里由于山高谷深，温泉热雾腾空，加之树多林空，因此放眼观瞧，眼底一派朦胧而奇特的景象。即使是天高日朗，阳光也往往为岚气所阻，为密林所遮，总要比外面的世界幽暗了几分，阴凉了几分，整个环境气氛十分柔和温馨。不能想象，倘若当初这里也像温泉一样，建上窗明几净、设备齐全、舒适雅观、打开小笼头便可淋浴的浴室建筑那样，那将怎样令人失望。

温泉既然是大自然的赐予，就不应该离开大自然的怀抱，而应该与大自然和谐一致、保持原始生态的美质与美态。据龙胜环保局同志向我们介绍，当年开发矮岭温泉时，对温泉的建设方案与构思曾几易其稿，反复了好几次才建成今天这模样。不用说，顺其自然，皈依自然的意趣最终占了主导地位，真是万幸。矮岭温泉的构图与风格毫无疑问在国内独具慧眼、独树一帜，因而她也才以独特的魅力吸引了国内外众多的游客。

1992 年

雨中雁荡山

我是从雁荡山回来之后，才看了有关雁荡山的人文掌故，谢灵运，沈括，徐霞客，至郁达夫。粗粗一看，一如所料，雁荡山文化厚得不得了，千年文人，缕缕不绝。一处历史人文圣地，有人喜欢去前功课，有人喜欢去后，各有千秋，不同心路，所得也不尽相同。我属于后者，极少前者时候，只有当年去西藏一次，那是要去得太久。因此，关于雁荡山过去只闻其名，隐约知道和徐霞客有些牵扯，实际上一无所知。一无所知有一无所知的好处，就像把心放空之后对一切都新鲜好奇，比如我不知道雁荡山原来就在温州，在乐清，在诗人马叙的家乡，就很惊奇。马叙是好友，过去只知他在温州，不知他竟是雁荡山人。比如我不知雁荡山离海很近，简直咫尺之遥，翻过一道山就是海了，因此当导游说雁荡山原来是海底世界的一部分，出水时间晚于黄山，我又很惊奇。要说黄山原是海底我有点难以想象，太遥远了，而且离海也太远，但此时要说雁荡山曾是海之一部分，我觉得还真有点像。我不能说自己或别人像鱼，但也的确和在别处不同，这儿的山都直上直下的，游人如织，确实有种山高任鸟飞海阔凭鱼跃的感觉。

正值南方雨季，湿漉漉的雁荡山真好像刚出海面不久，甚至好像还穿着水的衣裳，让人不禁想：或许是恋恋不舍海中情景，或是总是陷入回忆，雁荡山雨的种类之多简直让人惊奇，有急雨，豪雨，细雨，斜雨，微雨，毛毛雨，最小的毛毛雨几近于雾，伸出手心都感觉不到，只有手背才稍有感。我过去从来没做过如此好奇的试验，只是因为住在了景区，早晨起来，推开窗子，但见如盆景的幢幢的山影之中，微雨纷纷，极其细密，不由得就伸出手去接，却居然接不到，一点感觉也没有，真是让我惊奇了！不甘中本能地翻过手，果然像本能预料的那样，手背有了密密的若有还无的凉意，毛孔的梢上有触动感。过去我一直认为手心最敏感，小时常玩挠手心的游戏，此次才发现手背才最敏感，也算是一个发现。

　　虽然景观神奇，但因为对雁荡山一无所知，只是瞪大眼睛看。这样也挺好，你总能看出点什么，比如看雨，看云，看雾，真是美轮美奂，太虚幻境，遂发现雨云雾是有联系的，有雨必有雾，有雾必有烟，有烟必有瀑，那如线的瀑布就会不时从树丛中钻出，那么细小，那么密集，江南之细，在时空中的变化多端让我感叹，感叹江南的文化何以如此灵动、丰饶、幻化无穷。江南的文化绝不大而无当，也与愚蛮、粗暴、蠢劣与戾气不相干，绝不产生《水浒》那样的暴力文化。因为没一丝风，我注意到雾完全依着山势升起，而山的千变万化使雾常常显得有些笨拙，如同一种情感的笨拙；雾太依恋山了，山什么样儿雾就什么样儿，直到脱离了山，成为了一朵伞状的云，才成为正果。

　　流纹岩，到了雁荡山我才知道有这样一种岩，它差不多是我自己发现的，就在路边，有简单说明。我觉得这就够了，没必要导游拿喇叭对你背诵，事实上导游经常是破坏性的，许多东西因导游反而消失了。我喜欢这刻在石头上的三个红字，静静地看着薄薄的雨水顺岩石流下，像有许多钻石流下，禁不住又去拿手捧，结果瞬间消失，还是水。流纹岩是雁荡山一大景观，应该位列三绝之一。岩上刻字曰：雁荡山形成于1.28亿年前，由于火山喷发，岩浆喷涌，形成了许多流纹岩，其中有许多气体聚集，形成气泡，流水便跳跳荡荡，因此，雁荡山又被称作天然流纹岩博物馆。进一步看书，方知如此地形地貌对古代科学家产生了强烈的启智作用，北宋科学家沈括在著名的《梦溪笔谈》曾写道："予观雁荡诸峰，皆峭拔险怪，上耸千尺……原其理，当是为谷中大水冲激，沙土尽去，唯巨石岿然挺立耳。如大小龙湫、水帘、初月谷之类，皆是水凿之穴。"这是世界上最早有关流水对地形侵蚀作用的学说，比欧洲科学界侵蚀学说早了六百多年。看来做科学家也不难，只要善于思考就行了。但为什么只有沈括想到了水浊的作用呢？为什么只有牛顿发现了苹果落地蹊跷？这又太难了，难于上青天。

前面说雁荡山瀑布之小，那是还没见到大的。见到大龙湫瀑布我有点傻。远观还有些不以为然，但是越走越近，直到止步，直到一阵水气将雨伞掀到了脑后。我无法再往前走了，虽然还没看到瀑布全貌，但局部的瀑布，那种飞流直下、腾起的水雾、周边树草的摇晃，有如阵阵七八级大风，让我叹为观止。瀑布高 197 米，自崖跌落，在潭中溅起水气，形成瀑布风。我见过无数瀑布，包括黄果树，包括国外的一些瀑布，但能够形成瀑布风的只有这 197 米高的大龙湫瀑布。瀑布风，应该是我的发明，因为恰是在这里我突然想到"风生水起"这个词不正确，应该倒过来：水起风生。同时也理解了潮汐：水为月引，风为潮生。唉，要是早几百年，我恐怕也成了沈括了，生不逢时啊！

别说成不了沈括，就是成为徐霞客也做不到，就是连他的一根小手指头也做不到。我因怯懦没敢走到瀑布跟前，更没穿过水帘，之前我的伞被一阵瀑布风刮跑了，我怕自己成为云中的孙悟空，而徐老先生不仅不惧狂风，不仅淋了腾起老高的瀑布，还追根溯源，登上了崖顶，立于瀑布之上。后来在展旗峰下见到徐霞客雕像，觉得他的雕像不应该在展旗峰下，应该立于大龙湫瀑布之上，他人都上去了，雕像还不能吗？不过可能还真不能，大龙湫之崖太险了。公元 1632 年，为探得大龙湫瀑布来龙去脉，徐霞客以老脉之躯第三次来到雁荡山，其如采药人一般的艰险在徐霞客后来记述的文字中可见一斑。"梯穷济以木，木穷济以梯，梯木俱穷，则引绳揉树，足布被突石所勒而断，险掉下悬崖，粉身碎骨。后复续悬布，竭力腾挽，得复登上岩而出险。"呵呵，

"引绳揉树"，如"灵峰飞渡"，脚布勒断，险些粉身碎骨。这便是徐霞客，而我辈只能鼠窜耳。

说到"灵峰飞渡"，那又是雁荡山一处名胜，那儿的山峰个个孤立，直上直下，所谓"飞渡"即两山之间一条绳索，采药人飞来飞去，差不多就是当年徐霞客的样子。一座座孤峰之间，构了巨大的山成的天井，天井中布满了观赏的座位，黑压压坐满了人，即使雨中仍仰着脸。我不喜欢这类表演，加之观赏者大呼小叫，大吃大嚼，大煞风景，遂折进了左近高处的灵岩寺。寺内清静，四周奇峰嶙峋，古木参天，环境幽绝，有殿宇，禅房，客舍，皆赭黄色，十分清静。清人喻长霖的一副楹联道出周围景色："左展旗，右天柱，后屏霞，数千仞，神工鬼斧，叹无双"，字相当不错。虽仍有隐隐的欢声，但心已静，仰望佛像或驻足禅房，几至有穿越之感。1934 年 11 月，秋天，枕于浙东山水的郁达夫来到雁荡山，宿于灵岩寺的某一间禅房，或许就是我所驻足的禅房。

郁达夫睡眠不好，浮梦连连，后被一阵嘈杂声吵醒，以为寺里失了火，急起披衣，踏上了西楼后面露台去一看，既不见火，又不见人，周围上下"只是同海水似的月光，月光下又只是同神话中的巨人似的石壁。"郁达夫后来写道："天色苍苍，四围神秘，幽寂，诡怪，当时的那一种感觉，真不知道要用些什么字来才形容得出！""起初我以为还在连续着做梦，这些月光，这些山影，仍旧是梦里的畸形；但摸摸石栏，看看那枝谁也要被它威胁压倒的天柱石峰与峰头的一片残月，觉得又太明晰，太正确，绝不像似梦里的神情……雁荡山中的秋月！天柱峰头的月亮！我竟像疯子一样一个人在后面楼外的露台上呆对着月光峰影，坐到了天明，坐到了日出，这一天正是旧历九月二十的晚上廿一的清晨"。

那个夜晚，我也见到了灵岩的山影。虽然因为雨云，没有了海水似的月光，没有水中倒影般清澈的星空，虽然只是模糊的幢幢山影，我仍然满足。因为郁达夫不曾见过雨中的灵岩夜景，我替他见见也好。我想告诉郁达夫月光中的灵岩固然好，可直通古意，可见李白的月，陶渊明的月，谢灵运的月，但雨中的灵岩没有月亮实际上更古老，更接近深海中尚未出世的灵岩。深海晦暗无光，但山影仍然依稀可见，如果可能，我愿在这深海中坐到天明，如果有天明的话。

2012 年 9 月 22 日

雨中，世博园

　　要是没那场雨，世博园会充满太阳下的汗味，据说我们来之前上海的太阳每天都将摩肩接踵的人晒得大汗淋漓，人们闻到的甚至已不是汗味而是肉味，以致我们被告之：世博园现在已不再是世博园，而是"肉博园"。不过上帝是捉摸不定的，我一到上海天气就开始变化，雨降了下来。虽然上帝赐予我的那场雨不大却恰到好处，足以把一切打湿，让一切都湿漉漉，一切玲珑剔透。

　　到处挂着成串的雨滴，树上，建筑物上，路灯上，座椅的边上。人还是像传说的那样多，未见少，上帝给予了我一场雨，不大可能再让游人少一些。我想我已经很特殊了，我不能要求太多。不过还好，人再多雨中的世博也没有一点汗味。雨中的世博园，一切都湿漉漉的，到处挂着雨滴，树上，建筑物上，路灯上，座椅的边上，我闻到了植物发出的涩涩的香味。到处是伞，美丽的伞，移动的伞，几十万张伞，从没见过那么多伞。伞是很小的东西，小东西一旦无限重复也会变得无限的大，某种意义伞才是世博园中最盛大的建筑，比任何一个场馆都宏伟、壮观。伞出人意料地与奇形怪状、标新立异的园内建筑构成了无比复杂的几何关系，各种区别又重复的色块布满了不规则的宏大的空间。而伞下的个人与庞大的伞构成的世界又是一种怎样孤立的关系？

鲁十三正好是五十二人，阴阳各半，刚开学时甚至院长（当然不是医院院长）都拿如此巧合的数字开过玩笑。但这个整齐的数字并不意味着正好可以临时组成伞下两人世界，虽然这种可能性要多于其他团体，但毕竟不能是有组织的安排。怎么办呢？怎么组合呢？已到世博园大门口，五十二个人不可能同步走，因此很快就会像鱼消失在大海中的鱼群里。这如同某种实验：考验着每一条鱼的选择。无法多想了，被推着鱼贯而入。开始是一大群，很快就被冲散，变成三五人，两三人，两个人，直至有人完全走散只剩自己一人。十几个小时你很难在几十万人中找到五十二个人中的一个，那种巨大人群中的孤独感几乎是恐怖的孤独，恍惚的孤独，怀疑自己，也怀疑整个世界的孤独。但就我而言曾在西藏那样空旷的地方孤独惯了，我倒不惧怕孤独。我倒是担心与某个不恰当的人走在一起，以致走上一天，那可就惨了。我因此宁愿一人。我正是这么做的，很快我就脱离了所有人侧身而去。我不想多逛，因为内心足够丰富我可以在某个地方坐上一整天，看人流，看一张张不同又相同的面孔。我总是想起聂鲁达的一句诗"我承认，我历尽沧桑。"这诗像是说给我的。

我没有打伞，在雨中越发有一种沧桑感，如同记忆，另一个空间。我去的场馆不多，觉得没有哪一个场馆是必需的，而且，像我这样深谙世事的人哪儿还有什么是必需的？碰到什么场馆，选择或不选择，然后继续在雨中行走。近十个小时的时间，不算长，也不算太短，时短，时长，不是很确定。爱因斯坦的时间还远不是完全的心灵时间，他的理论相对心灵还差得很远。不过后来算算，我在雨中虽然进的馆不太多，但每个馆都很恰当，很棒，后来回想起来都应是必去的。比如芬兰馆，匈牙利馆，西班牙馆，丹麦馆，我们见识了不同的东欧与北欧的纯粹，这些场馆的风格让人心地异常干净。

芬兰馆的纯度一如芬兰湾的纯度，我在大面积单纯的蓝色背景上驻留，如同在这个国家纯净恒定的情绪中心驻留，这个国家信奉这种纯蓝，国民的内心一定又单纯又幸福。馆内所有的哪怕实用的设计都含有心情：一个弯曲，一种弧度，一种款式，一种光泽，都那么贴切，又有距离。

我们的国度似乎永远不会有这么纯度的心情，幸好世界还有，让我感到片刻的安宁。匈牙利馆是我女儿在那儿学习的国度，自然要进去。同样简洁精致的设计，创意总是围绕原点，不偏不离，力量单纯又完整，容不得任何杂质——东欧与北欧有着一致的东西。馆体由管风琴造型的空间构成，木质，纯色，高低错落，几乎感到内部的奏鸣，你在任意一个局部空间坐下来，都仿佛置身在音乐之中。

不同的是西班牙馆，这个国家永远是邪门的，不安的，与东欧北欧的简洁纯净风格完全不同，甚至也与整个欧洲不同。西班牙似独立于世界任何地区，是世界上少数自身可以构成世界的国家，因为她一向为全世界提供想象力，是世界想象力的前沿，看看她产生的人物：毕加索、达利、塔皮埃斯、高迪、塞万提斯，都是人类巨大的怪才。如果没有西班牙，我想人类的想象力将大打折扣，活力也会减弱很多。西班牙馆再次证明她的不安的巨大的怪才，整个馆体为弯曲的蟒蛇的造型，与其他馆比这已是恐怖的神秘的甚至歇斯底里式的不同，而金黄色的无穷无尽又首尾相连的鳞片又仿佛是想象力错乱与辉煌的交织，可是走近一看这么吓人的东西竟是普通的苇席制作。苇席，乡村，田园，瞬间解构了这个庞然大物的怪诞与不安。西班牙就是这样，无论多么疯狂内心都是柔软，童心的，普世的，与人类文明不隔。不像我们，也有些神奇怪诞的想象力，但仅仅是神奇怪诞，没有普世的灵魂。我们的魔幻文学最终缺的也是这个，应该因此获得启示。

在西班牙馆排上两个小时队是值得的，仅仅感受她的外表已让心灵飞翔。她不是故意震撼你，震撼是她的本性。甚至就连入口也非常特别，进入馆内开始是一大段黑暗弯曲的蛇形通道，游人分组进入、停留、等待。前面黑压压的，但是不知不觉间空间突然一道闪电，一声巨雷，在照亮整个蛇形空间时人瞬间也被更新，成为怪异空间的一部分。接着又是黑暗，闪电与黑暗如此反复交织，慢慢地在无限黑暗的上方，垂下一组吓人的布满光感的骨头，不断有闪电打在上面，不断有雷鸣。聚光下的骨头如此精美，但是越精美越恐怖，无疑是人骨，西班牙人真是邪性。为什么要用人骨呢？突然就有了洪水声，周边粼粼的弯曲的墙上布满了变动不居的多媒体的洪水，以及哗哗的响声，整个空间因洪水浑黄的暖色亮了许多，这时一个穿黑色紧身衣的西班牙女郎跃上Ｔ台，在精美的人骨之下开始旋转。不错，是卡门，是弗拉明戈，是响板，是女人直刺黑暗之心的狂放，一如一个国度一贯的神秘与狂放。这只是进入场馆的序曲，随着黑衣女人的弗拉明戈突然定格，序曲结束，人流继续前行，登堂入室，进入更大的主要空间——蟒蛇张开的巨腹。依然黑暗，依然无法想象整个空间。

但是就在黑暗的中心，在光线倾泻之处，一个明亮的完整的婴儿头惊人又如此美好地呈现。婴儿头异常巨大，没任何事物比得上它的体积，而他又是小小婴儿！婴儿微笑，眨动天真又悲悯的眼睛，简直像老人一样，特别是眼睛闭上那一刻的无辜与慈祥，人类所有的同情都展现在其悲伤的慈祥上，那种真与善，无以复加。我对自己说，我也像他闭一会眼睛吧。我闭上了，在双重的黑暗中，我聆听到远方的打击乐，最初的弗拉明戈，我在铭记一种无法言喻的人类最初的时刻，我感到通灵。

从西班牙馆出来，走在缩减的世界中与无限扩张的数十万人众之中，走在几乎停下的细雨中，已无任何孤立感。在路边，在希腊馆外面吃昂贵的馅饼。彼时已是黄昏，人造的欧洲街边，细雨，铁艺桌椅，镜头一样的视野，桌对面一对恋人因为分食一张馅饼，你一口我一口，非常甜蜜。我觉得是不是太像树上的小鸟了？他们太幸福了，我想两个人一人一张馅饼是不是更优雅更古典？但是一切都不可能再回到十九世纪，规矩一旦被打破再回去就是守旧。但有些事物为什么是永恒的？比如此时的夕阳？街灯尚未亮起，西班牙馆尖锐的鳞片却似乎已燃起金碧辉煌的灯光：巨蟒不再恐怖，变成夜晚的童话。希腊，西班牙，这两个国家我都去过，时光可逆，我仿佛在重返这两个国家。

2010 年

乌镇与西塘

乌镇，风清水秀，乌瓦白墙，水边人家。西塘也是，大同小异。但我对西塘的印象远好于乌镇。我的印象毫无疑问带有相当的主观成分，对于相似的事物心情往往决定着对象，就好像晴天与阴天决定着海滨一样。一般说你不能说青岛、大连或北戴河谁更漂亮，但天气原因它们之于偶然的个人差异是极大的。而心情也像天空的云一样有时难以确定，一个偶然因素，一个小小的差异会让心情瞬间阴晴突变，所见景物也瞬息而变。那年盛夏，我从上海世博园出来，第一个地方便到了茅盾的故乡乌镇，之后到了西塘。为什么不先到西塘再到乌镇我不知道，仿佛乌镇有什么特别的不同，仿佛别无选择。

是的，从眼花缭乱、个性张扬、千姿百变的上海世博园出来，回归古朴自然的中国古镇，徜徉于水墨般的东方水乡无疑是一种需要，而古朴的乌镇，宁静的水面，陈年木屋，小桥，廊棚，倒影，的确让人有种心灵的洗涤与洗涤之后的依怙之感。在双重的水边我长长地吐出了口气，仿佛把光怪陆离的世博园呈现出的大千世界吐个干净。我年轻时喜人为的东西，中年之后东方崇尚自然的文化基因使我回归传统中国的文化血液，骨子里的唐宋让我对江南古镇有种根性的兴奋，觉得让世界慢下来的只有中国或沉淀水乡里的中国文化，才有可能。

但接下来的感觉却突然相当不对，以至于心情大坏，似乎刚才是一种幻觉，一种乌托邦。随着一字长蛇的人流我看到了什么？看到了古镇人的生活——但是什么样的生活？被展示的被参观的日常生活，以至于我突然有一种在动物园看到人类自身的感觉。这种感觉让我对自己怀疑起来。这种生活因为长期被参观，与游人形成敌意，每人面对游人都十分冷漠，目中无人，又不像参观动物园。

显然为了强调古镇古老的日常生活气息，在这里生活着的人成为一个旅游项目，被要求长年过着一种橱窗般的生活。这种生活在不宽的河两岸可清晰地看到，恍如《清明上河图》的一角，却又不是。而在小街两侧洞开的门窗内，更是可以近距离地直视小镇生活。在自然的情况下，这些门或窗应是关着的，虚掩着的，特别是当青石板街上或河上来了那么多熙熙攘攘的游人，就更应紧闭。

日常生活无最起码的私密，人会变成什么？就是我眼前的人，是人，又非人，我看到窗内正在做饭的人都木呆呆地、机械地、无动于衷地忙着什么，特别是他们的眼睛，简直是一种冷漠的呆相。在鲁迅笔下我非常熟悉这种冷漠的呆相，它们是我们文化中最可怕的一种东西。这种东西在今天并未消失，且变种流传，我们的生活处处都有这种冷漠呆相的影子。有时我很想冲眼前视我为无物的人大吼一声，但我知道吼也没用。顶多他们的眼睛偶或地划过你，让人浑身发凉。是的，他们非常可怜，简直不忍心看他们。同样他们又何尝愿看如过江之鲫瞪大眼睛的参观者？他们浑身印满目光，他们是旅游项目，某种"演员"，真人"秀"。他们知道他们的分分秒秒都是钱，似乎只有钱能安慰他们。但同时他们毕竟是人，一个"钱"字怎能代替经年累月表演着自己的他们？于是冷漠便成了常态，既敌视游人，也敌视自己的生活，冷漠是某种东西的平衡。

他们多为老年人，也有年轻人，但都称得上老演员，功勋演员，有时他们偶然毫无理由地抬一下头，看看无数盯着他们的目光，很茫然，很空洞，但更多是视而不见。如果木雕也会偶然抬头，正是他们，但事实上木雕也比他们强，因为木雕是有确定属性的，你和木雕之间有着人和艺术品或商品之间的契约。但你和他们有什么契约？如果萨特在这里相信会自叹弗如，比存在主义戏剧更冷漠的戏剧在这儿每天都上演着：你看你的，我干我的：淘米，洗菜，做饭，吃饭，如厕，休息，吸烟，看电视，捡一枚地上的针，看上去真的是在生活，但如果他们是生活，游人就不是。游人是，他们就不是，或者，都不是。实际上因为看到自身的镜像，参观者其实也是被参观者，其颠覆感是双重的。

也许我不该这么认真，不就是玩玩看看吗？想那么多干什么？可想是我的职业，没办法。我在想：到底什么决定了这种观赏与被观赏的生活？为什么会有这样经年累月的真实的表演？真实如果被表演还是真实吗？人们究竟想看到什么样的真实？为什么对"真实"的东西那么渴望？真得不能再真了，然而这种真与假又有什么不同？

我没上所谓的乌篷船，许多人上了，我没有。我走得很快，如同一片叶子飘过。我这颗一刻也停不下来思想的头颅太重，重到有时必须敲一敲，有时必须饮些酒才能变轻。我知道我的头颅还不是最重的，而那些比我更重的头颅会成为古董吗？但我知道我早晚会进入博物馆，我已到了门口。

到了西塘，我没走太多地方，心情一下好起来。或许没经过严格的开发与管理，西塘显然要野一点，同样的水乡，桥，乌篷船，但没什么呢？

日常生活。或者有，我没看见？

是的，我没看见，我看到了门，窗。

但没看见里面的人，它们是关着的。

关上门的西塘美，好看。

2010 年

第三辑　经历

我的二十世纪

1959 年

世纪中叶，一个被希望是女孩的婴儿诞生。那时男孩多，颜色差不多，大大小小，模模糊糊，满街筒子滚土豆，也分不清谁是谁家的。女孩也有，少，或者不怎么出来？我们家邻居，12345678 只有 4 和 5 是女孩，剩下的全是男孩，他们的爹是蹬三轮的，每天出车后面一帮一帮的。院里有个叫"二轴子"的是他们家姨夫，整天骂"我操你结结（姐姐）"，我们都挺怕他。小七子小八子跟我差不多大，声音尖尖的，一身胎毛，就差四脚儿走路，其实也真差不多了。别说，小七子小八子后都人模狗样的，开公司，当了什么老板。外国人没法理解中国，一来二去，怎么就成了？

我也是男孩。我在母体中一直是女孩，一落地，真够讨人厌的。街上去吧。我也不喜欢我自己，就多了个小东西。我对那小东西又厌烦，又恐惧，有一次参观收租院，看了那些大斗进小斗出后，我做了个怪梦，梦见我那小二突然长得像一条蟒蛇那样长，我不知怎样处置，害怕极了，就缠在身上，缠呀缠呀，我要死了。此后长达十年我一直担心小二长得像梦中那样长，想起来就担惊受怕。我喜欢看女伴撒尿，特别是她们结伴穿着小花裙子撒尿，我不敢离太近，怕滋一脸，她们尿尿就像泉水一样，无忧无虑，我还得掏出来，扶着，常不小心尿一裤，冬天凉，我的棉裤结过冰，硬邦邦的特不舒服。我梦见自己有了一条花裙子，高兴极了，梦醒后看见自己的破黑裤衩，上面有盐碱地似的尿碱。为什么男孩不能穿裙子穿？我跟我妈要，说得我稀里糊涂，总之是不行，我多了些东西，一切就都不一样。我长得像那种最脏的土豆，女孩们常蔑视我，动不动就不理我了，说我姥姥死了该！我姥姥刚死，就不愿她们提这事，一提这事我就气得没话说。我上学时同桌是个女孩，可恶极了，我拿她一点办法也没有，她偷别人的橡皮铅笔说是我干的，她做证明人，不仅如此还和前后的男女生合起伙儿来陷害我，告到老师那里。我有口难辩。她想出各种花样捉摸我，我怕她真是怕极了，很长时间她是我最大的恐惧。她的东西掉到地上都是我给她捡，小心翼翼地给她，那时每周各小组给每个人评优良中差，评到我她总是第一个发言，"中！"，没有差，"中"就是全班最差的了。无论我做得多好，打扫卫生，手背后跟上刑似的坐一个星期，捡她掉的东西，但总是"中"，她说"中"就是"中"。她如此歧视我，老师听之任之，不闻不问，五年级了我才加入红小兵，差不多班里最后一名，比我闹得多的人早就入了。我觉得老师是不可思议的，我是特老实的孩子，想得到帮助，可老师在我最初的记忆里是与不公正、无是非标准、不负责任连在一起，我对老师这行一直不大恭敬大概就源于此。我搞不清是不是我因为是男孩的缘故，可我的同桌对别的男孩也不这样，有厉害的男生，她也常哭哭啼啼的。我不知道我是怎么了，自卑，愤愤不平。别的男孩也挺棒的，这教育了我，使我无法再把自己的自卑与无能归结为是男孩。我不再喜欢女孩，也不做女孩的梦了。我是男孩。你要像个男孩。这就是我的童年，迷雾般的童年。

1969 年

我们几个凑了不到一毛钱，到商店买了七支烟，八达岭，或者红叶的，我记不太清了，总之是那两个牌子中的一个。我们在上学路上，在西琉璃厂的铁胳膊胡同吞云吐雾，我们练习吐烟圈儿，我吐得不是最圆的。有一次 A 说，你丫臭大粪，现在女的才吐烟圈儿呢，男的应该吐烟棍儿，穿女的烟圈儿。这是最新的说法，我们欣然接受，从此不再吐烟圈儿，改吐烟棍儿，可烟棍儿实际上更难，别说再穿烟圈儿了，我们谁也没做到，后来不了了之了。我剃了光头，我们几个都剃了，叼着烟大摇大摆地在街上走着。新换了班主任，是个老太太，姓管，这"姓"就让我们不高兴。我们喜欢十七岁的女班主任，喜欢她骂我们，手指点我们的脑门儿，气她，她留下我们还给我们糖吃，高一高二的学生骚扰她，听说要"拍"她，我们要跟他们玩命。姓管的老太太挺厉害，从小学来的，上来就想震住我们。我们几个光头在大门口堵住所有的男生，连班长、中队长、大小干部一网打尽，一起迟到，到教室门口一起喊："老管！"震得四邻教室的老师都出来看。反师道尊严，教室玻璃都砸了，没几张课桌盖子不是掉的，冬天，糊着报纸上课，暖气让我们敲打漏了，一地的水，桌子盖漂起来。老管率女生向外扫水，我们就堵，向里扫，老管一脚踩在桌子盖上，像小车似的滑在水里。老管原来赌气不信教不了我们班，这回她一气之下绝望地走了。想想那时我们真"生"，怎么那么生？心中的"魔鬼"一旦出来，人类有时就难以辨认自己。

　　初三时班里从农村转来个学生，姓关，我们叫他"关农"，关农家住大栅栏附近，有一次关农说胡同里几个小子劫了他，我们一听火冒三丈，立刻出动，带了家伙儿，一帮人就去了他们家，到了挑头的那小子家把那小子臭揍一顿，还砸了他们家。打架斗殴是经常的，争强斗狠。满嘴黑话。我们班连续换班主任，后来一个东北兵团回来的家伙儿接了我们班，一米八几的个子，往讲台上一站，不像老师，出言不逊，姓星名旭，我们叫他腥鱼。我们掂量了半天，第一天没动。第二天我们的 L 被这家伙儿找茬儿训了一顿，让 L 滚出教室，L 不出去，他动了手，我说了一声"上，×××的！"我们五个狼似的扑上去，扒在了他高大的身躯上，他一个转身我们全倒了，爬起来又冲上去，特猛，又倒了一片，教室大乱，女生鬼哭狼嚎，腥鱼的衬衫被我们扒下来，我们终于扳倒了他，一场恶战，直到学校教育组来人方才平息。之后他把我们留下来谈判，说黑话，讲起哥们儿义气，还要请我们吃饭，始料不及，受宠若惊，都傻了。老师与我们从来是不可调和的，现在居然和了，我们不知如何是好，政策对我们十分优待，爱来不来，想走就走，不用交作业，只要平安无事，课能上下去，怎么都成。我们踏实了很多天，来来去去，挺没劲的。腥鱼抓紧时间做瓦解工作，找我谈了几次话，平起平坐，讲一些特浅的道理，我觉得也对，还夸了我几句，最后以班里"军体委员"一职相邀，我简直不相信自己的耳朵，我是破罐破摔的人，小学时别说当干部，红小兵都一直都不让入，现在我要成班委了！凭什么？如此器重我，肝脑涂地无以报效！就这样，我被轻而易举地"招安"了。

那时正评水浒批宋江，我成了宋江，可当时没觉得。我真的管起了弟兄们，谁上课捣乱我先不干了，都知我狠，我呢也是又打又拉，官面我弹压他们，底下我们又混做一团，抽烟，外面打架。我不能失了他们，我拥兵自重，贼性难改，后来反了好几回，都被腥鱼哄好了。课我上不下去，就开始看闲书，三国水浒让我入迷，剑侠公案，说唐隋唐，西汉演义，虽说是闲书，传奇中的英雄却也让我雄心勃勃，不知天高地厚。还多亏了这些闲书，1978 年我高考死里逃生，翌年二月以 313 分上了分校，摇身一变，一个玩闹成了大学生，事情来得非常突然，弟兄们聚首，举杯豪饮，满嘴脏话，好学生坏学生殊途同归，人们惊异。我报名高考时老师拒绝了我，以为我起哄，我一瞪眼，他给了我报名表。

1979 年

所有变化与心灵的变化比起来，都不值一提。人是怎样一次次发生断裂又依然是同一个人呢？1980 年 8 月 31 日我走进国家美术馆，一个前所未有的画展在这里举办：星星美展。我二十一岁，已经有了些变化。1980 年还远不是一个可以自由或直接表达的时间，时代与艺术不谋而合，都要求一种间接的新的语言和表达，诗歌被注入了画展，以地下姿态浮出水面，诗画如此的隐晦变形，但谁都感到这里正发生着存在于每人心中的核子裂变反应过程。我在画展的"前言"面前久久驻足，我读到了一种对我有史以来全新的语言：

　　一年很快地融进历史。

　　我们不再是孩子了，我们要用新的，更加成熟的语言和世界对话。艺术本身就是一种标志，表明作者有能力抓住美在宇宙中无数反映的一刻。那些惧怕形式的人，只是惧怕除自己之外的任何存在。世界在不断地缩小，每一个角落都有人类的足迹。不会再有新的大陆被发现。今天，我们的新大陆就在我们自身。一种新的角度，一种新的选择，就是一次对世界的掘进。

　　现实生活有无尽的题材。一场场深刻的革命，把我们投入其中，变幻而迷蒙。这无疑是我们艺术的主题。当我们把解放的灵魂同创作灵感结合起来时，艺术给生活以极大刺激。我们决不会同自己的先辈决裂。正如我们从先辈那儿继承来的，我们有辨认生活的能力，及勇于探索的精神。我们在新的土地上扬鞭耕耘。未来必定是我们的。

我至今认为在 1980 年这是一个历史性的宣言，我们都从这宣言开始了自己。我被诗和画震惊，仿佛在一个爆炸过程中，历史向我走来，并与我个人化的历史重合，即使如我这个刚有些开蒙的人当晚都记下了这样的日记：

1980 年 8 月 31 日　星期四

　　下午到美术馆看星星画展，虽然有许多画看不懂，但我却很喜欢。画，大部分色调暗淡，意义很隐晦，但给你极深的印象，使你觉得这里有某种深不可测的力量。

我的心感觉强烈，使我思考。中国人灵魂的火，在这里用一种变形的艺术爆发出来，一反古老的传统，有朝气，有力量，使你既深沉，又强烈，思索一些你头脑并不清楚的一些问题。总之，它让你思考，尽管不知在思索什么，你感到心充满要爆发的力量，通过变形的夸张，造型的怪奇，色调的突兀、怪诞，表达了一种强烈的火一样的情思：对丑恶的批判，对美好的赞扬，对光明的追求，对传统的挑战，对黑暗的控诉，要求解放，向往自由。

　　总之，星星美展，对我总的感觉是强烈，强烈，有力，有力，就是说，不能这样生活下去，要变，要变，中国人的灵魂要来一个大翻身，要在我们的古老的民族的灵魂的废墟上，建立起崭新的民族之魂，未来属于这一代年轻人，中国人从此站起来了！星星啊，启明的星星呵，你是太阳到来前的先导，在黑暗中，你给了人们最初的一线光明，让我们满怀希望地在心中迎接那光辉太阳的腾空！

　　除此之外，这十年我无话可说。我想看到同时代人同一天的日记，如果可能的话，有一天我或者我建议某个有眼光的杂志征集那天或那几天的日记。那一天不属于个人，属于中国的文艺复兴。

1989 年

　　我来到一条大的湍急的河边，沉思良久。放弃吧，我对自己说。

　　我决定接受报社对我的安排，去办广告公司。别无选择，放下诗歌，我成了一个广告人。我一点也不为自己的诗歌语言变成广告语言而感到无耻，诗人枯萎，长出广告人的大脑袋。后来想想，其实也没什么不好。更深刻的变化发生着，更多的事物需要我们去理解或加深。1998 年当我把公司的车、手机、各种财务报表、账目、资产、全套设备、公章以及与职务相关的一切便利移交给别人时，我意识到什么东西回到我身上。其实它早就敲我的门了，我用了两年的时间才退出公司舞台，我干得不错，甚至可以说很出色，为单位创造了千万计的效益，退下来哪那么容易？可笑的竟是一个谁能接我的问题拖了我两年，而且人们觉得我不可思议，多好的差使，总经理，市场经济的潮头。但我必须退出了。转眼我已是沧桑之人，我已不再年轻，四十岁了，一种呼唤让我回去。从哪儿来，回哪儿去。并非我要对历史负责，但我必须对自己负责。世事变迁，历史不再是一辆古代战车的轮子，个人化时代的到来让历史已不可逆转，个人将构成历史。做自己想做的事情吧。

　　1997年的一天，我驱车去一家饭店谈一笔广告生易。车在建国门桥堵了很久，到了长安街仍是一尺一尺的蜗行。长安街宽广但却是一条让所有驾车者都望而生畏的行车路线。我驾驶的是一辆米色的法国雪铁龙车，这种流线型、可升降的车型原本为高速路预备的，现在却陷于塞车的泥淖。挨到东单，进入银街，九十年代的饭店，写字楼，玻璃幕墙极尽人们所能想象的梦幻与奢华，车流堵得一塌糊涂。还有一刻钟时间，饭酒已近在咫尺，可我仍不能保证五点钟以前能到达。事情就发生在这最后不到十分钟的时间里。我的车经过一家装潢考究的音像商店，左近还有一两家，同时放着嘶声、哭泣或歌唱，那时我对街头商店的音乐麻痹的程度已到了充耳不闻境界，但这一次不同，我听到了不同的东西。从嘈杂的音响和交通噪声中我听到一缕高远的清音若隐若现。车几乎停顿下来，我听得很清楚：

　　　　我的阿姐从小不会说话
　　　　在我记事的那年离开了家
　　　　从此我就天天天天的想
　　　　阿姐啊

　　　　一直想到阿姐那样大
　　　　我突然间懂得了她
　　　　从此我就天天天天的找

阿姐啊

一种迷失，完全是个人的迷失。许多年了，遥远的我在呼唤我。我是那离家之人，迷失之人。我好像回到了童年，回到我那梦想成为女孩的幼年。西藏，我曾经为了诗歌一直追寻到那里，在西藏高原整整隐居了两年。那是 1984—1986 年，巨大的孤独和自然界的伟岸真正磨洗了我，就好像一个人在冷水里整整浸泡了两年。二十五岁的我，像淬火一样，身体发蓝，定型于冰雪高原。《阿姐鼓》穿越时空，十分偶然在商海人潮中一举照亮我，我觉得自己身体透明，闪闪发光。那一刻我找回了自己，或者说神召回了我。世纪末叶，我重新拿起了笔，仿佛孩提学步，回到世纪中叶我出生的时候。新世纪与我无关，我将依然活在二十世纪。

1999 年 12 月

荒凉之上的圣殿

——我与外国文学

1976 年，我在班里是个闹将，孩子头儿，个子不高，但孔武有力，手下有一帮弟兄。班主任老师为了维持教学秩序，一年前就给我封一个官：军体委员，把我"招安"了。我成为五大班委之一，身兼"黑白"两道，负责整队、上操、打铃进教室，以及弟兄们的课堂治安。老师非常尊重我，当然是哄着我，许多事要同我商量着办，甚至我们一起抽烟（老师是东北兵团回来的知青，高大，我们有过一场最终达成媾和的较量）。尽管如此，我经常地说反就反了，很瞧不起宋江，当时正在批宋江的投降。我是投而不降，我地位特殊，上课可以不听讲，不交作业，看闲书，想来就来想走就走，班里的一切要求均不适用于我。那一年（我已上高一）发生了许多事情，毛泽东辞世，"四人帮"垮台，学习开始受到重视，我的"时代"一夜之间结束了。学校把学生分成两大阵营，"好学生"和"差学生"，也就是"快班"和"慢班"。如此简单的分法对人，特别是青少年的人格是一种极大的简单伤害，我们就是这样简单，我们的历史行为从不考虑个人感受。可能由于我当时余威尚存，班主任没敢把我分到差班。我当时有一种说不出的劲头，我在看着班主任，结果像我预料的那样。

但是这件事仍然极大地刺激了我，按当时的标准我去差班是首当其冲的人选，我免强留在快班虽然特殊，但再也不能像过去那样骄傲，环境变了。还有就是我的一大群弟兄都分到了差班，让我十分孤立，不伦不类，特别气愤的是那些弟兄居然毫无怨言，让去差班就都稀里糊涂地去了，甚至还乐呵呵的。我觉得他们真是没用，我为他们感到耻辱。在新的班集体我的用途大大减弱，而且不能由着性来。我依然站在队前整队、出操，喊稍息立定的口令，可我觉得抬不起头。我的学习无从谈起，数理化我一头雾水，上课犹如听天书，一种无可名状的悲剧感几乎让我主动要求去差班。我在好班干什么呢？除了出丑，不就是让人心里窃笑吗？我只有沉默，像过去许多时候那样低头看闲书。我曾看过一本苏联小说《人世间》，想起那部小说，再次找来重读，一下入了迷，带上了自己的感情。许多天我沉溺其间不愿出来，不愿见人，不愿上学，就想一个人和一本书。

小说讲了一个养蜂人的故事，养蜂人原是一名苏联将军，被强迫退休后，心情不好，无所事事，养蜂打发时光。虽是个养蜂人，可过去是一名将军，仍有一辆自己的伏尔加，这一点特别打动我。养蜂人怀念自己的过去，回想自己被强行退休的情景，终日落寞，出神，反反复复听一首叫"路拉"的歌。当我读到"把一个人从他熟悉的岗位上强行拽开，就像把一个饥饿的婴儿从母亲的乳房上强行拉下""他出神地望着天花板，老泪纵横，万念俱灰"，这样的描写颇切中我当时我的心境，禁不住我的眼泪也下来了，也望着自己家的纸顶棚。一天语文老师布置了一篇命题作文，"在党的十一大召开的日子里"，要求写一两件好人好事。哪有什么好事，我正"万念俱灰"，甚至做梦像将军那样也有一辆伏尔加，也去养蜂，说实话我与将军可差远了。我不想写，也写不好，可我又的确想写点什么。我有一种隐秘而强烈的冲动，幻想自己发生奇迹。我做开了梦。我决定自行其是，写我的梦想，拿出纸笔就"编"起来。

我想象自己被分到了差班，写了一个叫王琦的故事。我没有任何作文的概念，《人世间》写了一个养蜂人（叫什么我已忘了），我就写了一个王琦。王琦过去不爱学习，但是个孩子王，一直过着骄傲的生活，"四人帮"被粉碎后他的骄傲生活结束了，被分到了差班。王琦为此感到耻辱，悲愤，想发奋努力，把被耽误的青春补回来，但为时已晚，自己被社会无情地抛弃了。王琦破罐破摔，仇视前班主任，甚至对班主任图谋不轨，但最终自怨自怜，只是一个人孤独地回忆，每天"望着天花板，万念俱灰"。有一天过去的班长找到王琦，谈了一次话，鼓励他，希望帮他补习功课。班长过去曾被王琦保护过，王琦有困难班长希望报答。班长的深情与赤诚打动了王琦，王琦开始发奋，学习成绩大长，最终回到了快班。

　　400字的作文纸一口气我竟然写了11页，语句不通，但情节清晰，我为自己写下这么多字而激动，但激动只是一小会，马上就被不安代替，好像如梦方醒似的：这是老师要求的作文吗？甚至这是通常的作文吗？我这么瞎编乱造老师能允许吗？作文交上去了，我忐忑不安。我过去何时为自己的作文忐忑不安过，我都觉得自己好笑，因为我从不会写作文，也没怎么写过作文。

　　几天过去了，一点动静也没有，我已经完全灰心，为自己不切实际的努力伤心。想到自己总是出格的人，走不上正轨就更加伤心。为什么我总是不能和别人一样呢？但那一天终于来了，我看到老师拿着我的（显然是我的，我一眼就看出来，今天要发生大事，我的心提起来）厚厚一叠作文上了讲台。（现在我还能清晰浮出老师的样子，老师姓宋，叫宋书功，中年人，毕业于复旦大学中文系，烟抽得凶，嗓音沙哑，我考上大学不久他也调到大学，后来成了教授。）宋老师操着南方口音一字一句念我的作文，全班同学凝神谛听。念了有半节多课，然后开讲。那时已是1977年，我从未得到过这么大的荣誉，那是决定一个人甚至一个未来写作者的一天，是我一生最大的奇迹。我成功了，老师给了"优秀"，并且把它定义为一篇小说！我简直是在云中雾中，简直登峰造极。我的荣誉接踵而来，作文被拿到别的班去念，拿到全年级去念，我从一个有名的差生一夜之间成了一个全校的作文明星。那些发生了许多事情，我记得有一天一个其他年级的语文老师把我叫到办公室，问我作文里的王琦有没有模特，我当时不知道什么叫模特，语文老师说就是原型，王琦的原型，我张口结舌，那是我有生以来第一次听到"模特"这个词。我想了半天也不明白老师的意思，我只能说没有。我觉得我让那位老师失望了，但事实上并非如此，我从老师的脸上读出了惊异的神情。也许我应该告诉老师这是一篇模仿之作，也许我应该告诉老师所谓的模特是一位苏联将军，也许我移情了这位将军，也许我和那位将军都是被历史断裂的弃儿，但当时我怎么能说得出这一切呢？

一切都是在神奇中发生的，我模仿了《人世间》是个奇迹，而能我读到《人世间》更是个奇迹。事实上我在读《人世间》之前以及后来的两年里，《人世间》是我阅读的唯一一部外国文学作品，而这一部作品就影响了我！《人世间》不是一部名著，在后来的许多年里我从未听到有谁提到这部苏联小说，我一直不知道作者是谁，它一部什么样的书，直到写这篇文章，我才好奇地在网上查了一下这部作品。尽管只有几条，尽管只是在别的文章中偶一提到，尽管没有专门介绍，但这部小说仍然让我大吃一惊，有一条资料这样写道：

> 1973 年前后，与沙米亚京《多雪的冬天》同时流行的几部书还有：柯切托夫的《你到底要什么》，谢苗巴巴耶夫斯基的《人世间》，尤金邦达列夫的《热的雪》、《岸》。"文革"一代处于一个特殊的年代，普遍没有受到过良好的教育，思想也大多受潮流影响，真正独立思考的人并不很多，但是由于那个年代普遍的失控和混乱，也使一小部分人因困惑怀疑而发奋读书，从而独立思考，许多人都受到了这批小范围内部流行书的影响，可以认为是"文革"中的启蒙。

《人世间》原是这批书中的一本，这批书可是大名鼎鼎，影响了一大批人，而我是最早受到的启蒙者之一？历史有时体现到一个具体的人身上就是这么的神奇，它就像上帝偶然安排的，那么我是怎样得到《人世间》的呢？现在完全记不清了。那么《人世间》在那个混乱年代究竟给了一个少年怎样神秘的影响？难道我的思想起点已经从读谢苗巴巴耶夫斯基就开始了？我不这样认为，我那时只有感受，潜移默化，不可能有思想，但事实上这也正是真正的文学对人的作用。潜移默化，《人世间》给了我一种人的东西，人性的东西，让我具体感知到历史宏大叙事中的个人化的痛苦，使我关注到自己的内心与灵魂，并让我在冥冥中以感同身受的人性角度超越了当时的历史叙事与意识形态，比如"在党的十一大召开的日子里"那种叙事。我不能想象如果没有《人世间》我能超越当时，能写出那篇关注个人痛苦与心灵的作文甚至小说。

想想在《人世间》的前后我都读过什么书吧：《平原枪声》、《敌后武功队》、《大刀记》、《桥龙飙》、《铁道游击队》、《小英雄雨来》、《沸腾的群山》、《金光大道》、《艳阳天》、《小五义》、《大八义》、《三侠五义》、《平山冷燕》、《说唐》、《隋唐》、《水浒》、《说岳全传》、《封神演义》……我不能说这些书对我没有帮助，甚至某种意义有很大帮助，但是它们缺少文学中最关键的东西：人；革命与武侠演义风云际会，个人是微不足道的。我有着原生的血性，这是我当时只能读到的中国文学作品所给予我的，同样，我也有着能意识到的内心深邃细微的人性痛苦，这是《人世间》启发给我的，但后者无疑是文学的正途。一部《人世间》孤立其中，如此偶然，但却决定性地改变了我的命运。有价值的东西也许真的不需要多，一点即可。这是因为，有价值的东西是从生活和心灵中而来。

苏联文学尽管像我们一样受着强大的历史叙事与意识形态左右，但那苏联文学毕竟有着强大的人文或人道主义传统，有着普希金、列夫·托尔斯泰、契诃夫、陀思妥耶夫斯基的文学丰碑。即使斯大林时期仍产生了肖洛霍夫、帕斯捷尔那克、索尔仁尼琴、阿赫玛托娃、茨维塔耶娃这样伟大的人道主义作家和诗人，反观我们，我们产生了谁呢？《沸腾的群山》，《金光大道》，《智取威虎山》？我无意贬低我们自己，但我的确四顾茫然，我们真的不荒凉吗？

特别是二十世纪八十年代初，苏联文学大批涌进来，我像发现新大陆那样如饥似渴地读名著，越读心里越难过，越读越觉得汗颜，感觉我们是被整个世界抛弃的孤儿。我们有多么荒凉，就有多么孤独，当我读到《百年孤独》的时候，我感到我们的孤独远胜拉美的孤独。假如我二十岁之前读过巴金、茅盾、沈从文、老舍、曹禺、张爱玲，我的孤独感是否会少一些？是的，我想是这样的，但是我的整个阅读基础是在十年文革中度过的，我根本不可能读到祖国文学的精华，仅有一个鲁迅也成了一个政治符号。

八十年代外国文学之于我，无疑是荒凉之上的圣殿。

从 1979 年我上大学开始，差不多长达十年时间，包括在西藏的两年，我都在读外国文学作品，小说，诗歌，传记，哲学，随笔，甚至书信。我上的是分校，走读，那年我能考上一所大学分校已实属不易，多亏了林呼加先生爱惜人才扩大招生，才有了我的大学生涯，我相信那年分校的 18 000 学子永远会记住林呼加先生。我读那所分校是由一所中学改成的，没有图书馆，临时搭建了一排活动房做阅览室，大量进书，订杂志，包括《世界文学》。书都是崭新的，主要是外国文学，就是在那样一个简陋环境里我读了难以计数的名著。印象深就有《九三年》、《悲惨世界》、《红与黑》、《多雪的冬天》、《大卫·科波菲尔》、《约翰·克利斯朵夫》、《唐璜》、《被缚的普罗米修斯》、《当代英雄》、《爱丁堡监狱》、《复活》、《红字》、《洪堡的礼物》、《安娜·卡列尼娜》、《鼠疫》、《老人与海》、《城堡》、《审判》、《局外人》、《橡皮》、《鱼王》、《喧哗与骚动》、《百年孤独》、《二十条军规》。我读得慢，仔细，悉心，如《安娜·卡列尼娜》，我的日记就有这样的记载：

> 1981.10.12　读《安娜》，认真仔细，托氏的作品有时很沉闷，开篇总是很精彩，天才的匠心，但就整体结构来说总给人一种堆砌感，事无巨细，冗长唠叨，典型的庞大笨重。但从细部来看托氏塑造灵魂的天才是无与伦比的，特别擅长刻画人物动态的思想意识活动，他的细致漫无边际。

> 1981.10.14　《安娜》上部终于读完了，心灵正是在这样的承受着细致的漫长的苦读下成熟的，我相信这样的苦读精读对于我的益处将是深远的，对我的感觉器官更是一个成熟的促进。

在西藏的两年中，重读《喧哗与骚动》也有这样的记载：

1986.6.16　重读福克纳《喧哗与骚动》"班吉明"一章，尽管读来那样恍惚，却有一种感人至深的气氛，凯蒂的性格鲜明感人，极可爱，她是傻子班吉明生命的源泉、灯盏。虽然本章写了几个人的死，但因为有了凯蒂这是"爱"的一章。"昆丁"一章没读完，觉得颇艰涩乏味，不好，太像福克纳本人的样子。

读外国文学名著使我获益匪浅，尽管1989年后我基本没怎么读书，甚至也放弃了写作，但1998再度回到文学上来毫不感觉吃力，几乎一下就上手。我想是由于那个十年苦读，特别是在西藏两年那种天上人间般的阅读，已如血肉般长在我的身体内部缘故。十年悉心苦读我想应该是可以造就一个人了，我想就算我有着十年文革的废墟，在这废墟之上我已建立了一座圣殿。我会继续沿着人道主义的方向研究人，发现人，表现人，正如一位哲人说的：历史对人的定义下得越宏大，我们对人的研究就应该越精微——我想这是我读外国文学感受到的一条道路。这条路实际上早在我读《人世间》就隐秘地开始了。《人世间》可能至今算不上一部名著，但却是我人生道路上最早的一盏灯。

2004 年 3 月

1999 年自画像

有些面孔，比如娃娃脸对一个成年男人是危险的，很容易让他在心理上充满挑战，冷笑。当陌生人对他的年龄表示吃惊时，他不觉得是赞美，反觉得是受到了侮辱，感到愤怒。许多年来，我受够了某种夸赞和同样多的轻视，因此我是一个不愿抛头露面的人。在陌生环境，比如旅行团、会议或临时性团伙，我干脆拒绝与别人相识，两眼望天或阅读，任名片横飞，我觉得这样挺好。然而，这并不妨碍我在另一种熟悉的环境表现出足够的活跃、魄力、搞笑，甚至胡闹。我常常闹得人们哈哈大笑，四月八日这天我们单位体检，人们问我查出了什么毛病，我说什么毛病也没有，就是口蹄不太好。查肝功时我说一个同事虽然气质不好但气色特好。在办公室，我讲我们家狗（长得像杰克·伦敦）叼着我的臭袜子站在门口，特"另类"、特不服地看着我，有时它叼一黄瓜头儿像叼着一支雪茄。真COOL！我是部门负责人，但比一般同事还不严肃正经，说笑，懒散，宽松，把人当人，跟我干活愉快极了。

我从事过多种职业，泥瓦匠，教师，推销员，记者，广告人，编辑，始终对职业看得很淡，犯上，贪玩，清高，赌博，旅行，阅读，写作，内心骄傲，孤独神秘，厌恶人群又不愿脱离人群，有时我觉得我像是人群中的蒙面人。我喜欢面具。在纸牌桌上常常我与别人赌得天昏地暗，直到天亮，然后我陷于深深的孤独。我坐在电脑前敲字或者读《权力的眼睛》、《一种疯狂守护着思想》，脑袋一派茫然。我逐渐调整过来，觉得非常异样。我喜欢这种异样，我是分裂的，像两个或两个以上的人活在我身上。我反对单一的人，就像反对单一的社会基础。我写得少，因为什么也不想失去，不想失去快乐，人群，天伦，渺小，日常，热闹以及热闹中另一个冷眼的我。我写作的时间少，要求自己写得精，以一当十。一个人能留存下的作品很少，我必须在这种意义上写作，我不希望在写字上浪费生命，我要腾出时间，善待生命，品味快乐，体察一个人应有的一切正常的喜怒哀乐。我认为呕心沥血，牺牲所有，不顾一切，著作等身，是一种古典的思维方式，不具普通人的意义，事实上是违反人性或另一种人权。因此我从不羡慕写得多的人，出文集或全集的人。我羡慕生活得多的人。细节永远大于抽象，大于名望、地位、权势、钱。如果这些从细节自然而来，我以为是不错的，很多事情都足以使我暂时放弃写作。有人三个月写一部长篇小说，我三年了长篇《蒙面之城》仍未脱稿，断断续续，写写停停，我不畏惧小说因此断了气、过时、被人替代，诸如此类吧，如果它的确有价值，惟一可能属于我而不可能属于别人，它会想尽办法使我回到写作上来。由于年深日久，时光荏苒，我有一种与一部长篇小说一同成长的非常奇妙的感觉。由此，我感到我是一个生长期很长的人，一切都如此缓慢，耐心，结实。我不一定要成功，但一定要健全，完整，长寿。

2000 年 3 月

文学与远方

有一首诗：在大海停止之处，眺望自己出海，杨炼写的。

大海会停止吗？这个说法新鲜，但是毫无疑问世界任何一个海边，哪怕一个伸向内陆的小小的港湾，都是可以看作是大海停止之处的。眺望自己出海，虽然只有六个字，含义却丰富。眺望是一个很普通的词，眺望远方，眺望大海，很好理解，很常见，但眺望自己，一下返回自己，这可能吗？眺望是主体，自己也是主体，双主体，可能吗？仔细想想当然还是可以的。诗人的伟大之处就是说出一些隐秘的东西，意想不到又存在的东西。人是有时会把自己当成客体的，当你把自己当成一个客体或一个他者的时候，眺望自己就成为可能。

像海边是停止一样，每一处海边也未尝不是开始的地方。在这个意义上，眺望自己出海实际也隐含着眺望自己归来。当你是一个少年眺望的是自己出海，当你是中年眺望的是什么呢？无疑是归来。

我很小就渴望远方，当我一个人站在房顶上的时候，看得最多的也是远方。我看到我生活的胡同像一条小河一样流向远方，我每天穿行在胡同里就像有舟楫一样。我居住的胡同叫前青厂胡同，位于宣武区东北部。东起琉璃厂西街，西至永光寺西街，有胡适、林海音故居，鲁迅也曾多次到这条胡同考察图书馆馆址，后来办成了分馆。我父亲和叔叔们织布厂最初就办在我们院里，公私合营后才迁到了别处。胡同东边不远连着琉璃厂，琉璃厂又西琉璃厂，东琉璃厂，中间隔着南北向的南新华街。与东琉璃厂相衔的是北京大栅栏，再往东到头是前门大街，这一连串首尾相连的胡同对小时候的我相当漫长，站在房顶是远看到头的，我记得大概是上小学三年级的时候我才走完这条长长的胡同。远方是相对的，随着人的成长远方会变得越来越远，仅仅在胡同穿行已不能满足我，我对大街以及大街上行驶的公共汽车着了迷，我记得在我刚上中学，有个寒假，我专门打了一张月票开始了任意乘公共汽车穿越城市的梦想（那时我还没偶然地举起桌子盖，还在逃避人群，喜欢一个人与世界相向，渴望城市的远方）。

那是一种有着丰富内心活动的旅程，因为免除了上车买票，因为想坐到哪儿就坐到哪儿，所以有一种特别的放松。通常快到总站查票时我有时会有一点小小的恶作剧，我会装作是一个逃票者，半天拿不出票，最后当售票员要我出钱买票时，我神奇地变出了一张月票。售票员往往不相信一个小孩子会有月票，会瞪大眼睛仔细端详查验，我喜欢售票员那认真检查的表情，有一种胸有成竹的满足。当然这只是小小的乐趣之一，更大乐趣是相对于以往徒步穿越胡同，汽车带给我的远方完全不同。在宽广的城市大街上，看到高大的建筑，穿过市中心，到了北城，城市边缘，比如马甸，北土城，中关村，这对我来说可真是远方了。1973 年，北京二环路外差不多就是乡村景象，我看到了河流，庄稼地，清晰的远山，夕阳，丝毫不觉得美，只觉得陌生、隐隐的恐惧。当人的自我还没发育完全时是不会有审美的，这时主要的情感就是恐惧。尽管理智上我知道自己是绝对安全的，我坐到头儿后，也就是坐到总站，可以下下车再坐回来，我有月票，这毫无问题。但情感不会因为理智存在就不滋生恐惧，以及恐惧性的想象。但体验恐惧又正是童年的重要乐趣，听鬼故事也是这个道理，体验恐惧是人的天性之一。我放任自己的恐惧，不知道公共汽车会把我带向何方，前面有没有尽头。或者尽头也许是悬崖，是一条大河，也许猛一下开到地底下去了。一场本来是好奇的旅行变成了一场越来越惊恐的旅行，但是最后售票员一查票心里一块石头落了地，立刻因喜悦装作没票，转换之快不过瞬间，如同故事，戏剧。

这是一个十四五岁少年真实的故事，这个故事说明旅行过程是一个强烈地意识到自我与他者互动的过程，这种过程正是文学的滋生地之一。西班牙大哲学家奥德嘉·嘉塞曾经说过：告诉我你关注什么，我就会告诉你你是谁。人往往是通过自己关注的东西来创造自己的，不论我们将注意力投向何方，我们都会被它塑造。你关注远方远方必定会塑造你，你关注旅行，旅行必定会塑造你。在这个意义上，奥德嘉·嘉塞进一步说："生命本身就是一件有诗意的工作，人是他自己的小说家，因此生命事实上就是一种文学形式。"我觉得他说的好。

不过如果细分，旅行和远方虽然有关也有些差别。远方具有终极性质，旅行刚更像手段；远方不仅仅是行走，更重要的可能是停下，居住在一个想居住的地方或是被迫居住的地方。这时变化就不再仅仅是空间，更是时间。这时你在一个陌生之地一住就是几周，几个月，几年，甚至一生都可能。故乡怎么产生的？就是由远方产生的——没有远方就没有故乡。而故乡一旦产生，也就产生了双方面的远方：你去的地方是远方，当你到了远方，住下来，一住几年，一生，你的来处也变成了远方，故乡由此诞生。故乡对写作者的影响是不言而喻的，我们强大的乡土文学，像鲁迅，莫言，贾平凹，阎连科，刘震云，哪个不是在异地写作的乡土作家？哪一个不是在远方抒写故乡？还有，被迫走向远方的知青文学，像韩少功，王安忆，张承志，右派作家，王蒙，张贤亮，从维熙，因求学或写作由小镇来到大城市的作家余华，苏童，格非，可以说数不胜数。

我的远方和上数这些同行还不尽相同，我没有什么其他理由，只有一个很个人理由，就是在一个地方腻了，想离开。我渴望陌生，渴望远方，渴望有一个故乡。我知道，如果我不离开就是一个永远也没有故乡或第二故乡的人，而没有故乡的人在我看来是一个单维度的人，就如一个不知道镜子为何物的人。故乡好比是一面镜子，在镜子中你看到的不仅仅是你，还有世界，不仅仅是世界，还有你。你和世界隔着遥远的距离，但因为镜子又是同一的。

1984 年，北京对我来说已是一个极限，我必须离开。这一年，我大学毕业后在北京一所中学已任教了一年，学校宿舍后面是一条铁道，每个夜晚都有火车不断经过的声音，每次都提示着远方。我的血液里有一种东西，一种我父亲的东西，我哥哥的东西，一种对他们是被迫的，但是到了我这里变成了一种躁动的东西。但是我也有明显的理由，那就是为了文学我应该读万卷书行万里路。我给远方写信，给新疆，信写得像诗一样。此前在大学时我已在《萌芽》发表了诗，是当时的校园诗人。那时能在四小名旦的《萌芽》上发表诗是相当不容易的。当我费尽周折与新疆农垦建设兵团一所中学取得了工作上的联系，一个意外的消息传来，北京将组建援藏教师队支援西藏，我毫不犹豫地报了名，我觉得对我是天赐良机，这下我将成为我们家族中走得最远的人，同时完成了与家族历史的对话。不离开似乎我就不是这个家族的人，但一离开就这么远陌生也真让我没想到。

西藏的远方，西藏的空间，对我至关重要，巨大的陌生，巨大的遥远，会不会创造一个巨大的"我"呢？或客体的"他"呢？我当时憧憬着自己，也眺望着自己。那时我已知道高更，塔希堤岛，高更一到陌生原始的塔希堤岛便画出了惊人之作。此外，八十年代知青作家非常活跃，他们为什么成功？很显然因为他们曾有一个远方。他们的经历令我羡慕，他们的作品尽管描写的是苦难，但当苦难一旦化为文学，反而再次让远方成为了召唤。那时我虽然已发表了一点诗歌，但感到自己生活贫瘠，不可能写惊人的有力的东西，我觉得到了西藏会完全不同。既然西藏不同凡响自然也会让我写出不同凡响的作品，一鸣惊人的作品。我的想法应该说不错，是一个年轻人正常的想法，并且从现在来看，我也确实得到了这个结果；但是当初，让我绝没想到的是，这一结果延迟了差不多二十年之久。

二十年是个什么概念？是一个由少年变成中年的概念，从一个眺望自己出海到个眺望自己归来的概念。有人在出海之初，也就是一到西藏就写出了不同凡响作品，像马丽华，马原，但我不行。艺术面对生活往往不是正面直取，但我却是一个接受正面挑战的人。我觉得西藏高原既然以正面的全景的方式震撼了我，我就要正面的全景地表达这种震撼。我希望我的心灵就像一面大镜子那样完整准确映现西藏，结果我倒是变成了像西藏一样的镜子但也完全消失在镜子之中。我说不出心中的西藏，许多时候一时激动写出了什么，好像一切都写出了，但就在我落笔的时候，就在密密麻麻的字里行间一切又都神奇地消失了。文字，刚刚还像蚂蚁一样爬行，落在纸端上却尸横遍野，全成了死的干的。我不明白这是为什么，我觉得我缺乏才华，无能，我不是写作的料儿，信心被摧毁，就像上帝说的"我要拯救你就先要毁灭你。"直到许多年后，我作为一个广告人在北京大街上开着法国原装雪铁龙听到朱哲琴的《阿姐鼓》才明白了这一道理：西藏是不适合用语言表达的，西藏有着全部音乐的特点，是抽象的，诉诸感觉的，心灵的，印象的，模糊的，隐秘的，非叙事的，谁要想表达这些个谁就是堂·吉诃德。然而当时我不明白这个道理，我非常固执，固执一如堂·吉诃德战风车。我认为是西藏的难度导致了我心灵的巨大的难度，而我又是一个会绕过困难的人。我写得少，非常困难，却对困难有一种执迷不悟的劲头。北京人管这种人叫"轴"，说这人特轴，指的就是我这种人。没错，我非常轴，我到西藏本来是为写作，结果西藏反而制约了我的写作，差不多把我囚禁起来。

我几乎放弃了写作，放弃了西藏。但西藏却并没放弃我，奇迹发生在差不多十年后，1997 年，那时我在一家北京一家广告公司任总经理，这家公司现在还有，叫北京绿广告公司。我驱车去一家饭店与一家企业老板谈一笔广告生易，车堵在了东单的银街，北京最繁华之地。我驾驶的是一辆原装法国雪铁龙，本是为越野的，现在却陷入泥淖。饭店已近在咫尺，可我却无法抵达。事情就发生在这最后的几分钟里，我的车经过一家装潢考究的音像店，左近还有一两家，同时放着嚎或混乱的歌唱，正在这时，在交通噪声和混乱嘶声中我听到了一脉来自高原的清音。我当时不知是《阿姐鼓》，但是非常亲切，感到恍惚、一种迷失，我的阿姐从小不会说话／

在我记事的那年她离开了家／从此我就天天天天的想／一直想到阿姐那样大／我突然间懂得了她。

当时，听得我可魂飞魄散，不知自己身在何处，好像一下悬空了。我觉得遥远的我要呼唤我，年轻的我在呼唤我，梦里的我在呼唤我。西藏，我曾为了诗歌为了文学追寻到那里，在那儿整整隐居了两年。西藏的巨大的孤独和自然界的伟岸曾经长时间塑造过我，高高的雪山与梦幻般的河流磨洗过我的眼睛，25 岁的我像淬火一样身体发蓝，定型在那里。一切都不曾忘记，《阿姐鼓》穿越时空一举照亮我，我觉得身体透明，闪闪发光。

我像梦游一样辞去了广告公司的职务，将账目，车钥匙，以一切的方便全部交了出去，在回忆中重新回到远方。当年的写作困难奇迹地消失了，往事纷至沓来，西藏纷至沓来，这时再次眺望自己已不是出海而是归来，或者既是出海又是归来。这时大海已不再单纯，而是像 3D 一般是个立体空间。所有远方的鱼都向我游来，一切都身临其境，一切都信笔拈来。

《阿姐鼓》专辑有七支曲子，我用感觉以及感觉到的文字对位写出了七篇散文，命名为《沉默的彼岸》，1998 年，发表在《大家》杂志的"新散文"栏目上。此前我已有六年没发表作品，我清楚地记得海男，这位另类的女诗人、小说家只是翻了翻，闻了闻，即拍板。它偶然间成为"新散文"的代表作之一，与这个栏目的创作理念不谋而合。这组散文的开篇叫"漂泊"，完全没有拘束，是在音乐导引下流出来的文字，开头是这样的：

　　从无雨之河开始的漂泊与沉思，到了雪线之上突然中止了，鼓声从那里传来。正午时分，火山灰还在纷扬，鼓声已穿透阳光，布满天空，沿着所有可能的河流进入了牧场，村庄。所有的阴影都消失了，鹰从不在这时候出现，一群野鸽子正沿着河流飞翔。闭上眼，静静地躺在湿地和沼泽之中，面对天空，鼓声，阳光的羽毛。大片的鸥群从你身体上掠过，你摆着手，示意它们不要离你太近。但你的周围还是站满了鸟群，它们看着你，看着湖水，看着湖水流线型从草丛和你的身体上滑过。

一个人，躺在隆起的天地之间，有时也在刺破青天的山峰上，就像雪豹那样。那时积雪在你的体温下融化，阳光普照，原野的亮草弥漫了雪水。这些浅浅的像无数面小镜子的雪水汇成了网状的溪流，它们打着旋儿，流向不同，不断重复，随便指认一条，都可能是某条大江的源头。

不，不是所有的源头都荒凉，没有人烟。

在我的行迹中，生长着岩石，冰川，咕咕的泉水，同样，也生长出了帐篷，村庄，正午的炊烟。村庄或石头房子几乎是从岩石上发育出来的，经幡在屋脊上飘扬，风尘久远，昭示着时间之外的生命与神话，存在与昂扬。村子太旷远了，以致溪水择地而出，从许多方向穿过村庄，流向远方。桑尼的弟弟，一个三岁的男孩，站在时间之外，在没有姐姐的牵引下，那时候正走在午正的阳光里。

这是个没有方向的孩子，只是走着，时而注视一会太阳。

那个三岁的男孩，他来到门前一条小溪旁，小溪不过一尺宽，但自然界的提示还是不能过去，他站住了，他一无所有，于是蹲下来玩水。他没有任何玩具，手伸到小溪里，小溪流速很快，水就顺胳膊涌上身来，自然界的力量一下让他跌倒了。他的鞋湿了，他脱下了鞋，于是发现了鞋。他用小鞋舀水，站起来，倒下，就像他的姐姐汲水的情景。玩了一会或许是累了，小鞋不慎落入水中，一下顺流而下漂走了。他没有追，只是望着，眼睛里充满了好奇，待小鞋子漂远看不见了，他蹲下来拿起另一只再次放到水上。小鞋再次漂浮，像船一样行，男孩跟着跑了几步摔倒了，再爬起来时小鞋已远去，男孩看看地面，再没什么了，又看看远方，这时他简直就像一尊小铜像。男孩眼里没有迷茫，只是直瞪着，只是不解，并且无法越过的不解。他还不能思考，但思考已经孕育。

这是我住的西藏的那个村子发生的一件事，这个村子与我教书的学校一墙之隔，那所学校坐落在拉萨西部圣山脚下，因为是山的延伸，操场是倾斜的，足球运动仿佛是在一个斜面上，有几排石头房子，一个水塔，形同虚设到处是洞的围墙。周边是田野，牧场，沼泽，村子。穿过村子和一大片山脚下的卵石滩，就到了山上的哲蚌寺。站在村子的高处或卵石滩上的一块高大的飞来石上，可以看见拉萨河像天空一样的波光。我经常在村子在寺院里面散步，远一点我会走到拉萨河的几个小支流上，或者干脆走到拉萨河边。河边有许多大大小小像浴盆一样的水湾，有时我会脱光衣服躺到里面，任水鸟鸣叫着围绕着我飞翔。

在《阿姐鼓》的音乐中我回忆着，眺望着，一个早已存在的漂泊者、流浪者的形象在我心中完全孕育成熟。这是一个什么样的形象？什么样的形象才能承载我的西藏？我觉得只有罗丹雕塑《青铜时代》那样一个走向原野瞻望人类未来的形象；或者像老子所说的一个赤子的形象、婴儿的形象，我觉得只有这些具有哲学意义或文化人类学意义的形象人才能承载我心目中的西藏。西藏在我看来是在世界高处开始的地方，那么这个形象也要有开始的味道。

我用了三年时间完成了这部长篇小说，塑造了一个叫马格的人，一个来自大城市的人，一个从中心城市走向边缘的人，一个家境殷实却选择了流浪的人，一个拒绝一切秩序的人，一个在自然中去除了心灵之垢的人，一个因为总是接触水眼睛变得特别深远明亮的人。他眼中的拉萨是这样的：

　　　　马格站在拉萨河桥上，四月，流域沉落，残雪如镜。城市在右岸上，白色的石头建筑反射着高原的强光，一直抵达北部山脉。布达拉宫幻影一样至高无上，神秘的排窗整齐而深邃，仿佛阳光中整齐的黑键，而它水中的幻影更接音乐性，更像一架管风琴的倒影。窗洞被风穿过，阳光潮水般波动，能听到它内部幽深而恢弘的蜂鸣。拉萨河静静流淌，波光潋影如一张印象派的海报。是的，这是个音乐般的城市，静物般的城市。

除了一些寺院呈出着绛红色调子，这个城市几乎是白色的，高音般的白，但细部，比如雕窗则是鲜明的黑，整个看上去明快，抒情，单纯，单纯色构成不同的色块，简单，迷人。在马格看来，这是个童年的城市，积木般的城市，他想起小时曾搭建的那些好看的城堡，想起他在钢琴上幻想的一个积木城市。但那时他无论如何没考虑过这么亮的阳光，因此这甚至是一个孩子也无法想象的城市。但白色的拉萨，又的确是一个孩子的城市，多漂亮的阳光，全世界的孩子都应在这里与阳光相聚，与河流相聚，以决定他们的城市和未来。可以有一些白发老人，比如轮椅上的老人，推婴儿车的母亲，然后全是孩子。

西藏需要一颗赤子之心、婴儿之心，两者都是干净的，只有干净才能呈现干净，只有水才能呈现水。这部小说叫《蒙面之城》，问世于2001年，2002年意外地获得了老舍文学奖。在人民大会堂举行的颁奖会上，我在简短的获奖感言上说，除了这部《蒙面之城》，我之所有发表的作品加起来不过几万字，会后记者采访，为什么写的那么少？我讲了我被西藏囚禁的情况。我说我得感谢这种囚禁，没这种囚禁我不会获得一颗赤子之心，一个罗丹雕塑那样的形象。

《蒙面之城》问世五年之后，我又投入了另一场大规模的有关西藏的写作，再次眺望自己，眺望西藏。这是2010年问世的长篇小说《天·藏》，这部小说为我第二次摘得了老舍文学奖，以及首届施耐庵文学奖。如果说《蒙面之城》中的西藏还是一个局部的西藏，那么《天·藏》就是一个全景式的西藏，一个音乐般的西藏，就像我刚到西藏，给震撼、当时却无法言说的西藏。

小说一开始就像一段叙事性的音乐：

我的朋友王摩看到马丁格的时候，雪已飘过那个午后。那时漫山皆白，视野干净，空无一物。在高原，我的朋友王摩说，你不知道一场雪的面积究竟有多大，也许整个拉萨河都在雪中，也许还包括了部分的雅鲁藏布江，但不会再大了。一场雪覆盖不了整个高原，我的朋友王摩说，就算阳光也做不到这点，马丁格那会儿或许正看着远方或山后更远的阳光呢。事实好像的确如此，马丁格的红毯氆尽管那会儿已为大雪覆盖，尽管褶皱深处也覆满了雪，可看上去他并不在雪中。

从不同角度看，马丁格是雕塑，雪，沉思者，他的背后是浩瀚的白色的寺院，雪，仿佛就是从那里源源不断涌出。寺院年代久远，曾盛极一时，它如此庞大地存在于同样庞大的自身的废墟中，并与废墟一同退居为色调单纯的背景。不，不是历史背景，甚至不是时间背景，仅仅是背景，正如山峰随时成为鸟儿的背景。

马丁格沉思的东西不涉及过去，或者也不指向未来，他因静止甚至使时间的钟摆停下来。他从不拥有时间，却也因此获得了无限的时间。他坐在一块凸兀的王摩曾坐过的飞来石上，面对山下的雪，谷地，冬天沉降的河流，草，沙洲，对岸应有的群山，山后或更远处的阳光，他在那所有的地方。

这是我离开西藏许多年后描绘的西藏，当年我是写不出这样的文字的。这里有一个非常重要的概念，就是时间。我前面也提到了时间的参与，许多处也都谈到了时间。这里我想说远方绝不仅仅是一个空间概念，它还是一个时间概念。没有时间参与的远方，是一个没有生命沉淀的远方、一个走马观花的远方，为什么旅游文字通常写不好？也是因为没有成为重要的参与者。所以我说我被西藏囚禁起来，某种意义不如说是被时间囚禁起来。囚禁的意义我前面也说了，它使我的西藏变成了一个3D的西藏，立体的西藏，西藏本身，使我获得了一颗西藏之心。我为远方所塑造，为时间所塑造。

关于我所描写的西藏，是否和别人不同，我想引用一下上海著名的批评家程德培先生一段话，他在评论《天·藏》曾这样说："《天·藏》的叙述者是一位形而上的思考者，他聪明而饶舌，给我们讲述的却是沉默的内涵；他处理过去仿佛它就是现在，处理那些远离我们日常生活的故事，好像它就在眼前。对宁肯来说'空间'总是慷慨和仁慈的，而'时间'总是一种不祥的情况。小说力图向我们展示一种文化的全貌，这种展示既面向我们，也面向与世隔绝的人。"程先生这段话有两个关键词，一个是时间，一个是空间，这也正是我所要表现的，我觉得表现西藏必须把西藏放在一个"慷慨的空间"和一个"不详的时间"中。我想，我得感谢时间，感谢时间对远方的参与，没有时间远方就只是空间。

2012 年 12 月

第四辑 肖像

世纪老人冰心

　　大约是在 3、4 月间，我曾给冰心老人去函，约请老人给本报文艺副刊《地平线》写稿。我从未见过冰心老人，也想象不出现在老人怎样写作，谁来照顾她的生活。她已 88 岁，与本世纪同龄，但还孜孜不倦地撰写文章。

　　我给老人写信不久，就听说冰心老人身体有所不适，心说真不是时候，给老人增加了负担。

　　这事搁在一旁，时间一长也竟淡忘了，以致前几天看到这封信时，我竟一时未能记起，糊涂地读到最后，落款竟是冰心！

　　冰心老人的信是 7 月底写好并寄出的，而报社在此以前迁到新址，她的信寄到原址而延误至今才收到。老人寄出的信两个多月竟未得到任何回音，这在她大约是从未有过的事！原谅我吧，冰心老人。

　　一望而知，冰心老人的信不是写给我个人的，而是写给你们——亲爱的读者的。当然，我也是读者。我觉得，联系到当今商品经济对知识界的冲击，联系到脑体倒挂，联系到学生不安心读书、教师不安心教书，以及大学生、研究生退学经商等许多人对此已见怪不怪甚至麻木不仁的现象，冰心老人疑问的确发人深思，而冰心老人的精神尤为可敬！

1988 年 9 月

附：冰心的信

民庆同志：

您的信早就收到了，信债文债太多，迟复为歉。

我没有文章题目，也未读过"人才报"。我倒有一个问题，想请读者想想再回答。

我从小读书，老师说："士"为四民之首，所谓之"士"，当然指"读书人"了。现在都讲"无农不稳"、"无工不富"、"无商不活"，无"士"呢？没有答案，我也说不出来，请您在"人才报"上问问读者们吧！

匆匆，祝

撰安！

冰心

七·廿二·一九八八

1979 年的巴金

1979 年 3 月 28 日，在我的日记本有这样一段记载："上午来到劳动人民文化宫听了一场关于巴金及其作品《家》的报告，是由中国人民大学张慧珠老师主讲的，很受鼓舞和启发。作家巴金是一个非常热情的人，这使我更深刻地体会到，作为一个作家必须有充分的热情，只有这样才能关心生活，观察生活，探索生活。"

那年我二十岁，刚进入大学，日记中还作了这样的记录：

> 一直以来对于巴金的作品一般有三种意见：1. 既指出了巴金作品政治思想的局限性，同时也肯定了他的优点；2. 过多地看到作品中的优点，回避作品中的缺点；3. 否定巴金的作品，认为巴金作品中的人物越进步越革命就越反动，因为他们都是无政府主者。"张慧珠老师介绍了无政府主义与巴金的关系："三十年代巴金确实接受了无政府主义思想。无政府主义——否定国家，否定民主集中制。俄国的作品主要是劝贵族阶层起来背叛自己的家庭，宣扬无政府主义的不怕死精神，而巴金主要接受了这种思想。

日记还作了很多笔记摘要，主要是对作品的具体分析，基本没有了意识形态色彩。这里有两点值得注意，一是值得历史回顾，就是说，在1979 年谈论巴金先生不可避免带着那个刚刚解冻时代的桎梏，尽管张老师否定了对巴金的全面否定，但实际上仍坚持了传统的对巴金进行政治思想的度量，也即所谓的"无政府主义"的思想局限性。显然这与报告主旨不符，是一些废话，但是必要。因为不说那些废话就不能或不好谈论想要说的巴金，显然是一种叙事策略。我不认为这是张老师个人的叙事策略，类似的叙事策略在我们二十四年的生活中比比皆是，它看上去十分荒唐，但我们也习以为常。我们叙事，同时被叙事，就如张慧珠老师那样，至今如此。

另一点值得我个人注意，1979 年的巴金，无疑对我构成了影响。从那篇日记来看，真正影响了我或许主要还不是巴金先生的作品，更为重要的是巴金先生与生活或世界的联系，是对生活强烈地关注，对生命不竭地追问，"关心生活，观察生活，探索生活"，而这一切都须生命的热情为前提。

二十年了，如果要我对日记或对巴金先生说一句话，我可以说：我是这样过来的。我后来的日记是证明，我的生活是证明，还有我的书。巴金先生迎来百岁华诞，灯亮着，让人欣慰，向老人致敬。

2003 年 11 月 20 日

于是之的远虑与近忧

他正在和一名人事干部谈话，关于一个出国进修人员各项政策和种种待遇问题。一叠零乱的文件摆在他面前。他看上去有些茫然。户外阳光很好，但房间里的光线却显得昏暗，以致在我刚刚走进这个房间时竟觉得一切都那么不对劲，是那件老式的棕色办公桌椅太陈旧了？还是那对沙发有了年月？其中一个坐上去很不舒服，简直吓了我一跳。待坐定后，我发现这房间所以昏暗还另有缘故，于是之背后的墙皮剥落了一块，露出一小片浑浊的潮色。

人事干部好不容易走了，可是此后至少又有四人打断了我的采访。事情不大也不小，诸如住房、调资、评职称、离退人员待遇、要求增加福利等，应接不暇。艺术家于是之不能不管，他现在是"官"了，是北京人民艺术剧院的副院长，每天从早到晚坐办公室，处理处理不完的大大小小事情，回到家后精疲力竭。于是之今年正值花甲之年，头发都白了，工作起来很努力，也很吃力——当了副院长后得了冠心病。

"那么，您还演戏吗？"我怕问这问题，但还是要问了。于是之摇摇头，抽出一支烟，几乎一支接一支。动作很慢，脸色异常深沉。还是换个话题吧，就问："您当了副院长后一定有很多体会吧？"一语未了，于是之的表情立刻生动起来。

"体会，"他说，"一句话，就是一个内行变俩外行。"

先别说这话我听得糊涂，就眼前于是之这副表情，立刻把我的感觉提高到了审美的高度：这眼眉，这语气，这情态，多么熟悉而又亲切，真是久违了，戏如人生。这是生活，还是舞台？我仿佛重新发现了我们的艺术家。

"原来我排戏演戏还算个内行吧，一干管理工作就成了外行。干了一段时间管理原来的演戏渐渐生疏了，本来我是内行也变成了外行……你说这是不是一个内行变俩外行？"

原来如此，不愧是于是之的表达方式，即是戏言，又发人深省。接下来于是之又说道："尊重知识分子，尊重人才，不是给个官当就算重了，关键在发挥他们的专长，施展他们的才华。干部专业化、知识化并不等于知识分子当官。官并不是那么好当的，管理是一门艺术。"说到这儿于是之忽然又戏言道："如果再'尊重'我一点，给我个县长当，我非把那县弄乱了不可。"我们大笑。

访问于是之不啻是一种享受，然而由此我也深深地感到遗憾，像于是之这样一个造诣高深不可多得的表演艺术家，整日蹲在又热闹又冷清的办公室，是否对他过分"尊重"了呢？现在于是之不用说再登台演戏，就连关心一下业务——审阅剧本都难以抽身。

"还有，"于是之道，"好多该读的书都没时间读，那样多戏剧的新理论、新观念涌了进来，你不读，别人读。那么，别人写出的剧本你怎么能决定上演或不上演呢？从来都是知识量大引导知识量小的呀……"于是之陷入了沉思。

看着这位艺术家默不做声的样子，我的惋惜之情不禁油然而生，为艺术家，也为广大观众。如果说于是之的近忧委实令人同情，那么他的远虑则叫人深感不安。毋庸讳言，时下话剧事业不景气，原因方方面面，一言难尽。就拿青年话剧人才来说，于是之更是感慨系之。特别说起成才年龄，于是之颇为动情地说：

"我们现在成才的年龄太晚，四十岁的教授还称之为青年教授，这是很不正常的。"是的，这的确不正常，固然这里面有其历史原因，然而就目前来说，我们成才的年龄又提前了多少呢？不利于成才的因素还很多，而且新问题还在不断地产生，价值观念的改变对艺术和艺术人才的冲击不可低估。于是之说，现在有些省市的剧场变成了舞场，一些刚刚崭露头角、小有名气的青年演员，二三十岁，正是出成绩的关键时期，却被各种名目的晚会、演出以金钱作为诱惑拉出去，严重影响了他们的艺术追求，"如此下去，不用说他们何时成才，简直是把他们毁了——毁人呀！"于是之痛惜地摇摇头，"这关系到中国话剧事业的前途大计。"于是之的表情甚为严峻，宛若一尊雕像，那样看着我，就像在舞台上。两手摸摸索索，抽出一支烟，点上，仍然望着我——不，这时我猛然感到于是之的目光是那样深邃、悠远，并且弥漫着一种只有原野才具有的苍凉之色。他不只是看着我，他仿佛是在凝睇深思着整个世界……

"话剧事业不景气这也是一个世界现象，"沉默半晌，于是之平静下来，"我想问题的关键还在于面对电影电视的冲击，话剧如何发掘保持自己的特点。《狗爷涅槃》受到观众欢迎，有人就想把它悔成电影，我说不行，一变成电影，原来的味道就会全变了。《狗爷涅槃》时间上跨度大，同时又很凝练，语言上恰当而充分地发挥了话剧特点，耐人咀嚼，留给观众完成的东西很多，如果变成电影的叙述语言，就很没意思了。换句话说电影的特点代替不了话剧的特点，反过更是这样。所以说话剧艺术要想在各种艺术的竞争中站住脚，必须保持并且不断发展自己独有的特点。当然这又是极不容易的。"

说到这于是之又一次陷入了沉思，而我这时一方面感慨于是之对艺术的孜孜以求，另一方面也在思考另一问题：像于是之这样一个难得的艺术家为什么不能让他集中全部精力钻研艺术规律呢？我们姑且不论他的"近忧"对他本人有何影响，就是对需要他的广大观众，对话剧艺术目前面临的种种艰辛也是委实令人遗憾的！是的，遗憾，自打我一走进这间似是而非的办公室我就产生了这种模糊而又强烈的直觉。

不知不觉，时间已过去两个多小时，于是之谈的问题很多，有些也很尖锐，绝非这样一篇小文所能容纳得了的。而这位卓越艺术家的风采神韵，尤其是他那副独有的"入定"了的悲悯表情，则更是拙文难以略呈一二的。要告辞了，于老显得很累，站起来，颤颤巍巍地伸出了手。我握住于老的手，半天竟没想出一句像样的告别的言辞，我只在心中默默念：愿我们的艺术家在花甲之年珍重身体，为了自己，为了艺术，也为观众。

1987 年

大地守望者

我知道《瓦尔登湖》很晚，那已是 1997 年的 8 月，在《大家》编辑部，海男谈起散文写作时，提到了《瓦尔登湖》。我还记得海男描述此书时那种赞赏的情景，大意是梭罗的语言在现实和自然界如鱼得水，世上的一切都不过是语言的材料，等等。我不知那时《大家》正准备发起一场"新散文"写作运动（它的推动者是海男、韩旭、马非诸人）。从后来新散文的写作面貌看，《瓦尔登湖》无疑是这场运动的重要背景之一。

时隔一个月第二个跟我谈起《瓦尔登湖》的人是散文家苇岸。文坛如此推重《瓦尔登湖》，我全然不知。也难怪，我已告别写作多年，若非1997 年初天才歌手朱哲琴的《阿姐鼓》，至今我恐怕仍在另一途中。我是到过西藏的人。《阿姐鼓》一举击穿甚至引爆了我，将我这个已充满业报的东西从精神上拿回西藏，重新剃度。我回到已经陌生的写作上来。我所在的公司管理开始荒疏，差不多完全靠惯性自转。这时我对文坛已恍如隔世，"不知有汉，无论魏晋"，以致当有一天苇岸突然把电话打到我家，我对他的名字竟毫无反应。（海男是我那次出差昆明才认识的）。苇岸打电话到我家是因为散文家史小溪的缘故。小溪要来北京，准备住在我家，因行程复杂，到京具体时间定不下来，他写信给苇岸告诉了我家的电话。小溪是 1992 年以来我与文坛惟一的一丝联系，他时而来封信，偶尔提及一下我当年的写作。

小溪迟迟未来，我也把这件事忘得一干二净。一日在前门一家书店偶然看到一本《蔚蓝色天空的黄金》，书名有点怪，一看编者署名是苇岸。莫不是前些天打电话的苇岸？翻开书，编者在昌平任教，没错，我买下这本书。这是一本"新生代"散文集，集中选了十位六十年代出生的中国代表性散文家，都是陌生面孔，一个我都不认识。1997年我又认识谁呢？

《蔚蓝色天空的黄金》收了苇岸的《观察者》、《大地上的事情》、《一个人的道路》等文。我先读了《观察者》和《一个人的道路》，还未读他的名作《大地上的事情》就迫不及待给苇岸拨通电话。我告诉了他我读了《一个人的道路》的感觉。我们结识了，约好我去昌平拜访他。我不知道别人如何评价《一个人的道路》，这篇不长的自传震动了我，这是《阿姐鼓》之后对我的又一次震动。如果说《阿姐鼓》是对心灵的一次引爆，那么《一个人的道路》则不啻是对灵魂的一种切入和照耀。这种照耀不是在强光之下，而是在太阳升起之前或刚刚落下之后，这时蓝色山脉还未消逝，或者刚刚升起，在"华北大平原开始的地方"，一个人讲述着自己洗尽铅华的一生。我真的似乎看到了他，听到了他，他语速缓慢，文字纯净、朴素、深远，世上竟有这样的心态和文字！我的心也静下来，感觉脱去了一身的浊气。

我去了昌平。昌平真是个"天明地静"的地方，我看到了山脉、河流、京密引水渠的烟波。（一年后我、苇岸、诗人高井曾一同于夕阳中畅游此渠，苇岸夏季常独自到渠中游泳，漂泊，他的寓所距此仅一公里，高井曾称此渠为"瓦尔登湖的水渠"）我见到了苇岸。苇岸个子很高，身材谦逊，一身浓重北方人的书卷气使人想起俄罗斯作家的某种气质。我想起了蒲宁、普里什文和电影中的高尔基。这是我见到苇岸的第一印象。我们谈得很投入。像这样与人倾心愉快地谈论文学和写作，是我多年来第一次。我觉得过足了瘾。我记得我特意到他的书房看了一下，因为在《观察者》中我读到这样的文字："在我阅读、写作面对的墙上，挂着两幅肖像，他们是列夫·托尔斯泰和亨利·戴维·梭罗。由于他们的著作，我建立了我的信仰。我对我的朋友说，我是生活在托尔斯泰和梭罗的'阴影'中的人。"我看到了两个伟人的肖像。苇岸送了我他的一本书：《大地上的事情》。我认真拜读了他的书，这里我愿引用我当时的第一感受（给苇岸的信）："你和你的作品近日一直在我头脑中，我想对你说什么，但又不知能说什么，我理不清脑子中的头绪，但有一点我可以告诉你，我见过各类人，但从未见过你这样的人。或者可以这样说，你所拥有的正是我所缺乏的，你震撼了我。""你的书我全部看完了，看了不只一遍，你主流性创作《大地上的事情》更是看了多遍，我知道这是多么独特而成功的写作，这仅是一生写作的开端，它的成功之处在于它的纯粹的写作、它的写作心态；在于作家面对人以外世界，对生命和人的追问和思考。字字千斤，我感到了它短小形式巨大的力量。《放蜂人》是完美的写作，但它的感人力量已不能用完美来概括。它是有着充分素质准备可遇而不可求的写作。你是有着世界文学视野的人，因此自然会在世界文学视野中写作，这篇文章放入任何一个世界级作家的文集中都是上乘之作。"

这是一个初读苇岸散文人的记录，觉得是个人感受性的文字，别人未必这样看。但前不久出差沈阳与散文家包尔吉·原野通电话改变了我的看法。原野因为一件与我有关的不愉快的经历电话里火气很大，但说到苇岸，钦佩激赏之情溢于言表，他称苇岸为"梭罗二世"，说苇岸是最好的散文家，他的作品虽然量不大但重要的是他写出了最好的作品。我认为原野的话反映了所有诚实读者的第一感受。苇岸作品写得冷静，读者读来却十分激动，由不得要击节赞叹，这是苇岸散文魅力所在。

古人说"文如其人"，这话在一般意义上用在苇岸身上已非常贴切。但我觉得仍然不够，于是倒过来一想，"人如其文"，觉得才真贴切了。我想说的是，人与文的统一苇岸做到了极处。通常人与文的分离是普遍现象，正如人常常言行不一，是一种客观存在，是人类天生的弱点，谁都会以此原谅自己，并不以为过。但苇岸却不这样看，他是个极认真之人，并且对所有人都抱有美好愿望。苇岸说："我希望我是一个眼里无历史，心中无怨恨的人。每天，无论我遇见了谁，我都把他看做刚刚来到这个世界的人。"（引自《一个人的道路》）这是一个多么天真的目光，婴儿般的目光，但不也是上帝的目光？这目光一旦进入作品会怎样？无疑会形成一种照耀。我读苇岸之所以感到照耀，正是因为《大地上的事情》布满了这种神奇的目光。苇岸的一切语言都被这种目光深深地打量过。

写作是一份孤独的事业，没有朋友的写作就更加孤独，这点我在1992年以前的十年写作生涯中体会非常深，苇岸在许多场合叫上我，在他朋友的画展，在诗歌朗诵会，在北大，在诗歌酒吧，在他家的聚会，很快我结识了许多北京写作圈的朋友。我认为这是非常重要的帮助，它坚定了我的写作信念。正是在这期间我完成了我的《沉默的彼岸》的写作，并把初稿给了苇岸。苇岸看后打来电话，说是情不自禁打电话，说我做公司实在可惜了。我决定辞去公司的职务，并同苇岸商量过这件事。去年3月终于如愿以偿。苇岸是一个富于感召力的人，应该说我是在苇岸影响下才走出这决定性的一步。我失去车、手机以及所有的职务之便，我还原为一个人。我曾存在过的人。

我敬重苇岸。我们接触频繁，一起去美术馆看画展，逛三联书店，去一个叫"菲菲"的饮食店喝茶。这个店就在三联边上，是苇岸通常进城会朋友的地方。在这里苇岸曾把我介绍给诗人林莽和评论家刘福春。在"菲菲"我们经常谈的是梭罗。梭罗对于苇岸有着不同寻常的意义，那时候他正准备给《世界文学》写一篇叫做《我与梭罗》的文章。《读书》和其他媒介上有人撰文对"梭罗热"以及梭罗本人提出浅薄的质疑，苇岸对这种文章很有看法，我说物极必反，总有人站出来出风头，写一些反调文章，这种无聊文章和猥琐文人大可不必理它们。但苇岸认为不能置之不理，于是以书简方式写下了《梭罗意味什么》（致树才），发表于《中国文化报》、《美文》。稍后又写了《艺术家的倾向》（致宁肯），发表于《光明日报》和《美文》，文章结束时他有意提到我的《沉默的彼岸》，给予精当的评价。我知道他的用心，他希望我的作品有所反响。

苇岸待人诚恳，乐于助人，特别是对写作者他抱有一种一般人难以理解的情操，他说："即使今天，如果我为诗人和作家做了什么，我仍认为，我不是或不单是帮助了他们，而是帮助了文学本身。"他对食指（郭路生）的帮助最能反映这种情操。一代先驱诗人食指长期住在沙河精神病院，沙河相对距昌平不远，苇岸因此认为自己负有某种当然的责任（谁又认为他一定有这责任？）。他定期去看他，聊聊天，带去食品，书报，请他到外面饭馆吃一顿，改善一下伙食，几年就这样坚持下来。都说与诗人交往最难，而苇岸似乎与诗人有着不解之缘，他的笔名与北岛有关，他与已故诗人顾城和海子过从甚密，当今最活跃的诗人与他有着良好的交往。

　　文学是苇岸的宗教，他的虔诚、热忱、充满爱和庄严让人感动，他没有丝毫的调侃、猖狂、作势、言不由衷，他是当今市井习气、后现代语境中的一道风景，一座孤岛，是当今文坛真正的"另类"。他的寓所是书籍和写作的殿堂。读书和写作是他生命的全部方式，就其纯粹性而言，我无法不想到博尔赫斯的写作。然而，从精神和生命态度上他更接近于梭罗。博尔赫斯在书中玄想，制造迷宫，苇岸决不，他的写作始于户外：观察，爱，追问，悲悯自然界中的弱小，爱土地，爱那些初始的事物：像树木，草，光线，农事。

　　苇岸的写作不仅没有玄想、迷宫，有时甚至像十九世纪自然科学家那样严格，为写关于二十四节气的散文，光是户外观察他就用了一年时间。1998 年初他在他居住的小区东部田野选了一个固定的基点，每到一个节气都在这个位置，面对同一画面拍一张照片，形成一段笔记，时间严格定在上午九点，风雨无阻。这一固定点我还有另外一些人都曾要苇岸引领前去观瞻。去年底苇岸开始了这一继《大地上的事情》后，又一重要的我愿称为"大地上的写作"，如今我们已看到立春、雨水、惊蛰、春分、清明、谷雨等篇章。

　　因为二十四节气，1998 年苇岸没有像往年去外省旅行。苇岸有假期，这以前他每逢假期他都要自费乘火车或汽车远行（我觉得汗颜）。他已走过黄河以北中国所有省区。他的《上帝之子》和《美丽的嘉荫》是这些旅行结出的优秀的果实，请允许我最后引用这两篇作品的片断：

……两个孩子，徒手赶来一只高大的公羊，走进屠场。血腥气息的突然刺激，使公羊警醒。它本能欲退，一个孩子伸手一拦，又使它恢复了镇定。它走到悬挂同胞尸身的横梁下，一个屠师猝然将它搬倒，头扭向血坑，然后操刀。它没有踢蹬，没有挣扎，甚至没有哀叫，它承受着，大睁柔弱的、涵义深远的眼，阵阵抽搐的壮硕身躯，渐渐平静。新疆的这幕，刻进我的脑子，我终生难忘。它时常让我想起人类尚未放弃的一种脆弱努力。

——《上帝之子》

嘉荫，这是一个民族称作北方而另一个民族称作南方的地方。站在黑龙江岸，我总觉得好像站在了天边。对我来讲，东方、西方和南方意味着道路，可以行走；而北方则意味着墙，意味着不存在。在我的空间意识里，无论我怎样努力也无法形成完整的四方概念。望着越江而过的一只鸟或一块云，我很自卑。我想得很远，我相信像人类的许多梦想在漫长的历史上逐渐实现的那样，总有一天人类会共同拥有一个北方和南方，共有一个东方和西方。那时人们走在大陆上，如同走在自家的院子一样。

——《美丽的嘉荫》

这些文字不用我多说什么了。苇岸漫游四方，守望大地，沉思默想。他本质上是个行吟诗人和浪漫主义思想家。他属于十九世纪。某种意义，正像某些物种，他在我们这个物质时代已显得那样稀少，但事实上又凝结着人类最后的希望。

1999 年 2 月

还乡

 1999 年 5 月 19 日，病中苇岸溘然长逝。5 月 23 日上午 9 时 30 分，朋友们来到昌平为苇岸送行。诗人林莽致词，泪湿衣襟，散文家冯秋子拿着各地来的唁电，泪流满面。诗人黑大春朗诵了一首给苇岸的旧作。树才朗诵了雅姆的诗。雅姆是苇岸生前喜欢的诗人，苇岸患病期间曾要诗人树才专门译了雅姆的十四首祈祷诗，苇岸希望在他的遗体告别仪式和骨灰撒放大地上时，听到莫扎特的《安魂曲》、树才朗诵雅姆的祈祷诗。致词和纪念仪式持续了 40 分钟，人们手持鲜花，向苇岸遗体做最后告别。十点三十分，遗体火化。在京及从外地专程赶来的六十多位诗人、散文家、学者参加了遗体告别与骨灰撒放仪式。午时，汽车载着苇岸的骨灰，向北京昌平北小营村驶去。苇岸生前遗愿不要墓地，不留骨灰，骨灰撒在他出生地的麦田、树丛和小河旁。

 北小营村是苇岸的出生地，1960 年苇岸出生于此。苇岸在《一个人的道路》中曾这样描述他的家乡：这座村庄，位于我所称的华北大平原开始的地方。它的西部和北部是波浪起伏的环形远山，即壮美的燕山山脉外缘。每当日落时分，我都幻想跑到山顶上，看看太阳最后落在了什么地方。那时村子东西都有河。村里井也很多，一到夏天，有时用一根扁担就能把水打上来。每年，麻雀都选择井壁的沿隙，做窝生育。雏雀成长中，总有失足掉进井里的。此时如果挑着水桶的大人出现，它们还有获救的可能。

北小营村像苇岸生前描述的那样朴素、大方，富于北方五月乡村大地的饱满与生机。麦浪如烟，正值盛季，田垄下的小河生满碧草，树木，底部清水涟涟。看到他的家乡、麦田和水源，苇岸的选择是对的。这是典型的北方乡村，具有季节全部的朴素、美和一切感人的东西，这是世界共有的北方乡村。这里初始的元素性的自然乡村风貌具有经典和永恒性质；这是人类的家园，它产生了《大地上的事情》不是偶然的。莫扎特适合这里，雅姆适合这里，梭罗和普里什文适合这里。朴素的北小营村从来没来过这么多人，这么多车，但村子并未受到打扰，她默默地接纳了她的儿子：大地之子回来了，他应该回来。

正午时分，骨灰开始撒放。诗人树才站在高高的田埂上，下面是小河和树丛，莫扎特的安魂曲低回于田野上，树才朗诵雅姆。诗人王家新面对五月盛季的麦田，朗读了他写给苇岸的最后几句话。昨天他专程进山为苇岸采撷了芦苇，他静静的泪水和诗人的声音如一曲大地流淌的挽歌。苇岸的骨灰合着花瓣、阳光、溪水，诗歌和音乐进入麦田，融入土地。麦浪滚滚，瞬间。苇岸似乎变成了大地的麦浪，麦子的年龄正像苇岸的年龄。苇岸没有死，他活在大地之上，他会年年生长。长长的队伍排成一线，人们手持花瓣，走在长长的田埂上……诗人西川无限感慨，他一定是看到了什么，才几乎是愤怒地说：写作不是件好事情，写作就像个黑洞！西川曾痛失好友海子、骆一禾。毫无疑问，他还会不断失去。

这是一个如此悲观而又深具古典精神的葬礼。一个人离开土地，后来又强烈地回到土地。苇岸走了，年仅 39 岁。散文家张守仁说，苇岸是以少胜多的散文家，他继承着《瓦尔登湖》的作者梭罗、《林中水滴》的作者普里什文的传统，致力于描绘生机勃勃的大自然的生活，是不可多得的大自然的观察者、体验者、颂赞者，他的离去，是艺术散文的一大损失。评论家楼肇明先生说，苇岸的主要贡献是《大地上的事情》，在这个喧嚣的工业文明社会里，很少有人关注自然生态，苇岸是其中优秀的一个。

王家新认为，称苇岸散文家是不恰当的，他本质上是个诗人。诗人邹静之早在 1995 年造访苇岸时，就在苇岸寓所留下这样的诗句：

　　读你时

　　心里刻满了字

一个赢得诗人尊敬，在诗人心里刻下字的散文家，世上有多少呢? 我们应当深深感谢北小营村，感谢那片土地。我相信，我们对北小营村的敬意是持久的，甚至是永恒的。

1999 年 5 月 23 日

苇岸：让世界安静下来

大约 1995 年苇岸的书出现在货架上，小开本，单薄，印数少，不久就消失了。这本书叫《大地上的事情》，两年前在深圳书城一个偏僻角落我意外发现了这本书，有四五本的样子，挨在一起，安静，但并未蒙尘，也许有人清扫。深圳书城的管理我以为是全国一流的。我站了一会。我逛书店喜欢去一些角落，不止一次在角落我发现让我感到意外的书。我想苇岸就是这样与人相遇的，他在他恰当的位置，迎接那些寻找的人。

阅读苇岸，世界安静。他的文字简约、克制，不仅有契诃夫艺术就是减少、去掉多余部分的背景，他还认为整个世界都应该是"减少"的，他的文字体现了他对世界的看法。他对科技、文明进程、发展无度怀有深深的疑虑，又痛感自己不被裹携。他最大限度"减少"了自己。去过他家或与他接触过的人，无不感到他的质朴、温和，像土地在冬季那样"减少"自己。一次一些朋友到昌平苇岸处造访，一位女士主动承担了做饭任务，苇岸一次次出来，告知这位具有传统美德的女士，鸡蛋放几个，油放多少，到什么位置，让这位女士大惑，又不便多言。苇岸去世后她向朋友讲了这件事，她才恍然有悟，苇岸是个身体力行的人，一个将信仰贯彻到日常的人。

苇岸生于 1960 年的乡村，1999 年 5 月 19 日谢世，享年 39 岁。一生文字很少，不足二十万字。我感到一种不可思议，他已经最大限度减少了自己，上帝何以还要减少他的生命？老天是什么意思？苇岸不想离开人世，但他还是被招走了。或许他注定是我们这个时代的普罗米修斯？有那么多人在去年他乡村的葬礼上无言，他带走了我们什么？我失去了什么？林贤治先生曾愧疚自己忽略苇岸，他说："《大地上的事情》在我书架上蒙尘已久，一直未及翻阅。只是到了他去世前夕，我才打开它，来到他那旷阔的、安静的、经由他细细抚摸过的世界。这时，我沉痛地感到了一种丧失……苇岸的存在，给中国文学的一个最直接而明白的启示是：作家必须首先是一个优秀的人。"

　　不管什么时间，有意或无意读到苇岸，几乎都有一个共同的感受：角落，有时也会使世界突然安静下来，人们一下子看清了自己，心不再喧嚣，感到他的照耀。这种照耀不是太阳升起之时，而是在这之前，或太阳落山以后，我们面对晨曦或远山的照耀。苇岸身体力行，通过他有温度的文字，引领人们回到大地——万物的母体。整整一年，为写《一九九八廿四节气》，他在家附近选择了一块农地，在每一节气的同一时间、地点，观察、拍照、记录，最后形成一段笔记。他高大如白杨树的身体，像白杨一样谦逊。他完成了所有前期观察和准备工作，一年的准备工作，开始形成作品了，到了"谷雨"便嘎然而逝，如同他的 39 岁的生命。

　　苇岸生前只留下一部书，《大地上的事情》。苇岸在病榻上编就了自己的第二本书《太阳升起以后》，把林莽和我叫来，向林莽交代有关书稿事宜。一个下午过去，中间两次休息，最后合上眼。我们告别时，他已无力睁眼，只是点点头。当晚他昏迷，两天后辞世。一个人就是这样在最后一息完成了他自己。像许多优秀作品遇到的波折，诗人林莽为已故友人的书奔波，在离苇岸周年忌日还有不到四个月了，书终于在中国工人出版社定下来，林莽长出了口气。

　　感谢上苍，感谢中国工人出版社，仅三个多月，书如期并如此完美地出版了。5 月 19 日，苇岸逝世周年纪念会及《太阳升起以后》首发举行，各地来宾，诗人，散文家，学者，批评家，苇岸的读者聚集一堂，讨论苇岸对世界的意义。这个会不提供差旅、住宿，没有一切额外费用，但人们穿越辽阔的国土来了。山东的刘烨园说，至今还没完整地理出有关苇岸的头绪，苇岸太复杂，他涉及了很深邃的东西，他看起来提供的是精美结晶的文字，事实上这是他内心痛苦斗争的结果，应该看到他文字后面的东西。广州的林贤治说，苇岸是留在人类文明圆点上的人，我还在途中，在内心深处我会记住苇岸给我的东西，我会以我的方式同苇岸一道回到文明的圆点。散文家张守仁老先生前不久去昌平，看到山川河流，草木田野，老先生说，处处感到苇岸的存在，苇岸的声音，一直在恍惚之中。王家新说，苇岸是一个没有加入模仿这个时代行列的人，他存在的本身就是对时代的纠正。诗人袁毅称苇岸是"大地守夜人"，他的写作拓宽并充实了汉语写作。树才曾应苇岸之约对他在天之灵朗诵法国诗人雅姆，树才说苇岸从雅姆那里找到了自己的方式，一种与乡村结为一体的方式。

诗人食指从沙河福利院到会，讲述了苇岸隔一段时间就去看望他的经历。他说，苇岸是素食主义者，但每次来福利院都请他到外面小饭馆吃一顿，要一个肉菜，连他的病友都认识苇岸，叫不上名字，只说那个高个又来了。食指把自己的作品交给苇岸，他的许多作品就是这样见诸报刊的。苇岸是帮助诗人海子最多的人，海子辞世，他深感愧疚，觉得未尽到责任。他定期看望食指，我想他是在弥补什么。苇岸弥留之际，还没忘记嘱托友人，常常去看看食指。这样的人，这样的文字，不事张扬，默默做事，在他自己的位置发言，始终如一。他说他不是适于进入二十一世纪的人，甚至生活在二十世纪也是一个错误。他是悲观的，非常清醒，不可为而为之。我们阅读他，心很宁静，似乎看到世界还有一线希望。

2000 年 5 月

谁从天空返回

1998 年 11 月 17 日，苇岸应邀到诗人王家新居住的小汤山上苑村去看流星雨，两个人年龄都不小了，一个快四十岁了，一个四十出头。王家新上苑村的居所刚盖好不久，像个大庙，里面空荡荡的，没糊顶棚，檩条粗圆地裸露，感觉有燕子可以穿飞。一个诗人和一个乡村大庙，迎来一个大地散文家，看了半夜的流星，没见到几颗。两个人讨论星星，山脉，能见的就两样。一条水渠不反映星空，只能看见空黑的轮廓，在村边上。那次流星雨被证明是一次失败的预报，据说白天它们已如过江之鲫，呼啸而过，人们看不到。他们注视夜空，事后回忆起来看到的几颗可能是掉队的流星，或者根本就不是一个部队的，只是一些每个夜晚都可能出现的孤星。

同样是苇岸的朋友，今年见到大面积的流星雨。

这次是在顺义的山脚。一个富有的女环境主义者在平原山脉开始的地方包下几座荒山，种树，植草，开塘，造屋，几年光景，荒山脚下呈现出一座幽美的庄园。庄园有马，乳牛，鹅，樱桃林，藏獒、蒙古狼、圣伯那——一种雪地救生犬，壮硕，仁义，但女庄主却病得相当重，类风湿已使她数周卧床。她绿化了荒山，身体也差不多交给了荒山。她说不能陪我们看流星雨了，不过她会让人把窗帘拉开，从窗户向外望一望。

已经算是老朋友了，她甚至玩笑地谈到墓地的事。

　　几乎已故的苇岸看流星雨的同一个晚上，11 月 18 日夜，在露台上面山，已被短小植被覆盖的山脊平地而起，高度恰如临时搭建的星星的舞台，有夜晚浅山衬着，流星滑落，清晰可见，好像就落在山的末端上。没指望看到更多，但后来突然多起来，东北方向，如同一个源头，开始频频射线，一两分钟就一个，一闪即逝，由于习惯了一闪即逝，当蓦地一颗大星滚滚而来，引起一片叫声。那是一颗罕见的流星火球，自狮子座繁密的星空脱颖而出，如白驹过隙，拖着烧蓝的尾光划过长空，当火球已坠落山下，那来自宇宙之蓝仍停在小山包上，竟停了那么一刻，像一把尺子或一种尺度发着最后的光，那蓝如同苇岸笔下曾涉及的宗教的蓝。

　　那颗星是谁？那光又在看着谁？

　　那光像是一个人被拉长的从宇宙返回的目光。

　　此后天空开始了舞蹈，流星如同飘带，鱼跃，翻飞……但不是欢乐。一如不是人间的欢乐。大音唏声，天空无形，那巨大的活跃的抽象之舞在向人类展示什么？我们不知道。无法知道。我们活着，但似乎正在风化。一张张 X 光片构成了观者的身影，我们同样正在消失。我们收藏流星雨，同时也被收藏。

2002 年 11 月

记忆，北岛，一次未谋面的造访

大约是 1981 年或稍晚些时候，我曾拜访过一次北岛，虽然未能谋面，却烙印在记忆中。回忆那次拜访，想起许多旧事，一晃 20 年了。一直想就此写点什么，又觉没能谋面总是十分缺憾，说什么呢？但每每看到象罔与罔象有关北岛诗歌的帖子，又总是心有所动，往事如烟。

至今，我对北岛怀有一份深深的敬意，20 年没变。

或者说时至今日，我仍没走出也不想走出北岛的影子，我愿始终被我们这位时代的伟大诗人所笼罩。我最终没成为一个诗人，但北岛始终在我浅陋的文字生涯中存在。我这样说是因为总觉得北岛之于我的意义与别人有所不同，这主要是我与北岛这名字相遇时，基本处在一种话语蒙昧的状态，是北岛一下使我走出了一个旧时代。想想 1980 年以前中国的语境，说北岛的语言如剑破长空当不为过分。

我是 1979 年 2 月进入大学的，那年我 20 岁，之前基本处于后文革时期的文化野生状态，没受过系统纯正的人文教育，虽然因"野生"有一种原始的自由感，但整个意识形态、日常话语还是旧时代的，仅凭幸运和一点小聪明在特定时代由一个街头混混脱颖而出，进入了大学。毫无文化根底，但又凭骨子里的野生嗅觉与北岛的诗歌相遇，一拍即合，如同从不知肉味的狗突然寻到了陌生的骨头，那种根性的兴奋无以复加，尽管读不懂北岛，但闻懂了，从此再也不能忍受旧有的草食，整个思维与语言系统仿佛一夜之间蜕变，野性非但没改，反而插上了新的意识形态的翅膀，激进而贫乏地飞翔起来。

这个时刻具体发生在1980年星星美展上，我读到了北岛的"星星永远是星星吗""天空漂浮着死者影子"，江河的"我把长城放在北方的山峦，像高高举起的锁链，像刚刚死去的婴儿，他还在我手中抽搐"，这种语言让我惊骇、震撼，我知道它们同样也是我骨子里的语言，可我从来没见过！

需要指出的是，北岛、江河在80年前后是一种十分孤独的崛起，只引起了部分青年的共鸣，不但不被官方话语认可，甚至绝大多数在校读书人也不认可，他们仍止于被过滤的鲁郭茅巴老曹的文本，喜欢诗的人比较好的也仅止于艾青。当我把北岛江河的诗带回来，我周围的许多同学对北岛江河竟嗤之以鼻。

之前班里写诗的人很多，我也写，但还是过去的语言系统，但触到北岛之后，我的诗风大变，变得异常冷峻而富于色彩和想象力，让我周围人震惊。正是通过我的变化，北岛一批诗人开始在我所在的走读大学渐渐盛行起来，《今天》被广为阅读。北岛在心中的地位可想而知，可能正是我对北岛的倡导，使我结识了本校一位《今天》外围的人，他与《今天》有些接触，并知道北岛的住址。我渴望一见北岛，我心目中的诗歌英雄。在经过多次酝酿与迟疑，我们终于决定去造访北岛。

北岛那时住在前门东打磨厂胡同的一个大杂院里，我记得那是晚上七八点钟，我们一共四五个人，骑着自行车，到了东打磨厂，找到北岛住的院子。虽然我们那时都住在很深的院子，但那次感北岛住的院子似乎更深，院套院，走了好几重院子，不时向街坊打听一下赵振开住在哪？按最后一次打听的街坊所指，就在眼前了，正对着我们的两间房，亮着灯，里面有人说话，无疑在家呢！

我们敲开了北岛的房门，里面烟气腾腾，一屋子人，出来一个人问我们找谁，引我们去的人报出自己的名字，介绍了我们，说是来拜访北岛的，显然对方知道带我们来的人是谁。但是北岛不在，并告知引我们来的人说是"去邵飞那里去了"。邵飞是北岛的妻子，那时似乎还是北岛的女朋友，这样一说，是告诉我们北岛确实不在，带我们来的人知道邵飞是谁。北岛不在，我们不便进门，只好又失望又轻松地离开。

这是我惟一一次对北岛的拜访，此后还有一些机会，我都放弃了，我觉得我拜访过他了，表达了我对他的崇敬，这就够了，我不一定非要结识我心目中的英雄。20 年来，我认识了许多北岛的朋友，但始终没见过北岛。英雄是一股气，只要这股气长存于心中，我认为是同样的，而且也许可能不无好处。不管后来周围有些人怎样议论北岛，说到一些情况，但北岛在我心目中始终是当年的北岛，不变的北岛。

我今天说出来，了了一桩心愿，但仍不轻松。

因为我觉得路依然漫长，而许多人，包括我已不再年轻。

我想我应该谢谢象罔与罔象，一个如此执著的人，一个许多年前的情结仍在延续，让我在这纷嚣的当下感到并不孤立，一切都不会终结。

2002 年 1 月

我的二十世纪

张艺谋、王朔及其他

迄今为止，张艺谋、王朔对现今影视界的冲击尚无人可比。二人是那样不同，一个是纯粹意义的导演，一个是身份复杂的作家（编剧、策划、原著、经纪人）；一个是电影界的独行侠，一个是电视（还有电影）界的混江龙；一个沉默得无懈可击，一个猖狂得全无忌惮；一个是内力深厚，一个是邪异猴拳。可以喜欢前者，指嗤后者，或者相反，但必须承认，相对于时代，他们作为个人的存在同样都达到了某种不同寻常的深度，他们内心的超越使他们无法一般地循规蹈矩地阐述自己，要么永远沉默，只是耕耘，始终不出一声；要么目空一切，放浪妄言。

张艺谋来自中华文化腹地，一个秦俑式的人物，一个沉埋了数千年的现代人，内心蓄积了巨大、浑厚、久远的悲剧意识，一出世便如牛负重，在贫弱荒凉土地上，低着头，憋足劲，一声不吭，一步一个厚重惊人的脚印：《老井》、《红高粱》、《菊豆》、《秋菊打官司》……不仅中国，全世界都听到了他的脚步声——是的，这是大国的声音。文章、报道、闪光灯包围了他，但却很少听到他侃侃而谈的声音。我们不知道他对电影、自己、别人的评价或看法，他几乎是在异乎寻常的沉默中完成着他拓荒牛般的工作。也许他不用或无法开口？如果这不是出于故作深沉，那就一定是出于数千年的孤独。作品是一种表达，沉默同样是一种表达。

另一个极端就是王朔了。某种意义上王棘手得多，王是中国文化中一个罕见的现象。《顽主》、《渴望》、《编辑部的故事》、《过把瘾》、新近的《阳光灿烂的日子》，还有许多，都与他有重大干系。他本人的机锋像他的作品一样刺耳，甚至更甚。他有实力，不是一般的实力，他所认同的东西同他所面对的东西不成比例，要超越光凭作品是不完全的，他要采用非常的机锋和话语实现他对旧人格的反动，新人格的认同。他嚣张、放肆、刻毒、招惹甚至玩弄对他的愤怒和仇恨，并且窃笑，其本身就具有演示意义。他是我们温和文化的逆子，他贯于把他有价值的理性寓于毒蜘蛛般的非理性之中，因此也才那样的令人不快，但又好像奈何不得他。影片《阳光灿烂的日子》中，他看似随意装扮的顽主形象，其挑衅意味简直无以复加。常常，我们不知该怎样面对他，受不了他，可他又提供了一部部别人无法替代的作品。试想，王朔如果不是这样彻头彻尾，还会有称之为王朔的作品吗？由此我们看出了个性的价值。

个性，特别是具有文化意味的个性对创造实在是太重要了。我们有过个性极品的时代，魏晋文人风骨即是。只是这样的时代在我们厚重畸形的人文史上实在是难成比例。痛失个性曾使我们民族乃至整个文化的活力、创造力渐次式微，以致我们要重新崛起就必须溯源直上，跳过若干朝代，甚至跳过千年才能寻找到我们民族文化活力的本源，比如到春秋或魏晋时代。我们有诸子百家，有魏晋风骨，就不能说我们民族的个性是沉闷的缺乏亮色的。从这个意义上说，张艺谋、王朔二人的个性具有特殊意义。张、王之所以能对新时期影视产生持续重大的影响，无疑与他们卓然的个性以及这种个性所涵盖的重大文化背景有关。个性是艺术活动的生命和源泉，首先是个性化的人，然后才是个性化的作品，个性繁荣了，艺术的繁荣才成为可能。

1995 年 12 月

卡琳印象

　　一个西方人真正进入中国人的生活，事实上也是很难的，就像中国人到了西方国家，即使拿了绿卡，生活仍然是很表面的。《洋妞在北京》也许考虑到这点，所以在不太有把握地让美国姑娘路易斯进入中国的生活的同时，加入了喜剧色彩，增加了可视性。但也带来了一些问题，该剧喜剧因素的介入同样具有表面性，因而消减了剧中东西方文化冲突这一命题的魅力，它说明了无论何种有魅力的题材，表面化都不能满足观众，人们需要的是表象后面的东西。

　　有趣的是剧中的洋妞没能在剧中具有说服力地介入中国人的生活，却在剧外进入了中国人的生活。卡琳，一个在中国留学的德国姑娘，路易斯的扮演者，对该剧的评价寥寥数语，却对拍摄过程侃侃而谈。我在北京中医学院见到了这位德国漂亮的留学生。卡琳说，如果不是参加电视剧的拍摄，整天待在校园里，她不可能了解中国。"德国人太不了解中国，科尔不了解中国，德国大使馆也不了解中国。"卡琳的表达显然是典型西方式的，非常直率，言外之意她已很了解中国。卡琳有一定道理。卡琳在拍摄过程中亲历的中国文化的独特性以及东西方文化的差异，我以为比电视剧更具接近性，可能也更具观赏性。在紧张艰苦的拍摄中，卡琳病了。她学的是中医，教授给她开了方子，到药房抓了药。晚上在拍摄地的四合院，在深秋的昏黄灯光的堂屋，男主角生着炉子，找来药锅，倒水、入药。热气和药香以及火光透过热气映照的脸，让卡琳看呆了，泪就流下来，卡琳觉得太神奇了，简直觉得自己是生活在古老的充满实感和幻觉的东方童话中。卡琳说在欧洲这是无法想象的，甚至大欧洲的中世纪也无法想象。最初我以为她说的是剧中的情景，卡琳说不是。卡琳的激动的确触及了中国文化（四合院）某种既朴素又纯粹的东西。

拍戏使卡琳见识了中国四合院的文化：门挨门，户挨户，低头不见抬头见，密切的居住环境既规定了人情人性的丰富性，也规定了伦理习俗的统一性，既复杂又单纯，这一切怎么就能结合在一起呢？卡琳说：邻里相处得好当然动人了，但如果出现了矛盾发生了冲突可怎么相处呢？照卡琳看来那就必须分开，必须独立出来，个人是中心，不必非得互相依存。这是西方人的线性逻辑。如果说欧洲文化是一种对立的文化、逻辑的文化、孤独的文化，那么中国文化则可说是一种调和的文化、圆通的文化，孤独不被看重，依存是天理，是永恒，没有什么不可调和的。习惯了在矛盾中相处，在相处中解决矛盾，在这个意义上四合院成为中国文化活的标本，这也正是令卡琳着迷又不解的地方。

卡琳见识了各式各样的中国人，有愉快的时候，也有不愉快的时候，哭过许多回。有一次，拍摄间隙，卡琳吃起巧克力，管剧务的大妈见了说，卡琳不要吃了，你可比刚来时胖了。卡琳一下给气哭了。她们关系很好，她不知哪点得罪了大妈，以致大妈如此非礼。在她的文化中随便说一个女士胖了是极不礼貌的行为。

卡琳深切地体验到东西方的差异，有的能接受，有的不能。卡琳发现中国人并不总是含蓄、内向、爱面子或给人留面子，相反，更多的时候中国人是很随便很直截了当很开放的。卡琳说，中国的开放程度远远超出了欧洲人的想象力，许多方面同中国比较起来现在的欧洲倒是保守得多。

如果在美国卡琳感到欧洲的保守，我不会感到惊讶，她居然在中国感到了欧洲的保守，这同样超出了我的想象力。卡琳很健谈，很敏锐，交了许多朋友，经历了许多事情，在中国仅仅一年的光景，她已从医学领域进入到了经济文化交流领域。她说中国给了她欧洲无法给她的活力、机遇和广泛的可能性，而我想说的是，她的深度、敏锐、真实性远远超出了她在《洋妞在北京》所扮演的角色。

1995 年

陈村去找史铁生

一直觉得见过史铁生。大约十年前一个延安的朋友来北京，谈起史铁生，说要带我去见他，说就住在雍和宫附近，几乎就要去了，最终我还是犹豫没去。史铁生身体不好，访客多，我想就在心中保有一份尊敬吧，一样的。那时觉得《我的遥远的清平湾》像天籁。一晃十年，1999 年散文家苇岸身患绝症住在协和，我去看他，在病房见到诗人林莽，忽然说起前不久刚去医院看过史铁生，非常忧虑，怕是噩耗不久就要传来。而且，史铁生透析费非常高，几乎难以为继。不久苇岸辞逝，我一直隐隐担心哪天史铁生噩耗传来，想去看他，觉得无法面对。

几乎目睹了苇岸的辞世过程，如此平静，又那样恐惧而不可思议。

我拥有健康，但面对死亡我脑子一片空白。

我没有悲伤，我不懂得死亡是如何引起悲伤的，我只有茫然。

至今茫然，死对我是一件不可思议的事。

有些人拖着死亡的阴影度过许多年。说到史铁生我就觉得在这种影子里。他后来的作品几乎就是死亡的投影，如此明净，似乎是一个摆渡的人，在两界安详地过来过去。他平静地关注死亡的本质，有史铁生的关注，我们的文学增加了一种不可多得的底色，这一直是我们所缺少的。

陈村的《去找史铁生》像两个世外之人在谈论某种秘密。与生者无关。

但怎么能说没关呢?

两个人方式不同,如此默契。

余华：一种可能

2001 年初，余华偶然来到陈村主持的"躺着读书"论坛上发言，那时他的《活着》《许三观卖血记》正给他带来前所未有的声誉。但"躺读"一些人对这两部作品持有异议，我也是其中之一。余华那时刚好在别处有一篇谈及阅读和写作的文章，我看了很是吃惊。他在那篇文章中说"最近重读卡夫卡心情已完全两样，根本读不进去，现在有谁还读经典大部头？"这的确是一种时代潮流，别人说还要可以，但余华说让我惊讶。我在"躺读"直言不讳地问余华："你的衰变让人吃惊，什么东西总是将看起来很有希望的中国作家击倒？异类质地为什么总是最后归于同化、短命与平庸？你的内心究竟发生了什么？如果中国最有可能的作家还是不能免于宿命，是否这个民族真的缺乏抗体？"这件事过去五年多了，现在《兄弟》颇多负评，我看了一半，放下了。现在看来，余华的衰变是从《活着》和《许三观卖血记》一路下来的，到了《兄弟》变本加厉，并不奇怪。余华的现象很值研究，下面是我的原贴和余华的回答：

　　2001.03.21 22:16:56 榕树下"躺着读书"余华：我曾认为你是个均衡的作家，我指的是血性与智性在你身上体现出了可贵的均衡，是你超出苏童、马原、格非诸人的地方，后者各有所执。你的均衡集中体现在《收获》上《呼喊与细雨》(与你的主要中短篇一脉相承)，回忆性的童年视角，智性的布局，饱含生命张力。此后出现了变化，小说观念一退再退。如果仅出于操作策略(我一直这样认为)当然是成功的，它们不差，并使你获得了生存的安全感，但显然时间长了些。近来读你的一些言论，让我吃惊，让我感到中国人真的不能彻底吗？什么东西总是将看起来很有希望的中国作家击倒？异类质地为什么总是最后归于同化、短命与平庸？你说最近重读卡夫卡心情已完全两样，根本读不进去(这是真话？)现在有谁还读大部头(读精神？)，你都如此，你的衰变让人吃惊。你的内心究竟发生了什么？如果中国最有可能的人还是不能免于宿命，是否这个民族真的缺乏抗体？我们毫无关系，今后也不会有什么关系。我是你的读者，仅此而已。

余华回复：

宁肯：文学比任何一个人都要年长。这就是我为什么面对不同的事物，只能去寻找不同的方法。在文学面前，我只是一个孩子，而文学是一个成年人，我只能听从它的使唤，而无法使唤它。

余华　2001.03.21 23:20:11

余华的回答尽管含糊不清，但我当时觉得还是有深意的，他能面对质问而回答说明内心有所考虑、仍有力量。现在回过头来看却是怯弱与被击倒的征兆。不过，说句实话，在当今中国作家中我认为余华仍是最值得期待的，他毕竟写出了《呼喊与细雨》那样伟大的作品，无论现在他如何对《兄弟》狡辩在我看来都是"孩子式"的狡辩。余华何时能以成熟的姿态回到自己的"青春期"？

2001 年

独行者

　　第一次见曾哲是在一个会上，有四五年了，那时我刚返回文坛，或者也从未踏上文坛。我记得这家伙脸黑，宽，一头银发，不说话，很有质感，但眼是朦胧的，给我的感觉离人很远，好像他在旷野或某个高地上注视着会场。那个会他自始至终也没说一句话，我很想听他讲点什么。我刚参加北京作协活动，人很生，很多人不认识。现在我已忘记那是个什么会，参加的人有谁，但我记住了曾哲。我记住的他不是傲慢，就是一种悠远。那种悠远让我产生了某种蒙太奇的东西，比如高原，经幡，河流之类。通常有两种情况有这样的表情，一种是对圈子中的人太熟了，虽端坐，却在别处。一种是像我这种圈外的生人，谁都不认识。的确，我那时知道谁呢？别人对我更是如此。包括曾哲，我对他一无所知。后来听说他写过《呼吸明天》，一个诗化的长篇，和我对他的印象比较相符。（我刚在网上看到一个贴子，题目叫《夜读琐记》，作者不详，提到曾哲："在我近来阅读的长篇小说中，有两部值得引起重视，一是北京作家曾哲的长篇短体漂泊小说《呼吸明天》……《呼吸明天》空灵凝重，出世脱尘，以流浪的'我'在荒原大漠高寒山地的际遇为主线，写出自我放逐追求精神空间的都市流浪汉的心灵，写出了边地各色人物的善良与忍耐，曾哲让人想起艾芜的《南行记》，又用考究的形式把诗意引入长篇小说之中。")

我没想到后来我们那样熟，熟到沉积下来的印象又厚又杂。我们朝夕相处的日子难以尽数，在石家庄，在武夷山，在婺源，在土耳其，在北欧小镇，甚至在尼罗河与波罗的海的船上。每次，不管在哪儿我们都在一个房间，每次的房间钥匙都恰好满足了我们。我们都吸烟，喝酒，喜欢正餐之后到外面小酒馆喝大杯的啤酒，有时啤酒贵得让我们嘬牙，但是喝，出来干吗不喝呢？没有哪种写作不是寂寞的，伏案一天或常年累月，人已丧失现实感，出来多好呵，喝吧。我们都已是中年，聊天内容有时会重复，有时曾哲问我：这事我跟你讲过吧？有时曾哲提醒我，这事你跟我讲过了。即便如此，我们仍兴致不减。

我们都算阅历丰富，我曾有过西藏的经历，觉得这辈子富得不得了，但曾哲长期的漂泊简直不可理喻，这家伙太丰富了，一开口就像我写的小说一样，而我是虚构，他完全是自己实打实的经历。我还记得第一次是在石家庄，我们在一个房间，他讲1989年后的第一次漂泊，讲他那年走了一年多，十几个省，讲他的传奇，饥寒交迫，人瘦得像根棍儿，待回到北京，他在文化馆工作的哥们抱着他大哭，因为他的样子太惨了，像照片一样，甚至像一种幻觉。这家伙吃尽苦头，但也走野了，根本不适应都市的生活，不久又出发了。他跟我讲西藏，讲雅江，讲墨脱，讲行走中的各色人物，讲沼泽地，讲一次他身上爬了二百多只蚂蟥，他带的三只狗有两条被蚂蟥吸干血死在路上，一条到了目的地头一扎也死了。那时民间已有行走之风，常有报端披露，而曾哲从来都刻意隐去自己，不报道，不见光。但是几乎所有行走人士都知道他，他们到北京总要见他，这其中就有余纯顺。曾哲知道余纯顺至今人们还不知道的许多东西——那是多少有些可笑但也惊心动魄的民间人性的东西。曾哲不仅以行走最早在民间著称，也因为经验丰富，结交甚广，处处都有朋友，不少行走人都打着是他的朋友而在途中受惠，因此曾哲行走江湖颇受敬重。那种江湖听起来几乎有点像评书，其中的是非、恩怨、种种传奇，颇有传统与现代并存的民间文化内含，那是一种值得探究的亚文化，而曾哲很长时间是那种亚文化的中心人物。

这里我要简单披露一点曾哲与余纯顺的一点过节——曾哲爱同意不同意。实际也不是什么过节，就是一个外省行走的兄弟到北京找曾哲，述说余在一次行走中不太仗义的行为。不久曾哲在电话里骂了余纯顺，并与之绝交。不过余纯顺在最后一次声势浩大的穿越罗布泊之前，还是不太放心地找曾哲做了咨询。曾哲回答余纯顺的不太多，或者不够热情。余纯顺死了，曾哲为没认真对待这件事，没有阻止余纯顺颇为后悔。曾哲独自走过罗布泊，他不同意余纯顺以那种大张旗鼓的方式穿越罗布泊，那样心态很不好，同时也更不屑余纯顺被媒体操纵或操纵媒体——这种情况通常总是双向的。在曾哲看来，行走完全是一种个人行为，一种生命的方式，其中包含了对自身和大自然高度的直觉与警觉，这是行走的意义所在，而不应该成为一个被镜头控制至少是被干扰的公共事件；行走即体验，而不是其他，不是以生命做赌，这是曾哲作为一个作家与许多行走人的不同。

曾哲的警觉我多少有点体验。在丹麦，在转了一大圈北欧之后我们的旅途已近尾声，非常疲惫，到哥本哈根已是当晚九点。我们住在远离市中心的一家旅馆，离海滩不远，不过要是走路也不算近，大体要二十分钟。因为我们在丹麦停留得短，第二天就要离开，我决定去海滩转转。整个北欧之旅那是我惟一一次单独行动，极光之下的海滩非常漂亮，让人流连忘返。我甚至下了海，在永远不落的夕光里一支接一支吸烟。回到房间已快十二点，房间没人，过了一会曾哲回来了，一见我长出了口气。曾哲去海滩找我了，问我怎么没看见我。我走了一个多小时后他开始不放心我，还给李青和徐坤打电话，表示了担心。李青认为这么近不会有事，让他别急，再等等。但是他急，决定去海滩找我。他在海滩转了半天，比我去的地方还多，回来路上又走了其他几条街。我说没事，我还能有什么事？我觉得曾哲有点过敏，连团长李青都觉得没什么，曾哲一个常年行走的人，一个面临过无数危险和生死的人，却在风景如画的丹麦为我担心。这里的仗义不必说，责任感也不必说，还有深层的东西。那就是，一般认为漂泊的人都是很粗犷的，其实正相反，越是经历太多危险和意外的人越是对危险和意外敏感，越是相信什么事都可能发生。这种人虽然从不担心自己，却往往异乎寻常对别人的安全不放心，很多意外和遗憾的往事都会浮上心头。

这是另一面的曾哲：自信，但担忧别人。

曾哲在文坛上也是一样，一直低调，多年默默"行走"，不事张扬，别人爱怎么炒就怎么炒。他曾两度摘取老舍文学奖，也获过其他一些奖，但多年来批评界每年可疑的"总结"与"盘点"鲜少提到他，更不用说专论。他从不是热门作家，就像他从不是热门行走人。他的书出来从不像许多人那样到处送人，找人写评论，或与媒体打得火热。甚至他的书连朋友也不送，我至今没他一本书，不知道这家伙怎么想的。我没完整地读过他的东西，事实上我也很少读当下人的东西，但是碰上曾哲还是要读一些的。曾哲的小说与聊天讲故事时的口气颇有不同，虽仍是口语，但是一种内心的口语，简洁，硬朗，有一种罕见的很犟的气息，几乎强迫你纳入他的叙述节奏。他的内心有一种岩石般的东西，正如他内在的性格。写作中这种性格袒露无遗，简直霸道，无论描写、叙述、对话都斩钉截铁，准确，充满张力。我不想提到海明威，因为完全不同，但是他的张力、氛围与节奏的确又有一种中国式的经过多年淬火修炼的强硬，按照他的节奏阅读，你甚至觉得他是可怕的。尤其最近读他的"帕米尔系列"小说，那种类似打铁的风格已近极致。曾哲在行走中建了两所小学，一所在云南独龙江，一所在新疆的帕米尔高原，两个地方他都待了很久，这使他的写作更加坚实有力。

这里我愿引用《帕米尔案件》的开头，可见一斑：

　　他说，是匹马。

　　我问，什么马？

　　说这话的时候，我和那孜勒别克老汉头顶头，歪躺在地毯上。

　　之前，在帕米尔高原，我俩刚刚骑了十三个小时牲口。话都不想说，浑身的骨头，像散了架一样，七零八落。

干净，硬朗，没有任何书卷气，甚至一般文人不太习惯。

但是曾哲就这样叙述，一贯如此。在曾哲的小说中很难看到翻译小说的影子或回声，他一旦成精就是彻头彻尾中国人的精，而我相信他会成的。

2005 年

黑梦——赵丽宏印象

　　1982 年，我记得是早春的时候，我接到了赵丽宏先生的来信。那是我投稿生涯中第一个编辑也是知名诗人给我来信。赵丽宏在《萌芽》做诗歌编辑，他信中说看了我的诗感觉有基础，只是写圆明园的诗较多，让我再寄一些别的。那时我写诗已有几年，广泛投稿，颗粒无收，希望结识诗人、编辑，可一直没有门道。赵丽宏的信在我周围写诗的同学中产生了轰动。当时我所在有大学有个诗社，十几个人，名叫"陶然诗社"，因为大学离陶然亭很近，那里解放前就文人荟萃，因此得名。我们诗社的人经常到陶然亭活动，有时还发生爱情。不过也有人背后恶言戏语，管我们叫"牛街诗社"。我们学校离牛街更近，一街之隔，那时诗歌多么神圣，如日中天，每个人都觉得是在太阳上阔步，叫我们"牛街诗社"，简直想掐死那个人。

　　我们诗社人员传看赵丽宏的来信，个个目光如炬。不久我又寄去了几首诗。我记得是五月，赵丽宏再次来信，说我的诗将在六月号（《萌芽》）发表。赵丽宏信中甚至提到可以赶在我毕业之前了，这句话让我感动，并且意义非凡。它不仅是一个人文学道路的标志、大学四年写诗的纪念、以致对毕业分配产生微妙影响。事实也是如此，毕业，我分到了北京近郊大红门一所中学教书，尽管也是乡村，周围四个粪坑包围着学校，不管刮任何一个方向的风都是满灌，几乎不能做深呼吸运动，尽管如此，我仍是幸运的。我那时是班里为数不多的应届生，二十出头，班里更多是像陈村那样的知青，像我一样的人统统分到了远郊县，年轻嘛，因此我对着任何一个方向的粪坑都感到知足，那首诗起了作用。

此后我又写了七八年诗，成绩平平，愧对赵丽宏先生，因此没什么联系，但是心中的感激始终如一，文学梦越做越深，越做越黑，独自远行，去西藏，去雪山草地，蓬头垢面，风风傻傻，心中却想着诗歌。在西藏一待就是两年，不知有汉，无论魏晋，一个人偏离了整个世界，惟有诗歌。从西藏回来，由于氧气过多，整天头昏，离地三尺，看所有人都是芸芸众生，拿起笔来就好像飞天在云上写诗。直到1989年，我三十岁，一切都戛然而上，人说三十而立，我是三十而蜕，直到现在我还记忆犹新那年蜕壳的痛感，类似一次死，至今我甚至收藏着那具诗歌的壳子。

1997年，我第一次有机会到上海，上海对我来说意味着赵丽宏。我们早已失去联系，即便赵丽宏的散文时常出现在我后来流落到的《中国环境报》上，我念着这个人、向编辑打听这个人，也没再联系。我已不是文学中人，我的"壳子"已成为标本，就像我书架上尘封的书。我干的是广告，那几乎是诗歌的敌人。但奇妙的是诗歌可不是广告的敌人，十年诗歌一旦卖给广告，真是风情万种，俨然一代红粉。我成了广告公司经理、北京广告协会理事，这次到上海就是参加中国广告协会年会。开会是扯淡，我主要想拜访一下赵丽宏先生，表达多年的感激。

但是这种表达是困难的。到了上海，我打通了赵先生的电话。赵先生还记得我，这使我非常激动。我说了现在的情况，到上海参加广告年会。我记得非常清楚，赵先生问我开几天会，我说三天，赵先生说那就三天之后见面，之前再打个电话。我不好说开会是扯淡，我想立刻见到先生，但是我无法说出。挨到第三天，上午我打了电话，约好下午五点，届时再通个电话。我认真选购了礼物，十几年的念念，心里惴惴。五点钟准备出发，拨通电话，一个男孩子的声音，说先生不在。我多少有些奇怪，问去哪儿了，说不知道。过了十分钟又打了一次。五点半又打，直到六点钟打了最后一次。我已经过分了，不能再打了。我带着礼物回到北京，我想赵先生对我是客气的否定，只是太客气了。

这年终，我寄给了赵丽宏一张新年贺卡，写了一段话，具体不记得了，写得相当暧昧，几乎用了诗的语言，大意是我不会罢休，至于什么不罢休也没说清，因此看上去倒像是威胁。当然不是威胁。我要回到文学上来。事实上，当我从卖给广告的第一天就想着从良的事，日日魂牵梦绕的仍然是初恋的那段文学梦。那是一段黑梦，窦唯有一首歌叫《黑梦》。我记得听这首歌就像听《阿姐鼓》一样让我老泪纵横。我已快四十岁，我的阿姐从小不会说话，在我很小的时候离开了家，从此我就天天天天地盼。我的梦也不会说话，也是天天地盼。人到中年，一切都无可留恋。我退出广告公司，回到1982年，回到那首诗，我的处女作《积雪之梦》，那是赵丽宏老师发表的，我还留着他给我的信。二十年了，今天在陈村兄的菜园见到赵老师，多像一次温暖而又百感交集的旅行。

2005 年

咀嚼八十年代

——读长篇小说《相府胡同 19 号折叠方法》

任何一种现象浮出水面，绝不仅仅是它露出的部分。查建英的《八十年代访谈录》几乎突然性地成为热门话题，但它不过是冰山的一角。八十年代成为被关注的历史自有其内在动因，它看起来离我们越来越远，实际上正以另外的方式越来越走近我们；它是一个断裂的历史，曾被九十年代分离出去，现在回忆是否要重新试图弥合？至少，在我看来，经历过那个年代的人都已老之将至，已无法不缅怀它。《相府胡同 19 号折叠方法》成书于三年前，虽然新近才问世，但足已说明历史的冰山一直在潜行运动，现在不过是正式浮出水面。

走进这部小说，八十年代气息纷至沓来。小说的男女主角是那个时代一对典型的年轻恋人，让人想到五四时期的青年男女。江垒和夏帆处于热恋中，但是遭到夏帆母亲的反对，夏帆偷了家里的户口本与江垒在相府胡同 19 号的一间平房举行了简单而又理想的婚礼。夏帆母亲找到小院来理论，要把女儿强行带走，愤怒的江垒打了夏帆母亲，轻而易举地保住了自己的婚姻。这里颇有些吊诡，五四的主题在经过巨大历史变迁和时间跨度之后似乎重现于八十年代，不过主题虽然相同反抗的方式却甚为有趣，比如偷户口本的情节——多少对轮回式的主题有戏谑的味道。如果这还不明显，那么江垒打了夏帆母亲一记耳光几乎就可以说是当代愤怒青年对历史主题重现的极大的不耐烦。而从另一方面说，这种暴力是否又是一种文革的遗风？夏母粗俗，江垒粗暴，双方没有任何传统的斯文可言，纲纪土崩瓦解。这同五四颇有些不同。历史不会简单地重复，它总是带有特定的承袭和机缘。从这个意义上说，八十年代并非理想的天堂，它像五四一样有可圈可点的地方。

同样像五四时期，爱情的矛盾在这部作品里也是时代的矛盾。江垒与夏帆婚后出现了平静而又深刻的矛盾，夏帆想出国，江垒不想，江垒更想在自己的土地上施展政治抱负，而夏帆不过是被出国潮裹挟。出国是八十年代一个突出的时代特征，其原因这里不必多说，我感兴趣的是他们的矛盾并非是日常生活中的矛盾、个人化的矛盾，而是受到了社会进程的巨大影响。也就是说八十年代虽然是一个充满理想主义精神的时代，但真正多元个性化的生活仍未建立，这反过来说明那种理想精神的根基仍然十分贫瘠，人的选择性仍然十分狭小。八十年代就是这样，因为它脱胎于贫乏的六七十年代。小说围绕爱情主线描写了北京特有的院落社会情态，相府胡同 19 号是个三进院落，后院住着上层人士即老干部，中院住的是知识分子，前院是平民，三者既分隔又联通，可以看做是八十年代中国社会的缩影。这部分最有趣的是对中院知识分子的描写，展现了中国知识分子在权力与平民之间摇摆、算计、谨小慎微、两头不得好的夹缝地位。

如同当年许多诗人活跃在平民小院，小说中的一个很重要的角色是一个名叫骡子的诗人。他住在院子以外，由于很早就从中院的知识分子家庭的江垒那里得到了书籍，得到文化滋养，在八十年代初成为一个颇具代表性的诗人。骡子嗜诗如命，没有工作，为人单纯，天赋很高，几近神经质，让人想到诗人海子。但是他不叫"海子"而叫"骡子"，据作者交代是因为不能生育而得名，显然作者在这里有一些别的用意，或不妨说隐喻。作者老周本身就在那个时候写诗，是参与了《今天》诗歌活动的诗人，对那个时代的诗歌有着复杂而痛切的记忆。现在我们回过头来看，八十年代的诗歌是否孕育了九十年代乃至今天的诗歌呢？事实上海子之死已经预示了那个诗歌时代的结束，而"骡子"的含义是否有这种惋惜？我们不得而知。但是从小说的结尾看，相府胡同拆迁，原来分属不同院落的树木现在变成一片相互靠近的树林，已让我们感到八十年代某种悲剧性结局的意味。

八十年代已经远去，现在是该咀嚼它的时候了。

2007 年

日常物品与中年写作

通常，一部长篇小说的阅读快感来自一个好看的故事，好看的故事既可以是浪漫的或尖锐的，也可以是某种人生态度影响下的日常生活际遇，后者因为更见写作者的功力，往往较之前者更加耐读好看。魏高翔的长篇新作《垂直的舞蹈》或许就是这样一个例子。

小说以第一人称的方式展开，"我"是一个有过多年婚姻的中年男人，离婚后差不多过着离群索居的生活，有一份模棱两可的工作，是一个在公司里或权力社会无足轻重可有可无的小人物。小说一开始就说："无论是在公司还是在学校，或者在个人生活中，我都处在那种不太重要的位置。我总是处在事物的表面、事物的角落、事物的边缘、事物晦暗不明的部分。""我"对此也安之若素，因为从人生态度上他不承认自己具有某种权力，同时更重要的是也不愿接受任何权力的束缚，不愿处于体制的任何一个层面上，因此他的处境与其说是消极被动的，不如说是深刻自觉的。

"我"被描写为一个"文学爱好者"，多年来痴迷于写作，并且认为只有一本书才能使自己毫无意义的人生获得拯救，说自己的"未来只有一本书那么宽"，但是却从未有作品发表，因为他深知自己其实就像加缪小说《鼠疫》中的格朗一样根本没有写作的才能。那么他写作的动力又是什么呢？"我"对此解释道，他写作的秘密武器就是无所事事。无聊使他不得不进行创作，而且也只有写作才能使他从百无聊赖的苦闷中解脱出来。因为这种写作好像毫无希望，反倒可以写得十分个人与随意。有一次他对朋友说，他要写一部关于日常物品的小说，因为他发现日常生活中的物品和人的关系并非如电视广告和人们想象的那样。他开始从曾经使用过或正在使用的物品入手，比如电视、电扇、玻璃杯、洗衣机、抽屉、火烧、蘸水笔等。他真的这样做了，结果发现物品中沉淀着一个人至为丰富的生命、回忆、情感与体温。

小说的故事线索仍然是一个爱情故事，是由对"我"的一本室内攀岩笔记的回忆与重写开始的。"我"一边引用，一边回忆，一边重写。这些笔记与重写，互相引发，互相映照，读来颇有几分意趣。在对笔记的回忆与重写中，作者开始叙述"我"与珊珊的邂逅，一个年龄悬殊的爱情故事。这段爱情相当普通，并无离奇之处，所有叙述却藉此展现了一个中年男人对爱情与婚姻的种种心态与思考。中年男人在与攀岩女孩的交往和相爱中，获得了极大的幸福，但是面对女孩对婚姻的拒绝却一筹莫展。故事发展到后来，当女孩终于答应他的求婚时，中年男人又开始迟疑，"我"担心以往的生活被打乱，自由受到种种可能的限制。尽管"我"过着孤独不堪无所事事的生活，但那却是他内心深处的选择，而咀嚼生命中孤独的况味对他来说早已习以为常。最后他终于发现一直以来他单身生活求婚而不得的困境正好是他惟一可以接受的生活。小说快要结束的时候，他向年轻的女友珊珊提出了拜访式的婚姻建议：相爱，但保持各自独立的生活空间。就这样，原来尴尬苦恼的困境就此转化为一种别开生面的出路。

小说无论在人生态度与叙述风格上都明显地带有中年写作的特征，即理性的、非抒情的、关注日常生活、动用尽可能丰富的叙事手段来表达当代人复杂多变的意识和经验，文本驳杂，叙述娴熟。小说融入了散文、随笔甚至文论等不同的文体特征。我们可以看到，作者的诉求不再指向欲望化的场景、当代奇观或旧有的意识形态，而是通过日常生活的场景直指当下的生存，诚实而不花哨地刻画出富于深度的内心体验。

2002 年

危险的美感

　　杨葵把《蔷薇岛屿》给我的时候，说安妮的文字成熟了，然后说到写这本书时出了点事，她的父亲去世了。我一直埋在文字里，对世界迟钝，置身世外，虽然想到一些人，但也仅是一些美好的距离而已。书做得很素净，小巧，但搁在手里还是感到沉甸。一本写给父亲的书奠定了一个人文字生涯的一种坚实，同时也觉得她更危险了。

　　她的文字一直在死亡的边缘上，这次她穿越了。

　　她的触摸、尖锐、与死亡的难解难分，让我吃惊。她的文字与手指已无法分开，就像婴儿与母体无法分开，死的仪式一如生的仪式。最后还是断开。这是我们与世界真实的关系。我想这之后她已无所畏惧，因而也更加孤独。没人能安慰这样的灵魂，因为她已在极限上。只有对峙，注视，并如她一样孤立，沉默。

　　她是个天生的写作者，面对死亡也是如此。想想也是，对有些人除了文字，还有什么办法对付死亡？酒，毒品，群体，互相靠近，呼吸，这都是办法。惟独文字不是办法，因此她使用了第三人称，让自己分离出一个"她"这使她获得了上帝一般的依靠与勇气，这已不是技巧，或者是必然的技巧，是疼痛与难度的天选。

　　而且，她把死亡放在了旅途上。这是"一个人"面对世界之后的回忆，行走，是在路上，"在别处"的不断回归，是一种与生俱来的叛离、拒绝、哭泣与孤注一掷的攀登。

危险的美感。恰如其分。这是一个人的写照。

2002 年

静之的戏

这几年，看了静之的四个戏，话剧《莲花》、《操场》，歌剧《西施》，以及新近的歌剧《赵氏孤儿》。每个戏都有强烈的现场感觉，有许多话想说，之后时过境迁渐渐平复。静之比我大，过去在诗人圈大大小小的人都叫邹静之，叫惯了，还这样叫吧。这次看《赵氏孤儿》，又让我想到前三个戏，还是有许多话想说，过去说了就不写了，这次写了再说。得写下来，因为有意义。

前三个戏许多具体情景已忘了，好几年了，但感觉仍在。这感觉是一种抽象的东西，不是由哪个戏具本产生的，而是整体的一种东西。这东西是什么？说不清道不明，笼统说可能是一种文化感，或厚厚的文化感。这种感觉在别人那里是没有的，唯看他的戏会有强烈的感觉。文化，或者说中国文化的脉络，在中国基本是断裂的，体现在每个人身上是斑斑驳驳的。有些人，甚至所谓大腕，很有才，作品也惊人，但你看不到文化，看不到根系，看不清他的来龙去脉，如果稍稍往深里刨一刨就发现他很浅。浅造成许多问题。这几乎是文革后整个一代才子佳人的问题，许多腕后来发生了许多让人惊讶的各种问题，或变异，没什么惊讶的，就是浅。所以静之的东西特别让人感喟，特别地让人反思一些东西，好像他没经过文革，没有过贫困。静之的文化感显然不仅是中国的，也有西方的，这两者结合得非常自然，浑然，可谓东方的气派、厚重，又是人类普适的灵魂。当然，不能说静之已做得完美，做得很好，但在他身上确实清晰地显示出两种文化的融合与传承，接续了二三十年代中国优秀文化人的探索。文革后的文化断裂在静之的作品中得到了修复，这或许是静之最重要的的贡献。才气不仅仅从天赋中生长出来，而且从文化中生长出来，静之的戏让人看到这种可能。

文化感之中每个戏又很不同，题材不同，年代不同，思考不同。《莲花》的背景是四九年以前的北京，有浓重的京味，且与收藏与古董有关，从语言到世情都是中国气派，中国味道。但形式是倒装的，四三二一的幕次，主题也是现代的人性的批判，是五四传统。这个戏倒着来，最后竟然让人产生了回归本真的幻觉，感喟美生于匮乏与贫穷，死于丰足与富有，甚至将要丰足富有还没丰足富有就足以把生于匮乏贫穷的美摧毁。这个思考是有力的，将批判——物质与人性的关系又向前推进了一步。

《操场》是一部现代戏，当下的戏，因为涉足这个戏很深（做过剧本的责辑，反复看过剧本，提过一些意见）有太多的话想说，又有深刻的语塞之感。《操场》表现的主题是"精神痛苦"，既是时代的痛苦，也是人性本身的痛苦。所谓时代之苦，是指一个人面对时代的无力感，一种软弱的痛，深深的无法言喻的痛，一些很细微的东西也会刺痛自己，比如拖鞋发出的类似鸟的叫声也会引起一种烦躁性的痛苦、一种深藏在记忆中的伤痛。而人性本身的痛苦则源于精神出口被堵塞之后（时代的痛苦被梗阻），欲望被打开了许多出口，人面临的种种选择。某种意义，人性本身的痛苦是选择的痛苦，即欲望、选择与伦理的冲突。特别当这种痛苦与时代的痛苦交汇，痛苦就变得异常诡异复杂，以致身非是我，人变得像蝇眼一档样分裂，辨不清自我，非常痛苦。这时候甚至需要用死者来观照自身，否则痛苦无以释怀。因此，《操场》这部戏惊人地出现了"死者"的角色，出现了生者与死者的大段的对话，整场的对话。死是痛苦的极致，也是痛苦的平静，死者讲述痛苦有一种彻底性，因而对生者的痛苦有一种彻底慰安。换句话说，生者在死者那里得到了释放与解脱。

死者的出现加重了整部戏的精神痛苦的悲剧感，对话也更富诗性和形而上色彩。在这个意义《操场》较之静之其他的几个戏是一部更为复杂，更有中国特色的又是西方的存在主义戏剧，是一部灵魂戏，境况戏（萨特强调存在、境况，写过《境况种种》）可以说既西方又中国，因此《操场》的"文化感"也异常沉重、厚重。如果我对这部戏还有什么不满足的话，就是"死者"这个人物出场得稍晚了，应该提前，再提前，甚至一开始就在舞台的角落出现，或以画外音的方式无所不在。要让他像贝多芬"命运在敲门"的音符一样，一开始就一锤定音，不断重复，加深，贯穿全剧，直到最后的场景：生者拿起死者的手机接听，说话，那样前后呼应就更精彩了。

值得一提的是《操场》的时空很现代，舞台上有一个大钟，演员可以拨动时针，让时间倒流，空间流转。时光回放，生活可逆，是人的潜意识之一，舞台上展现这种可能很击中人。显然，这种戏剧的时空观受到西方影响，又在中国世俗化了，本土化了，结合得非常好。此外《操场》这部戏故事套故事，这并不新鲜，新鲜的是故事是一个假故事，如此感人的故事竟然是假的，其颠覆性和解构性也是主人公老迟痛苦的原因之一。因为价值没了，崩解了：没有了价值观人将何以自处？与虫蛭蝼蚁有何区别？那么怎么会导致这种情况？剧中虽没给出说明，却让人想到时代的变迁，时代的痛苦。《操场》是当代中国的缩影，更是中国人心灵的缩影，它的阐释空间是巨大的。可惜我们的时代太快，容不得人们思考，更容不得人们对思考进行思考。《操场》已成过去，何时再演呢？

《西施》与《赵氏孤儿》是严格的西洋式的歌剧，我不懂歌剧，只能从剧情上欣赏。这两个剧都有过去的故事蓝本，可谓耳熟能详。那么以歌剧的方式重新演绎，显然静之会加入自己的东西。《西施》是一年前看的，给我印象最深的是它的悲剧性结尾。剧中的主角不再是越王，而是西施，西施开始无疑是一个为国献身的英雄，但越王取得权力之后，她的献身在权力面前变成了耻辱。这是静之个人对历史的建构，权力的解读，显示出对权力最本质性的质疑与批判。可概括为从人性角度批判权力，从权力角度批判人性。这一主题到了《赵氏孤儿》成为背景，在这一背景下演绎了一场惊心动魄感人至深的人性大戏：为拯救一个婴儿和一个城市的婴儿，一个只想过日子的平民如何变成了一个有担当的人，以及围绕他产生的各种担当的人（这在我们当下犬儒麻木的现实有相当的震撼）。看过这个戏许久不能平静，我在第二天的微博上记录了一些直感：

"昨晚（6月21日）与女儿宁非在国家大剧院看静之的歌剧《赵氏孤儿》，音乐，歌词，舞美，场面，节奏，隐喻，指涉，精神，价值观，文化积淀，唱腔，演员的状态都非常震撼，难以言表。这是文化的正典，正见，且是当代人的重构，在当前有特别的意义。从最深处清理我们的精神，寻找我们的根，感到一种久违的水脉。""这是闺女用手机拍的照片，不让带相机。许多次感动，摇篮曲美之如泣，让人从内心深处潜然如溪，从没听过这么好的有历史内容又如此单纯的摇篮曲，是我们中国五千年人的摇篮曲，苦难，单纯，美，五千年的童年依然是那么美，没有老，有再多的苦难也没有，摇篮曲让我们好像永远都可以重新开始，走向苦难。""这是一个拯救一个婴儿和一个城市的婴儿的故事，做成歌剧太好了，太适合了。比之《拯救大兵瑞恩》我们的故事是多么的超前，又永恒。以新的形式、建构清理我们的文化、我们的正典，意义非凡。不用指出坏的东西，弄出好东西就会照出坏东西。略萨给予我的，与这部歌剧给予我的是相同的。""《赵氏孤儿》有鲜明的诗剧的特点，《西施》也是，语言上用了许多意象方式和味道方式，这是诗的，意会的，发散的。当然也是不完全确定的，这对有些观／听众或许成为一定的障碍，但这障碍是值得的。"

支撑此剧的显然不再是对历史的批判与反思，而是对中国文化中一种固有的伟大的价值观的讴歌——既携带着文化也携带着普适的价值观。过去我们要么有文化没有价值观，要么有价值观没有文化，这个剧两者的结合具有世界性。这是一个东方大国理所应当拿出来的，理所应当对世界的贡献。这个戏较之前三个戏，心态上有所变化，更倾向于正典的建设。但绝非呼应流行的意识形态，没任何的逢迎，取媚，邀宠，这样的人不是大有人在比比皆是吗？甚至有的人称得上很"优秀"。这部戏不是这样，这部戏伟大的人性是产生于暴力基础之上（戏一开始就那样惊心动魄，意味深长，让人浮想），因此是一部"独立戏剧"。它产生于作者个人对时代和文化的感受和思索，不是集体有意识或集体无意识的产物。

《赵氏孤儿》的音乐似乎比《西施》进了一步，音乐歌唱与文辞更贴切，有让人听了一下就记住的咏叹，如《摇篮曲》，真是一段伟大的音乐，伟大的歌唱，我在微博上提到它的意义，现在仍然觉得是那样：苦难，美，单纯，是这个古老民族生生不息的核儿。同时也是果实，静之得到了，真好。

如果说还有可探讨的地方，我个人觉得从剧情来说，这个剧的主题稍嫌多了一些，可能再单纯一些，或轻重处理再讲究一点更好。这个剧的主题可概括为献义，忍辱，复仇。我觉得"复仇"这个主题处理得还是重了，似乎可以再淡一些，这样前两个主题就会更单纯，更完整，更有现代意义。

2011 年

最后一个乡村诗人

现在还有乡村诗人吗?

一些功成名就的诗人,从城里搬到乡村,盖房筑屋或买一农家院,似乎已成文化时尚。如同画家一样,他们在乡村写作,远离尘嚣,面带自然气息,我不知可否称他们为乡村诗人。或者他们是精神上的乡村诗人?是诗意地栖居?我不否认海德格尔,但当我面对一个真正的乡村诗人时,我开始疑惑。

葛筱强风尘仆仆下了火车,羞怯,激动,一脸倦意,把一摞诗稿交给我,希望我写个序。我说还是请诗人写吧。他面有难色,嗫嚅着说出了他的困难。我知道他与这个城市的诗人有一些交往。我答应了。

他穿过夜晚,穿过东北平原,早晨到的,晚上又坐车回去了。

没怎么谈诗,我不太懂诗,谈得更多是他的生活。他已经三十岁,有妻女,很高的身体,但已弯曲,像一树那样弯曲。很多时候,他让我想起北方那种被风吹弯的最普通的树,杨树,柳树,而且已有一些年轮。他种地,教书,在田间或灯下写诗,用东北口音给学生念诗。他说今年刚刚收获了一垧地(十五亩)豆子,也收获了这本诗集。我说十五亩有多大?他形容了一下,说一垄地这头到那头 400 多米。我说有多少垄?他说了一个数字,现在我记不清了。我记得当时在想 400 米的长度,想我上中学的足球场，四百米跑道，想我见过的一望无际的田野。他是个地道的青年农民，也是知识分子，读过师范学校，分配到一个乡村小学。一个还算富裕人家的女儿嫁给了他，岳丈没别的赏他，赏给了他一垧地。他说，十五亩地他一个人铲，几十条四百米长的垅，每次要铲一个多星期。他们那地方全称叫吉林省通榆县隆山镇，那地方靠近内蒙古，干旱，苦寒，劳作辛苦，大太阳，漫天的沙，不好的年景豆子种都收不回来。他写诗。他的脸黑得有灼伤的痕迹，已沉积。他写诗。

他谈到漫长的冬天，他们那儿学校暑假短，冬假长，他怎样在冬天阅读，写作，整理自己的诗集。他说诗是冬天的汗水，冬天是他美好的时光。冬天的大雪，冬天的冰河，冬天的时间，不用下地，学生也放假了，他有了时间。他写诗。他说他在他们那地方已小有了名声，命运也有所改善，他已从乡小学调到镇中学，因为他的诗发表在了北京的报刊上，人们不知道他与北京的关系。他相信诗的力量,诗可以改变一个人的命运。我向他谈到海德格尔，谈到诗意地栖居，但他一句话不说。我问他是否知道海德格尔，他说知道，读过。没有表情，或者像树一样的表情。也许我不该提到那个纳粹的支持者，但我还是坚持提到了。我有一种非要提到不可的心情，我不知道我是在嘲弄谁，葛筱强，还是海德格尔？我自己？还是更多人？

我们到底该如何面对诗意？直面，还是学舌？

写诗无疑是不错的，尤其对葛筱强，因为如果设想他不写诗那他会是谁呢？他可以选择别的，但那已不是葛筱强，或者就葛筱强而言，他别无选择。一个相信诗可以改变命运的人，尽管仍可能是荒谬的，但就我所知，已没比这种相信更加可信的诗歌。读葛筱强的诗，虽然仍不可避免感到文化学舌的影子（谁也无法逃脱，我们生活在其中），但在他与土地与命运难解难分的纠缠中，同样不可避免地展示了只能属于他的无懈可击的诗句。在并不太多的挣脱中，他显示了惊人的才华：句子就是事物的本身。

葛筱强多数诗尚不成熟，较多传统抒情、乡愁与唯美的影子，较少追问与反讽，穿透与尖锐，笔者深感既定文化酒窖对一个直接与土地接触的现代人的遮蔽，我从他数百首诗中挑出这几首不可多得的诗，一方面显示了人应有的真实与才华，另一方面这样的诗埋在熟透的文化中，表明了什么呢？诗人不但面临着现实的苦难，同样也面临着别人的酱缸。我们可继承的真正锐利的个人化的文化资源太少，相反的东西太多，而粗痞的泛滥，恰好是唯美与放荡一枚硬币天然相呼应的两面，我发现有多么唯美包括乡愁，就有多么粗痞并毫无底线，惟有真实难以抵达。我们缺少的除了真实，还是真实——真实的传统，真实的精神资源与真实的故乡。

2003 年

如意的书写

　　20 年前，在藏北草原，马丽华交给我一首小诗，让我谈谈感觉。诗写的什么现在大体忘记了，不过还记得其中一两个意象，如把"荒原上的地平线"形容为"大地焦渴的唇"，还有"牙齿般的银峰"，都是典型的西藏意象。那时她的《我的太阳》名满天下，到处都在谈论《我的太阳》。我去那曲是一个不速之客，一个陌生的"闯入者"，20 年后我们再见面马丽华已不记得我，那段谈诗论文的往事似乎也不存在。我提到我们还跳过舞，她也不记得，她说她不会跳舞。怎么可能呢？那是那曲文化局文娱室，是世界最高的舞会，我记得还有同样美丽的田文，她穿着红蝙蝠衫飘来飘去，像蝴蝶一样。还有诗人吴雨初，或者还有仓央嘉措呢。马丽华说那时到那曲的人太多了，认识不认识的人都往那儿跑，快成共产主义了。的确，我就是其中一个。八十年代，现在想想跟"五四"似的，人们为了文学到处乱跑，以致边远的西藏也成为当时的文学重镇之一。

　　20 年前我们莫须有地谈论过诗，现在谈论她的小说应该是比较确定的，我是这部小说的责编，电话就打了无数次，面也响了几次。我对诗人写小说既信任又怀疑，通常诗人叙事要么不得要领，要么横空出世，诗人和小说家之间一般没有中间道路。诗人总是飞跃的，一旦飞跃成功，往往就是站在了某个孤立的至高点上，与所有人都不同。《如意高地》可以说又是一例。小说仍有诗人特点，结构是跳跃的，立体的，平行的，类似诗人在西藏的"造山运动"。小说主要有两条走向，一是互文地叙述了一本书中"书"，构成了一段历史空间；一是一个迷离的现实空间。两种不同的空间关系不断抬升下降，使得这部小说褶皱不断、沟壑纵横，蔚为壮观。马丽华在西藏待了20多年，对山脉的熟悉恐怕超过对任何事物的熟悉，我不知道是否每天的山脉对她有什么启示，或者山脉已构成了她的内心的结构？

西藏的山不像内地的山，它们在高原之上给人一种立体的、并置的、平行的、交错的观念，这种观念无疑影响了马丽华的小说结构，甚至也鲜明地影响了她塑造人物的观念。小说写了三个刘先生，三个刘先生既是同一个刘先生，又是刘先生的三种不同的一生，他们立体而又平行，虽然读来扑朔迷离，但仍有迹可循，有理可察。在马丽华或在西藏看来，人生不仅有一个现实中的文本，还有一个或多个潜文本。小说中就有这样的元叙述："对于刘先生人生的潜文本，你既可以把它看作是司马阿罗的安排，把不可见的平行世界里发生的事情纳入现实的视野……也可视为概念演绎：人是同一个人的不同经历及命运……拉萨的刘先生文采文弱，那曲的刘先生精致的一面被掩盖，宽厚的一面被放大宏扬了。正像橘生淮南而为橘，生淮北则为枳，环境使然。"

在我看来，诗人的结构意识绝不亚于小说家，在对人的幻觉认识上甚至有过之，然而在具体的叙事技巧和叙事意识上，诗人往往不是怯步就是失之耐心而不得要领。让我惊讶的是马丽华这方面表现得颇为娴熟，小说使用了互文、拼贴、平行、元小说诸多技巧，譬如在将现实与历史置换上就有这样的技巧运用："刘先生说，眼睛困了，就地眯一会儿吧，就躺在卡垫上了。进入睡乡前他嘟哝了一句：可惜了，要是能跟前辈同行……司马阿罗关爱地瞄了他一眼，说，那就试试？这一觉非同小可，刘先生仿佛是穿过一条暗巷进入了稍嫌陈旧的天光山野中，有清朝的军队进入视线，荷枪士兵的长蛇阵渐渐清晰。阵前骑在高头大马上的不是别人，正是英姿飒爽的前辈，年岁轻轻的刘赞廷！刘先生好一阵心潮澎湃，拔足上前，边跑边喊……"还有："在时间的一端，盛夏的大太阳下，我看见比较年轻的我自己，驾着自行车从市区返家……当我把目光投向时间的另一端，秋季的夕阳中，我看见已届中年的我自己踽踽独行院中石板路上……"

如果说我对这部小说还有什么不满足，那就是类似的技巧用得还不是很充分，如果再充分一点我们的诗人就不得了。诗人的这次转型应该说是成功的，而正如我刚才说的，诗人一旦叙事成功就是非同一般的成功。有些人写什么或能写什么几乎是命定，甚至是非他莫属的，他不写这东西就永远不会出现。

2006 年

凸凹的乡村哲学

凸凹成名甚早，上世纪九十年代初即以散文蜚声文坛。我最早听说凸凹的名字是在苇岸那里，具体情况，怎么听说的，都谈了什么，记不清了，但时间应是在 1997 年左右。那时我刚刚认识苇岸，通过苇岸我开始重新打量中国文学，这其中知道了凸凹。我知道了苇岸和凸凹都是乡村散文家，大地上的散文家，背景相似，都在北京的山脉与平原交汇的地方写作。但是直到 2002 我参加了一次北京作协去河北的活动，在饭桌上，我才真正认识了凸凹。我记得饭桌上还有邱华栋，我们三人的小说，邱华栋的《正午的供词》，凸凹的《大猫》，我的《蒙面之城》都入围了那一年的老舍文学奖，我记得凸凹举杯祝酒时说，不管我们之间谁获了奖都要请客！他的话让我感动，因为我那时刚刚回到文坛上，对所有人都很陌生，凸凹那么豪爽，我心里热乎乎的。这种热乎乎的感觉使我现在想起当年举杯的情景仿佛是昨日的事情，那之后与凸凹熟悉起来。

凸凹的这本散文集要出了，嘱我写点什么，我感到荣幸。这样的嘱托一方面来自我们多年以诚相待，互相欣赏，一方面也是最近他发表了他的散文重文本《大地清明，故乡永在》，就在《十月》杂志上，我的责编。这组两万多字的散文发表出来后转载无数，反响热烈，堪称凸凹作为一个散文家重新崛起之作。读过一些凸凹早期的性情散文，印象深的是他敞露出的真诚、坦荡，特别笔端往往不时流露出别人往往倾向于隐藏的最真实的东西，因而富于震撼力。我记得有几次这种震撼差一点让我打电话给他，表达一下我的阅读感受。如果说散文以真实真情感人动人，那么凸凹早期的散文无疑做到了，并且做得十分出色，也为他赢得了应有的名声。

但散文要想长足显然仅靠真实真情是不够的，而一个散文家往往要么在这里止步，要么要这里分岔，由自发的写作转向专业化写作，也即从散文作者写作转向散文家的写作。大体上一路是读书、学问、思考、品评、进入某个文化学术领域成为文化散文；一路是小品，闲适，旅行，闲情逸致。这也没什么错，而且是似乎是散文的宿命，散文的必由之路。凸凹这些年，根据我的一鳞半爪的观察，大致也在这两条路上左冲右突，也有相当的建树，但似乎并没跳出散文大的宿命，因而似乎也无大的突破。到了《大地清明，故乡永在》，经过多年左冲右突凸凹回到大地，仿佛一个多年的浪子回到故乡，开始重新发现大地，重新发现自己的故乡，重新找到自己的根，找到文化的根，伦理的根，这种根上的思考构成了凸凹散文前所未有的深刻性，也构成了凸凹植根土地固有的乡村哲学。

一个人总要经过这样一个过程：清新的带着天斌才气的出发，之后步入漫长的迷惘期，苦寻期，歧路期，多数人再也找不到自己，或者说找不到自己的根基——因为很可能只是一点才气并无根。但就算有根也不一定就能再找回自己，找回自己的人是极少的，是经过大苦的，是永远于植根于自我的千疮百孔之上思考一切的人，是那些能够回到故乡的人，是那些还有故乡的人，是那些并非衣锦还乡的人。一个浪子回来了，出发时是少年，回来时已是中年，除了内心的财富，没有什么财富。而内心的财富与故乡土地所固有的财富的融合，构成了一个新的凸凹。这个中年的坐在故乡土地上思考祖父的中年人，打通了与土地的最深刻的关系，成为土地道德与土地哲学的代言人。

看看这个文本的起笔，几乎看到凸凹坐在大地上的样子："那时的故乡，虽然贫瘠，但遍地是野草、荆棘和山树，侍炊和取暖，内心从容的，因为老天给预备着无数的柴薪，无须急……'猫冬'，是山里的说法，意即像猫一样窝在炕上……春种，夏锄，秋收，三季忙得都坐不稳屁股，到了冬季就彻底歇了。因为这符合四时节律、大地道德就享受得理直气壮。所以猫冬，是一种生命哲学。"(《亲情盈满》)。"无须急"，"猫冬"，这两句话既口语，又书面，显然是一个回乡的浪子坐于大地上内心的语言与经验熔铸的结果。相对于整个世界的"快"，"无须急""盈满""猫冬"，无疑是一种中国传统的但至今仍给世界深刻启迪的哲学。

《生命同谋》写父亲终于打到狡猾狐狸但又放掉了狐狸，回到土地"浪子"以前不懂，但现在懂了："因为他完全有能力战胜对手，但是在人与狐狸那个不对等的关系中，他尊重了狐狸的求生意志。在放生的同时，父亲也成就了他猎人的尊严。这一行为本身是渺小的，却有力地证明了，人与畜，究竟是不一样的：畜道止于本能，而人伦却重在有心。人性之所以伟大，就在于人类能够超越功利与得失，懂得悲悯、敬重与宽容。也就是说，人性温柔。这一点，再狡猾的狐狸也是想不到的，它注定是败了。但是，在尊重父亲的同时，也要给这只向死而生的狐狸送上真诚的敬意，因为它是生命尊严的同谋。"

然而，这只是凸凹思想的一个侧面。再看《人行羊迹》，则几乎是关于思想的寓言。祖父三八年的老党员，为革命做过贡献，革命成功后让他当武装部长他不干，辞退了职，理他居然辞了。理由是，他尽跟羊打交道了，跟羊有说有笑，跟人谈不来。"跟人谈不来"这话是怎样的富有意味？他还说，"你们不要认为放羊就委屈了人，与其说是人放羊，不如说羊放人，是羊让人懂得了许多天地间的道理。"祖父是没读过书的。站在他的灵前，"我想，有文化的，不一定有智慧，有智慧的，不一定有喜乐。祖父的智慧与喜乐，得益于他终生与羊为伴，在大自然里行走。大自然虽然是一部天书，深广宏富，但他不刁难人，字里行间说的都是深入浅出的道理。只要人用心了，终有所得。如果说祖父像个哲人，那么，他的哲学主题就是四个字：人行羊迹。所以，在动物里，我最敬重的，是羊。"

这些还是散文吗？这是哲学，但它植根于大地深处，自然仍是散文，而且是最纯粹的散文，散文只有回到这思想的纯粹性上才能获得它最初获得的尊严。最初的散文都是思想的散文，同时带着思想的泥土。凸凹的散文回到散文的原初上，一切都成为思想的材料，似乎在大地上取之不竭，用之不完。但如果当年凸凹没有从故乡出发，没走那么远的分岔的苦路，他始终待在故乡，他能写出这样有思想的文字吗？我以为是不能的，"远游"相辅相成，思想其实已经在路上，而且必须有一个在路上的过程，这样回到故乡才能发现思想，也就是说只有思想才能发现思想，只有水才能发现水，所谓水流千遭归大海，不流千遭你是找不到大海的。凸凹虽未衣锦还乡，还乡后却成为一个真正的富有者。

2012 年

词语与心灵的道场

　　许多年前，我站在哲蚌寺一处墙边向下扔石头。我的学生告诉我，如果扔下去的石头能落在下面一块巨石上，我的愿望就能实现。巨石有二十几米远，石上有许多凹槽。我踌躇再三，不敢轻易扔下手中的石头。

　　如果是一般的愿望，游戏一下，成不成都无所谓，但我独在异乡为异客，一下想起我年迈的母亲。我离家时母亲身体不好，一直是我的牵挂，一旦有事，远隔千山万水，很难及时赶回。我祈愿母亲平安，但又怕石头一旦落不上会有相反的结果，而我又多想以此保证母亲平安。我发下大愿，并且相信，结果，石头真的落在凹槽里！我的学生都惊奇地向我祝贺！几个月后的一天早晨，我突然接到"母危速归"的电报，一下傻了。当时普通人还不能坐飞机，西藏又没火车，只能坐汽车，再倒火车，那时又是冬天，冰天雪地，我得多长时间才能赶到家？正当我走投无路之际，下午，电报又来了，母亲病情缓，我先不必回去。家人知路途远、我的心情，情况稍好立刻发了第二封电报。我心里一块石头落了地，感谢上苍。

　　读马明博居士新著《愿力的奇迹》想起前尘往事，至今仍然动容。"有愿望就有力量"，书封上这句话我感同身受，当年我没轻易祈愿，而后发自肺腑祈之，我想的确感动了什么，我想至少感动了我的母亲，我想愿望的确是有力量的。由此我也赞同作者在书中"缘来如此"一节对"诸法缘起"解释：此世间，没有一件事物可以孤立存在，有许多可见的不可见的、可感的不可感的线，它与其他事物间，有着千丝万缕的"因、缘、果"的紧密联系。那么一封电报，接下来又一封电报，你能说它们之间不存在复杂的、微妙的联系？

很难评价《愿力的奇迹》的意义，不说别人，至少对我而言，它相当于一个"文化事件"。它不是一次单纯的写作，比如一次文学的写作，一次宗教的写作，一次哲学的写作，或者一次关于九华山历史掌故的写作，总之，诸如此类吧。我在想，是什么导致了明博这样一次大规模的宏大的包罗万象的写作？我在想，愿望很可能是双向的，你发愿之时也是对方发愿之时，明博发愿去九华，九华何尝不等着明博来？无数人写九华，为什么明博的九华如此不同？是否这就是九华等明博的缘起？明博早不去九华晚不去九华，为何去年才去了九华？我想明博是在等心智成熟，等心中的九华，心中的坛城。西藏有句谚语，叫做"弟子成熟的时候，上师就出现了"，它说明了一种双向的缘起。用在明博身上便可以说"明博成熟的时候，九华就出现了"。事实也是如此，从本书来看，明博一到九华，如鱼得水，如影随形，如云履山，将文学、宗教、哲学、历史融会贯通，融为一体以至难解难分，九华成为心灵飞翔与词语流淌的道场。换句话说，九华给了明博心灵的形式与结构，使他完成了自己，也完成了九华。

这样一部大书如何开头？心的位置一上来如何摆放？同为写作中人这是我特别关心的。所谓万事开头难，开头往往便可以看出一个人的轻重，一个人是否是自然的，自在的，如同流水一样。明博的开头果然是自在的：

　　　　车停下来，南泉睡眼惺忪地望着窗外：九华山在哪里？
　　　　我问他：你看看，这哪里不是九华山？
　　　　如此开头，举重若轻，自然，自在。

窥一斑可知全豹，这样的书，文史哲还分得开吗？古人写作，文史哲不分，追求浑然天成，后世写作越分越细，几至僵硬，以致新近人们又开始追求跨文体写作。在我看来，仅就文体而言，《愿力的奇迹》便是一次跨文体写作的有力的尝试。全书有人物，有叙事，有对话，有描写，或沉思，或禅意，或机趣，移步换景，掌故史料，信手拈来，时空也因此打开。

再举一例，"幽冥钟上，一只栖息的蝴蝶"一节：

> 一只小白蝴蝶翩翩而来，在钟旁飞舞盘旋。后来，它栖息在钟上，收起了翅膀。山风微微，它的翅膀也在微微颤动。
>
> 铜钟触手可用，内里虚空，外观坚硬，质朴庄重，一只小小的白蝴蝶在恬然安歇……蝴蝶的生命微小，短暂，活不到一个夏天。此刻，它却在庄严的大钟一角上，悠然长眠……当僧人去敲击钟时，那钟声势必会惊醒它。这不是它所期待的，也不是它所不期待的。震动，对于蝴蝶来说，只不过是一种必须接受的现实而已。届时，它将自由地飞离铜钟。
>
> 钟声的有与无，小蝴蝶根本用不着区别、判断，"无挂碍故"，它自然"无有恐怖"，远离担忧、烦闷，疑虑和踌躇。《心经》上描摹的这种真正的生命状态，于我猛然会心。
>
> 感谢这只小蝴蝶，这幽冥钟。

引文至此，我想已不用我再赘述什么。

如果非说有什么不足，我以为哲学方面的背景稍小了一些。特别是现代哲学与佛教哲学之关系，如萨特、海德格尔、德里达的思想都与佛教有着千丝万缕的联系，这方面明博"信手拈来"的少了一些。不过瑕不掩瑜，相信明博会在今后修订中弥补的。

2009 年

形体与叙事

　　大众传媒已使人类生活在一个大的玻璃房子里，透明，拥挤，趋同，无秘密可言，人与之间的关系就像土豆与土豆或苹果与苹果之间的关系，互相关注，难有区别，又害怕区别。这时镜子式的真实往往就是虚假，因此人们越来越希望看到、发现并创造出心灵的景象，藉此与现实相对抗，穿透自己和别人的体表，看到骨骼。

　　在艺术家眼里满街活动的人群无异于满街活动的骨骼或残骸，挣扎的骨骼显示出真实狰狞的一面，但还远远不够，骨骼只是解散了肉体，部分地说明了问题。人们只有创造出类似梦魇的心灵图景、场景才能有力地表达我们自己和我们的世界，因此传统剧场和演出形式被突破就成为毫无疑问的，剧场成为心灵与梦魇的道场。

　　这时候你要想成为观众就得从剧场外的窗子望进去，你只要进入就不再是观众。所有人都是演员／观众，因此怎样称呼 1999 年 11 月 25 日北京人艺小剧场的《生育报告》呢？它是造型、叙事、舞蹈、音乐、聊天、日常、影像。演出海报说是一场"舞剧"，那这个词就得重新注释，或扩大到人类在内视自己时，其肢体活动事实上就是一场一场舞蹈。舞蹈是一种活动，洗头，跑动，梦游，挣扎，刷牙，缝补，床上运动，叙事中的形体语言，你能说不是一种舞蹈？舞剧《生育报告》向我们展示了这些"日常之舞"的场景。

主要演出者之一的冯德华（散文家冯秋子）介绍说，"这台作品最早始于 1995 年对一些有生育体验的妇女的采访和调查，年龄从 90 岁到 25 岁不等，职业涉及工人、编辑、健美教练、助产士、家庭妇女等，以后的演员排练与训练，各人都带着自己的个人经历进入现场，声音均来自自己的体验，动作也原创于自己的身体，于是这台演出作品就形成了和'生育'、和自己有关的记录报告。"

无疑，从一开始它就与通常戏剧作品产生过程大相径庭，带有原初意义和生动的民间色彩，艺术直接取自生活源头，正像人们愿喝天然矿泉水，人们也终于看到了源头的生活。专业演员被取消，演员像刚走出森林的原木，各种经典工艺、添加剂被排除。演出从一张普通的八仙桌开始，四个妇女说话，紧贴观众，有人往桌子上倒了一堆瓜子，说话的人吃，观众也被分给瓜子或伸手抓着吃，瓜子使观众变成演员、围观者，就像街上常发生的那样。四个妇女看上去是在聊天，实际上各说各的，是日常又区别于日常，日常被离间，内部的紧张产生了。没人倾听，只说自己，无法沟通，主语者（冯德华）失望地住声，离去，独自坐在一把椅子上，面对虚空，心事重重，开始独自叙事。一个人永远像一场梦，身体就不由地转动起来，骑上椅背，形体倒置，头冲下，但叙事始终没停止，只是受到身体倒置的干扰，依然平静，即使头已接触到地面，依然向我们吃力地讲述着与"生育"有关的故事；与此同时，远处几张床上的年轻人开始活动，以哑剧或梦一般的抽象形式起床，洗头、梳头，刷牙，喷水，"人类之舞"开始，而"独舞者"似乎倒置于黎明的天地之间，像标本被挂起来。一个女孩抱着被套在舞台跑动，匍匐，后来所有人都开始跑动，人们像恐惧白天那样恐惧生活或渴望生活，每人都抱着被套，骨骼一样跑动着，无家可归，冲向观众，全都睁着毕加索绘画一样惊恐直目的眼睛。她们向我跑来，我是观众，拿着摄像机。

我被事先告知可以到舞台任何一个地方，我躲闪着。她们憎恶摄像机，憎恶大众传媒，我用镜头介入了她们惊恐万状的生活。我是窥视者，不是大众传媒，是像罗布－葛里叶的纯个人的"窥测者"，我认为只有"窥视"的时候生活才展示出它真实的一面，我像她们一样。吴文光也拿着摄像机，一直在场上，在冷酷的机器设备中间，不可一世，监视着每个人的行踪，他才是大众传媒，当近两小时的演出行将结束，他的摄像机枪口似的对准了演出者，强行追逐她们，把她们恐怖的大特写面孔曝光于正面巨大影像墙体上，直到一个个把她们逼出场外，接受采访，事实上是证词。

演出是富于震撼力的，给我一种一步到位之感。我见识得太少，从未看过小剧场演出，因此无法评估它的意义和价值。作为一件演出作品，它的实验性是显而易见的，一种新的可能被提示出来，使我们获得了一种陌生的眼光来看待自己琐碎无意义的日常，我们平时隐匿的经络甚至末梢暴露无遗，我们梦中惊恐的眼睛被展示于舞台，并向我们走来。演出是民间的原初的，又是拼贴变形的，意义或许就在于此，我认为我看到了一种前所未有的演出，并感到艺术对生活的掘进在当下已的确不可逆转。

2000 年

乔伊斯与卡夫卡

——艺术家的自信与不自信

"在这样一个物质时代，还有一部分人在探讨詹姆斯·乔伊斯，说明我们这个时代的人并没完全被物质所吞噬，乔伊斯的文学精神仍在某个范围薪火相传。"这是笔者前不久在北大一个纪念乔伊斯的会上对记者说的一段话。那个会有点像追思会，很安静，甚至很秘密，当然，也有笑声。

举世公认，詹姆斯·乔伊斯属于小众作家。小到什么分上？据说全世界只有不多几人真正读完了《尤利西斯》，其中最著名的是心理学大师荣格。荣格甚至声称他是"少数读完这部书人中唯一读懂了这部小说的人"，评价非常高，高到就像一座山峰只有他一个人登了上去。荣格的攀登已令人生畏，而乔伊斯就更是处于神秘晦涩高不可攀的云雾之上。许多年前，作为好奇者之一，我也曾试着翻开《尤利西斯》，我对意识流的难度做了充分的心理准备，没想到的是另一个障碍又使我知难而退。我读的是萧乾先生翻译的《尤利西斯》，这部译著的附录说，《尤利西斯》采用了与古希腊史诗《奥德修纪》情节相平行的结构；尤利西斯就是这部史诗中的英雄奥德修斯，奥德修斯是他的希腊名字，拉丁文名字则为尤利西斯，乔伊斯把小说的主人公布卢姆在都柏林一天的活动与尤利西斯的十年漂泊相对应。在创作过程中，为了突出三部十八章的主题，作者还把荷马这部史诗的人名、地名或情节分别作为各部章的题目。我记得在还是上大学时读过荷马史诗《奥德修记》，现在早忘得差不多了，为了读《尤利西斯》我是否还要重读《奥德修记》？好吧，就算我重读《奥德修记》，我是否能搞懂两者扑朔迷离的复杂关系？算了吧，那时我想，这部天书不读也罢。时间到了2006年，北京十月文艺出版社出版了《乔伊斯传》，我有幸读到这本书。当我读到乔伊斯在创作《尤利西斯》时曾洋洋得意地说《尤利西斯》与《奥德修记》的对应关系足够那好事的专家研究三百年的，我突然觉得乔伊斯有点不怀好意，也许那时就有了"叙事圈套"？

《尤利西斯》于1922年出版，乔伊斯希望庞德写个书评。庞德写了，但根本没提《尤利西斯》与《奥德修记》的对应关系，这使乔伊斯颇为恼火。庞德是乔伊斯的朋友，对乔氏步入文坛帮助很大，同时也十分了解乔氏的写作，如果庞德在书评中连一句都不提《奥德修记》，那只能说明伟大的庞德并不认同乔伊斯的"故弄玄虚"。庞德的态度至少表明了读《尤利西斯》完全可以不必考虑与荷马史诗有什么关系。

《乔伊斯传》重新燃起了我读《尤利西斯》的欲望。读这部传记我觉得最大的收获是破除了围绕《尤利西斯》的种种迷信，其次是了解了乔伊斯这个人。《乔伊斯传》被认为是世界三大传记之一，它近千页的篇幅显然仍是小众的，让大多数读者像对《尤利西斯》那样望而却步。但是小众并不能削弱艾尔曼这部伟大传记的价值，我相信艾尔曼所说："我们至今仍在学习，仍在努力跟上乔伊斯的时代，我之所以要为乔伊斯作传，是因为那些曾经困扰乔伊斯的东西仍然在困扰着我们的时代。"

传记给我印象最深的是乔伊斯借钱度日的故事。乔伊斯因为投身文学事业一生贫困，几乎一直过着朝不保夕的日子。乔伊斯向所有认识或刚认识的人借钱，包括向当时已是大师的诗人叶芝借钱。乔伊斯借钱从不感到脸红、不好意思，有一次，他写信给一个已跟人家借过多次钱的朋友借钱，这位朋友再也不愿借这个只借不还的朋友，称自己现在一分钱也不富余，不能再借给乔伊斯。但是乔并不善罢甘休，最后写信给这位朋友说："如果你实在没钱借我，能否把你的外套借给我？我现在连出门的外套也没有。"乔伊斯借钱理由非常充分，那就是他认为自己是天才，别人资助天才是理所应当的——他的自信达到了让人匪夷所思的程度，因此乔伊斯即使向所人借钱时也保持了一贯的自信、傲慢、不屈不挠，乔伊斯从未被穷困所吓倒，他甚至对贫困没有任何恐惧，对于一个天才的作家贫困算什么！

是的，乔伊斯太自信了，他认为自己的写作完全超越了前人，他的写作有着伟大的价值。这种自信在别的作家身上也许并不罕见，但像乔伊斯这样固执、这样不妥协、不顾一切坚持自己的天才与创作信念在文学史上却是极为罕见的。而更罕见的是他证实了自己的自信，《尤利西斯》一问世便受到庞德、叶芝、艾略特等大师的激赏。一个人认为自己是天才，并且在活着时证实了自己是天才，这在中外文学史上可能唯有乔伊斯。这使我想到一个不自信的极致：同样是天才的卡夫卡。卡夫卡可能是文学史上最不自信的作家，一生只发表了数量极少的作品，而在他去世时他要求友人把他所有的手稿包括《城堡》、《审判》统统烧掉。卡夫卡对友人说："我不是燃烧着的荆棘。我不是火焰。我只是跑进了自己的荆棘丛中走不出来了。我是一条死胡同。通过写作我没有把自己赎出来。在我有生之年我都是一个死者，现在我真的要死了。一个人如果于人无补，就只好沉默。因此应该把我潦草写出的东西全部毁掉。"卡夫卡最广为人知的一句话是"在巴尔扎克的手杖上刻着一句话'我可以摧毁一切障碍'，在我的手杖上应该刻上'一切障碍都可以摧毁我'"。

自信与不自信，在两端上同样写出了划时代的伟大作品，这是十分耐人寻味的。如果说乔伊斯的自信与卡夫卡的不自信有什么共同之处，我以为就是两个人都非常固执。他们固执到底，他们绝不聪明，绝不见机行事，绝不为时代一切精神物质潮流所动，绝不被各类集体无意识左右，他们只是自己，只能是自己，无论成功还是失败。一句话：他们是无畏的。

2010 年

贾晓淳印象

　　见到贾晓淳女士我对别人说，这是一个有故事的女人。后来我当面对贾晓淳说了这句话，她只是一笑，继续对她的庄园，她那些生病的小动物做着介绍，她怎样给它们看病，喂药。有很多名贵或不名贵的犬，野生鸟类，二十几只猫，猫们满山遍野跑，我在山上草丛中见到它们的身影，有的盯着我看，我试着去抱它们，它们或者害羞，或者逃之夭夭。庄园自然、朴素、温馨，没有任何通常的现代度假设施，当我听说庄园的某个地方还养着蒙古狼和藏獒，我对庄园的某种危险油然生敬。我觉得应该是这样。这样一个荒山脚下的庄园，一个温和的沧桑女人，应该不仅仅只眷顾一些小动物。她走过很多地方，西部，黑土地，草原，她还谈到英国庄园，谈到人与自然。一些简约的元素性的概念，使她把她的庄园命名为：归真园。

　　我急于去看那两匹蒙古狼。狼对我来说只是一种概念，一种危险而稀世的概念。我一直认为狼与人类有着某种与生俱来的关系，甚至最终是一种共同的悲剧性的孤独。狼一直是人类的天敌，狼正在消失，狼养育过人类的弃婴。（狼孩被许多国家证明是存在过的。）

　　"但你什么时候听说过狗孩？"她说。

　　我只听说过狗的忠诚，甚至牺牲，但狗的确没哺乳过人，延续过人的童年。我见到了那两匹蒙古狼，流线型，真漂亮。我与其中一只淡黄色的对视，我们长久地对视。我看到了什么，在狼的眼睛里？我认为我不仅看到了蒙古大漠、时间的风云、孤独与悲凉，我还看到更多的无法言状的东西。后来我与贾晓淳电话里讨论了狼的眼睛，我们最终都没说清它的目光到底蕴含了什么。

我没想到当今中国已可以存在这样一个具有个人色彩的庄园。在这里我差不多处处感到人的观念的力量，每一棵树的种植，每一滴汗水，每一处建设，一片池塘，一处果园，需要怎样强大的观念的力量，特别当它们来自一个城里的知识女性？

应是上个世纪末年吧，从未成过家的贾晓淳，面对荒山想要建立一个真正意义的家，也就是我们经常描述的形而上的家园。她来到了距北京市区 70 公里处的顺义县荒山脚下，租赁了正面可视的三沟四梁八面坡，共 200 公顷的荒山，投下了 300 万元巨资，从此展开了她作为一个拥有三条山谷的女人的全部梦想。

拥有别墅的女人真的不算什么，拥有山谷的女人世界有多少呢？

这些荒山是近百年砍伐的结果，三年之后它们重新被一个梦想披上了简单的绿装，树苗还小，生长缓慢，但山体的破碎与风化被毛茸茸覆盖了，雨后你甚至可说认为它们有些赏心悦目了。贾晓淳说，绿化的第一年就有些鸟类前来落户，她喂它们，结果第二年鸟骤然增多，到今年已有了几十种类鸟在此落户，她说周围乡村与荒山的鸟全到她这里来了，由于早晨它们在窗外的合唱，她甚至认为自己肩膀上落满了它们，每天讲述着它们的快乐。

环保既是一种观念，更是一种行为。现代艺术讲究的就是观念与行为，贾晓淳不认为自己是艺术家，但我认为她是，事实也是。当今观念艺术风行全球，环境观念越来越成为现代艺术强调的主题。观念艺术已无法用传统的艺术所涵盖，艺术越来越由心灵的典雅或高深莫测溢出到无所不在的人类行为上。某种意义环境行为最接近艺术行为，它强调主体、设计、自觉，一个三年来由观念导致的绿化荒山、重建家园的行为，无疑同时也是一个艺术过程，处处可以感到其中观念的力量。

庄园已初具规模，开始接待城里游人，让人感受到切实的返璞归真。

一切都是乡村化的，同时也是艺术化的。

一泓池水，一棵百年来幸存的老树，树下的凉椅，阴影，火红的樱桃园，阅读以及呼吸新鲜空气的人，背后的山谷，直接源自大地的食品，晚风，夜晚，星光——必须提到这里的夜晚与星光，因为如此近的星光，的确不能不让人回到自身，回到内心深处，回到人与自然这一永恒的主题。贾晓淳通过她的庄园，不仅绿化了荒山，也展现了人的回归过程。

2002 年

自我与他者的对话

　　吕魁很年轻，二十多岁，还在上大学。读了他的两个中篇，感想很多。吕魁的小说不老道，也不稚嫩，不极端，也不保守，稍有青涩，但是恰如其分。每个时代都会实时地呈现自己的代表作家，都有响当当的人物，但如果往远处看，或如果将来回过头看，时代往往会有新的结论。吕魁的小说不是那种姿态鲜明冲在最前面的作品，但是他的"恰如其分"令我欣赏，让我看到他的文学之根扎得很诚实，看到文学传统的薪火相传。这一点很重要，我认为像他这样"恰如其分"地走下去，是可以远足的人。

　　为什么我要一再强调"恰如其分"？因为我看到的个性张扬（或者可以说姿态张扬）的作品太多了。在某种有限的层面上，现在似乎是一个自我扩张、个性泛滥的时代，有才气的写手遍布于网络和纸媒，时有作品洋溢的个性化才气让我惊艳。但认真一看，这些才气往往缺乏根基，没有方向，看不清来龙去脉。我常常想，这种颇为个性化的作品能走多远？是否会被个性局限？成长性不足？是否会原地打转？回答经常是肯定的。有些人看他几篇作品还可以，看多了就会发现重复，甚至原地打转，他们除了重复自己似乎无路可走。因此，在这个意义上我更看重那些内敛的根系清晰的不怎么动声色的作品。换句话说，在一个有限个性泛滥的时代，特别是在青年写手身上，我更愿看到他们传统的一面。

文学史上关于作品是否要有鲜明的个人风格始终有争议，一般说来作家能够形成自己的个人风格是件不容易的事，但是司汤达反对作家有个人风格。司汤达在法国狂飙突进的浪漫主义运动中，反对过分张扬自我，主张客观写作。为了避免自己的个人风格，一个著名的例子是，司汤达每天在写小说之前一定要先读读字典，以达客观、准确、消除个人风格。字典是人所共知的客观准确的文本，在那个狂飙突进的时代，司汤达要的就是矫枉过正。《荒原》的作者艾略特也是主张"去个性化"的人，在其著名的诗学理论《传统与个人才能》中艾略特明确提出："一个艺术家的进步，意味着不断的消除自我，不断的消灭个性……文学不是表现个性而是逃避个性"。艾略特举例说，"在整个《天堂篇》中，但丁本人完全是非个性化的、或超个性化的。"艾略特这样说是基于他对传统的解释，因为从来没有任何艺术家，他本人就已经具备了完整的意义；与个人才能的有限性和不完整性相比，传统是一个具有广阔意义的东西。当然，艾略特也说过这样的有趣的话："只有具备个性的人才懂得想要脱离个性是什么意思"，这一方面可以看作是艾略特的自我修正，一方面也可以看作是艾略特在寻找一种更深厚更睿智的个性。而要找到这种个性只有浸润于完整的传统才有可能。如果说得通俗一点，我理解艾略特是反对作品中的"小个性"，而主张一"大个性"。"小个性"往往是耀眼的，但同时也是一种狭隘，一种对自我的限制，"大个性"则是一个人通过进入传统使自我消弭——事实上是充分发育而获得的完整性的结果。每个作家都有自己作为种子的时期，这个时期是"疯长"还是在传统中缓慢的"发育"对未来具有重大意义。一个作家最终的成败得失，说白了，你是一个一流作家还是二三流作家，都可以追寻到他的种子时期。时下我们的一些成名作家面临的"滑铁卢"式的失败或"狂欢"式的失败，都是这个问题作怪。艾略特的话并非金科玉律，但至少我认为是一种提醒，一种不同的考虑问题的方法。我们需要不同的思考方法，以不断矫正我们通往艺术窄门的路径。

　　吕魁的小说没显示出什么特别的个性，这是很正常的，他要是显示了我倒要为他担心。他还很年轻，正应该是悉心浸润于传统、发育自己个性的年龄。这个阶段一般说来不能跨越，因为就像跨越社会发展阶段总要遭到报复一样，人跨越自己的阶段也会落入自己的陷阱。吕魁显然不是这样或不打算这样，他的小说让我看到传统的力量。忠实于生活感受，追求准确的表达，无疑是我们重要的文学传统。吕魁的两篇小说显示出这个特点。《青春》是一个成长故事，小说采取了第一人称叙述，讲述了一个"他者"在我们这个社会"价值系统"之外的一段青春往事。"我"是一个考上省重点中学的中学生，"他者"是一个名叫军伟的辍学者。一个不能继续升学的少年人无疑等于脱离了这个社会的价值系统，那么显而易见，他几乎就是一个没有前程的人。军伟在家无所事事，无目的地混在社会上，抽烟酗酒，打架斗殴，在某种视角之下，他是社会上一个毫无指望的小混混的形象。但在"我"眼中，他其实仍是有价值的人。小说写一大段军伟寻仇打架的故事，事情的起因看起来并不大，只是有人将他的一只心爱的小狗宰了吃肉，激起了军伟为一只狗的尊严而战的冲动。小说描述了军伟如何耐心地寻找对手，如何决绝凶狠，实际显示了对小生命的深情，凸显了其令人生敬的人性。也就是说，虽然军伟处在社会价值系统之外，但作者赋予了军伟以正义和人性的价值。某种意义，由于少了应试升学的压力，事实上军伟获得了某种自由，他活得无拘无束，自自在在，让"我"十分羡慕。也即是说，这里作者除了赋予了军伟尊严的价值，还赋予了"自由"的概念价值。有了这两点，貌似凶狠的军伟内心同样具有着正常人细腻美好的感情就再正常不过了。事实上也是如此，军伟不顾价值系统的屏障，爱上"我"所在的重点高中的一个每天拉小提琴的女孩，他喜欢她的小提琴声，经常叫上"我"到她的楼下听她拉琴。他喜欢的刘德华女孩也喜欢，他买了带子给女孩。一些偶然因素或者说小说赋予的因素，军伟甚至暂时地获得了拉琴女孩的爱。小说到这里似乎有点浪漫了，我们姑且不讨论这是否有点理想化，不管它在现实生活有多大可能性，重要的不在这里，而在于作者在我们的价值系统之外提供了一种价值。

人所共知，现在我们的价值系统如此的单一，那就是奋斗、成功，而我们的高考系统几乎就是一个青少年成长道路上惟一的成功系统，只要你不在这个系统之内（根本不考虑这条路有多窄，有多少人不可能在系统内）就会成为海德格尔称之为的"被抛离的人"，就会成为弱者，成为毫无希望的人，成为被同情的对象，自身无论还有多少精神价值都一钱不值。这个成功的系统已对人构成巨大的奴役与压迫，不用说"被抛离了的人"，就是在系统内的人也是内心伤痕累累、坑坑洼洼。正是在这种压迫中，人们的内心自然要起而反抗，自然要不可遏止地幻想渴望另外的价值。这是一种巨大的内心真实，作者吕魁准确地把握了这一真实，创造了军伟这一"他者"形象——实际也是"自我"的形象。小说在某种意义上就是"自我"和"他者"的对话，"他者"不一定在现实中存在，但往往在"自我"心中存在，也就是说，"他者"是由"自我"创造的，是"自我"在现实生活中的真实感受。生活的感受往往比生活本身更真实，这是小说的魅力所在，因为感受不仅涵盖了生活，更重要的是涵盖了对生活的理解和批判。"他者"军伟这一形象无疑隐含了作者对社会单一价值系统的质疑、批判，甚至抗议。军伟不用说最终是一个悲剧性的人物，他的拉小提琴的女友在高考前夕与其断绝了关系，正显示了那个系统之外的价值的脆弱性与系统的吞噬能力。那个系统是个怪兽，其自身的不可控的逻辑吞噬着一切。小说在结尾这样写道：

"大学毕业后，在北京混了这几年，我昏昏噩噩，麻木得没有方向……在现实过于残忍的压力下，我甚至渐渐淡忘了多年没有联系的军伟。偶尔想起的只有他过马路时瑟瑟的背影，抽烟时微扬的嘴角，忧郁的轮廓。在拥挤的公车上昏沉睡去的上班族，在繁华的街道用异地方言叫卖的小贩，在风雪中坚定毅然的保安，在酒醉后的深夜高唱情歌的打工人……这一幕幕情景都会让我很快地想起一个人，却又很快地把他忘记。有天早上醒来，我竟然想不起军伟的模样了。"可以说意味深长，表明了对人的困境的感叹与追问。

《爱情》这部小说是一部表现当下青年生活情态的小说，同样显示了吕魁对生活的观察与想象的基本能力。特别是小说中对宁梓这个女孩描述，可以说既生动又准确。宁梓是一个现代女孩，一个受过高等教育的女摇滚歌手，如果把握不好很容易成为个性张扬的时尚人物，但在叙述上吕魁对她的控制与分寸都表现出了不俗的训练。说到控制与分寸，我以为这正是"去个性化"或"去个人化"在技术层面的关键所在。许多人开始就没解决这个问题，最终也没解决，因此，说到底这又不是一个技术问题而是一个艾略特所说的"传统与个人才能"的问题。我个人觉得一个人要是在写作方向和态度上对了，无论他还有多少缺点和不足最终都可能得到克服，但如果方向错了往往会成为一种不知所终的写作。

吕魁小说的不足之处是显而易见的，在一些情节处理上还不够充分、结实，比如军伟获得小提琴女孩的爱多少有点想象的痕迹，此外叙述语言上还不够自然，有时显得内心过于紧张。这些几乎是不可避免的，带着生长的痕迹。生长是一种青涩，一种开放的张力，假如吕魁已很老道，我倒觉得不一定是好事。

2007 年

习习如水

读习习的散文感觉像水的流动，与"行云"无关，就是细小的流水、安静的习习的绵绵的流水。比如我曾读过的《北京册页》，那种娓娓的细小的语感、语调，其形式感分明就像水在城市局部静静地反映着景物的流动，带着早晨、午后、黄昏的时光，同时具有水的质感，水的目光。习习写北京从小处开始——从鸟叫开始，是四两拨千斤，亦是水的灵动，自然就有了水的节奏："在北京，随处都能听到鸟的叫声。早上，不急着起床，静静听上一会儿。其实，比起人来，喜鹊和乌鸦讷言得多，你一言我一语，不抢白、不慌张，中间的沉默像在思考。"前两句是平稳的流动，后句则是水流过石的跳荡，跳荡有小而耀眼的浪花，如"不抢白、不慌张"，有浪花过后的沉静，如"中间的沉默像在思考"。这里内含精湛，形式灵动，而你怎能把两者分开？就像把水和水分开？

刚才说到"水的目光"，解释一下。好的散文一定是视听味触身相连相通的呈现，习习的文字除水的节奏，自然还有水的敏感，水一样的目光。水会有目光？我以为会有，读了习习的散文你会同意我的观点。习习写北京的颜色，北京的红墙、古柏、柿子、喜鹊，这些都是典型的北京颜色，这些颜色写的分明、简括而又细腻。形容古老的红墙："红得沉实稳妥，滤去了火苗子的虚，"而平民的柿子的红与宫墙的红有冲突，所以柿子树更多栽在平常人家的四合院。"白墙青瓦，北京的院子便关了很多红艳艳的柿子树，就像关了一院子的红火。冬天，喜鹊落在柿子树上，黑和红，好看得分明。"这些不是水的映照，水的目光，又是什么？写天坛的柏树，因为年岁久长，柏树枝干便有了稠密的皱纹，叶子细碎婆娑，有宗教意味，因此每每见到这样苍老的柏树："就无端想到孔子，老老的孔子，一开口说话，一出声音就是两千多年。"

习习是西北女人，却把北京写活了，写神了，她有一种怎样的目光？难道不是古老城池流动的目光？这目光年轻，古老，古老，年轻。而且，更重要的这不是一种男性的目光，历史的目光，而是一种女性的目光。这里面有柔软，有细腻，有敏感，那么世上还有比水一样流动的目光更柔软、更细腻、更敏感的吗？

这么柔软敏感，当然有疼痛，水一样疼痛。水会疼痛？读了习习的一些忆旧文字你会同意水也会疼痛，甚至疼得你无话可说。习习的《木器厂》即是。此文用童年的视角写父辈，写做了一辈子木匠的父亲与木头的感情"父亲粗糙的手轻轻从那些精美的木纹上摸过去，仿佛摸过去了木头的很多东西。父亲喜欢水曲柳的木纹，我想，大约因为水曲柳常站在水边的缘故，看惯了流水，就把流水的花纹记进了心里。因此，父亲做活：尽量少给木头钉钉子，仿佛怕木头疼，要钉，先要用舌头舔一舔钉子头。"如此的敏感，和水有关，钉子钉在水曲柳的花纹上，如同钉在水上。对木头都如此敏感，何况对人世之痛？她的《王家坪四号楼四单元》就读得令人唏嘘长叹，疼痛像水一样流动，缓缓的，习习的，不时有疼痛的浪花跳荡一下，然后沉静。这里不用我多说了，读者可以想象习习怎样用水一样疼痛的文字触痛往事。却没有喧嚣，只有流动，平稳，小有浪花。与其说女人是水做的，不如说生命是水做的，当然，女人的痛感代表了生命的痛感。

就散文而言，习习的文字世界是独一无二的，因为她几乎与水同一。

与水同一的散文有多少？可能不止习习，可能只有习习。

2010 年 9 月 22 日

德温特先生

一想起《过去的好时光》这首歌，我就无限感慨，不为大英帝国的衰落，只为我家的德温特先生。德温特先生的好时光在它一岁以前，那时它却已出落得一个翩翩少年，体阔腰长，一双碧眼，一身雪白，往夏天傍晚的草坪上一站，整个小区的草坪为之生辉。没人再看狗，都来看我家的猫，都说这猫漂亮，像个王子。别人遛狗，我遛猫，前来讨教的狗可真不少，最多时有十几只，各式各样，围着它窜跳汪汪，而它太傲慢了，静若雪，动若风，身法之妙，可知古龙笔下的"西门吹雪"？

楼下邻居也养了一只猫，名叫依丽莎，唉，全都是因为依丽莎。一日，遛猫回来，邻居见了德温特兴奋得大叫，哇，这猫真漂亮，跟我家的猫一模一样，男的女的？叫什么？阿阿，天生的一对！于是说好哪天让它们见见面。都是妙龄，都挺寂寞的，人不能太自私。这天给德温特洗了澡，施以教育，敲开邻居家的门。依丽莎已等在花架边的沙发上，也是一身雪，十分端庄，一看就是个闺秀。谁成想我们家德温特，真没出息，唉唉，一下就失了心，疯了，"嗷"的一声，箭一般冲过去，没把依丽莎给吓死！凳子给撞翻了，花也折了，窗帘也给抓掉了，依丽莎拼命地跑。这哪能是相亲，简直是未遂。

好不容易把德温特提回家。它还不高兴，赌气，不吃不喝，守着门，想出去，想依丽莎，怎么叫也不离开。夜里，特温特闹开了，一声惨叫把我从梦中惊醒。我以为发生了什么事，打开灯，但见德温特两眼放红，望着我，眼一眨，又是一声嚎叫，凄厉、尖锐、石破天惊。此后一声接一声，我相信全楼都能听见它的叫声。这可怎么办？今夜可怎么睡？必须想个法子制止它。我的脑子开始紧急搜索。您说，您这时有啥法子？急中生智，我突然想起我家的法国香水，我都受不了那味，我想猫更受不了，于是抄起香水瓶子对准德温特先生的鼻子"扑扑扑"就是三下，这着真还真灵，德温特开始一愣，继而摇头，连打着喷嚏溜到床下，没声了。我估摸光鼻子它得整理会儿。

　　这一夜算过去了，第二天如法炮制。可第三天香水失灵了，不管你怎么喷它，它照嚎不误，嚎了整一夜。今夜无人入睡。去宠物医院吧，楼房养猫最终是这一途。我接受这样的事实，德温特也得接受。路上德温特还不服呢，可回来就踏实了。踏实是踏实了，可从此一蹶不振，完全换了一个样，像一片秋天的叶子，枯萎了。它不再是什么王子，什么西门吹雪，每天就是吃点儿喝点儿，不断打哈欠，或在地上滚儿一个，做自愉和弱智状。要么望天儿，爪儿在空中一挥一挥，逮个蚊子什么的。其实根本没蚊子。弄来一只鹦鹉陪陪它吧，它也不正经跟鹦鹉玩，只是在笼子边躺累了，才在伸个懒腰时，顺便够一够笼中的鸟儿，有一搭没一搭的。德温特没有记忆，因此也称不上有什么过去的好时光，就是活着。顺便提一下，依丽莎结果也不好，去了乡下。

1998 年

第五辑　写作

说吧，西藏

—— 《蒙面之城》2010 版后记

写完《蒙面之城》，觉得自己一下老了；一切都在离我而去，我像是快要走不动的人。在街角，路边，公园长椅，某个公共汽车站吃力地坐下，看过往行人，看那些衣裙，短背心，大男孩，背包客，某个惊艳的女人，低调的女人，沧桑一如时光倒流的女人，看小学生，驾驶员，大货车，广告牌，一切都在被一幅巨大广告牌收走。所有人都在离我而去，包括我自己，我甚至看到人群中的自己。我与这个世界已经无关，好像已经写尽了某种东西。

十年前，我刚刚完成《蒙面之城》，就是这个样子。

我清楚地记得：我已不适应现实，现实好像是漂浮的。过去已离我而去，未来尚未展开，当下难以确定，我差不多处在一种身非是我的状态。

"我"只剩下一副躯壳，"我"好像不翼而飞。

但是，一切都真的离我而去了吗？

事实上，无意识的回忆仍然一直充满了我，不然我为什么如此老态龙钟？我散步，坐在人很多的车站长椅上，许多辆车过去了，许多人上车走了，又有许多人来，又一辆公共汽车开来，又有人在上车，只有我一动不动。我并不在此地的车站上，我想起许多年前我站在路边，背着包，在拦一辆卡车。我被一辆辆卡车冲击到路边，这是常事，因此再次固执地招手。

我在十年前的街边，回忆另一个更早的十年前，确切地说是 1985 年，啊，不，差不多是十五年前：我站地街边，我要去藏北，我不是一个人，同我站在一起的是一个和我同校的年轻女教师。我们站在一个十字路口，与毫无关系的交通警察聊得不错。我们希望在交通警的协助下搭上一辆去藏北的卡车，我们如愿以偿。女教师的丈夫在藏北那曲写作，据说那里已靠近无人区，有一批诗人、作家、艺术家在那里生活写作。他们都熟悉凡高与高更，我也一样，所以到处乱跑，跑得越远越好。黄昏，我们到了高原腹地。我们要去的是文化局。

时至今日，隔过两个十年，再一个五年，在北京的公共汽车站前，在等车的人群之中，我仍然清楚地记得那曲地区文化局的样子，记得它坐落在镇北围栏牧场一带，有土黄色的围墙，院子空旷，像被围墙圈起的牧场。几排白铁皮屋顶的房子是办公区。我记得即使有围墙，由于地势的关系那几排铁皮房子在旷野上仍十分醒目，围墙根本挡不住它明亮的样子。就像我不久在小说中描述的那样：夜幕降临，我见到了一大屋子人，他们是诗人马丽华、吴雨初、嘉措、小说家李双焰（女教师的丈夫）、画家李发斌、音乐家黄绵景、后来遇难的《西藏文学》的田文。我不知道是否有马原，我至今没全部搞清当年那间屋子里的人。马丽华对我稍有印象，我们有过一次诗歌与信函交往，其他概无交往。我在这群陌生的人中混吃混喝了三天，我沉默寡言。我记得每次都是马丽华做饭，她还拿出新写的诗让我品评。她做的烤饼给我留下深刻印象。我看出她对诗人吴雨初尊敬并有着我无法言喻的某种默契。我喝酒，某些时刻，觉得心里发生了什么，似乎进入了小说的场景。吴雨初高挑，绿格西装，仔裤，副局长，讲述 8 天在马背上的经历，讲述死亡、荒原、可以使马陷入的草原的鼠洞。同为男人，他给我留下很深的不无敌意的印象。面对这样的男人，你很难没有敌意，敌意是对这个人真正的尊敬，同时也是对自身的尊敬。晚上，跳了一次舞，一次高原铁皮屋顶内的舞会。我的舞跳得不错，马丽华要我教她探戈。我还教了别人，和穿蝙蝠衫的田文跳了舞。我在大学里学会了简单的探戈步子，整齐，踢腿，但没有甩头动作，现在想想也还不算很傻。

第二天，我回到拉萨。那一年冬天，我在学校的石头房子陷入了孤独，陷入了对那次旅行的回忆与重构。我趴在没有取暖设施的房间里，想象一个人重新去了藏北，想象着某种敌意与戏剧性。一个寒假，我写出了《蒙面之城》的前身《青铜时代》，一部不足三万字的中篇。那时的小说中已出现了马格、果丹、成岩，他们当然不是宁肯，马丽华，吴雨初，但的确存在着现实与想象之间的关系。在我看来，人的任何一次表面经历（比如一次旅行）事实上都不过是内心经历的冰山的一角。有人轻视内心，而一个轻视内心生活的人显然是一个不完整的人，甚至是不幸的人，我见过许多这样不幸的人。那个中篇当然是失败的，原因是我用长篇小说的思维方式写了一部中篇，我点到但更多地绕过了许多重要场景，比如北京，秦岭，深圳，这些我都没有展开。1985 年，我还没有写长篇的胆量的和气度。我一直盯着中篇。那时候，整个八十年代是中篇的时代，时代像我一样也还不成熟。

《青铜时代》（发表于七年后的《江南》）留下了遗憾，但事情远没有结束。远到种种原因有一段不算短的时间（1989 年后）我离开了文学，投身到了广告界。我在我所创办的广告公司一干就是六年。我没有犹豫。我认为文学已弱于时代，马格还不成熟，时代也不成熟，我也不成熟。我认为做几年广告人，投身于一线的强大的经济生活可能是结束我作为一个单纯文人的恰当方式。单纯的文人臆断式的现实大量存在于作品中，也出现在我以前的写作中。回避现实，有人走出了一条狭窄的成功之路，而我认为介入现实对我是更好的方式。许多年，虽然身处剧烈变动的经济生活，但我没有忘记马格。我在耐心地等，等自己，也等别人，也在等时代。我想看看别人能否写出类似马格这样的人，结果我发现马格一直在等着我。

世纪末，1997 年——距离写《青铜时代》的 1985 年已是十二年——我听到了某种声音的呼喊。我清楚地记得那一天，我驱车去天伦王朝谈一笔广告生意，车堵在了银街，忽然，我在交通噪声混乱中听到了一家音像商店飘出的一脉高原的清音。是《阿姐鼓》的声音：

> 我的阿姐从小不会说话
> 在我记事的那年离开了家
> 从此我就天天天天的想
> 阿——姐——啊

> 一直想到阿姐那样大
> 我突然间懂得了她
> 从此我就天天天天的找
> 阿——姐——啊

　　我决定急流勇退，回到了写字桌前。1998 年，我告别了广告公司，我发现由于若干年一种完全不同的生活的洗礼，我已经是另一个人：自信、从容，甚至有点粗野。文学不再像以前那样高山仰止——这是我对文学从未有过的感觉。没有了多愁善感，没有了许多年作为文人的怨艾，有的只是对生命的追问与强劲的切入。在三年的写作中，我恍如隔世，身非是我，忘记一切，几乎过着一种飞翔的生活。到二十世纪结束，小说问世，我一种天上方七日地上已千年的感觉——我的确到了一个新千年，2000 年。我不适应这新的千年，我觉得被时间悬置在二十世纪，也就是说，一下老了；我坐在公园的长椅上，想象着自己拄着拐杖起来，想象着一双真正的老人的目光。

　　当然，慢慢的，我适应了新世纪的曙光，我知道我并不老，只不过是感到了某种内心的巨大的沧桑。我知道，我的路还很长。《蒙面之城》只是开始。

　　转眼，《蒙面之城》问世十年了，十年，我又写过多部长篇，包括刚刚杀青的《蒙面之城》姊妹篇《天·藏》，但是我可以说没有一部像《蒙面之城》对我的生命那样重要。编辑要我再版之际写点后记或是十年感言什么的，说实话，我一点也不知道要说什么，我只是坐在电脑前发呆。

我想到它得到许多荣誉，我觉得不值一提。我想到它得过多少奖，我觉得不值一提。我想到它曲折而辉煌的问世过程，我觉得不值一提。我想到它给我本人带来的戏剧化的命运，我觉得不值一提。十年，发生了很多事情，都如过眼烟云，都不值得一提。唯有十年前那种不适应现实的散步，那种立于街头看过往行人的样子，那种老态龙钟的眼神，那种回忆，历历在目。

那就什么都不说了。就致谢，心须致谢。首先我要感谢那么多年直至今日仍然喜欢本书的读者，我接到了无数读者的信，现在还在有人给我写信，我在此说一声：谢谢你们。然后，我希望我的读者能跟我一起感谢《当代》的周昌义先生，是他最先发现了本书的价值，使它在读者中声名鹊我的家人张九玲和宁非。没有她们的支持我不可能全心全意投入写作，她们为本书付出了无声的努力。

最后，感谢人民文学出版社的编辑付艳霞女士，脚印女士，本书得以新的面貌再版，她们付出了可敬的努力，谢谢！

2010 年

关于沉默

——《沉默之门》后记

  小说是沉默的艺术，普鲁斯特称之为"沉默之子"。布罗茨基也表达过类似观点：一首诗或一部长篇小说是作者和读者双边孤独（沉默）的结果。沉默，孤独，写作大体就是这样。《蒙面之城》写了3年，《沉默之门》写了3年，我从一个沉默的还算年轻的人彻头彻尾变成一个沉默的中年人，长篇小说是要人年龄的。书写完了，什么也不想说，倒是在写作之中常有所感，随手记在了一个文件夹里。我想把部分只言片语拎出来，可能的话稍加注释或许更可能窥到一个写作者过程中的心绪。

  如果一个人慢一点也不能写出好作品，那还是快一点好。有许多快的理由，才华，金钱，生存，但如果一个人慢一点儿可以写得好一点，为什么要快呢？现代小说是慢的艺术。现代小说不同古典小说，可以才子写作，可以文思敏捷，一泻千里，如有神助，现代的读者不单纯了，再才子写作读者会觉得可笑。现代小说节制、低调、多义、讲求控制力和玩味，这一切不慢怎么行？

  精深，就是博大。总是贴着人物写，就总能发现意外的心灵空间。是意识活动即心灵的活跃构成了博大，历史的前台看起来博大，实际上后台才真正广阔无边。

  因诚实而产生的才华持久，反之如同烟花。有才的人节制才华，使劲拦着自己，结果炉火纯青；竭力表现则很容易变得华而不实，甚至虚张声势。得知道自己走多远，所以得算计，节省着点儿用自己。有太多早泄的天才，他们就像花花公子或他们的近邻。

对于某些东西比如某个细节或味道应该穷追猛打，抓住不放。习惯写散文诗歌往往也习惯了意境、余味，跳跃、休止，点到为止，无需多言，意在其中，而小说往往不是这样。散文或诗歌的习惯好处是简洁，懂得节制，但带来的问题也显而易见，密度不够。实际上小说在上述那些词的后面可以层层剥皮，越挖越深，以致深入其中往往会发现峰回路转，别有洞天，甚至构成新的情节、旨趣和结构。小说是持续的艺术，耐心的艺术，我们接触大师的作品，首先感到的是耐心，以及耐心后面的自信、致远、长途的风景，恢弘的结构，一个完整的世界。

生命有许多不可言说的东西，人只能说出一部分，说出的部分照亮未说出的部分，我们看到后者，却无法言说。在夜晚的旷野，我们看到一小片闪光的玻璃，我们也就看清了周围的一切。小说就是让那些在黑夜里发光的东西清晰地显现出来，让生命的黯淡星光闪烁。我们不怕消失，我们闪烁，不断地闪烁，黑暗是绝对的，但黑暗总是不断地被语言擦亮，读者对语言的感受就像天空对星星的感受，清晰，退隐，因而更清晰。

某种熟练的文学语言究竟证明着什么？某种既有、通行的话语方式。通常较多的陈词滥调，这对我是不能容忍的。

我是一个靠跟着语言感觉写作的人，没有语言感觉我就没有文思、情节、人物，甚至不能构思。我的写作哪怕是长篇写作也无法预料，因此我从来不敢肯定地答应别人。我使用模糊思维，用感受、想象、语言的触角寻找思想、意义，有人相反，用思想展开想象，这一点我至今无法做到。

独特的认识、想象力、智慧是创造的核心。激情或诗意容易泛，才子写作大抵如此。诗意不应是创造的核心，成熟的写作甚至应避免通常的诗意。

有时越想让读者进入得快，反而进不去。故事开始时应若隐若现，若即若离，辅以语言味道，是较好的进入方式，这同两人在一起一样。此外，驾驭故事，还是被故事驾驭，其间有大妙。一个成熟的作者通常是驾驭故事的能手，但即使是这样的高手，在同一个作品中仍常常可以看到被故事驾驭的痕迹，这时的故事虽然可能精彩流畅，但是单一，小说的弹性或装饰没有了。

语言的准确说明了心灵的准确。语言是对心灵的追究与测定，不是心灵澄清了语言，恰恰相反，是语言澄清了心灵。我读一部小说并不渴望读一个精彩的故事，甚至也不渴望了解一个新颖的构思，我首先渴望一个作家的语言方式。朴素，准确，趣味，这是我所倾心的。

夸张对于想象力是必不可少的，但是为什么要夸张呢？许多想象力乃至构思均由夸张内心原始的感受而起，但是为什么要夸张（变形）呢？因为强烈。感受是一种真正的能力，原始强烈的感受能力比经历更重要，甚至一个作家的独特性就产生于此。

一个形式感强烈的人，必定也是内敛与张力的人。但是节制与限定，内敛与张力，或者还有严格与直接，这些仍有讨论余地。我觉得在这些主体词汇中还应适度加上表面的松弛，排列，拼贴，语感，甚至看起来的废话。一种刻意的风格或追求的同时也是一种限制。有人从限制走向敞开，有人从敞开走向限制，在放与收的不断轮转中，作品越来越大器、舒展、内力绵长，源源不断，浑然天成。话虽如此说，大而不当者也是比比皆是，只能看造化了。

2004 年

心态，调式，游戏精神

—— 《环形女人》写作札记

精神之书

2005 年初，天津女作家李晶看完我的第二部长篇小说《沉默之门》后，给我写了一封让我感动而又复杂的信。李晶来信说："读《沉默之门》，是读着一种智慧的和有趣的讲述，它肯定不会是畅销书，可是在我的书架里，它低低的声音不会沉默。"我回信说："一个人总得有一部这样安静的精神上的书，有了这部书我无论再写什么都安心了。"我告诉李晶现在"正写一部'堕落之书'"。李晶说："写堕落从来没有像今天这样拥有理由，但是作为创造者，你现在是那么清醒，充满了批判，那就根本谈不到妥协。你总会写出不可泯灭的文化来，比如你的教养，你的诗。"

精神踮脚

的确，正如李晶所说，我是不可能妥协的。但是写《环形女人》之初确有一种"堕落"的心态，只是在写作过程中越来越发现内心深处无可救药的严肃，仿佛我被上帝之手牵扯着，使劲往精神路上走。尤其当我偶然也是必然赋予小说主人公私人侦探是个"跛脚"时，突然发现了整部小说的荒诞。所有内心深处潜在的感觉纷至沓来，一切都是摇晃的，残缺的，不确定的，宿命的。"跛脚"是一种"叙事"，一种很关键的情绪，就像这部小说的定音鼓一下定下音来。"跛脚"的设定使我内心的张力一下缓解下来，在虚构之境，我既是作者又是跛脚，是病人，又是自己的手术刀。我划开自己的内心，如同庖丁解牛，看到的不仅仅是我个人的症候，而是许多人像我一样内心的黑色、焦灼与叹息。

就这样，一个希区柯克式的故事，被"跛脚"解构了。恐怖悬疑变得摇摇晃晃，支离破碎，甚至构成自身的讽刺。那么我们的"跛脚"是怎样一个人呢？我需要重新想象。比如可以想象他的左脚比右脚稍稍短一点，称不上残疾，但更多人还是叫他瘸子。跛脚并没妨碍他什么，事实上在运动场上他可能还有某种优势，比如富有弹性，有一种越来越快的加速度。可以想象在一次运动会上他甚至创造佳绩，赢得全场掌声，但当他走上领奖台时步伐和别人不一样，同样引起全场大笑。他证明了自己与常人无异，结果声名远扬，成为一个著名的瘸子；他差之毫厘，并没失之千里，但事实好像还是如此。这是一种核心的生活感受，找到这种感受，小说与当初设想的样子已完全不同。

苍蝇？婚姻卫士？

再进一步设想，作为一个跛脚儿或著名的瘸子，如果我们的主人公仍对生活有兴趣，那就没比私人侦窥职业更适合他的了。这是他成为私人侦探的双重的内在动机，侦窥刚好在两个方面都满足了他，既生活在人群之中，又是在人群背后。我们的跛脚侦探在刚入侦探这行时可能还有过一段想入非非的时期，比如设想成为抽象而又睿智的福尔摩斯先生，但后来他发现根本不可能。因为我们所谓的私人侦探不是一种司法行为，甚至正相反，是一种违法行为，他们根本没调查权，充其量也只能在法律的边缘上调查一些"二奶"或"第三者"一类的事情。这对我们的侦探想成为福尔摩斯式的人物是个致命的一击。他发现了人生可能的意义，但很快又被否定了。生活的反弹、轻轻的否定，正像他的脚来自对地面的感觉。此外，他基本靠声色场所解决身体问题，也就说他的一个隐含的身份很可能是不道德的嫖客，同时他的职业又是在追究生活中的道德问题。他成绩斐然，在二奶调查业中甚至大名鼎鼎，许多媒体称他是"二奶杀手"，"婚姻卫士"，"道德秘密警察"。当然，也有人称他们这类人是生活中的苍蝇，而我们的侦探认为叫什么都无所谓，叫苍蝇挺恰当的。他的分裂一如蝇眼的分裂。

原教旨女权主义者

一种心态有如长篇小说的定海神针，其重要性怎么说都不过分。心态相当于音乐中的调式，没有调式难以构成音乐。小说的调式有时来自叙述者的控制，有时来自小说中的主要人物，前者应控制后者，但很多情况是后者决定了前者。不同人物有不同的心态，而不同的心态则构了小说的复调结构。我们的"跷脚"侦探显然需要一个"复调"性的人物，比如他或许应该有一个女助手。

女助手的出现通常总是会暗示出某种可能的爱情，问题是，这会是一种怎样的爱情呢？由于小说主要调式的规定性，这场爱情显然是畸形的，非同一般的。可以想象女助手首先相貌就很吓人，女长男相，有运动员或男人一般的体魄。如果再大胆一点，比如想象一下高仓健如果是个女人会什么样？那么好吧，我们干脆可以称这位助手是个女高仓健。由此暗示出了女助手可能是个原教旨女权主义者。事实也是如此，她的丈夫曾嫖娼、外遇，她用残酷的方式对待了他们：把丈夫和情人吊了三天。她既有这份膂力，更有这份激情。她发誓与天下所有花心男人为敌，发现他们，揭露他们，把他们送上重婚罪的法庭。她的这种原教旨的激情同我们的侦探苍蝇般的感觉说大相径庭。我们的侦探没见过如此恐怖而又可笑的女人，出于一种古怪心理才收留了这位女助手。侦探时常同自己的女助手开玩笑,甚至像猴子跟大象动手动脚,骚扰女助手。然而万万没想到,这位已婚的女助手误以为侦探爱上了自己。在女助手的"爱"的面前,我们侦探完全绝望了,在诱惑与逃脱中,最终只能选择逃脱。那么,他逃到了哪儿去了呢?

简氏庄园

简氏庄园并非子虚乌有,对我而言它几乎是生活所赐。2001 年,我还在一家环境媒体当记者,接受了一项采访绿化的任务。我接触过很多绿化荒山的故事,最初报社向我布置采访时,我认为是一次例行公事。但是当我驱车进入北京陌生的山区,当峰回路转突然出现了一座现代生态庄园,我发现我正在走进一个曾经设想的故事。庄园很朴素,有小径,池塘,石板桥,山谷,一切都十分简单,就像写生一样。周末接待城里人,但没有任何现代度假设施。山上新植的侧柏并不比谷底的灌丛高,不过将来无疑会超过灌丛。我完全没想到当今中国,而且就在北京,已可以存在这样一个具有私人色彩的庄园。庄园主人是位知识女性,毕业于哈军工导弹专业,曾在军中服役,八十年代下海,在深圳有过商业奇绩。但是这位正处于生意顶峰的单身女人,几年前突然金盆洗手,回到了故乡北京,包下八座荒山。100 年前,这里山脉砍光了树,拔光了草,泉水干涸,山体风化。这位单身女人在此植树、开塘、造屋,数年光景八座荒山改变了模样。

现实与想象

我同庄园女主人成了朋友,我常去她那儿,有一次我开玩笑说:"你这里还有一个我不知道的地方,这个地方只有你知道任何人都不知道,比如是一间密室,你每个星期都要去一趟。"尽管女主人知道我是个作家,但我神秘的样子还是让她匪夷所思。我说这话并非一时兴起,就在几个月前，在一次同安妮宝贝的交谈中我就曾说起过山中的密室。安妮是语言和感觉的天才，我认为她的想象力还可能再大胆一些，以她对事物的尖锐感觉完全可以想象出更极致的故事。我说："比如你可以想象'暖暖'（安妮《暖暖》中的女主角）后来有了一大笔钱，在一处山庄与世隔绝，把旧日的情人一一招致，就像科幻或陈列室那样，她把他们排列，她可以像讲解员那样。"（很显然，这是我对安妮宝贝的误读，我正如艾柯所说的那种"经验读者"。艾柯在其《开放的文本》中把读者分为两种，一种是"模范读者"，一种是"经验读者"，"模范读者"完全忠实于作者，而"经验读者"则总是把基于自己的经验和想象加给作者。对作者而言，"经验读者"是很让人讨厌的，安妮当然不会听我的。）我把这个想象中的故事讲给了庄园的女主人，并告诉她准备以她的庄园为背景写部恐怖小说。这位学导弹专业的女主人既吃惊又觉得十分有趣，她鼓励我写，并且要我写出来后一定要在书上注明故事取材她的庄园。但我那时不过说说而已，并没真的打算写，因为那时我正埋头于《沉默之门》的写作。

秘密展厅

完成《沉默之门》已是三年之后。那时我的"跛脚侦探"在想象中也逃脱了女助手混乱的爱情，到了女主人的庄园。在小说中我变成了"跛脚"，女主人变成了简女士，庄园变成了简氏庄园。一切都如此熟悉，简女士不仅是一个著名的女环境主义者，还是一个虚构的"僵尸"制造者。简女士十三岁就当了后门兵，十年后的 1985 年部队大裁军，简女士与部队男友一同退役到深圳经商。简和男友利用家庭背景大赚"条子/票子"钱，一夜暴富，但随之而来的是男友迅速的城市化或"风化"。男友声色犬马，乱搞女人，类似《战地浪漫曲》的军中之恋情一去不返。简女士想杀了男友，但男友先一步涉案，卷款逃往境外。这是密室中的"僵尸"之一。"僵尸"之二：简二次创业，打下一片天下，爱上了在自己公司工作的出身底层的工程师，"高贵者最愚蠢，卑贱者最聪明"是火红年代的强音，简犹记在耳；同理，简认为爱情也可能存在于底层。但万万没想到，这位"卑贱者"竟利用了她的爱出国一去不归，甚至把与其前妻的三岁女儿丢给了她。绝望中，简偶与一位类似《廊桥遗梦》中的大地摄影师发生关系，结果染上绝症。如今这三个人都被简收在庄园秘密的"展厅"中，拿水喂着。简每个星期去一次展厅，手持讲棒，像自然博物馆的讲解员那样讲解三个人类标本。

恐怖游戏

简女士希望临终前有一部自己的传记，以将自己的一切在死后公诸于世。她向我们的主人公"跛脚"侦探发出了邀请。毫无疑问，这是个奇怪的邀请，或者不如说是个挑战。我们的侦探（也是业余侦探小说作者）欣然前往，于是一场表面的传记写作实质是侦窥工作（莫如是游戏）在简氏庄园展开。我们的侦探并不急于发现秘密，在与简女士的朝夕相处中，两人甚至成了密切的朋友。侦探几乎忘记了自己职责，因此当有一天发现了"活人展厅"，几乎就是再自然不过的事情。事实上简女士诱导侦探发现了秘密。那么问题来了，发现了秘密又如何呢？侦探向谁交付这一秘密？秘密的提供者同时就是委托者，只能向委托者交付。事情至此，我们的侦探实际上颠覆了自己的职业。当然，事情绝不会停留在此，因为谋杀案最终看起来真的发生了：展厅中的一个"僵尸"被神秘地窒息而死，侦探一直渴望的谋杀案就在眼前。谁杀了"僵尸"？这看起来是个经典的探案问题，实质上是一个精神问题，因为最终的真相表明，很可能简女士杀了"僵尸"，而且很可能仅仅是为了满足侦探的调查欲。

城市情绪／游戏精神

恐怖如果变成游戏，是否更加恐怖？其背后的能指又是什么？游戏精神是现代都城市写作的重要特征，如果说传统的乡村是感性的，田园的，挽歌的，那么现代都市则是智性的，坚硬的，复制的，速度的。前者我们的精神资源源远流长，至今仍不断有佳作产生，而后者快速发展则几乎让所有当今的优秀作家茫然，以至，都市化不但没提供有力的文学精神资源，反而让我们的文学困惑不已、力不从心，时常发出无力把握的喟叹。城市的表达困难我想缺少游戏精神大概可算一个原因。游戏是智性的产物，它是中性的，平等的，但更为重要的是，它还应是一种文化心态。城市情绪即使很感性通常也含有冷调或智性的特征，如果仍沿用乡村的表达方式就很难对位看起来瞬息万变、实际上又冷淡又单调又喧嚣的城市经验。事实上，面对一个充满异己力量的城市庞然大物，包括它的组织结构和精神秩序，某种意义我们都是残疾人；如果我们没有一点游戏精神，没有一点游戏性的想象力我们又怎能表达自己？怎能超越具有强大异己力量的城市？战胜它绝对是不可能的，甚至都不该有这样的妄想，或许只有用文化的力量游戏它。

游戏精神与虚无主义

游戏精神一不小心可能会和虚无主义沾上边。不过也因人而异，恐怕这和一个人的修为有关，和一个作家有多大的文化力量超越符号化的世界有关，和是否仍有一种骨子里的人道主义的传承有关。如果仅仅出于情绪反应，就很容易滑向虚无主义或犬儒主义。游戏精神是一种反抗吗？如果它不是，在我看来至少也是一种拒绝，一种与生活的对峙。游戏拒绝抒情，拒绝控诉，但游戏又隐含这一切，也超越了一切。游戏的核心精神是蔑视——蔑视一切强大、丑陋、可笑的异己力量，甚至于也蔑视自身。博尔赫斯说"人群是一种幻觉"，而事实上博氏通过否定"人群"的存在更加确立了个体的"人"的感觉。卡尔维诺这方面要具体一点，他说"小说游戏精神的全部技巧就在于擅长从子虚乌有的事情中引申出全部生活。"这里的"子虚乌有"与"全部生活"密不可分。

"子虚乌有"或"游戏精神"并非空穴来风，它常常存在于生活的可能性中，或者生活就存着一个潜文本，作家表达的就是这个潜文本而不是生活本身。如果我们留心一下，谁都会发现生活有许多切口或可能性，生活很像前行的列车，那些切口和可能性总是被迅速覆盖。生活就是这样，总是掩盖或擦去许多东西，比如心理、愿望、诉求，比如多种选择中必须立刻只能选择一种其他选项不无遗憾但也迅速地隐去。它们实际并没消失，只是年复一年在心理上沉积下来，有人通过写作或阅读开掘出来释放出来，有人一生也不知自己心理上藏了多少东西。小说就是要抓住这些沉积的隐去的东西，就像让飞驰的列车或已到终点的列车重新发一次车，让列车在我们曾幻想的地方停下来。

精神分析 1：虐恋

"红色"充斥着简女士的童年，心理学早已证明，人最深刻或最本质的快感（包括恐怖快感）来自童年，长大后会用各种方式回到童年。简女士现在的"男友"不用说是庄园的马术教练。因为对男人的绝望，事实简女士已无法有正常情感关系和肉体关系。在踮脚侦探的职业性偷窥中，简女士每次与马术教练做爱都像一种表演，她都要装扮成受难的"巾帼英雄"才有快感。教练同样像演员，他穿着说不上是哪国的军服，手执皮鞭，对简女士施暴。这种 SM（虐恋）通常是对施暴与受暴的戏仿，而简女士的性行为恰好表现了她对"红色童年"的回溯，对巾帼受难的模仿。简女士虽未经历过战争，但父辈以及关于那个年代的经典电影和读物中的战争无疑是充分经历过的。暴力与英雄情结在她心理上由来已久，同时现实生活中的爱情受难意识更为直接提示着女性的命运，因此她很容易把自己想象成圣女贞德、卓娅或江姐。她先后被三个男人抛弃与伤害，因此她只能以 SM 的方式重返那些噩梦，进而穿越那些噩梦。

精神分析 2：僵尸

男人是女人永恒的主题，女人对男人的失望通常远甚于男人对女人的失望。女人对男人的失望通常也使她们对生活失望，对人类失望。因此，如果可能，她们更容易皈依宗教或环保。而对一个缺少信仰的民族，还有什么比环保更可能成为一种信仰？甚至成为一个极端的信仰？简女士她越深入地皈依环保，就越多地发现人类的罪恶：人类对动物的灭绝，对地球家园的破坏。人类的罪恶甚至可能是相通的，一种罪恶同时证明了另一种罪恶的存在，情感上恣意的背叛者，同可可西里盗猎分子并无本质区别。于是，她要将过去三个伤害过她的情人一一召至庄园，把他们投入到密室中，投入到玻璃器皿中，把他们变成植物人，变成标本，她像科学家或自然博物馆讲解员那样每周讲解他们。在她看来，他们已不是什么情人，而是人类罪恶本身，她是在对人类审判。

人类中心主义

"环保"在这部小说中无疑不应是一个简单的正题，它过犹不及的极端主义倾向像任何极端的信仰一样，具有内在的荒诞性和不可控性。而且，简女士作为一个著名的环境主义者，的确有自己的理论背景。

我们可以设想这个背景是这样的：在日益严重的生态危机之下，二十世纪中叶以来，人类开始反省自己的行为与思想。理论界经过近百年的思索，终于意识到正是人类中心主义才是造成现在的严重危机的罪魁祸首。愈来愈多的迹象表明，环境问题仅靠发明一些新的治理措施、关闭一些污染源，或发布一些新法令是解决不了的；环境问题的解决植根于更深层的人类社会改革，包括对经济目标和民众意识的根本变革，包括对人类数千年的发展基石——人类中心主义的改变。蕾切尔·卡逊发表于1962年的《寂静的春天》被认为是生态哲学的先声。此后生态哲学提出了发展的极限、增长的极限这一人类终极的问题：如果极限意味人类最终失去清洁的空气，水、安全的食物和多样化生物种群和基因，也就是意味着毁灭，人类的经济发展目标还有什么意义？这不是一个发展问题，而是一个重大哲学问题。生态哲学的崛起被认为终结了统治人类了几千年的以人为中心的哲学，是哲学史一次真正的思想飞跃。生态哲学认为，人不再是万物之灵，人与动物是平等的，与自然万物是平等的，人不再享有随意支配自然万物的权力，人应该与自然万物共存共荣，人在改造自然方面是有原罪的。但这是否意味着可以将人以标本的形式进行讲解？

我无意嘲笑环保，尽管我们的环保搞得不怎么样我依然认同人类中心主义应该受到质疑。我只是想以否定的方式提出肯定的问题，或者以肯定的方式提出否定的问题。这是一种修辞，也是一种叙事，它在我的写作中应该占有重要位置，甚至成为核心的表达。

希区柯克，卡夫卡，还是蒲松龄？

希区柯克、卡夫卡、蒲松龄都是我喜欢的大师。希氏因杰出的电影使他的名字成为恐怖、悬疑的化身或标识。希氏之前恐怖悬疑早就有存在，但是希氏通过自己杰出的贡献强化了它们，因而成为无可争议的代表。卡夫卡之于荒诞与希区柯克之于悬疑有相似之处（正像鬼故事之于蒲松龄，一个作家成为一个概念的化身，使别人再也绕不开颇值得深思，这种概念的西方化是中国当代文学内在的焦虑之一）。卡夫卡之前，文学就对荒诞有所表达，但是只有经过卡夫卡，荒诞才上升为文学对生活的本质性认识，是卡夫卡使"荒诞"一词像"爱情"一样成为文学永恒的主题。

希区柯克与卡夫卡各有所长，又毫不相干，前者具有可读性，后者具有深刻性。其实真正在某种意义将悬疑与人类精神结合在一起的是早于希区柯克和卡夫卡三百多年的古典小说大师蒲松龄，只是蒲松龄始终没能作为一种强势文化影响世界，进而似乎也好像没影响我们。实际是影响了，但是我们却很少提及。读蒲松龄你首先感到的是强烈的超现实的悬念，而蒲松龄实际告诉你的是另外一种东西。它不是寓言，而是一种非常高级的小说形式。我们的传统有待于我们去强化，如果我们无能我们的前辈也会跟着无能，如果我们伟大我们的前辈也会伟大。正是在这个意义，博尔赫斯说过一句很精辟的话：是后者使前者变得伟大。

2006 年

为什么不同

——《天·藏》创作谈

A

读这部小说，读者或许会发现它与以往的阅读有些不同，语言，结构，叙事都有些不同。为什么不同？不是刻意之举，是势所必然。我在小说中的一个旁白性的注释里已经说过：我的写作不是讲述了一个人的故事，而是讲述了一个人的存在，呈现一个人的故事是相对容易的，呈现一个人的存在几乎是不可能的。我还说：西藏给人的感觉，更多时候像音乐一样，是抽象的，诉诸感觉的，非叙事的。两者概括起来可称为"存在与音乐"。这对我是两个关键性的东西，它们涉及我对西藏总体的概括，任何针对西藏的写作都不该脱离这两样事物。至于故事，叙事，它们只能处于"存在与音乐"之下，以致我多少有点否定叙事的倾向。

如果反故事即意味着反小说，那么我可以肯定地说西藏是反小说的。西藏并不先锋，甚至很古老，但却拒绝用古老的故事方式对她进行叙述，故事不仅不能表现西藏，反而扭曲西藏，失去西藏。故事或小说无疑是世俗的产物，故事在任何地方都很嚣张，唯独在西藏显得贫瘠，苍白，无力。迄今，我所读到的西藏叙事／故事作品（除了扎西达娃部分诉诸感觉的形而上作品）都不仅不能加深我对西藏的感觉，反而减弱了我对西藏的感觉。现在看来这不仅要归于小说家的无能，而且故事型的小说相对于西藏无异缘木求鱼。西藏是形而上的存在，需要极致的形式，而它本身就包含着极致的形式，比如坛城——宗教甚至艺术的终极形式。

就我个人在西藏的经历而言也是这样，没什么可称之为故事的生活，只有每天巨大的存在。那是多年前，我在哲蚌寺下一个山村生活了整整两年，我的石头房子一天中要有很长一段时间落入圣山的阴影中，阳光总是快于别的地方移过我所在的村子，但这并非意味着暮色很快到来，相反，阳光过后天色依然长时间的澄明。在某种恒定的光线里我感到我与西藏同在，西藏与我同在，西藏完全替代了我，把我变成她的一部分。我可以西藏的名义讲述无限丰富的内心，却无法讲述一个传统的故事。我有无数的细节、感受、存在、音乐，我即西藏，西藏即我，但当我试图以小说的方式，也就是按传统的情节方式编织一个故事，我发现我完全丢失去了那些东西。故事的线条根本容不下那些最重要的感受、存在、音乐。故事有自己的走向，并且因其自身的规律让西藏越来越失真，越来越不容于西藏。我知道，许多小说就这么写出来了，也部分反映了西藏，但我却觉得不对。但是不对在哪儿呢？显然，传统的故事或小说无法携带我所感到的最重要的存在与音乐的东西，那些与西藏同在细微的感受、那种无限的丰富性，这是让多数西藏叙事作品失去西藏的最大原因，同时也是西藏看起来拒绝故事或小说的原因。

那么，能不能让故事携带存在与音乐？

那么存在是什么？存在显然包含了故事，又远远大于故事。这非常关键，它涉及到故事与存在的比例：故事是在存在中自然生成的（就像在岩石中生成的图案，有着天然的一体化的比例）还是强加给了存在？故事和叙事的区分；故事—叙事—存在三者的比例关系，三者的方位性与方向性，以及所携的音乐性，以及这一切所要求的审美化叙事语言（而非工具化叙事语言），正如坛城所散发出的无声语言，正如坛城的时间是并置的而非线性的，有许多出口同时又是入口……

读《天·藏》或许会读出这些，不同也来自这些，我不知一切做得是否恰如其分，一切还需读者检验，时间检验。

　　B

　　想起写作本书的一千四百多个日子，突然有人告诉我写作也是一种修行，当时有一种特别认可的感觉，但随即又推翻了。我觉得通常的修行无非是打坐，观想，持之以恒，那有什么难的？而写作是太难了，难得心力衰竭，难得浩浩荡荡，难得两眼青灯，难得世界常常只有你一人，上天无路入地无门，难得一次次爬不起来，爬起来又被困难击倒，难得想一闭上眼就不想再睁开。写作不是一种修行，而是一种折磨，一种自虐，甚至一种自绝肉身的行为。

　　但是，如果你摆脱不了写作，写作又的确是一种修行。佛家有八万四千法门之说，如果认为修行只是通常在寺宇见到的打坐与观想那就大错特错了。八万四千法门实际告诉你修行无所不在，凡事皆为修行的法门，就看你是否深入进去了。我承认有的法门很苦，有的法门相对轻逸。米拉日巴是苦修者，凡苦皆笨；弘一法师则轻逸得多，转身之际人生大变，飞翔改为永恒的团坐。而上天仿佛命定每个人只能有自己的法门，不是想轻就轻得了的。我的法门只能是写作，它更近于苦修，与笨拙的米拉日拉有更多戚戚。

　　我不知道《天·藏》算不算一种修行成果，可能算，可能不算，算与不算某种意义已经与我无关。重要的是我在修行了它四年之后解脱出来，就如同从西藏的某个山洞走来，感到一种轻逸。如果说修行的目的是解脱，那么我可以说获得了一种解脱。一种解脱，是的，——甚至是对我整个写作的一种解脱。

　　我写了四部长篇，就像在四个方向建了四组建筑，《天·藏》是最后完成的一组。四组建筑对天空与大地意味着什么我不知道，但对我个人而言则意味着一种暂时的解脱。写完前三本书都没这个感觉，唯有这本。

它不仅是它本身的完成，也是前三本书共同的完成，或者说是我从一个更大的山洞中走出。

有人说《天·藏》像一座坛城，我认为不仅如此，因为我认为它不是孤立的，事实上四本书加在一起才是真正的坛城——一个由不同维度构成的一个更大的有四个方向的坛城。当然《天·藏》是最后的完成，无疑处于完成时自然的位置。

在写作中修行，终有一天回身一看：内心已在远山上完成。

我会继续修行，继续写作，但法门可能已完全不同。

尽管同样是写作，法门依然会不同。

可能会接近禅，可能会对自己过去的写作感到陌生。

对过去的修行感到陌生。

一切都是不确定的。

但在接近那一刻时又是确定的。

《天·藏》已不属于我，与我无关。就像人们走进一个庙宇，它是谁建的并不重要，它与宗教有关，与心灵有关，与苦和爱有关，与存在有关。

2010 年

将"有"置于"无"中表达

——《我在海边等一本书》创作谈

2010 年 10 月 16 日，在意大利驻华使馆文化处，中意作家对话会出现了戏剧性场景。意大利小说家洛伦佐谈及早年在阿尔尼亚旅的一次旅行，看到一张墨索里尼被绞死的照片，照片上不仅有墨索里尼，还有其他几个高官，洛伦佐在其中意外发自己的祖父。洛伦佐的家人从未讲过祖父曾是墨索里尼的一名高官，一个能征惯战的旅长，洛伦佐准备拿这事写一部小说。然而未等洛伦佐讲完，意方另一位作家埃多拉也谈到了自己的祖父，他的祖父当年也是一名旅长，不过是一名抵抗组织的旅长，他的祖父正是被洛伦佐的祖父杀害。"他亲手枪毙了他，一个旅长，杀了另一个旅长。"埃多拉平静的讲述令所有人震惊，几乎像一种小说虚构，但却是真的。此前，意大利一位女作家谈及一本新书的构想：一个女作家把自己写的一本新书一页页撕下，扔进了大海，希望全世界读者都读到她的书。我很认真地对她说，希望在中国的海边等到这本书。

上述两件事本没什么联系，让它们发生联系的是组织者要求会后每位作家写一个以此次对话为背景的短篇小说，中意文双语结集出版。这难坏了我，一是它的规定性，二是我从没写过短篇小说。我一直在写长篇，已写了四部，如果说写长篇小说的人是农民，写短篇小说的人就是舞蹈家，可这次我要献丑当一回舞蹈家了。我认真考虑了上述两件事，第一件过于戏剧化,不适合写小说。小说是无中生有的艺术,无生出的有才自然可信。第二件事有诗意,但又太"空"。两件事想来想去,有一天想到一起：为什么不把第一件之"有"放置到第二件之"无"中呢?为什么不能让它们互为表里,互相印证,互为有无?

剩下的事就是寻找两者的秘密通道。就想象而言,埃多拉杀了洛伦佐（复仇主题）无论如何都太一般了,但如果反过来就相当惊人：暗示了历史并不总是进步,反动的东西也总会宿命地重现。那么,"我"等来的书也不是预期的海一样纯净的书,而是残酷的"《埃多拉之死》"。当然还有更为幽暗的前女友因素,三者构成了颠覆性、事物的不确定性。我不知道我写短篇是否受到了写长篇的影响,是否成立,是否不"像"短篇小说?但不管怎么说我完成了它,让不可能成为可能,让不相关相关,让无生出有,有生出无。

2011 年

症候与投射

——关于"症候式分析"的谈话札记

"症候"一词本是医学用语，指人在疾病状态下人的感受。症候只可通过问讯获得，病人虽有感受，但他不知道那就是症候。我第一次听到"症候"一词不是在医生那里而是在蓝棣之先生那里。一次是在蓝先生清华寓所喝茶，一次是蓝先生去美国前我们约好通一次电话。那个电话长达五十分钟，所谈的也都是症候。

我没病，蓝先生也没病，但某种意义我们又都是病人。在蓝先生的研究领域或者在蓝先生看来，无论是文学创作还是研究，类似"疾病状态下的人的感受"也就是症候都起着隐性而又重要的作用。正是那次喝茶，我见到了蓝先生若干年前就出版了的《现代文学经典：症候式分析》，并第一次听到了症候一词。

我对这症候一词异常敏感，甚至在蓝先生尚未阐释这个词时已经有一种感同身受或被击中的感觉。这个词正像吴思先生的"潜规则"，似乎我还不甚明白就已感到明白了什么。所谓症候蓝先生解释为"是一种无意识的结构"，反映到文学作品中往往会出现这样的情况：作家说出了什么样的意思，是一个层面，作家到底想说什么又是一个层面；作品表现了什么象征了什么是一个层面，作家没有明确觉察到他想说什么或说了什么也是一个层面。这个没明确觉察到的意向，通常很深地左右着创作，甚至成为创作的潜在的动因。

　　蓝先生认为文本里的症候是作家不自知的无意识的，它表现为文本里读者读起来感觉反常，含混，有疑难的地方，也就是弗洛伊德所说与某些经典艺术形象有关的"疑团"。弗洛伊德认为这些"疑团"就掩盖着对理解这件艺术品来说最根本最有价值的东西。据此，蓝先生认为在一部经典作品中往往一个故事中还隐藏着另一个故事，一种表面的倾向掩盖着另一种倾向，这说明作家在创作时不仅有一个理性的意识结构，还有一种无意识的结构。

　　蓝先生以柔石的《为奴隶的母亲》为例加以说明：一般的看法是柔石通过"典妻"现象抨击了封建家庭关系下女性处于悲惨的地位，但在蓝先生看来，这只是一个"显性结构"，因为与此同时小说还隐含着一个作者没意识到的"隐性结构"，即奴隶母亲正是在经历"典妻"时才真正体会到男性的温存以及生活的安定。显然这里的"隐性结构"在一定意义上解构了作者想要表达的"显性结构"，而作者是不自知的。再譬如老舍先生的《骆驼祥子》，蓝先生认为，表面上看写的是贫苦洋车夫买车卖车、三起三落的故事，但故事之外还隐含着一个年轻的无产阶级男子在资产阶级老女子的诱惑和腐蚀下全面沉沦的"潜文本"，也即"一个糟糕的婚姻或绝望的两性关系的故事"。从理性层面来看这并非老舍要表达的主题，但它又存在于老舍先生深层次的无意识之中，换句话说，它是老舍先生的某种自己没觉察到的内心症候，它被附着在一个显性的贫苦车夫的故事中表现出来，在创作上构成了一种远距离的"投射"。

　　蓝先生的"症候"让我想到弗洛伊德的"情结"。症候可否理解为"情结"？"情结"这种东西或者藏得很深，或者人们不愿碰它，但它又总是在掩盖的时候表现出来，是一种典型的无意识结构。对于我的问题蓝先生基本认可。那时我还未读蓝先生《现代文学经典：症候式分析》，没更多发言权，离开的时候蓝先生送给了我这本专著。我记得下楼时蓝先生问了我一句：你认为先锋作家转型的原因是什么？之前，我们谈及了先锋作家的转型，谈到了转型的代表作《兄弟》，我当时并未意识到蓝先生的深意，随口说了一句：我觉得是他们的文学准备不足。

几天之后，《现代文学经典：症候式分析》让我意识到我当时的回答不准确，至少是太含混。"文学准备不足"显然是一个广普性的原因，真正的原因应该是先锋作家最内在最隐蔽的叙事动机——"症候"消失了，是他们的症候积累太薄弱，也太仓促，当年的一点点症候，一点点博尔赫斯或马尔克斯们的点染，构成了耀眼而短暂的先锋文学。马原搁笔不写，余华"硬写"，两种情况都说明作家最终拼的不是别的，而是个人的症候。你有多深厚的症候积累，才能写出多深厚的作品，有多持久的症候才能有多持久的创作。作家的症候可以说是创作的源泉，一旦症候消失或衰减，创作便会出现危机，所谓转型或"硬写"也往往不成功。在这个意义上，积累和认识自我的"症候"，我看比什么都重要。而一个作家在成长阶段的潜移默化的阅读是症候积累的重要组成部分，我说先锋作家"文学准备不足"也是在这个意义上才成立。蓝棣之先生对我的重新回答表示认可。其实我说先锋作家症候不足，也是自况。我的创作正面临着"症候"不足的问题或未明确意识到一个作家症候的重要性，我的创作正处在选择的十字路口上。

有的作家读了蓝先生的书感到害怕，谓之"诛心"，认为用"症候式分析"分析作家的无意识表现让人不再敢写了。我不这么看。我认为这是一个写作者缺乏自我意识的表现，是一个虚弱的表现。一个写作者怕让别人看到"心里去"么？在我看来恰恰相反，我愿被别人看到我没觉察到的东西，我渴望了解自己的无意识，了解我的情结，了解那些说不清道不明的东西，了解的一种倾向掩盖的另一种倾向，总之了解自己的症候。蓝先生的书之所以让我特别兴奋，特别感兴趣，原因正在于此。事实上我正是带着自己的问题读《现代文学经典：症候式分析》的，通过阅读，我清醒地认识到一个作家了解自己的症候对写作有着难以估量的重要作用。因为只有作家认识了自我的症候，进而才能培育、发展和丰富自我的症候，才能围绕自己的"根"性创作，进而也才能更好地投射自我的症候。

症候作为一种无意识经验，显然既与作家的直接生活经验有关，也与间接经验有关——也就是阅读有关。一个作家如果单靠直接的个人经验写作往往不能持久，往往有的作家写了几部书就难以为继。个人的直接生活经验总是有限的，而阅读中的间接经验是无限的——就像心灵是无限的一样，因此作家成长阶段（形成个人症候的最重要的时期）的阅读对症候的积累就显得特别重要。中国武学有一条极为重要的经验，就是学武要有童子功。为什么要有童子功？因为那是量能奠基的时期，也是无意识经验的沉淀时期。中国有两句成语，一个叫"潜移默化"，一个叫"根深叶茂"，何为"潜移默化"？何为"根深"？在我看来很大程度上就是无意识经验的积累。"潜移默化"的经验越充足，日后的虚构能力就越强，"根"越"深"创作才能丰厚，也才会"叶茂"，无意识经验可以说是创作之"根"。生活，经历，感受人皆有之，也必然有，是"潜移默化"的沉淀与质量将作家与作家区别开来。在这个意义上，一个作家成长阶段的阅读（可以三十岁为限），成长阶段形成的"症候"或无意识经验，在我看便相当于中国武学中的童子功。三十岁以后的阅读也有重要作用，但主要不是在一个人的无意识结构中起作用，而是在理性结构中或知识技术层上起作用，而且仍然是相对于此前积累的症候或"根"在起作用，如果没有早期症候的充分积累，很大程度上已不起决定性的作用。有不少这样的情况，一个作家的无意识结构的"症候"衰减之后（或者根本不清楚自己的症候，因此也不注意发展和培养），开始完全按理性结构转型，结果难有说服力，难以打动人，难以做到无意识与有意识的浑然天成，因而作品遭到失败，甚至胡编乱造，瞎写一通，面目全非。

　　通过《现代文学经典：症候式分析》我们可以看到即使是一部主体上成功之作，譬如像《子夜》这样的经典作品，也会因为作家的理性结构与个人症候的不平衡造成了作品的重要缺陷。《子夜》中体现伟大主题的章节一般都比较笨重、枯燥，基本上是作家为表现概念而收集的"素材"，这是典型的理性结构；而富于艺术魅力的章节则是与主题关系不大的有关时代女性、浮浪知识青年和都市交际花的描写，这就造成了《子夜》的伟大主题与其艺术魅力二者之间出现了一种分离的状态。从实际情况看，茅盾本人虽倡导"为人生的文学"，强调艺术的社会功能，但在无意识层面，茅盾本人却喜欢"鸳鸯蝴蝶派"的浪漫性和娱乐性，这种无意识的喜欢往往通过对性爱的描写流露出来，因而颇富艺术魅力。再如李劼人长篇三部曲的第一部《死水微澜》，因为有早期阅读《包法利夫人》的影响，有无意识的症候构成，写得比较成功，而后两部由于脱离了作家个人的症候，叙事在理性层面被历史的进程和所谓的史诗品格所决定，就不成功。很多时候，个人的文学雄心——这种理性、意识层面的东西——是一回事，而真正的无意识叙事动机是另一回事，这两方面如何有机的结合至今仍是对中国作家的挑战。

蓝先生书中有这样两段话我感受特别深刻："文学的深度不是历史事件的分析深度，更不是意识形态的深度，而是人物形象的深度，是作家洞察人、生命和世界的深度。文学只能从人写历史，而不可用政治事件或政治意识形态来扼杀人""一个知识分子要写个人很深的体验，从策略上说最好选取另一阶层的人物作远距离的投射为好。"这两段话无论在宏观上，还是在微观上，都是针对写作内部的发言。特别是"远距离投射"，击中了我个人已经存在却没有说出的写作经验。这里牵涉到两个方面，一是为什么要"远距离投射"？我们过去一直强调写身边的事，写熟悉的事，也就是写自己的直接经验，这方面当下的写作特别是网络上的写作，可以说简直到了泛滥的程度，直接经验与内心症候在作品面貌上难以区分，造成了很多没有距离感的肤浅的作品问世。"距离产生美"是审美经验中重要的法则，在距离中投射个人经验是将叙事陌生化的基本规律。

另一方面，"远距离投射"本质上是一种虚构能力，简言之，"远距离投射"就是将个人的"症候"或体验投射到作家"不熟悉的"事物上。不熟悉，就要虚构，而虚构是一种至关重要的能力。但同时，虚构本质上并不来自于"不熟悉的"事物本身，而来自于内心的症候。是内心的症候决定了选取哪些"不熟悉"的事物，而不是相反。在这个意义上，虚构有着很大的无意识成分，因为无意识的"症候"选取的所谓的"不熟悉"的事物，其实上又是内心症候所"熟悉的"。为什么有些作家会熟悉一种非常陌生的事物？为什么"陌生"常常触发作家的灵感？我以为正是症候或无意识经验起了作用。

行文至此，似乎一直有些问题没得到回答：既然前面说到"症候是作家不自知的，是无意识表现，是没察觉到的"——那么，作家怎么能够去"认识、培育、发展和丰富"症候呢？或者"又如何在成长阶段的阅读中去'积累'并在以后的创作中'投射'"呢？是的，这是问题，当蓝先生向我提出这一系列问题，我发现我对蓝先生的书大约产生了相当程度的"误读"。尽管本雅明似乎说过，一切的阅读都是误读——也就是说，阅读者总是把自己的人生经验投射到阅读当中去；我记得罗曼·罗兰也说过类似的话，他说：没人读书，只有人在书中读自己；尽管如此，问题依然存在。很显然，我对症候的理解已超出了蓝先生"无意识症候"的范畴，或者我认为"无意识"并非完全不可知？

这需要艰难而有趣的思考。我想同蓝先生探讨的是：在"意识"与"无意识"之间是否存着通道？或难以界定的区间？那些可感而不可知的东西是什么？那些说不清道不明的东西是什么？还有"情结"是什么？它们属于意识还是无意识范畴？它们在写作中起着至关重要的作用，而它们算不算是作家的"症候"？就拿被广泛使用的"情结"来说，在我看来它就处在意识与无意识的"区间"地带。某些情报况，一个写作者自身的某些"情结"是可以被意识到的，至少通过精神分析和内省可以认识，但它在生活中或作品的表现上，又经常是无意识的——这种无意识表现往往在深层上决定着一部作品的成败，甚至一个作家的成败。那么这里就有一个区分，即作家在写作中有无意识的表现，是不可被认识或察知的（或许也不尽然，超现实主义的"自动写作"基本就是针对无意识的写作），但是这并不妨碍作家在作品之外省察自己的时候去探求自己的无意识区域。比如探求自己的内心到底有哪些"情结"，甚或核心的"情结"，那些说不清道不明的到底是什么？那些困扰、疑难究竟是什么？某种意义，写作就是探求自己的内心（包括内心症候）的一种活动，这方面最典型的例子当属卡夫卡。

卡夫卡一生为父亲的专横所困扰，内心极其敏感脆弱，父亲造成了卡夫卡内心的失败感和荒谬感。卡夫卡甚至临终还对友人总结自己说："我不是燃烧着的荆棘，我不是火焰，我只是跑进了自己的荆棘丛中走不出来了。我是一条死胡同，通过写作我没有把自己赎出来。在我有生之年我都是一个死者，现在我真的要死了。"卡夫卡内心感受的"父子情结"可以说是他的黑暗无边的无意识根基，是其核心的"情结"所在，而卡夫卡并没写出一部关于父亲的小说。但是卡夫卡的全部虚构作品都没离开"父子情结"，无论《变形记》、《饥饿艺术家》，还是《城堡》、《美国》和《审判》"父子情结"都起着隐性的作用，都是一种有意无意的投射：即存在（父亲）是强大的，不可知的，非理性的，荒谬的，无论怎样反抗都无济于事，甚至反抗本身也是荒谬的和不可知的。不能说卡夫卡是有意识的投射，也不能说完全无意识，只能说卡夫卡堪称两者天然结合的典范。很多作家不像卡夫卡那样症候突出，鲜明，而症候本身也千差万别。但是对一个成熟作家而言，了解省察自我的"情结"不仅是必要的也是可能的。关键的问题在于你是否意识到这个问题的重要性，如果认识不到一切就无从谈起。认识到了就可以有意识地发现，维护，培养，至少认识到了不会在写作中严重偏离自己的症候所在。

无意识尽管是不自知的，但写作中时有所感，时而被触发，因而导致写作的变轨是许多作家都有的体会和经验。作家在构思作品时往往有一个强大的理性结构，这在个层面上一般他已经很清楚要表达什么，甚至批判什么，但往往在具体的写作过程中突然有些东西（一个枝节或一个细节或一种莫名的感觉）触发了某种令人莫名而又兴奋的东西，于是抓住"触发"不放，导致了创作的调整、变轨，甚至推翻创作初衷。那么那"触发"的是什么呢？我认为显然与作家深层的无意识或症候有关。托尔斯泰是一个具有强劲道德批判意识的作家，最初写安娜时托翁想把安娜写成一个堕落女人的故事，但在具体写作过程中一些潜藏在人性深处的东西被逐渐触发，写作也随之逐渐调整，并最终调整了最初的强劲的道德意识，造成了写作的变轨，从而使托尔斯泰超越了受到影响和启发的福楼拜的《包法利夫人》。在这个意义上说，作品的复杂性往往就来自于作家无意识的复杂性，而被触发的无意识在写作中事实上总是在纠正作家的理性结构。

　　我个人这方面也有些体会，我的第三部小说《环形女人》原打算写一个私人侦探的故事，定位于一部悬疑恐怖小说，后来改变了初衷。故事的大体构思是：一个回归自然的女人买下故乡的八座荒山，几年光景，山中出现一个远近闻名的环保生态庄园。同时我设想花园般的庄园还隐藏着不为人知的秘密：一个开造的地下活人展厅。故事的开端是：庄园女主人有一天忽发奇想，打算邀请一名侦探作家（也是私人侦探）到庄园来为其写传记，构成了对私人侦探的挑战。显然这个故事将由私人侦探来叙述，而这个侦探本身应该有点特点，这样故事读起来才吸引人。所有的特点我都考虑了，如福尔摩斯、波罗的特点，当然不能和他们相似。正在我殚精竭虑的时候，一个想法忽然产生了：我的侦探是个跛脚。那么一个跛脚是个什么内心特征呢？这一想下去一下触发了很多东西，我的笔端慢慢地出现了这样的文字：

　　　　我的左脚比右脚稍稍短一点儿，称不上残疾，但与常人稍有不同。一般称我跛脚儿是可以的，但更多人叫我瘸子。我不瘸，一点儿都不，只是差那么一点点，连两厘米都不到。我不知道为什么人们总是把腿脚儿稍有毛病的人一概统称为瘸子，严格地说，腿有毛病的人才称为瘸子，仅仅脚有点儿异样或者可以称为跛子，而我连跛子也谈不上。当然，不管怎么说，我走路不太稳，这是事实，我的每一步都有点轻轻的弹起，看上去就像是对自己轻轻的否定。

"否定"一词让我激动，仿佛黑暗的天空突然出现大面积的繁星，这些星星都是为我而升起，而我过去并不知道它们！"否定"是踮脚侦探的特点，同时也将是这部小说真正的核心。踮脚对自身的感觉是摇晃的，残缺的，可笑的，不稳定的，总而言之是时时刻刻对自我的否定。这是一种很关键的情绪，事实上也是我对生存在我们这个世界的复杂心境。"踮脚"的设定改变了这部小说，让我内心潜在的某种张力一下得到释放。在此种情绪的创造之境中，我是踮脚又是作者，是病人又是自己的手术刀。我划开自己的内心，如同庖丁解牛，看到的不仅仅是我个人的病症，而是许多像我一样残缺与挣扎的心灵。就这样，一个本来类似希区柯克式的恐怖故事被"踮脚"解构了，所有的叙述也都"踮脚"化了，恐怖与悬疑变成了喜剧，小说问世后也被一些论者冠之以"喜剧悬疑小说"。

意识不到的经验潜伏在无意识之中，它们需要被触发，而写作常常就是触发意识不到的无意识，触发自我心中那些深藏的症候。无意识并不神秘，很多时候被触发的无意识是可以转化为意识行为的，它们之间存在着秘密通道，而这秘密通道或许就是所谓艺术创造中的"窄门"。当然，"窄门"之后是否还有"窄门"呢？被触发的无意识之后是否还有无意识？我相信肯定有，"窄门"或无意识是无止境的，它们存于作家中，作品中，也存于阅读者和研究者中。"症候式分析"我以为就是寻找"窄门"的分析，甚至"窄门"之后"窄门"的分析。

"症候式分析"理论也许不仅可以运用到文学研究和创作领域，还可以像德里达的解构、福柯话语分析，运用到广泛的社会学、政治学和文化学领域。我们需要有创见性的理论解读我们的时代和历史，解读我们的精神现象。事实上在蓝棣之先生的《现代文学经典：症候式分析》中"毛泽东心目中的鲁迅什么样"一文已进入政治学语境，已展现出"症候式分析"理论广泛的可能。

有些书是碰到的、可遇不可求的。很多个别的书只属于很多个别的人，当两个"个别"相遇，就像两颗星星相遇，是十分难得的。与蓝先生的书相遇对澄清我内心纷乱的个人经验不啻是一种透析，一种烛照。至少在文学领域，我认为蓝棣之可称为作家的"心理师"，或读者的"解剖刀"。

2007 年

想象的悬崖

埋头写作，一口气写了三个长篇，《蒙面之城》、《沉默之门》、《环形山》，七八年忽忽就过去了。这些全是时间，甚至是不见天日的时间。因此一直没怎么读书。我是这样，写作不能读书，读书不能写作。现在我必须感谢早年近十年的埋头读书，没有那十年的读书就没有后来七年的写作。

写作需要完整的时间，读书也一样。我读书慢，写作也慢，心无旁骛，悠哉游哉，没有时间概念，如入无人之境。一个人的阅读方式决定了他的写作方式，反之亦然。我从不相信阅读快的人，如同不相信写作快的人，如果快证明了才华，我认为也证明了更多别的东西。生命是一种缓慢的形式，为什么要快呢？现在我觉得可以了，该停一停了，一次漫长的实地远游后应该回乡看一看。阅读就是写作者的故乡，一个没有故乡的人是走不远的人。那么回到早年，回到起点，回到故乡。我还不老，正值盛年。盛年读书有所不同，充满双重的回忆，读和写已难区分。很多书如等我回家的朋友，如《维特根斯坦传》、《和尚与哲学家》、《小说稗论》、《开放的文本》、《豪猪的诗篇》、《卡尔维诺文集》，等等。我读得很慢，划线，与作者交谈，检视自己，在书边写下片言只语，一贯如此。这些书让我最为惊讶的是《豪猪的诗篇》（李亚伟），我曾有过诗歌的经历，我为中国已有了伟大的诗歌而欣喜不已。我认为《豪猪的诗篇》代表了一代人对诗歌的梦想，如果可能我会专门谈谈。最亲切的是卡尔维诺，四卷本，我还没读完。我从两头读，先读了卡氏晚期作品，然后是早期，渐渐的，我在脑海形成了两句话：想象的悬崖，智慧的历险，同时觉得心有戚戚，相见恨晚。

我一直隐隐觉得读卡尔维诺会受到某种鼓励，比如关于神奇的想象在我的写作中经常出现，我一直有点拿不准，担心自己是否太过离奇了。我刚刚完成的《环形女人》就有这种担心，小说中写到这样一个情节：私人侦探在简氏庄园见到了过去的女学生，女学生曾是一名野人考察队员，在一次野考中捕获了野人。当然，毫无疑问并非真的野人。"野人"是二十年前一次野考中失踪的年轻队员，二十后他被后来考察队考察回来；他投入到动物园新落成的野人馆，随着"野人"慢慢有了一点记忆，一点语言能力，事情开始败露。我原来的兴趣点是在叙述那场发现"野人"的闹剧上，但是当写到女学生带着"野人"隐居到简氏庄园，我才发现好戏才刚刚开始。"野人"虽被证明是前野考队员，但的确又有许多动物特征，那么我如何描写他在庄园隐秘丛林里的生活呢？我的私人侦探一直爱着过去的女学生，我又如何让侦探介入到女学生与"野人"的"感情"生活？我难以想象，我觉得根本无法想象或描写这三者的故事。我几乎退缩了，我已经够大胆了，难道还要再大胆？当然，我最终还挺过去了，用三万多字的篇幅描写了三者离奇而颠覆性的生活。但是当我读了卡尔维诺，我才发现还远远不够。

现在我才更加清楚，写作就是不断通往悬崖之路，所谓"想象的悬崖"即是指此。我是被逼无奈站在了"想象的悬崖"上，而卡尔维诺是自觉的，胸有成竹的，他早期的小说几乎一开始就是"悬崖"式的写作，比如名篇《分成两瓣的子爵》、《树上的男爵》。仅看题目就觉得是不可能的，就是一脚站在了想象的悬崖上。前者写了一个人在一场战场上被炸成了两半，两瓣分别回到家乡，一瓣为害乡里，成为恶的象征，一半多行善事，成为善的化身，最终两瓣在爱上同一个姑娘时合二为一，成为一个正常人。

这是一个大胆的寓意丰赡的想象，不过比起《树上的男爵》我认为多少有些概念化，也多少束缚了卡尔维诺妙趣横生的想象力，使读者对小说的预期受到一定限定。

《树上的男爵》没有任何观念的束缚，想象自由飞翔，又寓意丛生，应是卡尔维诺早期巅峰之作。作品描写一个少年不满家庭生活的压抑，愤而爬到树上生活，再不下来。少年人的反叛不过是个一般性的由头，卡尔维诺真正的兴趣不在这里，而在于对男爵在树上生活的全部想象。一个人怎么可能在树上生活呢？无论从阅读兴趣还是写作角度我都紧紧盯住这个问题，我倒要看看卡尔维诺怎样在树上展开他的小说。男爵到了树上，第一个情节就颇生动引人，他通过树枝荡到邻居的墙院，与一个荡秋千的女孩在空中几乎鼻子碰到了鼻子，当然吓了女孩一跳。但女孩也是独特的，他们在悠荡的空中风趣地对起话来。女孩的苹果掉了，男孩用短剑挑起，交给女孩……接下来是男爵的家人想方设法捕获树上的少年男爵，故事由此引向深入。一切都如此神奇、妙趣横生，不可思议，却又真实可感地展现了十八世纪的社会生活画卷。小说讲述了男爵树上长达五十年的一生，用了两百多页，难度之大，想象之奇，无以复加。甚至后半部分写到了树上的男爵眼里的法国革命、拿破仑战争（不过面对那样一段宏大叙事，男爵树上的视角显得未免过于刁钻，因而读来稍有儿戏或力所不逮之感，说明大师也有破绽，不能为所欲为）。《树上的男爵》达到了小说想象力的极致，堪称典范。

卡尔维诺对生活与写作的关系有极为精辟的思考，他说，生活的各种事件应该成为作品的素材，对此文笔应该敏捷而锋利，然而，"我很快发现这二者的距离，我感到越来越难于克服它们的距离。"而想象力是缩短这一距离的最佳途径，"想象的全部技巧就在于擅长从子虚乌有的事情中引申出全部生活。"这里实际谈到了写作之于生活的直接性与间接性问题。卡尔维诺认为，"外部世界非常沉重，具有惰性和不透明性，如同石头"，因而需要一种"轻"的表达，在我看来就是一种想象的表达，也即创造性的表达。从"子虚乌有"出发，"引申出全部生活"——这看起来矛盾，却是小说写作的秘诀。

2007 年

关于知识分子写作

    在谈论"知识分子写作"之前，我想说明一点的是，如果这个命题不是一个确定的概念，如果撇开"知识分子"本身种种令人怀疑的东西，如果是在最积极的意义上谈论，我愿以我自己的理解进入这个话题。在我看来，写作或知识分子写作，必然应该包括这样一些关键词：绝对的独立性，技术性，精神性、批判性、经典意识。首要的是独立性，我在前面加上了"绝对"二字，是说绝不屈服任何写作之外的东西，是说要绝对地跳出自身的利益看世界。我不反对追求利益，在股市、楼市、赌场、彩票诸多领域我可能是某个领域最疯狂的家伙，我的贪婪、妄想与占有欲都是一流的，但这一切绝不会在我的写作中。不是说我多崇高，或者说写作多崇高，不是这样的，主要是得不偿失。因为无论你在写作中博取了多么大的利益，如果你的写作是失败的，就是得不偿失。在写作中应该排除任何写作之外的东西，在这个意义上，作家的独立性甚至体现为独立于自我——那些利益攸关的东西。

    关于技术，过去是，现在仍然是我们的文学写作的瓶颈。许多问题最后都可以归结为技术问题，既有形而上的技术问题，也有基本写作技巧的问题，即基本功的问题。成名与成为经典还有相当的路程，甚至是两回事。成名有各种因素，而要成为经典却需要钢琴家般严酷的写作基本功。然而我至今还常听到有人愚蠢地轻蔑技术，似乎技术是手到擒来的事，至今还在有人教导别人写作时应忘掉技巧，技巧是次要的东西，无技巧才是最大的技巧，难怪我们的文学总是难上档次，这种蠢话竟然还在流行，还在起作用。技巧是什么？技巧的核心是对心灵的训练，是感觉与分寸在大量练习中形成的异常牢固的无意识，是对感觉深层的准确地开掘、分解、锤炼，是对宏观与微观互动的敏感地把握。而这一切还都属于技术的基本功范畴。技术的深层含义是认识论和方法论，绝不止技术本身的问题。一种新的技术或表现方法会对自我和世界带来新的认识，会让我们看到过去未曾看到的东西。一口油井已不再出油，成为废井，但一种新技术发明出来，这种技术对废井有了新的认识，或加深了对废井的认识，于是废井不再是废井，又成为油井了。这里的技术绝不仅仅是技术，而是认识。生活也一样，没有新的角度、新的方法去认知，生活有时就像废井一样没什么可写的，生活不再提供写作的资源。但当一种新的或你不曾见过认识与方法与技巧，生活之树又会郁郁葱葱。生活之树常绿，但你的认识如果不继加深、更新、转换角度，生活也会有秋天，甚至漫长的秋天，而这一切都赖于技术。何为我们常说的化腐朽为神奇？常常是技术。

关于精神性，解释有很多，比如小说或戏剧中的悖谬、荒诞、寓言、诗性等，但我要说的，或我心仪的，不是这些——这些通常是批评家阐释出来的，而不是写作内部的行为。我要说的精神性是对心灵的准确把握、对感觉富有表现力的提取、对意味信手拈来的追寻、对意识流程的清晰展现、对模糊的、不确定的或测不准的东西给出有助于理解的边界，对象征、指涉、隐喻、反讽、神秘与不可知的事物适度的着迷。精神性更多体在现代主义写作中，如卡夫卡、乔伊斯、贝克特，这种精神性通常都有些变形，我过去十分着迷。不过，最近重读托尔斯泰发现批判现实主义作家的精神性一点也不比现代主作家少，不过是表现方式不同。现实主义往往通过生活的细节捕捉某种感觉的真实与心理的真实，这样的例子在《安娜·卡列尼娜》中比比皆是，随便拎出一段即可见此特征。

比如写这篇文章时我正读到吉提生病一章，医生做了仔细诊断，说明了情况与结论。医生走后，杜丽走了进来，迫切想知道吉提的病情，此时有这样一段描写"她们打算告诉她医生说的话，但是虽然医生说得够清楚而又够详细的，但是传达他所说的话却似乎是完全不可能的。"的确，医生说的话一般就是这样，无论中国的医生还是外国的医生，都有一种没把握的感觉，这就是感觉上的准确，会产生经验上的共鸣。而准确性恰是小说精神性的基石，这方面托尔斯泰不愧是大师，这种准确性在托翁的写作中简直是信手拈来、毫不费力。然而事实并非如此，读读托尔斯泰的《安娜·卡列尼娜》创作过程以及日记就可以发现，里面充满了写作艰辛、费力、难以为继的哀叹。托尔斯泰以他的基本功——心理的准确性，达到了小说精神性的绝对高峰，让人望洋兴叹。如果文学也有一本《圣经》或《金刚经》，那便是《安娜·卡列尼娜》，常读常新，让人对生活充满信心，因为具备了托尔斯泰那样观察生活的眼睛，生活的准确性就是无所不在的。

至于批判性，我以为是知识分与生俱来的。早在十八世纪的叔本华就认为知识分子是指以启蒙和自我启蒙为旨归的人。马尔库塞则认为知识分子指以思想批判为武器，以理想未来为立场批判现实的人。胡塞尔认为，知识分子指追求超验事物，在意义与象征的世界中解决世界和人生重大问题的人。托马斯·梅兹格认为，所谓知识分子指人类中最能"解蔽"的批判者。启蒙，解蔽，批判，是知识分子天然属性，奇怪的是这样一些属性因为中国知识分子的主体身份一再遭受质疑与嘲笑，也连带受到质疑，甚至嘲笑。以至当有人通过自嘲、自我矮化、自我犬儒，进而矮化了"知识分子"这一本身的概念，自然也就消解知识分子启蒙与批判功能。无论什么有价值的东西在中国都可能被弄得面目不清，良莠不分，是非不明。当然，这在中国有历史原因，也有现实原因。但我认为不能因为中国的特殊性，就否认了"知识分子"本身固有的属性，否则知识分子这一称呼在中国可以取消了。如果真的可以取消，写作也就可以取消了，因为写作毫无疑问是一种知识行为，没有知识何来写作？而写作若失去对现实与历史的解蔽性与批判性还剩下什么？故事？娱乐？自嘲？自虐？自我游戏？就等于人失去了钙，盐，写作就站不起来，就成为章鱼类的无脊椎动物。退一步说，即使写作的批判性不指向现实，甚或历史，如卡尔维诺一类的作家，也应指向词语或写作本身，在形而上或最高的意义上仍具有批判性。总之，缺少了批判就如同人没有了性别，而无性别的人是一种什么人呢？

　　知识分子写作无疑有着很强的经典意识，而写作的独立性，技术性、精神性与批判性，事实上就是经典意识具体的体现，两者可通约。但是最后我想强调一点，对经典作品而言，事实上不存在知识分子写作，非知识分子写作，或别的什么写作，只有天才的写作。天才包含了所有的因素，却不局限任何因素。

2012 年

我的先锋观：态度决定一切

李浩：何锐先生编选的《守望先锋》收录了我的短篇小说《我在海边等一本书》，要我谈谈先锋小说观，恰好前不久读了你的《〈变形记〉和文学问题》，里面也谈到了先锋问题。这篇文章在我看来可称为新先锋写作的宣言，是一篇有关先锋写作正本清源的文字，所有观点我都非常认同。

说实在的，我从没认真思考过先锋问题，但我近年的写作无论长篇还是短篇都被归入了先锋写作，当然是在褒义上。为什么我要强调是在褒义而非贬义上？因为这个词存在着某种对立性，因为在我们的文学领域里没有比这个词更不稳定、更随意使用、更暧昧、更对立的了。这个词有着太多的污垢，以至想要擦亮它并非易事。先锋，一方面就直觉而言，就其应有的本义而言，是深得写作者之心的，一方面因为八十年代的先锋写作存在诸多问题以至半途而废，很大程度它已变成贬义词。它和幼稚、轻率、不成熟、脱离现实、形式主义、崇外、模仿统统沾上了边儿，它在中国证明先锋写作是一条错误之路，即使其本义没错中国人也不适应这样的写作，最后归结为一点：你就老老实实写吧。好像先锋不老实，好像文学是老实的事业，这种诛心的以至涉及到人种的伤害，对中国文学是巨大的。不过还没伤害到赶尽杀绝地步，而且也不可能，因为先锋的本义——创造图新尽管布满了中国特色的污垢，但依然直觉地存在。除非你连直觉也没有，除非你认为中国有一套自己的标准，不和别人玩。有不少人的确是这样，但更多人还是认同在中国人之上还有一个普遍的人的概念，因此先锋一词许多时候仍被直觉地使用着，许多时候人们赞美一部作品往往会说：写得挺先锋的。别小看这个简单的低语的甚至自言自语式的判断，说明共同的价值观依然存在：创新图变是写作的本义，哪个作家不想写出一些新东西？哪个作家想老套？

前面说过，在我的写作道路上我从没认真思考过先锋文学，我思考得更多是文学本身的问题和写作本身的问题。许多年我埋头写作，始终在我的无数的问题与难题中挣扎，这些问题和难题甚至是只属于我个人的，没人能拯救我，没一条现成的路可走。我既被大问题困住，也被小问题困住，大问题如：我如何写出我心目中的西藏？为什么别人写的西藏我总是不满意？为什么我看到的写出的西藏总是与西藏本身有很大距离？

许多年前，我在哲蚌寺下的一个山村生活了整整两年，我的石头房子一天中要有很长一段时间落入圣山的阴影中，阳光总是快于别的地方移过我所在的村子，但这并非意味着暮色很快到来，相反，阳光过后天色依然长时间的澄明。在某种恒定的光线里我感到我与西藏同在，西藏与我同在，西藏完全替代了我，把我变成她的一部分。我有无数的细节、感受、存在、音乐，我即西藏，西藏即我，但当我试图以小说的方式，也就是按传统的情节方式编织一个紧张的故事，我发现我完全失去了那些东西。传统故事的线条根本容不下那些细微的但是非常重要的东西，但我认为我的西藏的写作不仅仅要讲述一个人的故事，更重要的是还要讲述一个人的存在。存在包含了故事，又大于故事，这非常关键，它涉及到故事与存在的比例：故事是在存在中自然生成的，就像岩石中生成的图案有着天然的一体的比例，还是强加给了存在？故事和叙事应是有区分的；故事—叙事—存在三者的比例关系、方位性与方向性，以及这一切所要求的审美化叙事语言而非工具化语言，都是一个事关西藏的写作者应该认真思考的。然而我必须承认这种写作非常危险，处处都是陷阱，一不小心就会进入误区，没有感性与智性的高度平衡，没有时时刻刻精神饱满的介入你连一小步也前进不了，因此这种写作更有着太多的煎熬、绝望与一个人在悬崖上的叹息。许多年来我就是这样在我个人设置的写作的荆棘丛寻找着只属于我的路径，解决着我的难题和表达。

我根本没想什么是先锋写作，先锋和我无关，我只和写作有关，然而作品（《天·藏》）写出来，许多人说这小说很先锋。我知道人们是在什么意义上这样说的，这里直觉与先锋的本义让人脱口而出。

以我个人的情况，我甚至认为不存在先锋写作。或者，只要是认真的写作就是先锋写作。认真意味着什么？意味着无畏，不屈不挠，固执，偏执，永不停息地和自己战斗，你就是你自己的风车。要有把牛角尖钻透，把牢底坐穿的精神，在成堆的失败中变得越来越机敏，越来越有兽一样的灵巧，越来越会瞥见一线生机、抓住了一根稻草。确实，许多困难都是抓住了一根稻草才过去的。过去了又会重新陷入绝境——新的绝境。

写作，就是身处永恒的绝境，每一次的获救都是偶然，都是你感动了上帝，上帝对你的可怜与同情。因此写作，要永远心怀感恩，哪怕是前进了一微米，写出了一个好句子也要感恩；在感恩中步入荆棘的迷途，在迷途中仍然感恩。因此，在我看来，如果真有先锋写作的话，也只是一种态度。没有上面的一系列写作态度，想图先锋也只能仅得其表，有了态度不想先锋也会先锋。

你的《〈变形记〉和文学问题》在理论上澄清了创造性写作的基本问题，我补充一些具体写作过程中的态度问题，基本问题已经解决。

让我们前行，继续前行。

感恩，继续感恩。

宁肯

2012 年 6 月 17 日

作家的某些部分是可以培养的

　　问题的提出，事实上已对传统观念提出挑战，而且争论归争论，挑战归挑战，西方的一些大学早就这么做了，大学早就开始了培养作家，开设了创意性的写作专业。资料显示，目前，美国大学中的 2400 个文学系绝大部分开始了创意写作课程。美国当代的许多作家都受益于这种培养，自然美国文学的持续繁荣也与此相关，甚至美国文学整体上的风格也与大学的专业教育相关。如果我们对美国文学多少有点了解的话，我们就会发现美国作家普遍有一种"精确""简朴""务实"的叙事风格，早年的海明威不用说了，晚近的像约翰·契佛、雷蒙德·卡佛、理查德·耶茨、菲利浦·罗斯，这个名单太长了，数不胜数。

　　具体比如就拿我最近阅读的理查德·耶茨的短篇小说集《十一种孤独》来说，就让我感到某种几乎模式化的"精确"与"简朴"，耶茨的笔下几乎没有任何花哨、诗意、机巧、隐喻、调侃，或诸如此类的语言层面的修辞，在耶茨看来有了"精确"与"简朴"就够了，"精确"与"简朴"是最好的也是最直接的艺术效果。更深了看，甚至从题材的选择上耶茨不大可能超出"精确""简朴"的风格，也就是说风格决定了耶茨题材的选择。《十一种孤独》写了十一种孤独的、缺乏安全感的、生活不太如意的人：曼哈顿办公楼里被炒的白领、有着不朽想象力的出租车司机、屡屡遭挫一心想成为作家的年轻人、即将结婚十分迷茫的男女、古怪的老教师、新转学的小学生，肺结核病人、老病号的妻子、爵士钢琴手、郁郁不得志的军官、退役军人。小说有着明显的当代性与务实性，这种"当代性"与"务实性"如果遵从某种写作准则或阅读准则的话，无疑最好的准则就是"精确"和"简朴"。而如果"精确"和"简朴"具备了某种标准、规范、可操作性，显然既是可教的也是可学的。

至于何为"精确"和"简朴"，福克纳早在谈及舍伍德·安德森的《小城畸人》时就做过很好的诠释，"他的特点就是追求精确，在有限的词汇范围之内，力图选用最恰当的词句。他内心对简朴有一种近乎盲目的崇拜，他要把词与句都像挤牛奶一样挤得干干净净，总是力图要穿透思想的最深的核心去。他在这上面花费了那么大的力气，到最后他的作品里剩下的只有风格了——风格成了一种目的，而不是手段。接下去他很快又相信，只要他竭力使这种风格纯粹，不走样、不变化、不受污染，它所包含的内涵就必定是第一流的——无法不是第一流的，他自己因而也必定是第一流的……总之，是一种纯之又纯的精确，精而又精的纯粹。"撇开福克纳这段话部分的揶揄的成分不谈，福克纳说的舍伍德·安德森的精确，的确已成为美国文学的某种标准和范式，而根据这一可教可学的标准和范式，作家——至少是某一部分作家，或作家的某些部分——的确是可以通过大学教育培养的。所以，美国人能用这种文体来办写作班，自然从中产生了大批务实的作家，以及更加务实的好莱坞电影编剧，美国主流文学的文风也就此形成。

然而，事情并没因为美国的例子变得简单明了，甚至只要稍稍留意福克纳对舍伍德·安德森的"精确""简朴"风格的"揶揄"口吻，疑惑就依然存在。那么福克纳担心什么呢？真正的作家或者说有创造性的作家都反对固化的、标准化的写作，福克纳对于"精确"与"简朴"的"盲目崇拜"的质疑，毫无疑问，是基于作家复杂性与创造性而言的。此外，在我看来，或以我自己的体会，作家的某些部分是可以培养的，而某些部分是不可培养的。且不说创作中的"灵感"具有的非标准性、不确定性，因而难以培养——而且我认为灵感也并非创作中至关重要的东西。而真正重要的东西，比如创作者的个人"症候"更是无法培养的。"症候"本是医学用语，在作家身上则是指作家内心最隐秘的东西，甚至说不清道不明又顽强存在的无意识的东西。所谓作家的天赋、创作动机乃至一个人的创作源泉，往往存在于那种说不清道不明的"症候"之中。为什么说不清道不明？因为一个作家的"症候"成因极其复杂，往往既属于意识范畴，又属于无意识范畴，二者相互纠缠，相互作用，以至达到某种"混沌"。意识部分形成的"症候"一般来自于教育、阅读、知识、兴趣，而无意识部分的"症候"主要形成于一个人的经历，特别是童年和青少年的成长经历；形成于这个阶段成长经历的深重的个人感受、独特的个人感受，以至内心的某种情结。这一切都在更深的层次上决定一个人是否能成为一个作家，当然这里指的是优秀的有独创性的作家。这部分显然是无法培养的，换句话说，你怎么能培养一个作家的童年、青少年呢？然而童年青少年又是一个作家的总根子，在这个意义上，许多作家都说过"童年是作家最好的老师。"

然而，美国的大学证明为什么又能培养出作家？其实这个问题很好理解，也不矛盾，因为对于一个有作家"症候"或潜质的人来说，不能够接受大学写作专业教育、靠自我教育都能成为作家，何况接受了大学的专业教育？换句话说那些被大学培养出来的作家显然首先是有内在潜质的。如果没有潜质或症候，无论何种教育，自我教育也好，大学教育也好，都不可能培养出作家，而传统上说"作家是不能培养的"实际上也是针对此而言。

此外，有为数相当多的人具有作家的潜质而不自知，那么这时候的专业教育就显得特别重要。教育是干什么的，就是明心见性、启迪心智、开掘个人天赋的，在这个意义上，说作家是可以培养的也不为过，因此我赞成创意性写作成为一个学科，也应该有研究生、硕士生、博士生。如果学习研读期间写出优秀的作品也应该授予相应学位，如名副其实的文学学硕士或文学学博士，甚至博士后工作站。

当然,根据美国的情况,根据福克纳对美国文学有些模式化的"精确"与"简朴"的质疑,也应该看到大学培养作家的某种深层的弊端。然而,同样根据美国文学持续繁荣的情况,大学培养作家显然利大于弊。

2012 年

美女作家——七十年代——沉默的石头

一、美女

任性。沉溺。狂野。她们停不下来。圆形灯光从场外打进来，照耀她们，四周是黑暗，她们像一只红舞鞋。她们的速度、灵敏、哀伤、尖叫，是我们时代针尖上的舞蹈，暴露、欲望、难度系数让人惊愕。在放浪形骸、瞬间把握、灵肉掘进上，时代有了惊人的进展。毫无疑问，这一进展是由七十年代美女作家或网络美女作家以及她们的近邻、几乎具有同性恋或自虐倾向的部分男作家（如一些网络男作家）共同完成的。美女作家有什么不好？在诗人布罗茨基看来，阿赫玛托娃是可以迷倒全世界的性感美人，可她同时也是俄罗斯历史上最优秀的诗人。用身体写作？当然，她当然用身体写作，她美丽迷人的身体绽放出的诗歌之花使成吉思汗大军驰骋过的俄罗斯原野熠熠生辉。她自称有蒙古人的血统，为此骄傲。也许她真流着若干分之一蒙古人的血液（据说杜拉也有东方血液背景），但她们这么说我认为更多是精神或背景意义上的，她们的狂野不是在针尖上完成规定动作包括爱情动作（她可以做到），也即是说，阿赫玛托娃这样说的意思是告诉世人她的写作背景是辽阔的。我无意用阿赫玛托娃要求我们的美女作家，我们刚刚开始，不能要求马上出现阿赫玛托娃那样天才的美女作家。但我们的美女作家能不能让我们看到一些远景？或一些动向？比如棉棉，比如卫慧，周洁茹，赵波，安妮宝贝，以及她们的先导陈染、林白、海男或更早的刘索拉？

谁都想历尽沧桑。这是不可能的。但心灵意义的沧桑是可能的，血缘的沧桑与时间的秘密更是无尽的、想象力可以深入的。让节奏慢下来，或者别总是那么快，让悲怆从个性深处尖锐而有节制地体现出来；狂野而又沧桑，用身体拥抱大地，亲吻，做爱，自渎、施虐或受虐，与广阔的生命荣辱与共，以女性意识的视角与身体展现生命的广度与深度，悲怆与欢乐，我希望看到这样的美女作家。

二、附加值

"祖母的血是绿的，因为它是绿的。像祖母这样一个有种种与众不同特点的女人，身上有绿色血液并没有什么可奇怪的。只是我们要有勇气讲述它或描述它，只要我们能够讲得让人相信就行。"我想很容易判断出说这话的人是谁。

这里谈谈我们尖锐的男作家吧，谈谈艾丹、石康、宁财神和邢育森，或者还有雷平阳、王朔、余华和莫言。艾丹的《东张西望》、石康《晃晃悠悠》我都看了半部，他们的书值得一看，但我不是研究者，我认为看半部够了。不是说他们的作品不锐尖，他们代表了我们文学的新的进展，从他们身上我看到中国终于出现了比较彻底的小说。他们都是形而下的作家，也许这是必然的走势，特别是在王朔引领中国文学大盘向下探底时，他们就是筑底的一伙。没有他们的筑底很难有真正底的反弹，但他们也注定了自己历史命运。在一个文学整合时代即将来临之际，他们的底部特征将像他们的功绩一样载入史册。有人在突破，有人在整合，不能光有突破没有整合，否则就会像狗熊掰棒子一样，永远从零开始，永远是可笑的老子天下第一。反弹或整合靠谁来完成？这是说不清的，但总会有人完成。是否可以靠底部自身来完成？目前无论是从他们的自觉还是从他们的作品面貌我还都没看出来。事实上他们似仍陶醉在"下探"的快感之中。这种下探其实早已在我们的汉语诗歌中完成，他们的作品某种意义是将诗人下探的感觉普系化了，带有明显的诗歌附属品的特征。艾丹的癖更文人味一点，姿态也更明显一点，石康含蓄一点，有种黑色的东西，这是他们的不同，但相同的是他们都写得非常近、当下，调子不错，但是一个调子起伏不大贯彻始终，像一首诗一样。他们的调子，以及与调子相适应的有限内容使我最终终止了对他们的阅读。我寄希望读他们下一本书，但按照书中已体现出的他们才华的面貌，我怀疑他们能走多远，是否也像美女作家那样原地重复自己的情绪、感觉，以及任性地对狭小生活的处理？一部体现出才华的作品和一部体现出丰富潜力和成长性的作品，我更倾向于阅读后者。当然艾丹石康有自己的主见，他们有一种逆反，我曾看到过艾丹对余华莫言作品的愤怒和嗤之以鼻，他认为他们是虚假的不真实的，而他们才是真实的，但我倒是觉得他们真实得失去了想象力和张力，他们没有拿出更大的勇气超越余华或莫言，甚至我认为他们作品的附加值是少于后者的。余华莫言们还没强劲到必须打压分上，八十年代不过是一轮初级反弹行情。

说到附加值，我们很多优秀的具有开创意义的小说还都很遗憾地停留在初级产品上，甚至停留在原材料上，典型的例子是王朔的《动物凶猛》。《动物凶猛》无疑是王朔最优秀的小说，同时也是一部提供了优秀原材料的小说。那里面有非常好的人物原形、背景、细节、气氛、情绪和原始形象，是一部伟大的长篇小说的雏形，但王只把它写成了一部中篇。他自己说本来是要写长篇的，结果自己着急卖了，以致他的《看上去很美》之后的长篇有点难以为继。当然难以为继。王把自己零着卖了。这种现象不独存在于王，事实上是普遍的。王曾痛陈，绝大多数成名作家在中短篇时期已耗尽了自己（急于成名，短线获利了结），到写长篇了已是强弩之末。因此王现在堕落也就不可避免，没事骂骂街，上上网，或者写点推油按摩类的文字。一个曾经的"文化英雄"沦落至此，让人失望。

我们本来就是个想象力欠发达的民族，有限资源用完，自然江郎才尽，难成大器。雷平阳的《乡村案件》也是如此，此文在《大家》发表，令人震惊，但李敬泽痛心疾首，对雷平阳说《乡村案件》是极大的浪费！马尔克斯称他的每部长篇小说都来自一到两个原始形象，然后演化整合成壮阔的画卷。而我们呢，我们的中短篇往往来自多个原始形象，就那么简单出售了。

三、沉默的石头

事实是在更多人视野之外的诗歌取得了足以让我们荣耀的成绩，小说在我看来只有个别作品逼近了当今世界水平，如《尘埃落定》、《呼喊与细雨》等。但诗歌领域早在北岛、芒克、江河、杨炼们已完成了诗歌的雾月。此后诗歌分野，突向纵深，进入全面探索，涌现出群星灿烂的地上地下的诗歌群落，分布也不错，边缘向中心挑战，中心向边缘纵深。诗歌由于摆脱了更多人的视野、较少或基本没受到"资本主义"写作的影响，一直走在中国文化前列，并已突进到当今世界诗歌的前沿地带，横向看我们毫无自卑之感。以诗歌角度看世界，中国剧烈庞大的现实以及现实的诗歌已被世界有识之士称为"将是最后一个诗歌国度"。诗歌不同于小说，没有初级产品或原材料产品问题，只有好诗和坏诗之分。这一方面有诗歌本身形式的原因，报废率高得惊人，大量的诗人诞生死亡，能脱颖而出的诗人实属入围选民。其二是我们的诗歌精神资源源远流长，就血质与传统而言我们足可与西方抗衡。我们在小说中罕有的想象力、表现力在我们的诗歌中随处可见。二十年的诗歌历程已成为我们高蹈的精神资源，并一直在提升着小说和散文创作。我们应该向诗人致敬。

2001 年

上海之行

我是个内心严肃的人，一个中年人，给上海"榕树下"写文章，有时在陈村"躺着读书"插一嘴。在上海，有不少新认识的朋友问我主要去哪儿，我说就去榕树，也去新浪。有人说榕树太年轻了，他们向我提到橄榄树、清韵、博库，还有一些，有的我去过，看过些东西，但我习惯了榕树。来上海前想见一些网友，比如 nirvara、米斋、第三空间、老鱼、晨牧。还想见另外一些人，比如赵丽宏、李小林、钟红明，他们与网络无关，过去我们也都没见过面。所有想到的上述这些人构成了我对上海的记忆，使我来上海就像回家一样，想到许多人。然而到了上海，我只待在了宾馆里，只见到了我自己。

1982 年，我的处女作在上海《萌芽》发表了，一首诗开始了我 23 岁的文学之旅，编辑是赵丽宏先生，那时我还上大学，那时没有互联网。23 岁，大约正是现在网上多数人的年龄。我在榕树下常常感到时光倒流。我的一些朋友已经死去，而我依然冲动，挤在 23 岁人中间，晃来晃去，与小引、楚江南、弥赛亚、右眼这些获奖诗人碰杯，交换地址。睡到半夜他们喝醉了撞进屋来，我迷迷糊糊。天亮了，我看见睡在床上的诗人楚江南，事实是与我住一个房间的是武大诗人小引。小引或楚江南以一种死亡的方式睡在我旁边床上，没脱衣服。我认为他们是黎明时分被送进来的，而我不过是一个坐起来的人，也许我不该坐起来，我对自己感到害怕。

当然，见到了安妮宝贝。我后来觉得我有点喋喋不休，我是她的读者，有些话一直想说，所以说得有点多。安妮是语言的天才，但写的故事不够结实，我认为想象还不够大胆，我说以她对事物的感觉可以想象出更极致复杂的故事，我谈到她的暖暖、七年，我说比如可以想象暖暖后来有了一大笔钱，在一处山庄与世隔绝，我说她可把旧日的情人一一召至，像科幻或陈列室那样把他们排列，她可以像讲解员那样。我说多了。

见到宁财神和李寻欢，他们恪尽职守，跑前跑后，标准化，像现代办公软件，这同他们的文字判若两人。而陈村的确像榕树下的教父，一根手杖，身体不好，引来各路声名显赫的人。陈村是二十年来最早智性写作的人，《象》发表至少有十五年了，我相信记得这部作品的人不多，但会被记住。陈村一直是孤立的，但他的意义也许正于他的孤立。他不太好评价，怪异但写作姿态不鲜明，不像那些先锋人物，但某种味觉仍使人想到他，马原、王朔、韩东都让人若隐若现想到这个人。

获榕树下的奖让我觉得不太好意思，可我会继续。不得奖也会继续。《岩画——蒙面之城之二》没入围我很平静，复选时入了，并最终获奖让我不太平静。不平静是说榕树是认真的，至少主观如此。在文学路上我坚持了二十年，我相信这对很多现在网上的人是不可想象的。二十年，我的文学之路承载了许多文学以外的东西，比如名利，一样都没给我带来。但文学还是留下来，我也并没失去什么，我想这是我平静的理由。人到一定时候，留在你身上的往往是致命的，但如果什么也没留下——我还真没想过。

2000 年 1 月 24 日

第六辑　对话

寻问《蒙面之城》的构造与发生

——对话人：宁肯、中国青年报记者刘县书

——刘县书录音整理

——2001 年 6 月 9 日，周六，下午——黄昏。

——北大东门外雕刻时光酒吧，晴。

刘：你看过劳伦斯的《出走的男人》吗?

宁：没有。

刘：那里面也写了一个流浪的男人，不过他已经人到中年，有老婆有孩子，某一天突然抛弃一切出走流浪，他妻子永远不明白丈夫为什么出走。我多次向女性朋友推荐这本书，我觉得女人要了解男人或者说要了解男人的某一方面，一定要读这本书。

宁：那很有意思，哪天我找来看看。

刘：你常听 CD ?

宁：听得很少。小时大概会吹一点口琴。对音乐基本不懂。两个哥哥吹笛子很好，可能受他们点影响，我音乐很差。

刘：《出走的男人》中男主人公即吹笛子，沿途卖艺为生。

宁：但我对音乐的反应比较大，感受比较强烈，虽然不懂，虽然听得不多。我不知道自己听得对不对。我听过一点摇滚。从小说里看起来好像我懂很多。小说中的人物（马格）受音乐的影响，通过音乐表达思想，写作时我调动我所有的音乐感受，然而是抛开技术层面的。

刘：你对摇滚很有探讨？

宁：原来听过一些崔健的，但真正对摇滚感兴趣是为写这本书。因为想到马格的出路与音乐有关，当我考虑马格的归宿时，想到了摇滚……

刘：啊，我也想到了这一点！读小说时我就想：马格怎么办？就这样无所事事流浪下去？出路多半要从音乐那儿寻找。

宁：当我想到这一点时，我开始有意识搜集这方面的资料，泡了不少摇滚站点，像瀛海威的"中国摇滚"，我泡了将近半年时间，从那儿下载了20多万字的东西。

刘：你为什么想到以音乐作为人物的归宿？

宁：像（马格）他这样的人还能有什么别的出路？还能干什么呢？音乐是一种抽象的东西，有其模糊和神秘性，比较接近马格茫然的状态，选择摇滚，也比较符合现代青年的接受习惯。

刘：关于后面音乐的出路，似乎前面写少年马格时有点伏笔。

宁：对，比如马格从小学过钢琴、与波罗练过吉他等。我动笔写这小说时已经想好以音乐作为出路，所以开始有点小小的伏笔。其实在想好这个出路之前，小说只有些片段，马格到深圳之后干什么呢？故事怎么发展下去？突然想到让他成为一个歌手……

刘：不能老在建筑工地上转啊，老开灰车就没故事了。

宁：哈哈。对，不能老那么混，一是故事本身就没故事了，另外从精神逻辑上说，他应该找到一个抽象的东西寄托精神。有趣的是，我是找到这个音乐出路后，才决定写这个东西。

刘：你写的少年部分（北京）很节制，写得很干净，我觉得非常难得。因为怀想少年时光人总容易迷失和感伤，在情绪色彩的笼罩下，对青春期的写作容易落入一种套子……

宁：但其实少年时期的经历对于一个人一生的写作很重要。有的作家拿这段经历可以写一辈子，即所谓童年（或少年）视角的写作。少年时代，越遥远越有诗意，具有出发地和成长全部的诗意，无法解说的情绪……

刘：我觉得，从某种意义上说，写作就是成年之后对逝去的青春的不断回顾。青春一去不复返之后对它不断地进行回顾，这是写作的一个基本驱动力吧。

宁：对。

刘：青春或曰少年时光，可以说是一切写作的源头。

宁：人类文明也是这样，不断发展，不断怀旧，世界不会没有回忆。

刘：你向我提到这部小说时，有一句话给我印象很深，你说你有一些自己独特的东西，始终放不下的东西。我想这种东西来源于你的少年时代？

宁：对。比如《蒙面之城》第一部分写的就是青春期的混乱，某种精神的混乱，寻找出口的躁动，里头有我自己的影子，原来我中学时代大概就是这么一个混乱的人，哈哈！不过我把时间移到了八十年代末，本来我的少年时代大概是七十年代中期。

刘：我看出了小说中时间的混乱和错位。

宁：对。在时间问题上我有意模糊，不写具体年月。在此有一个重要问题，中国原本是一个古老民族，但现在人们目光很短浅，老盯着代，好像几年就能划出一代。应该有大历史的概念，所谓七十年代啊八十年代的不同，以后回头看其实都是一代人，我想后人会将我们划为一代，细节的不同会被历史滤掉。

刘：你觉得七十年代的少年和八十年代的少年没什么根本性的区别？

宁：在人类初期少年时代，本性的东西是不变的——那种原始的生命力，蓬勃的野性状态，是不变的。

刘：可能是这样：七十年代的少年和八十年代的少年肯定会有所不同，但是你关注的是他们相同的地方，你认为不同的东西其实是表面的差别，是现象的和暂时的。

宁：对。作为一个写作者，应该清楚什么是变的，什么是不变的，不变的东西也许更重要一些。有些作家愿意追着变的东西，造成一种肤浅、表面化，这类文字容易过时。你看我的小说里时间是错位的模糊的，我接受一种观点：有的小说就是消灭时间，没有时代背景，就是写人，人的活动，人在干吗，突出那些不变的东西和细节，这是作家独特的东西。原来我在马格的少年部分还写到了甲Ａ，但那时（八十年代末）还没有甲Ａ，"错乱"有点太明显了，后来便去掉了。

刘：你也是在北京长大的，少年马格身上有你自己经历的多少影子？

宁：主要是心灵的影子，内心相似，其他如（北大的）家庭背景、故事等，完全是虚构的。恋爱也是虚构的，中学那段恋爱有些我自己的影子。那是七五年左右，一段混乱的恋爱。那时意识形态像锅盖一样覆盖着，完全不可突破，但其实它与我们的现实生活、内心真实是脱节的，在底下人性的发展非常野生状态。我一直在北京上学。我把我们这一代人归结为既没有知识上的导向，也没有政治上伦理上的导向，有的只是表面上的意识形态，什么毛泽东思想啊，表面上那么喊，其实底下想干什么干什么，非常野生状态。比如说，我们喜欢哪个女生，就调位子跟她坐一块儿，经常几对男生女生一起逛公园去了。

刘：这是不是北京特色？那时是不是只有北京的中学生这么野？天子脚下的少年才敢调侃政治。

宁：那会儿什么资产阶级、无产阶级，都不是，就是人性的东西，人的本性的表现，这也是大的意识形态衰落之后的现象。它与以后的思想解放是自然衔接的，人们已经在实际生活中摆脱意识形态的框框，在具体的方面已经完全解放了。

刘：没经过的人可能以为那个时代铁板一块，人都唯唯诺诺，什么都不敢干，学生都是充满革命热情的革命小将。

宁：其实那只是一段，后来很快便溃散了，包括知青一代，一到乡下便很快溃散。

刘：最近工人出版社推出一套《知青备忘文本》，所披露的知青真相便很残酷。其实知青后来什么都不信了，退化到原始蛮荒的状态，发生了很多丑恶的事情。

刘：在小说中，随着时间推移地点转换，马格少年时代的人物只有何萍后来重新出现，其他朋友什么的都丢掉了，你对少年时代的态度够决绝的。

宁：这样处理有技术上的原因。我没办法让过去的人物重新回到马格生活中，如果回来得太多，技术上操作起来有困难，枝蔓多。

刘：你写得比较干净。

宁：原来我也想过让他少年时代的朋友比如波罗，后来也到深圳，但他到了深圳会有什么事情呢？不如不提。小说表述的动力不在于重逢，他们见面能说什么呢？

刘：但如果重提，能回顾一下他的少年，也许会有更完整的效果。

刘：我看到后来，就想你要如何结束，结尾是一件为难的事情。

宁：是。我非常为难，现在这个结尾没弄好，它涉及我的立意，却欲言又止。你对这个结尾怎么看？

刘：我觉得还不够有力，什么意思弄不太清楚，好像比较模糊。

宁：看来我弄得过于隐蔽，导致多数人理解不了这个结尾，我的立意还是非常深的。

刘：我在捉摸你为什么这样结尾。

宁：马格是个天马行空的人，从精神逻辑上讲，是自由的个性的，但是他有三次被公安局收审，比较明确的就有三次。国家机器对他的影响，表面上看他似乎没受损，放出来没事儿似的，其实每次都有相当的损失，例如那次他被遣送回到深圳时，小说中稍有暗示。

刘：我在想你为什么最后写他成了一个"废人"。

宁：哎，对了！有些个寓意，是个玩笑，你也可以当真。我中心的立意是，在中国当前这样的条件下，个人的存在只能在局部范围，人性的东西个人的东西最终被专制社会被国家机器阉割，我有这么点意思。

刘：但你可能铺垫得不够充分，这个线索表露得不够清晰。

宁：对，我也不敢。不敢太正经严肃地提出，马格被要求签字保证才放出来，他这么一个人面对这样的国家机器也无可奈何，不得不低头，不容争论分辩。

刘：这个可能也不是你的重点，你刚开始的写作冲动不是从这儿出发的，你如果写多了这个，可能反而削弱你小说的特质。

宁：人如果向上突破不成，精神就会下探，它总要寻找出口，于是堕落变形，不断自虐。我原来还设计了另一个结尾，后面还有一段的，后来删了，讲那小姐第二天又回来了，和马格住在一起，她的想法是你不是不行了嘛，我们住一起，可以省点房租，还可以照顾马格，马格也无所谓，是很荒诞的一个结尾，特别堕落的精神变形的感觉。以后如果续写，也许可以从这儿开始。不过正如你所说的，我的重点不是这个，我是想正面表现现代人的个性，每个人都应该独立表现自己的个性，如果这种东西多了的话，是一种建设性的东西。

刘：你觉得自己这么多年放不下的自己独特的东西到底是什么？就是促使你多年经营这部小说的东西——

宁：我一时讲不太清楚……

刘：像一个网友讲的，其实人人身上都有马格的成分，人人都有过对流浪和自由的向往，你所念念不忘的是这种东西吗？是通过马格表现的这种精神？

宁：嗯，可能有两个原因，一个是你所说的这种东西，人人身上都有的这种，只不过我身上更强烈一些；另外一个原因，实际还是八十年代以来那种启蒙的东西，对人的挖掘，从思想解放以来终于感到人的存在，人对自由的向往，人的欲望、完整性，对自己的尊重，对自然的向往等。另外，我看我们的文学史上完整地写一个人的作品很少——不是歌颂他或批判，不是把他搁在某一种时代背景下，比如战争背景中，就完整地写一个人，从人性出发。我希望写这么一个人物，谁也没写过像马格这样的人物，我希望有这样的人物。

刘：其实王朔小说里有过类似的人物，有一些类似的元素。

宁：哎，有一些，像《动物凶猛》里的人物。

刘：就你想表达的，你为什么要塑造马格这样一个反功利、不断放弃、不断拒绝的人物？

宁：我有一个朋友写过一篇文章评论这部小说，题目叫《放弃的道路》。咱们现在通行的价值观是不断地抓住一些东西，要成功，要成就一番事业，用其他东西证明自己，马格走的是相反的道路，不断放弃，拒绝一些东西，他的哲学思想核心是自食其力、随遇而安。

刘：你是怎么得到这种想法的？这个主题是感性的产物，还是从哲学上思考的结果？

宁：是感性的产物。最初我觉得人应当是自由的，不应该为任何东西（包括人生目标之类）所限制，否则人就不再是人，会失去本性，我想人的自由是人的本性之一，中国人活得太实际了，被种种人生模式和价值观束缚着。

刘：但你同时又塑造了成岩这样一个人物，这个人物身上是否寄托了你的另外一些思考？

宁：马格是一个理想人物，谁也做不到他这样完全拒绝，但人们心中都有马格的成分；成岩是可以做出来的，他心里想什么便不择手段去实现。我描写了两类人，一个是成功的人，一个是不断放弃的人。

刘：其实成岩也是现实中不太可能的，谁也很难做到那样，清楚自己想要什么、义无反顾直奔目标，大多数人是介于成岩和马格之间的。

宁：哎，对。有些东西我自己说不清楚，有朋友说我不会描述自己写的东西，我不是个能把自己作品说清楚的作家。要我说某个东西，我得在某个场里阐释，环境因素对我很重要，模糊思维主导我，不很清晰，我完全凭感觉这么写，不能完全说清楚为什么。

刘：我和你一起分析一起解读一下。我觉得你说不清也好，让它保持一定的神秘性，说实话，我觉得你抛头露面上电视也不好。

宁：是，我上电视特痛苦，也语无伦次的。

刘：你可以学学写《麦田守望者》的塞林格，他成名后刻意离群索居，把自己弄得很神秘。

刘：小说写到的 4 个地方 4 种状态，北京、西藏、深圳我都可以理解，西藏我知道你待过，深圳还是我们一起去的，还阳界是怎么来的？代表什么？

宁：还阳界主要要表达的是什么，可以追溯到寻根文学。曾经有一批作家写过这种无背景无时间的原始的地方，比如韩少功写的《爸爸爸》，包括《老井》那样的，八十年代有过一批这样的作品，我是从八十年代过来的。另外有一个考虑，我特别感叹中国这个民族的衰老，没有活力，被几千年的封建礼教束缚和规范的。那时人们谈论中国文化，便往前倒，清朝不行，明朝也不行，唐朝好点儿，汉朝也还不错，一直追到春秋战国，百家争鸣，那时中国人有活力，所以越往前追越古朴原始，越有活力。我是想写个原始点的东西，包括岩画，用原始的生命为衰老的生命注入一点活力，寻找源头的生命，带着这种模糊的想法，我写了还阳界那样一个消灭背景的地方。

刘：你有类似的生活经历吗？有没有一点经验摹本？

宁：没有。

刘：我倒是去过类似的这种地方，在中国西南山区有这样的偏僻小站，小说的虚构很荒诞，也意外地真实。

宁：那年去西藏的路上，我坐火车经过秦岭中的小站，我觉得这种地方应该有故事，多神秘啊。你去过成都吧，中间路过秦岭时，电力机车在山间爬行，嘉陵江一会儿在左一会儿在右，那感觉特刺激我的想象力……

刘：这一部分比较奇异，但看得出情节虚构的痕迹较重。

宁：实际这一段1993年我就写出来了。这部长篇是在两部中篇的基础上写出来的，不是1998年一下想得这么齐全。西藏那段我1985年就写了。1985年我在西藏的房子里，就着电炉和蜡烛，便趴着写出马格到卡兰和果丹那一段，当然那时写得简单粗糙。我是1984年到的西藏，在那里待了两年。我1985年写《青铜时代》（即马格在西藏部分），1992年在浙江一杂志《江南》发表，有两万多字，但没有任何影响。在《青铜时代》中交代马格的经历时——那时就叫马格了，提到北京和嘉陵江边一小站，小站部分后来放大成"还阳界"和"岩画"这一段（1993年），那时名字叫《还阳界》。然后在《青铜时代》和《还阳界》的基础上，我从1998年开始写这部长篇。《还阳界》没有发表，写完《还阳界》我就干广告了（在中国环境报报社），所以搁下了好几年。但我最初写中篇时，便是个长篇的构思。

刘：当年你为什么去西藏？带着明确的意识吗？

宁：当时意识很明确，我就是想去体验，那时我已决定搞文学创作，需要生活经历。当时我没有什么"生活"，属于中学毕业后考大学，我是78级大学生，很年轻上了大学，然后出来教书，没什么生活，怎么写作？所以想经历一下自己想象中的生活，去西藏支边教书。

刘：当时你在西藏常利用假期到处跑？

宁：是，我利用寒暑假跑藏东藏北。小说中的卡兰其实是藏北的那曲，里头有我真实经历的影子。1985年夏天我去那曲，那儿当年确有一批诗人作家，其中一位女作家马丽华给我印象特别深，他们在那儿写作，有一个诗人就有点像成岩那个形象。

刘：《蒙面之城》中有一场马格在暴风雪中奔跑、差点被埋在雪里的描写，那是你的真实体验吗？
宁：那是。关于那次经历，我曾写过一篇散文叫《雪或太阳光》，在《大家》上发表过。

刘：关于西藏你写过一组散文，发在《大家》上，那时我们一起在深圳看到的，你从深圳书城把杂志买回来。
宁：对。

刘：我那时读你的散文，感觉你是凭直觉写作，凭性情本能，状态不是很自觉很清晰的。你的文字中有自己的东西，也有你受的影响，但你的学习是这儿一点儿那儿一点儿，一鳞半爪的，你自己组织消纳，混合成了自己的风格。
宁：对，我是经过自己整合的东西，你看不出这个人的阅读背景知识背景文化背景等。

刘：你的文字给人感觉有点生涩，这种生涩可能是你的特点，也可能是你的缺点。
宁：就是说不像一个文人写的东西！

刘：不是一个学院派的训练有素的人写的。
宁：有点野生状态，哈哈哈！

刘：我看小说，发现你爱用的一些常用词，这些词可能跟你的西藏体验有关系。比如你爱用"光感"，描写阳光你常用"如雨如瀑"，"光感"

是你的特色词，还有些词是你自己生造的。你描写阳光的方法，我想可能与西藏、北京的阳光强烈有关。另外，可能与北京有关的是，好多地方你用到灰尘的比喻，北京正是一个到处灰扑扑的城市……

刘：我觉得小说的四个地方对应四种人生状态，北京是少年时光，还阳界有点性幻想的味道，像一个梦一样，在中年世界是不可能的，它是青春期的——

宁：对对。

刘：西藏比较高远，到深圳就很现实，扎进世俗社会了，从精神世界回到人间，从孤独的个人回到人的社会。

宁：另外，写这四个地方，我还有个想法。我感觉小说大概分两类，一类是比较内向的，写内心、意识流，空间比较集中；一类是外向的，时间、空间跨度较大。我比较倾向于后者，我喜欢的小说应该具备两点：具有空间感，具有时间感，两者构成长篇带有史诗味道的东西。另外，也与我的性格多变有关，我这人不会他妈的在一个地方没完没了地磨叽，像王安忆的《长恨歌》，开头在一个地方说那么多，打死我也写不出来，我肯定得换地方。所以我有一个朋友问我的星座，我是白羊座吧，3月份的（3月29号），他说这不像白羊座写出来的东西，写出这样的东西得有很强的毅力，而白羊座的坚持不下来。我说你细看看，这东西就是一多变的，隔一段换一地方，按你那理论不错，他说白羊座人兴趣不持久，多变。

刘：但你的人物没变，虽然地方在变，而且你这么多年念念不忘这个东西，终于把它完成，很不容易的。

宁：对，这些年它一直在我心里生长，我觉得对于我来说，不是个特别难的事，它自然地在我心中生长。

刘：但很多人心里有过的这种创作冲动，被生活慢慢磨掉了，最后就写不出来了。

宁：可能与我有两个中篇的基础在有关系，没有这两个中篇，萌芽的创作冲动也许慢慢就丧失了。

刘：4个部分，你写起来感觉哪部分比较顺手哪部分比较难？
宁：我不知道你的感觉怎么样？

刘：是西藏部分最顺手？
宁：不是。第一顺手的是深圳部分，一气呵成，改动很少；第二是还阳界，第三是西藏，最不顺利的是北京部分。

刘：看来你写虚构的顺手，写离现实近的反而难。
宁：对，虚构最自由，想怎么表达怎么表达。我觉得这部小说最见功力的是第一部分北京，因为北京这个地方精神资源最复杂，家族背景与现实交织，传统与现代糅合，进步的与落后的，你怎么通过一个人物把这些东西高度概括进去？特别不容易。其实我觉得第一部分绝对是一部长篇的内容，如果细雕刻那些人物。这部分是我最后写定的，反复改得最多。

刘：改得挺棒的。你选择铁路来表现，很神，生动有力，跟你的生活经历有关吗？
宁：多少有一点。上中学时学工劳动，在青年湖附近，后面就是铁路一个大货场，停着火车，我们常在铁路上在火车头上玩。有一回正玩着，火车头突然开了，赶紧往下蹦。这件事给我印象特别深，如果大家没来得及跳，要被火车带到哪儿去呢，铁路是无限延伸的，给人无限想象空间。

刘：小说从铁路切入开头，感觉特别好。
宁：这个开头是最后才找到的。原先是从马格去接波罗开头，波罗要放出来嘛，然后他们谈到铁路，他们是从铁路走过来的，由此我想到他们小时候在铁路边追跑打闹。

刘：你这个铁路符号，一方面与北京有关，表现城市北京和少年时代；一方面它与马格后来的漂流有关，铁路让人想起旅途，人心对外面世界的向往，想起大地上的城市，具有丰富的象征意义。

宁：它一下子成为全篇的象征。北京的铁路（旧铁路）很有北京特色，我们单位（中国环境报）那儿就有一段铁路桥，当我写小说想到铁路这儿时，我曾从广渠门那儿自己走了一段铁路。

刘：我读到你这一段时，就想到你可能受报社附近铁路的启发，跟那一带的环境有关。

宁：没错没错。你写一部长篇时，得调动自己所有的资源，灵感来自多方面，不是一下就能想得那么周全那么到位，像以铁路开头是最后才改出来的。

刘：刚才提到你这样坚持不容易，你在单位长期干着一份与文学无关的工作，把创作的构思放在心里生长，这很需要心里的韧劲。而且你很会保护自己，这些年在单位隐藏得很深。单位很少有人知道你的写作。

宁：这与我的习惯有关系，我把越宝贵的东西隐藏得越深。为了两个原因，一是这样不受别人干扰，二是不暴露它，它永远在蓄势，它会自己生长，而如果一旦说出来，这种力量就减弱了。大概是这意思。

刘：一直到这小说出来，你身边的人很少知道你在写作。

宁：我也有一些文学上的朋友，另外，报社有些人可能影影绰绰知道点。家里人当然知道，家里人知道我的梦想，我立志写作，由来已久。

刘：你没有考虑职业写作?

宁：我很难理解过早成为职业作家那样的人，如果做到了，我觉得很佩服。

刘：如果条件成熟，你会做职业作家吗？

宁：会，我有此打算。到一定时候职业写作就有必要性，职业写作有相当的好处，我考虑的是什么时候开始职业写作。过早开始，体验不到非作家的原生的经验，职业作家终究是旁观者，是不自然的；但到了一定时候，他作为人的感受力差了，倾向于回忆、怀旧，消化过去的东西，他已经积累了相当宝贵的东西，再不让他职业写作，总受到非写作的事务干扰，就没道理了，职业化无非是写作时间更多一些。

刘：职业写作会不会有一种空虚感？

宁：到了我这年纪我觉得不会，我现在是感觉写作时间不够。

刘：你现在已经准备好职业写作了吗？

宁：我已经完全准备好了，但还要看经济条件，主要是饭碗问题，能不能靠写作生活？如果不能，便不能辞掉现在的工作，要看对写作收入的预期，要看经济条件。我已经初步具有这个条件，至少可以只找一个清闲一点的工作，只要保证挣点基本生活费。最近正在与北京市作协谈合同制作家，他们每年有一批名额，作协每月提供 1000 元生活费，作为回报，只规定要完成一年不低于 15 万字的创作。你得申报，他考核，如果明年他能每月给我 1000 元，我可以职业写作。

刘：1000 块不多。

宁：但如果没有，那吃饭也得吃存款，坐吃山空，心里没底。

刘：我看你书中那张照片，印象很深刻，能想见少年宁肯的那种天真、烂漫、放肆和羞涩，现在见不到了，除非在你忘形大笑时还能偶尔一瞥。

宁：他们说有点像马格，有点调笑，他们说在那儿勾引人。

刘：但是看上去又特别不成熟。

宁：其实那是我很自然的一张照片，是别人在旁边抓拍的，我也很喜欢，可以说是我青春期的一个代表。那是在西藏，天真无邪，有一点坏，是生命的自然过程，特别自然，说不出来的一种感觉。

刘：特别"少年"。

宁：多少还有点荒凉。

刘：具体是怎么拍下来的？

宁：就是在西藏，我们一帮人在房间里开会，正在说笑，旁边人给我抓拍的，用了闪光灯。表现的是我的一个侧面。我觉得我的侧面是比较多的，经常给不同人以不同的印象，而且都是和我交往比较深的朋友有不同的印象。

刘：你给我的印象是比较稳重，挺小心的。

宁：啊，比较稳重吧。但是跟艾铁鹰、杜琳（报社同事）他们在一起时，我完全是另外的样子，胡说八道的。

刘：是不是你少年时还挺调皮的？后来——

宁：不，我是少年老成。在中学里我是那帮坏孩子的头，现在那些人用的阴谋诡计，那时我早就用过了，要不我怎么让他们服我？后来老师把我招安，让我当军体委员，我一方面跟老师协调，一方面管那些孩子，像村长似的，一方面跟鬼子打交道，一方面照顾八路军，那时就锻炼出来我在协调人际关系方面特别强。我非常知道怎么跟那些孩子一起吃吃喝喝、拍婆子、逛公园、泡妞，台面上我又是班里干部，得整顿他们，他们得听我的，其他人都没有这种双重角色，别人都在班里没办法，只有我在班里地位特殊，老师也得哄着我，有时我还冲老师发脾气。

刘：原来你在什么学校？

宁：我在一个很普通的很闹的学校，北京 180 中学。那个时候我就已经体会出怎么发挥自己的能量，协调关系，在人群中建立自己的统治地位，我当时像宋江，当时正批宋江。我是有一个回归，越来越天真，那时的心眼最多，搞阴谋诡计，后来我越来越批判自己，受了西方的影响……

刘：对了，你立志写作，除了生活上的积累，阅读上学习上有什么准备？什么书对你影响大？

宁：我是 78 届中学毕业，1979 年上的大学。当时因为大学大办分校上来的，我这种底子本来上不了大学。1978 年北京考生考得比较好，那年我考了 318 分，但当时北京分数线是 340 分，后来大办分校才被录上。大学我读了 4 年书，正课基本没学，主要读自己的书，小说、诗歌、文艺理论的，主要读外国的。所以有人说六十年代这一代作家是喝狼奶长大的（韩东的说法），我读的中国书很少，过去基本是一片沙漠。

刘：对你影响较大的作家有——

宁：托尔斯泰，法国的司汤达，英国的狄更斯，这三个作家。《安娜·卡列尼娜》我读了三次。后来的卡夫卡对我影响很大，完全改变了我的小说观念：原来小说还可以这么写。

刘：你什么时候看的卡夫卡的作品？

宁：在中国读卡夫卡我算比较早的，在《世界文学》上看到的《变形记》，大概应该是 1980 年吧，很震惊，把人的压抑感、无奈表现得如此……

刘：你为什么选择中文系？

宁：我中学后期便有这想法。有一个特别直接的原因，我们那时要恢复高考，中学便开始分快班、慢班，好学生和差学生，我当时是特殊人物，虽然学习不好，但没有被分进慢班，但这一点特别刺痛我：如果按照学习标准，我是要到差班的。我当时比较狂，我想如果我被分到差班多屈辱。后来写作文，我写了一篇4000字的作文，根据自己的心理过程，写一个差生如何转变、发愤成为好学生，被老师宣读并拿到别的班示范，我因此很受鼓舞，确立了上中文系、搞写作的目标。

刘：我发现你描写人的面相很有意思，比如写马格，"面孔生涩"；你说某人长得"荒凉"（刚才你也提到少年宁肯的照片有点"荒凉"），没有具体的五官描写，而是直接写出一种感觉。

宁：对。

附：与刘县书的通信

宁肯：你好！

　　现在将9个月前我们的对话录完整地传给你。惭愧啊，重读当时的对话，不觉中间已隔断270个日夜。好在正如你所言，其实这个世界并不是真正变得那么快，历史会过滤掉很多琐碎的事物与光阴，我们只是一代人，我们留不下很多东西，如果能留下哪怕一点耐磨损的东西，亦足安心。对于《蒙面之城》的存在，9个月也许还不算什么。我重读此对话，感觉当时我们谈得挺好的，没想到我们谈得这么深入细致，如抽丝剥茧，双方都很老实，我们没说什么空话假话——我觉得这一点很值得骄傲。也许它能在什么杂志上用一用？如果能用，我建议尽量保持原生态，留下一份独特的记录。我相信其中有一些独特的价值。

刘县书

县书：辛苦你了。

但是值得，读这个 9 个月前的对话，几次停下来，"雕刻时光"的清茶、木桌如在眼前。"雕刻时光"已不复存在，拆了，但可能会因为这个谈话存在于被后人"雕刻"的时光中。不是因为别的，是因为我们的确"雕刻"出了一些东西，并且原汁原味，是一段难得的时光，像一段长调的音乐。说实话，我已不记得那天都谈了什么，你整理出来一看，感到惊讶，我们谈得真的不错，多么自然，多么现场。两个世纪初叶的知识分子，有责任感的读书人，在一个古色古香而又十分平民的现在已被拆除的书屋，谈论过往的一切，具有永恒的知识、方式以及内心体验的传承动感，如同一幕电影。历史的相似性多于不同，我们在走前人走过的路，连方式似乎都没变。我们的独特性在哪儿呢？没有更多，一点点已是贡献了，虽然微不足道，但我们延续了某种东西，这就是我们最为可贵之处。

四月我们去"归真园"小住，再谈。

宁肯

时代转型中的角色困境

——与周新京对话

周：你的长篇小说《蒙面之城》引起不小的轰动，可能因为马格和成岩这两个人物很有代表性。

宁：昨天湖南一个读者打电话给我，说喜欢成岩这个人，这个人心理上更真实，代表了奋斗者的心态，他赞成成岩对马格的批判，马格有什么权力嘲弄奋斗者在天堂的路上挣扎？后来我跟他解释说，成岩和马格他们生活的文化层次不同，成岩是属于生存型的，要实现自己的价值、有一种翻身的要求，通过对社会和物质地位的索取证明自己，他处在证明自己的阶段。马格是从早已完成这种证明的家庭出来的，他与成岩的理想截然不同。

周：我觉得马格不是有自己的理想，而是彻底反理想，他看不起任何理想，我走到这儿，能砌一块砖就砌一块砖，我自得其乐，我走到野地里铺开睡袋就可以大睡一觉，他不是为了理想，而是为彻底逃避或彻底放弃。

宁：但为什么马格能有这样一个生活态度，他这种生活态度是怎么来的呢？

周：从你的小说看是他爸逼的，他爸不能容忍他的家庭成员堕入到无知阶层，他造就的那几个孩子都是佼佼者，他觉得是理所当然的，但马格居然能考好却故意不考好，这不是让他异常惊怒吗？他以几十年的太极功力一掌把马格满脸的粉刺都打爆了。

宁：那个太极就相当中国的传统文化。

周：哈哈，那个力量可想而知！实际上这里有一个阶层角色的互换，阶层角色一错位立刻产生戏剧性，从马格那个阶层他是探底，而成岩，还有黄明远、果丹、林因因、何平，基本上是中产阶级类型的，但是他们杀上来的过程不一样，你看一般中产阶级从小资杀上来的较多，但是中国的中产阶级大都是从底层，从无产者杀上来的，靠他的刻苦和心机，因为社会没有给这种人逐步成长的时间，那么巨大的贫困人口，他们里面优秀一点的孩子拼命往上冲，就像军事上的抢占制高点，落在后面就会被狂轰滥炸，谁先冲上去谁的一生就会有根本的转变，不择手段是可以理解的。他们一开始不可能瞄准大资产者或者超级政治家这种过高的目标，小资又比较沉溺温馨情调，比较虚幻。只有中产阶级这个平台比较稳定，比较实惠，还可以容纳宽广些的胸襟和眼界。

宁：对，成岩和果丹为什么发生了冲突，果丹基本上属于中产阶级，她不是从最底层往上冲的，她这么一个文化青年，按普遍的社会结构划分，她的军队干部家庭应该属于上层，她感觉跟马格有一种天然的精神上的血缘关系，在那个边远的地区，收留一个陌生男人住在自己屋里，就是听马格说他老爹是大学的系主任，而那位主任教过她课，她感到一种地位和文化上的亲缘感，即使流浪干粗活也显得十分奇妙和别具深意。成岩吸引她的则是女性对男性的那种通常的向往，才华，坚毅，深邃，冷峻，还有那种爆发力。但是马格的亲切感让她意识到跟成岩的隔膜。她没想清楚的时候，成岩就以维护自己奋斗成果的粗暴方式来强化对她的拥有，果丹立刻感到裂痕拉大了。

周：马格身上则带有一点大家气的从容通达和忍让，他再底层也是那个与生俱来的阶层的成员，只不过是一个变异了的成员，成岩则带有从底层杀出来的强烈味道。

宁：成岩有着他走得很远的那一面，就是他的才华，单向的达到很陡峭的成绩，这一点他也非常骄傲，他能够傲视那些以往仰慕的人，但是反过来看他的根基又太浅了，总有点得志便猖狂的劲头。

周：马格的归宿还是比较可信的，好像他的所有流浪都是为最后的摇滚音乐做准备，其实整个摇滚精神就是流浪精神，他用他活生生的生命刺激，为这种音乐赋予了灵魂。这使那些看起来很专家的形式上的模仿者落在了后面，还比不上这个初学者。

宁：马格的归宿不大可能是很具体的，那只有音乐，音乐本身来讲它带有抽象的模糊性，可它确实又能直接反映人的内心。

周：尤其是吉他，不需要太下功夫，不像小提琴需要长久的训练，几个和弦几个节奏就可以上手表达自己了。还有吉他的造型和握姿有点像武器，拿着它像一个战士，向世界扫射，便于年轻人表达自己的英雄气概。如果是一个圆形的乐器恐怕就不行了。看来吉他对现代精神的贡献是难以估量的。

宁：哈哈，有道理。

周：成岩的归宿也比较顺理成章，他不会在诗文倍遭冷落的情况下还无谓地坚守往日的高地，他是那种社会玩什么他就要玩得最好的人。他想最快速度积累资金，就选择了记者职业。无冕之王，可以从高处观察走向，把握机遇。而且可以无偿借用政府资源，媒体后面总有权力的影子，利用改革初期的体制落差和非常手段获利，各种各样的灰色收入。其实改革后最先将权力资源转化为财富的有不少是记者，这是一部分中产阶级人士起家的秘密。

宁：就是说在成长转型的阶段你要想快点致富，就必须和权力共谋。

周：瀛海威创始人张树新认为是与政府共谋。她认为第一批富起来的人是有原罪的，所谓原罪大概就是非常手段和灰色收入吧。

宁：用原罪概括这种原始积累现象非常准确。实际上我在小说里也表达了这种东西，成岩对与权力共谋有自己一套见解，慷慨激昂毫不自责。他认为他比资本主义原始积累强多了，文明多了，所以他达到一种心理平衡。

周：当然与权力合谋有两个含义，非常手段只是一小方面，另一方面就是大策划大运作搞战略投资，不借助行政手段根本办不成，因为市场机制还没有充分发育起来。你的小说里最隐蔽的没引起大家注意的同时又是最有钱的一个人，那个谢元福，恐怕就是在这两方面都合谋得很好的人。

宁：哎，对。

周：他是一个民工，有一点活跃的想象，爱写诗但写不好，因为他可能不具备绝对幻想的能力，但是他把这种想象力付之行动的时候，或者他用那种对人和事的认真来操作梦想的时候，他的发展就让人吃惊，等于那些人全在他之下，变成一个最后解决问题的关键砝码。这个发迹是很奇怪的，四平八稳地从无产者走到小资又到中产阶级甚至富豪阶层。

宁：我写时也考虑了，他和成岩有相同之处，但道路性格完全不一样。成岩在文化上是非常骄傲的，有了那种骄傲就有了心理上极端的东西，谢元福在文化上始终有一种朴素的自卑感，他没有极端，没有仇恨，每一步发展都很踏实，这是一个特点。另外一个特点是他也靠与权力共谋，该怎么做就怎么做，没有那么多心理负担。

周：也许可以这么理解，当时那个时代是更有利实业发展的时代，同样是与权力共谋，但是文化产业就相当薄弱。一般把时代划分成工具时代、农业时代、工业时代、知识时代，当时知识经济还看不到什么迹象，就像成岩对黄明远讲，咱们不管怎么奋斗都在谢元福下面，他们觉得挣的挺多了，可谢永远挣的是大头。

宁：但成岩他们心里又瞧不起谢元福，文化上的优越感使他们无法心悦诚服地接受谢的高高在上，所以老憋着超越他。

周：在中国大家一想起谢这种人就觉得很真实，是那种"财神爷"，在人群里占了有利位置之后，永远乐呵呵的，钱就老往他身上跑。

宁：他没那么多复杂的心理状态。

周：永远把钱让别人挣一部分。

宁：就是说他很宽容。

周：普遍的宽容，或者是中国老百姓那种与人为善，有福同享，那种朴素的东西成就了他。这种人在西方不一定能发展得起来，但中国强调和为贵，强调老实可靠，如果你相信这个人老实可靠就可以同这个人合作或者为这个人付出了。

宁：特别是他跟别人合作不是建立在一种骗和贪上，而是真实地把利益让给别人。

周：对，不是智力游戏。中国新兴的商业巨子不少都是这样，出身普通劳动者，然后扎扎实实一步一个脚印，他们的智慧也在这当中逐步积累起来，不卖弄心机，人立住了，资本也积累起来了。或者是不是中国普通劳动者的天然智能就是比较高一点？

宁：我觉得也不是，实际上还是中国人传统上有一个中庸之道，类似于黄金分割线。他总是能够用中庸之道找到黄金分割线那个点，他把0.618 后边那部分都可以让给别人，而他又总能在宏观上把握有利于自己的方向。

周：中庸之道，好像他即使看不到未来，没有谋略，中庸之道本身就会把前途带给他。

宁：哎，对！这点太对了。

周：其实真是这样，中国许多大款都是谢元福类型的，但是很可能这个阶段过去了，可能是成岩这种人的时代了。所谓知识时代比的就是你对未来考虑的周全性，你的知识越多越新或者组织知识的能力越强，考虑的变量越充分，你就越可能不败，或者陈旧老套无法超越自己。知识起的作用越关键就越昂贵，知识经济的特征就越明显。再往后，比如《蒙面之城》有一个续集，有可能成岩会借助知识经济崛起的时机窜到谢元福前面去。小说里成岩去海南了，看样子是急流勇退，但很可能是去总结调整，度过心理间歇，他迟早还是要冒出来的。

宁：有这种可能。

周：成岩的现象反映出中国孕育中产阶级的时间太短了，成岩类的人物，他携带的那种心理缺陷或者那种敏感可能要陪伴他很长一段时间，他缺乏中产阶级通常的那种从容平和或者温情与敬意。中国的中坚力量一拨一拨的，从农民杀上来的，从小资杀上来的，然后是新杀来的。有的是马上打天下，有的是笔下打天下，都有从底层杀上来的心理经历。还没有完全脱胎就被替换掉了。中产阶级明显带着小资的种种局限性，不切实际、脆弱、孤芳自赏，或者带着无产者那种激愤，盲目排斥，那种破坏性，这是一种动荡的因素。过去大家都嘲弄当官的，现在都嘲弄中产阶级，就是因为他的不完整性，变异性，甚至畸形，因畸形造成的某些卑劣的东西，没洗干净自己就穿上了白领。

宁：我的小说里也涉及到这个问题，比如成岩在海边跟黄明远吐露心声，他们一方面成功了，一方面又经常感到被侮辱与被损害，他们分析自己连爱都不自然，最后他们得出一个结论，只有他们的后代才能自然起来。这就说明根的深浅问题，或者与生俱来的命运的东西。

周：可不可以超越时间通过心理调整来克服呢？
宁：应该说有可能。

周：教育是干什么的呀，就是为了自我完善吧，排除这种心理垃圾，向健康的数值上去调。不过中国现代社会在短短几十年里把好几百年演变的东西塞进去了，消化不了，每个人体内都塞了很多角色，从赤贫，然后艰苦奋斗进行角色转换，来不及消化兼容，产生种种垃圾文件，老出来干扰他，程序太复杂太混乱就死机了，只好永远处于别别扭扭凑凑合合的状态。完全靠自我完善自我调节恐怕很难，有时候宗教可以提供一些方法，比如向神父倾诉，把日常的心理垃圾都倒给他。从某种角度讲，神父是心理的清洁工，每天打扫一下街道。宗教实际上是一种善意的精神信念，与科学的和文化的信念异曲同工，信念足够强就可以净化内心。但科学文化要达到信念的高度必须经过完备的逻辑论证，要不然怎么信呢？宗教就相对省事一些，经不起论证也可以成为教义，普通人借助它就可以磨练操守，但中国宗教土壤太薄了，而且常被功利化庸俗化。
宁：你说的精神信念，其实借助艺术也可以产生类似的作用，确实应该有一些更高层次的东西来调解人的精神。

周：你的小说也可以看作是这种努力吧。
宁：不完全是，目的性不是很强。

周：有人对网络为什么那么受欢迎解释了三点：从弗洛依德角度讲，把人的精神分为三个层次即本我、自我、超我，网络是体现本我的，一到网上什么社会规范都可以不遵守，本我就发作了；还有一个后现代理论就是解构，原有的种种模式都太僵化了，想跳出这种模式，网络提供了解构的环境；还有一种叫逃避，就是对现实的逃避，因为沉溺网络的大部分是现实当中比较有挫折感的青年。

宁：可以说所有的青年都有挫折感，青年就在挫折当中。

周：那就更说明网络是一个乐园，他在这一刻获得像吸毒一样的快乐。很可能你那个马格就是一剂浓烈的马啡，他是本我，也是解构，又是逃避。马格的本性跟网络的本性很一致，所以你这部小说靠网络起家又在网络文学排行上居首位有它的道理，蒙面之城跟网络一拍即合，你这个蒙面之城实际上是一个蒙面的本我吧。

宁：你也可以说网络是蒙面的网络，在蒙面之下人可以自由，这大概是有史以来，人得到的最大自由了，一个足以同现实抗衡的虚拟世界，一种不需要付出代价的自由，一个又美好又肮脏又无伤大雅的乌托邦——

周：所以你的小说的轰动效应可能跟网络起的作用是一样的，人家看《蒙面之城》就跟上网一样，或者像对神父倒垃圾疏导积郁一样。网络是社会最敏感的阶层，心灵最柔嫩的部分。那个巨大的数码神父，大概填补了宗教的空缺。

宁：但愿在网上成为一个有作为的人，为那些柔嫩的和真实的心灵提供一些有益的东西。

2004 年

怎么写永远是问题

——对话时间：2006 年 10 月

——对话人：姜广平，评论家，作家

——地点：北京，杭州

沉默是一种美学情绪

姜：读你的《沉默之门》时，我正好在看《沉默之子》。那本书的导论是《从小说到故事》。我读到了"沉默"："沉默是文学渴望但无法做到的，不只因为语言是文学最必要的条件，而且因为对沉默一贯的眷念是文学最吸引人的成就之一。"你这本书叫《沉默之门》，最初在写作时，有没有产生那种对沉默怀着深深眷念的美学情绪呢？在你的后记里，你也特别提到了沉默和沉默之子。

宁：好像 2003 年，《沉默之门》快收尾时一朋友谈到《沉默之子》，认为我这本书可以用这个名字。我觉得重名总不太好，改成了《沉默之门》。这说明不仅我，连别人也觉得我这本书与"沉默"有某种关系。你把"沉默"看作一种"美学情绪"，我觉得是一个好提法，我在写作过程中是否有这种明确的情绪并不知道。更多的是我感到我们的某段重要历史一种直处于不得已的沉默中，而这本书或许是一个沉默的入口，同时又是一道"门"，也就是说，它并不容易进去，需要用"沉默"打开。"沉默"是双方面的，只有心中拥有"沉默"的读者才能打开这扇沉默的"门"，我是这样想的。

姜：《沉默之子》的作者迈克尔·伍德接下来的一句话，我觉得也非常适合你的这本书："小说或许描述的是黑暗的世界，但让读者留在光亮之中。"我觉得这对你的小说非常贴切。不论是这本《沉默之门》，还是我刚刚读完的《环形女人》。

宁：什么是黑暗？光明？我的理解是，我们身处的生活并不清晰，按照艾略特的观点是一幅"徒劳无益且无政府状的巨大全景"，我们的生命也是晦暗不清的，正像我们常感叹的"谁能说得清我们的生活呢？"但小说的意义正好就在于此。不过这并不是说小说家就能说得清生活或生命——凡是试图做此努力的一定是糟糕的小说。小说的意义在于通过还原也即描述我们并不清晰的生活，复活我们对生活的记忆、感知、情绪，从而在一些空间的瞬间让读者的心灵发出瞬间的光，而黑暗仍是绝对的。就像我们晚上仰望星空一样，我们不能说星星就是天空有本质，同样也不能说黑暗是本质。

姜：那么，可不可以说，沉默就是这本书的关键词之一呢？可在沉默与长篇小说的言说或叙述之间，你如何才能寻找到那道桥梁呢？可能，这个世界上，表述沉默是最困难的事。尽管米兰·昆德拉认为表述幽默以及懂得幽默是最困难的事。你是否有挑战极限的念头？

宁：写作是一种极限运动，就是要写出那种不可能写出的东西。沉默是不可企及的，但它又是小说追逐的东西。"天地有大美而不言"，这是我们最古老的智慧，为什么不言？因为说不出，无法说。"对于我们不能说的东西应该保持沉默"，维特根斯坦这句名言对东方的智慧应该说心领神会，这都说明"沉默"是像神明那样的一种存在。但这并不意味着就真的止步不前。维特根斯坦认为哲学止于沉默，阿多诺则认为沉默正是哲学的起点。这是一个问题的两面，事实上维特根斯坦沉默了么？沉默导致言说，言说导致沉默，精神正是这样运动的。

姜：其实，《环形女人》也在挑战某种极限。这两本书，我觉得都是可怕的小说，既拒绝着读者又吸引着读者。

宁：但是两种不同的极限，《沉默之门》挑战了"沉默"，《环形女人》则挑战的是"喧哗"，后者更具当下的现实特征。

姜：关于《沉默之门》，另一个关键词，是不是可以理解为慢？连主人公的名字都叫成慢了。现在很多人看不起慢，而实际上，想要慢下来不容易，只有慢才能真正抵达某种境界。

宁："慢"曾是这部书的名字，在三年的写作中差不多有两年时间这本书都叫"慢"，我非常满意这个名字，你也看出来主人公就叫李慢。但是昆德拉的文集在 2003 年出来，其中有一本书就译作"慢"，自然我不能再叫这名字。在我看来叫"慢"更好一点，生命是一种缓慢的形式，为什么要"快"呢？"快"实际是死亡的形式。

姜：与慢相应的是宁静、内敛。这本书的开头部分，一下子就营造出了这样的艺术情境。恰好又写的是地下室。于是，便让我想起了陀思妥耶夫斯基，你这里有没有受到《地下室手记》的影响呢？

宁：陀思妥耶夫斯基的作品对话太多，我不喜欢。我喜欢平静的叙述、描写、默默的意识活动，不喜欢极端的大声的喧哗。即使我描写了李慢的极端状态和在精神病院的情景，节奏也是平静的，缓慢的，而且最后归于沉默。

姜：李慢开天窗，停留在天窗上，是否想隐喻某种人生处境呢？当然，具体的一种人物行为或故事情节，可能并无隐喻的功能，似乎作者也无此想法。真正的隐喻，大概应该是指整部书的指向性。

宁：这种隐喻是一种不可言说的表达。李慢停留在天窗上我写时就像写一段音乐，读者看到的同时就像听到了一样，如通感。音乐正是不可言说之言说，它给出阐释空间，但并不阐释。我还想用音乐做比，听完一场音乐会我们究竟有什么可说的呢？我们能说什么？尽管我们内心好像充满了语言。当然这并不是说沉默的小说像音乐一样不可阐释，但是肯定只有"个别"的阐释，不可能有共识的阐释。

姜：你的人称转换非常自然，语言宁静。这样的小说品质，我想是会让很多人喜欢的，就像名贵的瓷器发出的幽光。这是不是你刻意追求的那种忧伤而沉郁的小说风格？我觉得这本书真的很像一首忧伤的抒情诗，它努力营造着一种袭人的忧伤。

宁：如果"沉默"决定了一部作品，就很难是欢快的作品。

姜：《沉默之子》里还有一句话，我觉得用来评价《沉默之门》也是非常贴切的："沉默之子什么都不说，不参与任何交谈。它是纯粹的演出，是艺术品，它不只向往音乐的境界，而且已经达到了那一境界。"从这个角度上讲，你的《沉默之门》，确实有一种独舞的味儿，非常富有书卷气，没有理会读者的意思，也好像不太理会评论界如何评说。这会不会是你的一次逞弄才气的小说炫技表演呢？

宁：这部小说曾经就叫"独舞者"，我给它起的名字太多了。说到炫技，假如从舞蹈或音乐的角度上来讲，它可能是一部炫技的作品。至今我还常听到有人教导别人说，写作时应忘掉技巧，技巧是次要的东西，无技巧才是最大的技巧，诸如此类。这种昏话我想现在上当的人应该不太多了，不值一驳。技巧是什么？技巧就是对感觉的训练，对心灵的开掘、分解、锤炼，是最终让心灵飞翔得游刃有余的自然的呼吸。时下我们气喘吁吁的而且还是优秀的作品比比皆是，我们为什么总不自如，总是飞不高？

绝不能轻言已经解决了"怎么写"的问题,"怎么写"永远是问题,即使在西方也仍永远是问题。

姜:其实,这本书的人物设置显得比较单纯,第一章,设置的是倪维明和李慢,第二章设置的是唐漓和李慢,第三章是杜眉医生和李慢。第四章和第五章的人物关系稍显复杂些,是一群没有名字的人和李慢。倒是那个最没有分量的李艳有了名字。这样的设置有什么别具的匠心吗?

宁:如果说前几章是回忆中的双人舞,四五两章就是一场多人的现代舞。这两章中李慢被一群没有名字的人,一群字母托举、杂耍,扔进幻觉、恶梦。没有名字的人像非人一样,但李慢并不觉得特别可怕,因为真正可怕的事情已发生过。现在无论如何他算回到人群中,尽管是精神生态沙化的人群——劫后的九十年代初期的人文生态大体就如李慢所见。经历过疯人院的李慢面对失掉名字的人群心态与其说麻木,不如说好奇,使他的意识不由地流到早年玩马舌头的情景——两条马舌头相互咬上之后再不撒嘴。没名字的人让他感觉好像并没走出精神病院,现实与精神病院具有同构性质。至于李艳,不过是这部小说最后舞台上的一朵类似玫瑰的罂粟,是个风尘女子,非常鲜艳。但某种意义正是这位风尘女似乎治愈了李慢历史性的创伤,或者至少恢复了他身体的生机。李艳虽是风尘女,但显然具有特殊的疗效,她直指人最富生机的部分,相对那些字母,她应该有个名字。

真相有时只能在梦中揭示

姜:我发现沉默可能只是一方面,与这样的人物设置相对应的,真正的东西可能是内心的怕与爱,像卡夫卡所讲的。你看,李慢怕倪维明,但是他对倪维明有着一种敬爱。跟唐漓的关系稍复杂些了,李慢也怕唐漓,但有着欲望的纠缠。对报社里的那些人,似乎远了,一切都显得模糊。但对杜眉和李艳,我觉得说不好了。这里显然不是怕和爱了。对杜眉可能有着挑战，对李艳则有着勾引？还是请你说说。与老人和报社里的好些字母以外，似乎都在展示李慢与女性的关系了。

宁：你的提问让我感觉我又在写这部小说了。说实话我不太愿回首这部小说，因为写这部小说是一件可怕而痛苦的事情，它让我好几年时间几乎丧失了现实感，至今我甚至认为它对我的性格都有所改变。我经历过李慢类似的痛苦，写它时等于又经历了一次，现在这个对话好像又在经历。你说得不错，沉默是一种易见的东西，真正的东西是恐惧，甚至是对爱的恐惧。你抓住了唐漓和倪维明一些共同的东西，而杜眉和李艳则完全不同，我觉得非常敏锐。唐漓不是一个个人，倪维明也不是。尽管唐漓表现了个人化，但她有着一个强大的工具背景，这背景让李慢一如既往地恐惧；倪维明老人也是强大的，只是他的强大是与历史对峙产生的强大，是历史作用的结果，与历史具有相同性质，这正是让李慢敬而不爱，以至感到强大人格压力的原因。在倪维明面前，李慢觉得自己永远是那么渺小，由此对历史产生反感。他虽渺小，但认为自己有一种与外界无关的价值。他对蜗牛的生活十分向往，希望自己有一个像蜗牛那样的圆形宇宙，就是图书馆。他愿在图书馆中终生阅读，但是悲剧就在于正是他敬与爱的倪维明把他过早地拉进了历史，而唐漓把他拖入了可怕的现实。杜眉与李艳不同，她们是自然人，特别是在杜眉医生面前，李慢不仅没有恐惧，甚至感到自己占有知识的强大。杜眉是个博士，李慢正是博学之人，也就是说，李慢在杜眉这里找到了自己阅读的价值。至于李艳我前面已说过了，她是一朵偶然出现的类似玫瑰的罂粟花，但她的意义并不亚于杜眉医生。

姜：我读《长街》时，总觉得你是在以体悟书写小说。这些生命感悟，如果不是作家自己有着丰富而深刻的生活磨砺，是达不到这样的深度的。我不敢妄加揣测这本书里有你多少生活的影响，但可以说，至少你对生命和生活的思考，在这里，是与常人所不一样的。我只是想问，这样的不一样是如何形成的呢？还有，这种写作风格的形成，有没有史铁生等作家的影响呢？

宁：史铁生是个令人尊敬的作家，不过我想真正影响我的不是哪个作家，而是西藏和我的童年。我的童年非常孤独，七八岁就基本独立生活，很长时间世界对我来说异常安静，安静得如同梦幻。我对现实与梦境的区分一度也很不明确，在这个意义上，我觉得一个作家的风格早在他童年时期就形成了。

姜：在倪维明这里，在唐漓这里，似乎都有一个家园的命题。只不过在倪维明老人那里显得比较抽象，而在唐漓这里有点形而下的意味。

宁：倪维明的家是历史的现场，家与历史无法区分。唐漓则是一个没有个人生活的人，但她在竭力寻找，李慢是她认为最安全的"恋爱"人选，但不一定是家园。套用有人形容罗兰·巴特的作品是"部分的小说"，她只是"部分的人"，寻找"部分的爱"、"部分的家园"，而在李慢古老安静的房子里也确实得到了她的"部分"。在严格的被划定的区域里，李慢也只能拿出"部分"迎接。他们拿出的都是最好的"部分"，并且如此迷人、刻骨铭心，但这"部分"始终危机四伏，被巨大的阴影笼罩。

姜：这样看这前面的两章，内在的联系，还不仅仅是因为李慢这一个人，还有其他东西将这两章绾结在一起，譬如大众的问题，倪维明发过火，在一个众语喧哗的时代，谁能代表大众？在唐漓这里，你时常突显她的公务在身，这让李慢害怕，也似乎是在提醒读者了。这种极为敏感的东西，我们也不妨说得隐晦些，是否表明了你对某些年份的敏感？因此，你的笔下有了唐漓这样一个独特的女性角色。

宁：现在它已过去十几年了，但是谈到它仍让我们感到不安。这种不安一直伴随在小说中，我一直小心翼翼，不免晦涩。正是这种不安决定了这部小说的风格，那么这种不安是否也成就了这部小说？政治和艺术其实在某些方面有共同的诉求，譬如它们都反对直接，反对将问题摆在桌面上。政治所能给出的空间是间接、暗示、隐喻、变形、晦涩，而这恰好也是艺术在很大程度上要求的。不安、恐惧，只有还在不安和恐惧中才能恰如其分地表现，我不能设想在安全的时候还能表现它们，历史已给作家不算短的时间，即使从艺术角度我们也不能再装作什么也没发生过。

姜：这里是不是在揭示一种疼痛，一种追忆，一种苏醒和一种麻木？如同你在书里所讲的，"在睡眠中，我可以清楚地知道世界的一切。"世界真相的揭示，难道一定是要在睡眠与梦中吗？所以，你让一次完整得如同一首诗的诞生的做爱结束后，也让唐漓离去。

宁：真相有时的确只能在梦中揭示，世界发生了什么，但是在白天不能说，只能在夜晚回忆和追想。痛苦如果能在白天说出那可能已不算痛苦，而当痛苦一旦进入梦境痛苦就像发生在别人身上或者至少也是另一个自己身上。这时自己就有了"观看"的可能——李慢在精神病院就经常这样"观看"自己和别人。精神病院是梦工场，一切都袒露无遗。

姜：我知道，这里绝不是只是爱情那么简单。那当然，真正的爱情是深刻而丰富的。还是你书中讲的，"也许就是一点点东西，这一点点东西照亮了我们，以致会使我们眩晕，我们觉得拥有了全部的阳光，因此也以为可以要求一切……""也以为可以要求一切"，这一句下得实在是好。那一点点照亮我们的东西，也说得实在好，有些东西，我们就是不提它了，它也还是会发光，还在那里照耀着。

宁：爱情有时会让人晕眩，这就像在黑暗中一点儿亮光也会让人晕眩。李慢很清醒唐漓的爱情是"部分的"，如同知道那光亮是"部分的"。但是进入了光亮中心，比如做爱，李慢就觉得整个世界都变得光明，在晕眩中要求全部的光明就自然而然。也就是说爱到深处他开始要求唐漓"全部的"而不是"部分的"，但是唐漓公务在身，即使做爱的夜晚如同诞生了一首火热如水晶般的诗，她也只能让那首诗慢慢冷却下来。它还会发光，依然照耀，但发出的是冷调的光，如珠宝柜台上的成品水晶。

姜：这里，我觉得唐漓有挣脱她原先生活的欲望，诗人李慢则不经意地让自己的生活多了一个闯入者，甚至是一个窥视者。闯入与窥视，是现代小说的重要关键词啊！

宁：她当然有摆脱的欲望，尽管是"部分的"，否则她怎么可能进入李慢的生活？两颗行星相撞，你绝不能说都想偏离轨道，都想撞在一起，一定是有一颗偏离了，另一颗也就无法不偏离。唐漓是偏离者，但偏离得不严重，只是把李慢"捎带"了一下，但仍足以使李慢"毁灭"，而唐漓仍可以在自己的轨道上运行。我想，这就是你说的闯入者吧。

姜：在第二章中的问题，你是不是想在第三章《医生》中回答呢？关于《医生》，你强调事实成为记忆有一个过程，事物同事物之间有着修改与重构的过程，对个体而言是如此，那么，在这里你是否想要表现一种集体失忆或在同谋状态下抹煞历史记忆的事实呢？或可谓之作家以自己的方式进行着历史回忆。

宁：第三章是不可阐释的，但又有很大的阐释空间。这种自相矛盾的感觉一方面使我觉得有无数的话要说，一方面又无话可说。关于这章你说什么我都同意，你说它是对第二章的回答，它当然是回答。你说"表现了一种集体失忆或在同谋状态下抹煞历史记忆的事实"，当然是这样。如果你进一步说，它是一个时代受挫后的巨大的夜晚，那里聚集了无数沉默的受挫的灵魂，那是一个空前的制造遗忘的场所，我也完全赞同。但我同时又不赞同上述所有的阐释，因为这样阐释会把这本书导向危险的境地。在这里，我比较欣赏一个有关登山的格言：你为什么要登山？因为山那里，不需要阐释。

姜：这本书的政治化倾向应该是不言而喻的。特别是前三章，写倪维明、写唐漓和写李大头，都似乎有着这样的倾向。至于水疗、愚人船、疯子，显然都被你赋予了非常深刻的内涵。譬如愚人船，这里的意思，应该不止于航行、圈禁等。这与自由有关，也与人性和尊严有关。

宁：那就止于不言而喻。说到水疗、愚人船、航行与圈禁，这些是从福柯那儿抄袭来的，实话实说，我必须承认抄袭了福柯。我愿用抄袭这个词。写这一章我认真读了福柯的《疯癫与文明》，李慢讲的水疗的故事、愚人船的故事、航行与圈禁的叙述都直接引用了这本书，但我想福柯不会控告我，肯定不会。

姜：这本书似乎在节奏方面过于富有耐心了。你有没有考虑过读者的耐心呢？

宁：是的，慢得简直让人失去耐心。但如果我自己有耐心，肯定也还有人有。我想不定在什么地方有个和我十分相似的人，我愿把本书献给他。

姜：《医生》里，医生可能是一个重要的符码，做操这一情节，我觉得可谓是这本小说的灵魂所在，这部分的荒诞意味是以你的叙述尽力日常化方式表达出来的，这种将形而下提升到形而上层面的努力，是那样的不露痕迹，意味隽永。

宁：我愿抄录部分读者品评："我们继续上操，手不断变换，音乐是为我们专门录制的，像摇晃的爵士或残疾人进行曲。我们已非常熟练，一般不懂的人看上去无序，实际上是很严格的，有着内部规律，没有一个人会因裤子脱落溢出节拍。操练不含任何抒情成分，某种角度我们已接近舞蹈或浮雕。我们有自己整体的造型，抽象对我们最为有益。当然，现在回想起来那天有点不同，我们看到院长带走了杜眉医生，动作不由自主难以克制地表现了抒情以至悲伤的味道，这是不允许的。我们的低调、零乱、自由展示，做出幅度很大的造型，然后整体的停顿——现在回想起来还历历在目。当时没有录像设备，谁也想不到，也不可能想到，但我们确实创造了现在看来最为先锋的艺术。我们像串起的木偶，看上去缺胳膊少腿，七零八落，但整体效果却是绝无仅有的表达……"

姜：这李慢的身上，是不是有食指的影子呢？还有，精神病院的情况，在当代作家的作品中，还是不多见的，别看开山大师鲁迅的《狂人日记》就是写的精神病患者的情形。你这里的写作，是不是指向人的存在？亦即和上一问相似，努力使形而下的描述具有形而上的丰富意蕴？

宁：我曾与已故散文家苇岸若干次到北京沙河精神病院看望过大诗人食指，但是除了食指没见过别的精神病人，不过那儿的气氛还是令我印象深刻。每次看食指他都会给我们背诗，声音异常宏亮，看上去仍像自己的王。他的那种革命性的激情与李慢相去甚远，但另一方面我在写李慢时的确常常想起食指。有一个细节，食指某些时刻让我想到罗丹的"思想者"，这一点我写到了书里，我曾想象我们不在时，食指大概经常就像人类的"思想者"。精神病院有各类复杂的人，他们集中了许多的异常深刻的状态，从某种角度说，当你走进精神病院实际上差不多就是走进人类艺术馆。至于形而下还是形而上，我觉得从来都不是绝对的，任何形而下的东西都包含了形而上的东西，反之亦然。

姜：诗歌病人的叙述也非常有意思。我们常常讲诗歌通神，你这里却将诗歌指向一种病态。用你的话说就是"你可以认为诗是人类最后的说出与抵达，但总的说来得不偿失"。这里可不可以理解诗固然通神，但诗歌的厉害也在于它是一把密钥，直指世界的本质内核？或者，什么样的真相都会在诗歌面前不攻自破？

宁：我不知道古代诗人如何，反正现代诗人大都是危险分子，有一个算一个。诗歌是人类最敏感的东西，是裸露的神经，没什么能够不被诗歌敏感或穿透,在诗歌面前世界没有秘密。也正因为如此,即使诗人——优秀诗人，表面上不是疯子内心或至少写诗时也是令人尊敬的疯子。谁最怕诗歌呢？这里我不想回答。

作者总是在掩盖什么的时候才揭示什么

姜：当然，极有意味的是你后来写O、W的打架时写到了杂耍，写到了小说与诗歌的区别。然而，这里的意味，我觉得还是得由你讲出来更好。因为我总觉得，这里深藏着一些东西，读者的理解是一回事，但作者的设置肯定又有其独到的难言之妙。

宁：我在前面已谈到那些没有名字的人，那些字母，那种劫后的生态。我觉得九十年代有一种变化，那就是人性之恶变得十分天真，譬如"我是流氓我怕谁"，"千万别把我当人看"，这些话是何等的率真？像不像一种动物庄园的喧哗或杂耍？以至我们根无法严肃地对待这种公然而又著名的反题。它反映了什么？你很难说清楚，是否大恶不去小恶就会变得天真活泼？简直可以说可爱！所以，李慢有时想，我们的杂耍在国际屡屡获奖，是否因为有广阔的市场？这当然是一种变形的联想，可能似是而非，但其"美学情绪"无疑是一种修辞的反讽。不知你注意到没有，九十年代的现实为我们提供了相当丰富的修辞手段，包括"我是流氓我怕谁"，"千万别把我当人看"那种修辞。我当然会想到诗歌和小说，因为诗歌在九十年代的修辞上一直是开路先锋，小说也没落后，但说到底更多时候也仅仅是止于修辞，这是很让人悲哀的。

姜：当然，这里不得不说的是这本书的插图，我觉得这些插图非常具有现代主义的特色，跟这本书的某些荒诞元素正好吻合。

宁：插图是中央美院版画系苏新平所作，对他的画我一见钟情。

姜：对了，还有人称的问题。你在这本书中，其实都是用了李慢的视角与口吻，但为什么有时候用"李慢"，有时候用"我"，有时候又将"李慢"和"我"同时呈现出来呢？

宁：转换人称是现代小说司空见惯的技巧，我既没想炫技，也没什么特别的考虑，主要是为了避免第一人称——"我"到底的单调。此外，这是一部回忆性质的小说，一个人在回忆自己时有时会用"他者"的视角讲述自己，所以转换人称也是很自然的。还有，我不知你是否注意到宋楚瑜先生访问大陆时，开口闭口总是说"楚瑜如何如何"，给人带来一种亲切感，好像他和听者没距离，说明这种人称上的修辞技巧已溢出文学之外，甚至为政治所用。

姜：还有书法、诗歌、小说等内容的议论与展开，是不是太多了？此外，《观察乌鸫的十三种方式》这一首诗，从头到尾都有，你是不是想用这首诗捆住一部长篇？

宁：只要符合人物身份，多和少很难有一个界限。《观察乌鸫的十三种方式》我在八十年代就读到了，和李慢读的时间完全一致。这首诗给我的深刻印象超过了任何一首外国诗，它异常单纯，但又无限丰富。我写这部书时并没考虑用它结构长篇，只是到了最后才发现它竟然一直神秘地贯穿下来。我不知道是怎么回事，它像一个旋律总是萦绕在我心里，只要适时就会冒出来。如果我确实受了哪一个作家影响，我想是史蒂文森。

姜：《环形女人》是一本我差点儿不会读完的书。只是读到下半部时，我的阅读欲望才好像苏醒了似的。可能对我们这样的读者，形而下的停留不能超时。所以，我想问的是，这本书，你为什么要将形而下搞到那种极端的状态呢？是为了蓄势吗？

宁：我曾说过，写《环形女人》是一种复杂心态的结果，与《沉默之门》有关。后者写了三年，严肃之极，而在写《环形女人》时就好像做了三年修女一朝到了酒吧迪厅等声色场所，进行了一次彻底的放纵。为什么会这样我也说不清楚，但是有一点我认为是不会错的，那就是作者远远大于他的任何一本书，我心中有《环形女人》那种极端形而下的东西，它们要求表达，而且我也想探讨一些当下可怕的东西。

姜：这本书我不想读下去的原因是，我一开始就觉得这是悬疑小说的路数。而我不是这种小说的读者，更非这种小说的作者。我觉得是后半部撑起了这本小说。

宁：老实说，我开始是想写一个悬疑或恐怖故事，但当我在写作中偶然赋予了私人侦探苏明是个"跛脚"时，突然发现整部小说另外的意义，感觉一切都是摇晃的，残缺的，不确定的，这正是我对当下现实复杂的心境。"跛脚"是这本书的核心情绪，它的设定使我要写的一切所谓的悬疑故事都"跛脚"化了，"跛脚"成为一种狂欢式的叙事。《环形女人》与我的前两部长篇《蒙面之城》和《沉默之门》不同，有很大争议，很多人不喜欢，认为这书写得低下、变态、色情、混乱、不伦不类。我看到网上一篇评论甚至说，"因为作者几年前的《蒙面之城》曾经那么的感动的我，冲击我，我对宁肯充满信任，可是这部《环形女人》让我完全认不得宁肯了，这个人好像一夜之间精神分裂、面目全非，变得那么脏、恶心、恶毒。"我觉得骂得很痛快，我真的自己也觉得很痛快。肯定意见也有，同样不吝赞美之词，这里我就不引用了。肯定和否定现在都没有意义，我想说的是，这本书的确伤害了不少信任我的读者，但问题是我是否真的在乎我的读者呢？

姜：你说到了遮蔽，我觉得这个关键词也是挺有意思的。任何概括都是对作品的遮蔽，但是，我总觉得，你的写作，就是一种遮蔽的写作或被遮蔽的写作。我读卡夫卡的《城堡》时，总是在问自己，《城堡》是不是试图要表达一种遮蔽呢？它为什么让 K 无法抵达呢？在你这里，无论是《沉默之门》还是《环形女人》，一开始，不都是在努力遮蔽吗？

宁：作者总是在掩盖什么时候才揭示什么，我觉得一部作品的阴影比例不能小于作品本身，甚至应该大于作品。这一点特别应该体现在短篇小说中，你看有的短篇小说就那么万把字，但它的容量不比很多长篇小说小，为什么？因为它短小的身体托着一条大于它无限长的影子。没有影子的物体不是真实的物体，但我们的一些论者就喜欢拿着无影灯来谈论或概括作品，这可以说是一种以粗暴的方式使作品变得同样粗暴的行为。你说的不错，《城堡》几乎就是由遮蔽构成的，它的阴影部分大到几乎使人难以看清它究竟是一个什么物体，以致不得不让人们对其阴影部分着迷，而我理解这阴影或遮蔽大概就相当于迈克尔·伍德诠释的小说是"沉默之子"的核心的东西。

姜：这本书中张山的设置极有意味，在这个既非人亦非物的形象身上，凝聚了你很多思考，也让读者感受到了这里的深刻：悖谬、荒诞、正常、反常以及很多哲理性的东西。

宁：张山就是这部小说重要的阴影部分。

姜：张山是一个连接物，也是一个通道。不知道我这样理解是不是可以。

宁：是的，完全可以这么说。

姜：这本书和《沉默之门》，我觉得都是非常精彩的小说，几个人物构成了非常复杂的关系，同时，又以这种关系言说着这个世界的本质言说着某段历史。

宁：《环形女人》离现实比较近，有许多人们熟悉的东西，看上去阴影不够厚重，而且有些过分的变形，这些是我自己很清楚的。这本书需要时间，不像《沉默之门》本身已拥有足够的时间。《环形女人》是否是一部成熟成品还很难说，它在我的审美中显得有些突兀，所以它一方面需要时间一方面也要看我今后类似的写作是否成规模，也许它只是我写作中的一颗流星，过去也就过去了，现在一切都说不好。

姜：相比于《沉默之门》，《环形女人》的人物关系相对复杂。但比较明朗。而《沉默之门》，总让我想问一个问题：为什么你的几个简单的人物和并不复杂的事情，支撑起了一部长篇？说实在的，《沉默之门》的写作，可能更具有挑战性。这不是一本很容易完成的小说。

宁：讲故事为主的小说自然会牵扯到众多人物，漫长的故事众多人物支撑了通常的长篇小说。但如果是讲述心灵为主的小说就不需要众多人物，在我看来任何一个人的内心世界都足以支撑起一部长篇小说。心灵也产生故事，故事也表现心灵，但两者在思维方式与世界观上有很大的不同。心灵产生的故事不必靠强大的故事线条支撑，靠记忆、感觉、印象、联想——也就是说靠大量细微的东西支撑，心灵有多丰富，小说就有多丰富。当然，它需要有一个类似命运的框架，找到这个框架是这类仍然还要讲故事的小说的关键。不过有人也可以连这个框架都不要，比如普鲁斯特，就是日常的感觉、印象。

姜：还有，你似乎一直在写病人。这两本书，都写了病人。当然，另一方面也是很有意思的，你在人物的设置上有点意思，马格体格强壮，李慢内在的精神发生病变，苏明侦探则是个形体上有缺陷的跛脚儿。然而，可能更多的人都会认为，苏明不是主人公，简是主人公。甚至，张山存在的意义也要比苏明更大。苏明的意义只在于情节的推节与缩结。就像《沉默之门》，倪维明的意义可能更大。

宁：你谈到了我的三个小说的主人公，其中一个强健，两个是病人，说明什么？说明马格绝不会成为苏明，李慢和苏明有内在联系，事实上李慢摇身一变很可能就是苏明侦探。李慢内心的傲慢、对世界的睥睨与苏明完全一样，只是两人的行为方式大相径庭。一个是指向内心世界，直至心智崩溃；一个是向外挑战，将他的现实变得摇摇晃晃、荒诞不经。但结局十分相似，那就是两个人面对强大的现实最后都归于"沉默"。

姜：说到这一点，我不得不与你提及童年。倪维明这个人物的设置，是不是意味着童年时代的经历对人生的定型有着更具有确定性的影响？

宁：童年决定着一个作家，很多作家持这种观点。

姜：《环形女人》这本书，是否可以看成是一种颠覆作者写作经验的书？当然，可能有些内容直接来自于你的经验，譬如对数学的喜欢。你的《蒙面之城》里也有这方面的内容。你似乎对数学和哲学的关系思考比较多，涉猎也比较深。但两本书里的很多东西，那绝对应该是超验的。

宁：一本极致的书很可能会催生另一本极致的书，我们总爱说一枚硬币的两面，《环形女人》就是《沉默之门》的另一面。作者并没颠覆自己，只不过是展示了的另一面。我不可能专门研究数学，但说到数学我对数学一直怀有深深的敬意。西方很多哲学家同时都是数学家，从古希腊开始，一直延续到二十世纪的罗素和维特根斯坦。我不知为什么这种例子在我们古今的哲学家中很难找到，其实我们古老的《周易》孕育了这种可能，但不知为什么始终没伴生出数学哲学家，或者伴生了未受到重视？数学，哲学，文学，其中显然有一条或虚或实的连线，我们有些东西的缺失很宿命，没办法，只能尽力而为。

姜：《环形女人》还有个想象力的问题需要探讨。在这部书里，想象力是否过于泛滥了？这样，就又带来了一个问题，在你看来，小说究竟是一个什么东西呢？小说何为？小说何以存在？

宁：我想不是泛滥，还是没处理好吧。至于小说是什么，我好像从没认真想过，或者要么就是想得太多了，我们不是一直在谈论它吗？

姜：我很少问及作家在写作过程中的事。不过今天我想问一问，在你写作的时候，情感、思想、感觉等都呈现出什么样的状态呢？写作的速度、写作过程中的精神状态又如何？不好意思，掏你的家底儿了。

宁：我的写作奇慢无比，有时我觉得自己不是在写小说而是研究小说，像搞科研。特别是写《沉默之门》，我曾做过一个比喻，我写小说就像病人煎自己的中药，需要微火，状态，慢慢煎自己。每一味药的味道都要煎出来，品出来，然后是整服药的浑然复杂味道。一段一段，一个句子一个句子地煎，最后觉得自己就像药渣才拉倒。我读自己的小说，就如喝自己的药，在喝药中我慢慢恢复精神，体力，最后人和小说都神清气爽才算完工。你觉得这部小说过于缓慢是实情，这种煎法怎么不慢呢？

姜：你的西藏经历，给了你什么样的文学营养？

宁：西藏给最大的影响就是它关了我十五年，给了我一种严格，一种尺度，一种超越。

姜：你似乎对希区柯克非常着迷。那么，在你走向文学的路上，还有哪些作家或艺术家给了你重要的影响？似乎，卡夫卡式的荒诞也是你所迷恋的。这大概也是你在《环形女人》中设置审判三个情人的情节的内在原因。

宁：就可读性或观赏性而言，希区柯克提供最好的范例，希氏不仅有悬疑恐怖，还融合了弗洛依德的精神分析，这使他不同于一般的悬疑和恐怖，值得研究。卡夫卡不仅荒诞，他还是固执的，我以为他的固执比他的荒诞更能影响我。你看 K 到城堡去是多么固执，《审判》中的那个人也同样固执，我认为正是这种固执建立起了卡夫卡的文学信念。另外，蒲松龄对我的影响也很大，在我看来他是最早的超实主义作家，他的那些鬼故事直接与现实相关，但又不是寓言，不是讲一个道理，他有自己维度，他是多么先锋啊。

姜：有一点，是让我佩服不已的，你读蒲松龄读出了与众不同的东西。你对卡夫卡那种孤绝的文学行为的解读也是非常有意味的。事实是这么回事，卡夫卡这样的大师，存在着一种内在的颠覆。我们很多读者，也许都未能真正地了解这些人物。最后我想问你一个问题，我跟很多作家对话时都发现，很多人一开始都是写诗的。你也是。诗歌在你的文学生涯里占据什么样位置？写诗对你写小说的意义何在呢？

宁：我对诗人写小说既信任又怀疑，诗人叙事要么不得要领，要么横空出世。诗人总是飞跃的，一旦飞跃成功，往往就站在了某个孤立的高度上，与所有人都不同。诗人和小说家之间一般没有平庸的中间道路。诗人的结构意识不亚于小说家，在对人的幻觉认识上甚至有过之，然而在具体的叙事行为和叙事意识上诗人往往缺乏耐心，这是诗人写小说最大的障碍。跨越这个障碍非常难，很多时候诗的习惯总是在干扰叙述，甚至把你引到误区。我经常有这种体会，当我写得得意的时候突然发现后面难以为继，冷静一看原来是诗的东西出来了，打断了小说的长调。也就是说，在不该推上去的时候，把感觉推向了极致。除了这些弊病，我觉得剩下的都是好处。比如诗的节奏让我对小说的叙事节奏异常敏感，比如诗的结构让我在小说结构上大刀阔斧，至于诗歌语言的敏感对我的小说影响更是随处可见。不过我总的看法是小说应该尽量避免通常诗的影响，小说就是小说。

（本文发表于《莽原》2007 年第 5 期）

西藏：给了我超现实的感觉

——网易嘉宾访谈

主持人：阿琪

2004 年 11 月 19 日 16：07

主持人：各位网友大家好！周末快乐，我们今天聊天室的嘉宾大家都已经知道了，是著名作家宁肯老师。

宁肯：网易的网友们你们好我是宁肯，我祝大家好，今天在这里跟大家认识非常愉快。

主持人：我们能不能先讨论一下你的笔名？因为好几个朋友问我这是他的笔名吧？感觉这个笔名很强势，是否定的姿态，为什么起这个笔名？

宁肯：我本身姓宁，我真名叫宁民庆，这个名字听起来很费劲，因为这个名字起很多外号，所以后来我写文章时候我开始考虑需要不需要一个笔名，我还是想保留我的姓氏，我这个姓氏起任何一个笔名我都觉得不是特别上口，后来我觉得有这么一个虚词宁肯，我觉得宁肯这两个字大家经常叫，肯定特别容易被记住，所以我就起宁肯这个名字，大概在1986年发表散文时候。

主持人：为什么从宁肯开始我们今天的聊天呢，我觉得宁肯两个词正好表达你好像跟现实之间的一种关系，我读你的小说，你的《蒙面之城》，你的《沉默之门》，总感觉作者主人公跟现实之间有张力，我曾经看到你说一句话，你说你从来没有接触过地面，一直离地三尺，我想知道为什么会这样？

宁肯：有这个感觉应该是在我去完西藏以后，在西藏待几年以后又回到内地，本身有一个高原反应，人在高原上待比较长的时间之后适应那个环境了，回到平地之后仍然也有反应，这个反映就是有点头晕，感觉踩不着地的感觉，这当然是物理上一种感觉。同时也有另外的原因，就是说我从精神上、从生活上西藏给我很多东西，这使我好像在西藏那几年一直待在比较超现实的环境里。生活到内地以后，很多地方不太适应。

主持人：什么叫"超现实感觉"？

宁肯：是一种非常的感觉，西藏特定环境和中国任何一个地方的地貌都不一样，最主要特点海拔高度比较高，高山、雪风、草原，到了西藏给人感觉有点超越内地感觉。

主持人：当时多大？

宁肯：25岁，应该说比较年轻。待了两年，到27岁。

主持人：你住的由石头盖起来的房子还在吗？

宁肯：应该在，因为西藏本身不生产砖瓦，西藏土地是非常薄的，就薄薄一层，因为砖要用土制，所以主要就地取材，取石头。我想那个石头房子应该还在。

主持人：你离开这么多年，你觉得那个老石头房子你还能回去吗，你的心能够真正回去吗？

宁肯：过去经常有人这么问我你回没回过西藏，你想念不想念。实际我觉得我始终在西藏，我用不着回去，我和西藏实际上是长着一样的，我可以经常回到西藏。

主持人：长在你里面的究竟是些什么？

宁肯：我觉得已经进入到我的骨髓里边，血液里边，性格里边。我原来倒是想过，很难描述，我觉得因为我刚才不是说过在西藏我非常年轻，我觉得 25 岁正是一个人定形的年代，我特别幸运的是在西藏定型，这一定型就打上很多很多西藏烙印，比如西藏高海拔、天蓝、水清，人都是很纯朴的。一个自然环境，你整天接触那样一个自然环境，你确实有一种超凡脱俗的感觉，这样一个印象打在我身上我觉得非常紧。我记得西藏给我一个最大影响，我回到内地以后对很多事物都非常苛刻，非常挑剔。觉得很难再有西藏那种自然环境给我的感觉，比如他们说黄山也好，峨眉山也好，这些地方我都去了，但是都没有达到西藏的感觉，达不到我的兴奋点，我到西藏以后属于人身已经到一个顶点之后，其他都有点曾经沧海难为水的感觉，西藏使我具备一个无形尺度，比如看人际关系，看利益。

主持人：有一个原初东西在那？精神底线？

宁肯：不是底线的问题，我觉得是高峰问题，一个非常高的标尺，所以对什么都要求比较高。

主持人：我很想知道因为我读你的两本书：《蒙面之城》和《沉默之门》，我觉得这两本书都是个体生命，怎样在寻找生命的意义，寻找他的生存方式那种含义，但是两本书结尾好像都有点无奈，有那么一点孤独，甚至有一点点绝望的东西在里面，这是不是代表你作家本人的一些生死观或者精神元素在里面?

宁肯：两个结尾就像你说的都带有比较低调的感觉，绝望也好，或者彻底平静下来了也好，很苍凉的那种感觉。因为我觉得可能和我对生活的认识有关，我对生活的认识也导致我对小说的认识。

主持人：对生活的认识是什么?

宁肯：我觉得生活首先是一个巨大的过程，这个过程除了死亡似乎没有一个终点，人们都是在过程之间不断挣扎，不断寻找，不断想达到自己想达到的地方，想达到一种远方。但是人总是像是在途中的感觉，在一个驿站的感觉，这个驿站可能仍然总是很困顿。我对生活有这样一种认识，生活是驿站，这个驿站不是很愉快的驿站，所以也导致了我的长篇小说这两个结尾都不是特别光明的，也不是特别绝望，仅仅是人生的驿站，不是人生的结尾。

主持人：《蒙面之城》你写作大概多长时间?

宁肯：《蒙面之城》在我写作中应该可以分成两个阶段：前期的一个阶段是我在西藏写的那么一部分，那时是 1985 年，写了一个中篇，大概两万多字，这是一个阶段；经过十几年之后，1997 年时我重新写这部小说，从 1997 年年底一直到 1999 年底，《蒙面之城》用了三年多时间。当时写完《蒙面之城》之后我有一种整个对自己前半生一个总结一个交代，好像把自己生命中主要东西、主要部分全部用光了，包括在西藏那些经验。

主持人：《沉默之门》好像又花三年时间，相对而言《沉默之门》比起你的《蒙面之城》，你个人觉得哪些地方地步了?

宁肯：有人说《沉默之门》比《蒙面之城》超越很多，主要体现精神层面上，包括技巧上，我个人认为，我并没有觉得《沉默之门》超过了《蒙面之城》，因为在我看来，这种超越、超过这种观点我觉得是一种竞赛，和别人竞赛也和自己竞赛，我每走一步肯定超过后边，我觉得事情不是这样，所以我觉得在我的生活中，我觉得这两件作品都是我生命的问题，我觉得一个人生命只有阶段性没有高下之分。至于它们之间存在着不同，我觉得主要是在作品题材上，主要表达的主要情绪，或者主要的主题方面，由于不同带来一些结构的不同，手法上、风格上的不同。

主持人：手法上如何不同？风格上如何有变化？

宁肯：这个实际上从手法上来讲，从技巧上来讲，我写这部书根本没有自觉的想法，我要区别《蒙面之城》，我觉得几乎是与生带来的，当我要写李慢这样一个人物时候，我觉得技巧已经全部包含在里面了，你应该去这么写，你就应该这样表达，这个表达肯定不同于马格的表达，有一个我非常尊敬的评论家，他说不同是由于题材的不同，人物的不同，马格是非常外相强壮的，他需要过程，需要行为，需要大量的情节，很阳刚的，空间也非常广阔，是带有浪漫色彩的这样一种方式。

李慢正好相反，很被动的这样一个人物，而且他也很满足于这种被动，我在作品中有这样一个比较，他非常希望自己是什么样一个人呢？就像一个蜗牛一样，包在自己壳里，周围没有伤害的时候他可以把身子探出来，但是稍微有一点动静风吹草动他马上把自己包起来，他非常认同。塑造这样一个人物肯定会带来自身技巧。大量心理描述，人的状况，这个是和《蒙面之城》非常不一样的地方。再一个他的空间活动范围，能小就小，马格能大就大，眼睛里总是有远方的那样一个人，他空间能小就小。这里边有一些意识活动，意识活动也带来结构上的一些变化，结构上不完全是线性的，中间是有跳跃的，经常回到过去的，是这样一种方式，这是和《蒙面之城》不一样的地方。

主持人：性格差异很大的两部小说，作家本人和主人公之间心理距离大吗？他可以看到你的精神自传，你曾经说过自己在完全没有准备情况下横跨黄河，最后还活了下来，很危险，也许有那么一点差错就不存在了，就不能在我们这聊天了，但另外一方面，你们静下心来打磨一本小说，我觉得你身上同时具备马格和李慢的双重性，是这样吗？

宁肯：我觉得完全可以这样认为，过去有人问过这个问题，我觉得是这样，像《蒙面之城》这本书，更多的是我的心里境地，当然也包括一些真实生活，我觉得马格这个人更多的是我成长阶段的一个梦想，李慢这个人更多的是我现实生活中的人，从我这两部分内心精力来讲，从我成长经历来看我确实具备马格这样浪漫的、漫游的性格，同时我这人又比较喜欢孤僻，这个孤僻是总小就养成的，比如我写的李慢很小的时候，就开始自己写字，没上学的时候自己开始画很多小字，这是我童年时代特别真实的境地。

主持人：你妈妈肯定认为你是天才？

宁肯：没有，那个时候没有玩具，那是非常贫困的阶段，而且家里孩子很多，根本照顾不到，自己游戏最简单方法就是看大写字觉得很新鲜很好奇，自己就开始描字，这实际上表明了我童年孤僻内向的性格，是比较接近李慢性格的。

我觉得《沉默之门》更接近于我的自传，包括《沉默之门》第一章就写到失业，报纸停刊了，他去领工资，他还盼望着报纸复刊，这都是我真实经历，有一段时间我们报纸停刊了。那个报纸叫《中国人才报》，的确就是在地下室办公，我记得是公主坟科技情报所，是四层楼，下面还有两层，我们走下面两层，我记得当时情景非常悲伤，我们在地下室领最后一个月工资的时候大家等很久，走廊里面黑洞洞的，都希望复刊。都有一种无主的、无奈的感觉，不知道前途会怎样，我们在这个时候失去工作，如果不失去工作可能心里还有点稳当感觉。

这是我真实经历，感受特别深，比如找工作，当时人事都冻结了，因为某些原因，所有单位都不招人，都在停滞状态。人家给我介绍一个什么工作？就是我小说里说的，实际叫中国社会调查所，是民办的，我当时挺高兴，我一听中国社会调查所，是不是有点社科院的感觉，但是到那一看才知道没有工资，那有一些项目，你挣来钱了从钱里提成，这是完全没有把握的。

主持人：当时承受能力跟现在不一样，你小说里用很多真实名字，是不是他们的原形呢？

宁肯：不是，我写小说时候愿意起一个上口名字，如果起一个陌生名字我跟他没有感觉。

主持人：我还以为这些故事都是真的，我读《蒙面之城》，我对另外一个人物非常感兴趣，就是成岩，我觉得成岩的刻画特别成功，他一定要成功，不能不成功的那种状态，给我们聊聊这个人物，这个跟马格正好成为对比性。

宁肯：如果和马格对比起来说，首先他们俩生活层次不一样，马格生存层次是在知识分子家庭，或者类似于中产阶级家庭，衣食无忧，但是马格由于在精神上感到压抑，他对他的生活，对他的家庭产生叛逆，我宁可过苦日子，我只要能够吃饱穿暖就行了，我要求非常非常低，这是马格的特点。成岩特别完全不同，成长在乡村家庭，生活在底层，他准备往上冲杀，我觉得一个人在往上冲杀，冲杀的路是非常艰难的，由于他得和人打交道，他接触很多很多让他难以承受的东西，但是他必须承受，这样的话他性格上就有扭曲的成分，但是这一面我觉得这和整个中国发展中国家地位是比较相称的，这样类型在我们国家人特别多，因为我们国家是经济落后的国家，过去大量生活在农村，包括城市市民也都很穷困，心里也都有过好日子的想法，都想获得成功，这样一种冲动是非常大的。所以，我觉得像成岩这样的人在我们生活中是很真实的。

主持人：我觉得他比马格更真实，我相信你身边就有这样人，要不然很多细节不会抓得这么准，比如有一个细节让我特别吃惊，他特别想到北京来。北京在他心目中是一个梦想的地方，果丹说要么我们回郑州，他心里骂，最后咬咬牙回到深圳，这个细节抓得特别准确。

宁肯：这是相辅相成的，他越梦想的东西他越不想用直接方式说，他活得比较累。有些读者给我来信，他们更喜欢成岩，他虽然有扭曲的一面，但是我塑造这个成岩也有大器的一面，哪怕他的弱点我也欣赏，他堂堂正正做事情，哪怕这个事情不符合道理。

这种精神的亮点又是本身这次旅行带有预谋性质，实际上一种矛盾的，他不是很明确我要怎样，但是又想有个决断。他心态始终是在变化。关键时刻他仍然能表现出英雄主义气概。

主持人：果丹要救马格，而且没有任何时间犹豫，我觉得这个细节太成功了。这个细节确实需要作家功力去想，最后让成岩内心像癌症一样控制他的，就是他看到果丹的表情，他其实知道果丹作弊，但是永远没有说，他只在梦中说。

《沉默之门》有这种细节吗？我觉得《沉默之门》里面这种细节好像设计的不多，唐漓好像为了对李慢造成伤害才设计这样人物，我不认为这个人物不能不存在，而且唐漓很单薄。

宁肯：这两本书创造基点是不一样的，《蒙面之城》需要一种浪漫，需要情节冲突，需要戏剧化成分，因为戏剧化需要大量细节，冲突等。李慢是内向性的人物，不需要这么多冲突，不需要那么多戏剧化场景，这个一个本质行不通，我觉得从文学角度来讲戏剧化东西好看，但是和生活真实有相当大的距离，恰恰我们生活本身，是很少有戏剧性的。我觉得现代小说越来越淡化戏剧性、情节，主要反映精神。

主持人：你说现代小说要求低调、多议，讲究控制力，在《沉默之门》你有意识地转化过来的？

宁肯：对，要表现一种现代意识，《沉默之门》还有一个比较大的特点，就是使用大量暗示性东西，好像一幅画一样，你能看到表面一层意思，同时下面好像又含着一层意思，包括语言的缝隙等都包含这些东西，这个技巧是比较充分的，和你说的成岩那样的细节不一样，小说观念上就不一样。

主持人：那个文革老人，这个人物非常有内心力量，就像石头一样。

宁肯：我塑造这个老人，说句实话也有点神来之笔，但是仍然是在我心里的，因为我看那么多文革小说，反映老知识青年也不少，大体都是被强迫、被压制，最后内心不服表面屈服，我想塑造一个不屈服的人，我觉得这种人本身存在，被打死的确实就是像他这样的人，最大不同是什么呢，不仅仅文革中坚如磐石不屈服的表现，关键是文革结束以后，他要把历史原封不动保存，保持十年、二十年，甚至拍电视剧的香港要想找文革中普通人的场景，你就到他这看，特别清楚，特别真实，这个老人能够给社会的贡献就是他把这些都保存下来了。

主持人：他其实有内心境界，他对钱财看得很淡。

宁肯：经过文革这场浩劫之后，钱、落实政策这些东西对他都非常次要，他顽固的是看守这块历史，他要让我们民族记住这段历史，不能再重复这段历史，这也是他活下来的理由。

主持人：所以相比李慢来说，我觉得这个老人给我冲击更大，就像成岩一样，对我影响力更大，个性鲜明，而且有力量，而且他有基础，不是塑造这么一个人物出来，我觉得有强大感召力，让你相信他的存在。

宁肯：甚至李慢自己作品中也感觉到自己非常崇敬那个老人，但是他无法成为老人。

主持人：为什么？

宁肯：和时代感触是一样的，因为我觉得我们经历过一段特殊的历史之后我们的精神状态、理想被取消了，大家似乎只有市场经济，生活得更好点，多挣点钱，我觉得这个社会特别单一，道德、情操、理想、美好事物我觉得一下好像都很难再追求，我觉得是很苍凉的很柔弱的个体，无论从精神层次上，还是从生活选择上来讲相对比较单一，李慢就是这样一个疲惫的面孔。没有精神高度，精神被取消了。李慢生活问题解决之后回去看自己童年老电影，也不读书了，看小兵张嘎地道战等，李慢生活中也有一个唐漓，但是无法找到，他只能找到像李艳这样一个人。公共汽车上两人发生类似性骚扰事情，我觉得李燕是一个风尘女子，李慢只能通过风尘女子满足一下自己对过去美好的回忆，这是很讽刺的感觉。

主持人：好像唐漓是他年轻时候一个玫瑰梦，连玫瑰梦也没有了，现实一片苍凉。

宁肯：李慢和杜眉结婚是很平淡的，两人都走到很无奈境地，最后两个人还结合到一起，你是医生我是病人，都是很无奈的想法。精神指数好像很难找到一个突破口，让大家为之精神一振的突破口。

主持人：我想知道对你来说成就作家一个决定性元素是什么？是你所经历过的历史事件还是你的家庭？

宁肯：我觉得成就作家不是历史事件，还是在一个人童年孤独，成为作家如果有几项指标，我觉得最重要指标是童年孤独感，我大概7岁时候开始独自生活，概念是什么？

宁肯：当时我的哥哥姐姐都插队，他们工作了，那时我们家在北京，我父母在郊区工作，在良乡，每两个礼拜才回来一次，我一个人就可以生活，那时自己做饭吃，冬天自己生火，两个星期家长才回来一次，我上高中以后我们家人才陆续回来，插队的回来了，我父母退休了，从7、8岁一直长到17岁，10年时间，造成我内心很孤独，无依无靠，但是这种孤独感又使你自身产生很多能力，自理能力，产生很多潜力，你感受到那种世态炎凉，你很小时候就能感受别人脸色，我自己生活的时候经常到邻居家吃饭，端着饭盆，高兴的时候没事，人家不高兴的时候就拿你出气，出去。这样就学会察言观色，邻居不高兴时候自己就要提前出去。

这是非常残酷的，正是这些东西造就了我的敏感力、想象力，一个人有很多梦想，也造就了现实深入中自理能力。

主持人：你为什么叫宁肯，因为你内心跟现实世界一直有紧张关系，不合作的紧张关系，甚至拒绝的紧张关系？

宁肯：我不知道你的判断正确不正确，但是可能正确，从我少年时期感觉，我觉得和这个世界处在一种紧张的、不和谐的需要自己奋斗的，需要自己领悟的，在这个过程之中，我所依靠的很少，我经常只能靠我自己，这就造就了我对自己有自恋的情节，这使我拒绝很多东西。内心里边有一个很顽固的东西，这种顽固东西就是他自己，和别人都不一样，这个东西可能经过多年成长顽固的存在他心里以后，谁也代替不了。

主持人：但也会让你性格很坚强，所以你才会在一个人切断下冒险跨渡黄河，甚至到西藏。

宁肯：现在想起来很荒唐，渡黄河时候我还考虑写诗，当时还考虑诗的词语，结果突然一看根本过不去，非常危险。最后实际上我渡黄河也没有成功，你这个角度看特别近，但是你游的时候要斜着方向顺流游，等于你离它越来越远，等我回到大坝，根本没有渡过去。

那个浪非常急，折腾几个小时之后好不容易抓到一块救命石头。还有一些大漩涡，当时跟我一块去的朋友走了，他们打听说看见没看见这个人，他们以为完了。

主持人：那时候多大？
宁肯：上大学时候。22、23岁。

主持人：你现在结婚了吗？有孩子吗？
宁肯：我结婚了，有孩子，我孩子上高一。

主持人：你孩子成长过程中你是不是给他很多陪伴？

宁肯：比我小时候陪伴要多得多，所以有时候我也觉得我给他这么多陪伴，有的孩子由于给他更多爱，他未来道路并不平坦，但是我觉得事情都要任其自然，你不能故意给他艰苦环境，这个不正常，总的来说给他的爱要比我童年得到的爱多得多。

主持人：你打算什么时带他去西藏？看看你住过的房子。

宁肯：过去也讨论过，他的意思是他想自己去，并不想让我带着他去。

主持人：你在藏北吗？

宁肯：我在拉萨。

主持人：说到西藏，我还问要一个问题，为什么所有去西藏人都非常赞美西藏，但是所有人都选择离开？

宁肯：所谓的好，说西藏那个地方非常好，这个好的概念和我们通常生活中好的概念不一样。

主持人：是精神层面上的好？

宁肯：包括精神层面上的好，也包括自然界新鲜感、独特、危险，别人难以到达，包括很多因素。所以说他好，我觉得和我们说一个地方好概念不一样，这个好时机上我觉得不是人们想在那生活一辈子的好。

主持人：从衣、食、住、行具体生活来说也许北京更好一些？

宁肯：我觉得就是这样，因为人类城市发展是文明的标志，我觉得正因为有了城市的存在，那些大自然才产生意义，如果当初没有城市的存在，大家都生活在自然界里，就没有好和不好的感觉，没有差异。

所以我就说正因为热爱城市生活，我更热爱自然。但是假定让你待时间长了，我觉得你会更加向往城市现代文明生活，人就是这样。因为你看我到西藏，你要在一个地方不受苦的话，你很难感受他的美好，刚一去那段时间感觉很新鲜，新鲜劲一过，没有报纸，没有电视，没有朋友交流，你整天开门就是山，宗教，陌生的人群，你自己在那阅读，那种枯燥的生活，那种寂寞。

主持人：现在可能好一点了，现在酒吧特别多，也可以上网。
宁肯：1984年的时候什么都没有，现在当然好得多了。

主持人：好像你个人经历满复杂的，下海，现在又回到体制内了。
宁肯：下海也是在体制内下的海。

主持人：什么叫体制内下的海？
宁肯：1989年找工作，我真干过一段推销《夜生活指南》，到一个一个餐馆，1990年进《中国环境报》，做两年编辑，1992年时候一个突然机会来到我身边，我们要加强广告经营管理，广告科升级为广告部，然后要搞一个大的广告公司，人选特别重要，想选什么样人，我完全没有想到选择到我身上。
主持人：他们为什么选择你？
宁肯：通过侧面打听，第一他们觉得我这个人非常老实，他们觉得我人品非常好，广告部交给我非常放心，不会出经济问题。

主持人：后来没出经济问题吧？
宁肯：没有出，第二他们觉得我有很多想法，脑筋还是比较灵活的。

主持人：广告公司做大了吗？
宁肯：我觉得跟自己比还是做得挺大，我接手时一年大概六七十万，三年之后已经达到四五百万，四五百万对于我们来讲已经是非常不错的。当时退不下来，当时说好干三年，我当时正写东西，我刚刚发表一个中篇，就是《蒙面之城》前身，正在兴头上，想在文学上有一番作为。

主持人：你对文学还是非常热爱，要不然不会这么执著，很多人下海之后闻到钱的味道很难回到文学上。

宁肯：当时把车交了，手机也交了，各种职务之便都没了，我当时作为广告公司老板想上哪上哪，甚至出国。

主持人：你怎么会有这么大内心力量，拒绝这种东西，所以叫宁肯，宁肯写作，真是厉害。

宁肯：我觉得还是和文学有关。做广告公司偶尔空闲时候你不知道怎么打发这段时间，极度空虚，而且你过去又有过一段非常强烈梦想，那个梦想没实现过。

主持人：人生终极目标不在钱上。

宁肯：你没有把自己的东西表达出来，这和你没有关系，真正有时间你不知道把自己往哪放，这种恐慌的感觉非常强烈。

主持人：有网友问，你刚才说到七岁时候孤独的生活，这种自理能力让你内心产生很大潜力，但是我身边一个例子正好相反，他很小时候父亲死掉了，母亲为了生存，很少有能力领会他，他自己性格变得非常暴躁，不但没有什么能力表现出来，而且还没有信心，这个怎么解释？

宁肯：比如我的那种孤独感，我还有父母和哥哥姐姐，他们都是爱我的，我没有丧失爱，只是由于遥远由于客观存在不能经常照顾我，但是他们存在。

宁肯：像刚才这位网友说的，父亲早亡，母亲照顾不周，让他看到很多生活中不完美的一面，这个东西可能对这位网友造成很大影响。或者接触到恶的那一面，这个东西缺乏安全感，这可能对他产生比较大的影响。

主持人：最后两分钟请宁肯老师直接跟网友说说你最想说的话。

宁肯：我最想说的话是这样，我的《蒙面之城》问世三年以来，我觉得广大读者没有把我忘记，而且现在还在不断通过我电子信箱给我来信，这个让我特别感动，有些信我确实来不及回复，或者说回复得比较简短，我希望广大读者能够包含我，我实际上还是在想尽快地拿出我的新东西来满足你们精神的要求，在这方面我觉得做的有所欠缺，有点对不起我的读者，没有及时跟读者做更平凡的沟通，确实没有时间，我希望大家在读我新书时候能够得到补偿。

主持人：下一部长篇我们是不是还要等三年？

宁肯：这个不好说，因为我写东西非常慢非常仔细，我希望对得起读者。

主持人：我觉得你后记里面有一句话特别好，你说读书人和写书人都是双重孤独，完成这本书写作和阅读，双向孤独才完成，我觉得这句话非常好。

宁肯：没有读者的参与这种写作无法完成，而且作者和读者都是孤独的人群。

主持人：我们聊天时间已经到了，非常感谢宁肯老师到我们聊天室作客，也感谢各位网友的参与，祝大家快乐！

宁肯：谢谢网友！

主持人：再见！

2011 年 1 月 24 日

存在与言说

——与王德领对话

对话时间：2010 年 1 月 22 日下午 1 点—3 点

地点：北师大东门某酒吧

在精神向度上表现本质的西藏

王德领：我记得，在没有看书稿之前，你说在西藏精神背景下写了一个变态者的形象。说实话我比较担心。一个变态的人物和西藏背景是很难整合在一起的，这是一次冒险的写作。但是我读了小说之后，就比较放心了。你把二者结合得还比较好，比较自然。要知道，这样的写作是很有难度的。西藏代表着宁静、宗教气息、圣地、心灵纯净等这些未被现代文明充分挤压的概念，是形而上的，哲思的，类似于人类的健康的童年时代，"人"本身是健康的，带有"赤子"形象；而变态者的形象是现代文明挤压的结果，涉及到体制、文化、心理、家庭等方面，"人"是变异的，这样的人的变形和异化是文明的痼疾。西藏和心灵的变态，二者的反差非常大，它们之间内在的矛盾和冲突几乎是不可调和的。

宁肯：西藏离身体确实是比较远的，离精神近，是一种精神性的存在。

王：可我读了之后感觉你将二者融合了起来，你是怎样做到的？

宁：首先，我觉得西藏在这个小说里面并不是第一位的，第一位是王摩诘，写这部小说不是为了表现西藏，而是让西藏表现他，在小说中整个西藏的感觉是经过了他的处理，经过了这个人物的内心化，以及他的视野、他的关注，所以整个西藏，包括这里面的哲学、历史、宗教、自然，一草一木，实际上都是经过了他内心的过滤，打上了他的烙印，有了这样的基础，融合便不再困难。

王：这样看来，你是这样设想的，王摩诘由两大块构成，一是思辨的精神的，一是变态的身体的？

宁：是的，首先王摩诘作为一个知识分子，一个搞哲学的人，他所拥有的那种形而上的感觉，他的那种散步、看到的一草一木，是把自己的生活和哲学融为一体了。这一点比较接近古代哲学理想。因为哲学这个东西，就像这本书里所写到的，在古代的时候和人们的生活是不分家的，只是到了启蒙时代以后，哲学和哲学家本身分离了，生活和思想分离了，包括黑格尔也好，康德也好，他们的生活和他们的哲学应该说有一定的联系，但是不像古代联系那么紧密了。我主张什么我就按什么行动，这是古代哲学家，包括孔子、老子、苏格拉底、柏拉图等所秉持的，在他们那里，哲学和人生都是不分家的。

王：古代哲学从某种意义上说是一种人生哲学。带有政治性、社会性的哲学。首先是从个体的人出发的。王摩诘可以说超越了现代哲学的局限，在一定意义上回归了古代。

宁：对，到了书里的王摩诘这儿，他将哲学和他的生活又结合在一块了。他认为，"我"甚至可以存在于一棵草里面，"我"认为与世界可以保持一种陌生，保持相关的独立，在距离感中才可以感知自己的存在、对方的存在。这一面的生活是哲学化的。

王：从某种意义上说，王摩诘是一个自觉的哲学家。对西藏来说，他是一个自觉的哲学存在。你看西藏那些牧民，他们一生好像都是为了宗教而活着，就为了他们自己的哲学而活着，财富对于他们只是身外之物，信仰构成了他们的人生基础。

宁：而且这个哲学不是个人哲学，是宗教的哲学。

王：作为主人公王摩诘来讲，他是一个主体性很强的人。他的主体统摄了整个西藏的感觉，包括他与马丁格能够成为好朋友，他们在某些方面有交叉点。马丁格也是在探索生活和存在的关系，生活和哲学的关系。他是通过自身的追求，心灵的探索，找到宗教的道路。也就是说，他们在这样一个交叉点上，找到了共同语言。这一部分是这个小说非常重要的基础。这样来表现的西藏，是一个内在的西藏，不是一个目前流行的奇观化的西藏，也不是一个像马原的小说那样的一个作为布景的西藏，而是一个精神的西藏，一个本体化的西藏。

宁：对，一个本体化的西藏。

王：这部小说的开头十分精彩。马丁格在雪中的描写非常开阔。雪、寺院与喇嘛、上师的关系，一种精神的播撒与升华，是小说的精神制高点。还有村落里的阴影，那些儿童被太阳灼烧的眼睛，被灼烧而又战胜了灼烧。这些都是非常内在的场景，没有精微的观察和深刻的体悟，是很难写出来的。

宁：小说里写到了小孩用鞋子玩水，那种存在多好啊。这是我经历的真实的故事。当年我在哲蚌寺下的中学教书，我一天中午出去，看到了一个三四岁的小孩在玩水，当时他拿自己的鞋玩，当时看着是很可怜的，但是又非常本质。因为我觉得从某种意义上就应该如此，使用太多的工具就把人给异化了，城里小孩用水桶等一些工具玩水，过于工具的玩耍，虽然玩得十分开心，但是他的主体性就不是很强了。反而是这种什么都没有的，用自己穿的鞋子去玩耍，这多么本质，可是又非常可怜。就是那种综合的感觉你说不清楚。玩着玩着小孩的鞋就漂走了，小孩很开心，又把另一只鞋脱下来了，结果也漂走了。

王：第一次偶然失手漂走给予了他极大的兴趣，所以第二次玩水他就是主动的了，他要模仿他那次漂走。这和他的偶然的失手是不一样的，这里面的哲学意味是非常大的。所以这都是带有一种发现式的对西藏的人的存在的探索。那个玩水小孩不仅仅是一个藏族，甚至就是人类的童年。外人看西藏是神秘的，其实，西藏的内在实质到底是什么？从宗教的角度如何进入西藏？我认为不从惯常的描述现象入手，而是试图进入它，这个方式可能是最准确的。

宁：不解释它，而是进入它，发现它。

王：不是围绕奇观编制一些情节来描述，不使用丰富的想象力来魔幻它，如《藏獒》那样集中在一种动物上，围绕草原的归属，描述两派势力之间的斗争、争夺，对于历史来说，那些刀光剑影可能是偶然的几个点，但是真正的西藏不是那些。西藏还是非常平静的，非常本质化的、质朴的。你在西藏的经历和小说的关系是很大的。你当年在哲蚌寺下教书，小说里的主人公也是在这里教书。小说对寺院精神传统的描述，对学生的家访的叙述，还有许多生活的细节的描绘，这种对风土人情的准确描述，没有西藏生活是写不出的。

宁：比如小说中王摩诘与学生的接触。他和学生母亲的接触。这是一个真实的事情。我刚到西藏不久，我的学生就告诉我，有个男生上学期已经被开除了，他还坐在这里。我于是第二天上课的时候就对那个小伙子说："你走吧，你不是上学期已经被开除了吗？"几天后，他妈就来了。一个老太太，就像小说里写的那样，她两眼都是白内障，当时的感觉就像月光被云彩蒙蔽之后又露出了一点那样，实际上她根本看不清楚，完全是模模糊糊的，两个白内障的眼睛看着你，稍微仰视，就像看着上天一样，那种祈求的神情，让我很受震撼，我觉得那是人类一种本质性的企望。

王：那是一种非常纯朴慈悲的目光。

宁：而且她的欲求又那么简单：就是想要让孩子上学。多么可怜又高尚的愿望啊。我的主人公就生活在这样一个环境中。这些是西藏最本质的东西，人类最原初的东西，童年的东西。我觉得我写这些东西都是基于人类最本质的意愿去写，并不仅仅是因为他是藏族。只不过在西藏能够解读人类最初的东西，人类的童年时代最初的品质、最初的感动人心灵的东西。我觉得，在西藏，这些我都找到了。

王：你所表达的既是西藏的又是全人类的。有一种超越地域的东西。扎西达娃这样评价这部小说：描写西藏又超越西藏，是很准确的。你所表述的不仅是西藏的，还拓展了一个更加形而上的精神空间。

宁：这是我在这部作品里面有意无意追求的东西。

王：不是为哲学而哲学，而是把自然、人生、宗教与哲思融合在一起。说白了，哲学也是一种人生观、生命观。是对生存状态的沉思。比如，一只鹰在天空飞翔也有它的哲学。人和自然，自然和自然之间都存在着一种神秘的对话关系。鹰对死去的人赋予它的责任，也变成了它自身的命题。人死后被鹰拒绝，就意味着一种恐惧，一种个体的人倾其一生构筑的精神屋宇的坍塌。

宁：一种秩序的打破。本来人交给鹰，鹰交把人给上天，是规律，但鹰拒绝了，链条断裂了。当然这是非常少见的。但是这种少见确实发生过。小说中就写了这样一个被鹰拒绝的场景。

王：黑格尔的哲学太庞大了，太理性了。生命还有许多非理性的东西，有偶然性，因为生存本身是有许多秘密的。

宁：就是说，你的哲学体系是无法概括整个生命的。无论建立多么庞大的体系，也无法概括生命。如果无法概括生命，那你的哲学就是形而上学。越囊括整个世界就越不真实。现代哲学不就是批判黑格尔这一点吗？

王：现代哲学是要打破逻辑、规律、体系，等等，打破逻各斯中心主义。相对生命而言，这些都是反自然的，不真实的，生命是拒绝简约化的。

复杂化的现实需要更复杂的表现方式

王：我认为你的这部小说内容很复杂，不太好把握。像一口井，很有深度。说它复杂，并不是说它难解，而是因为它是多解的，多元的，颠覆了我们对于传统小说的"期待视野"。其中给我比较印象深的是对从八十年代走来的一代知识分子的隐喻式表达，那种身体受到挤压之后的变异，还有少数民族对于自己的心灵和信仰的顽强维护。

维格的母亲经历多么丰富，她的心灵被强行关闭，后来又怎样一步步试探着主动打开，终于重新回到了自我，退休之后从北京回到了西藏，回到对自己信仰的坚守。包括维格也是。她在北京和巴黎接受了教育，但是还是认为在西藏她才找到自己的根，作为汉族和藏族的后代，她对自己身上另一半血液的苏醒十分敏锐，她将马丁格上师作为自己的精神导师。我觉得你实际上在勾勒一个民族的心灵史，通过描述这一对母女的经历，从另一个角度讲述我们这个剧烈变化的时代。

宁：这实际上说来是两个话题。维格这个形象也很特别，所占的分量也很大。她的背后是藏族漫长的历史，以及她后来为什么选择了在博物馆工作。实际上维格也在寻找自己的位置。这个人物非常重要，她连接着三方，汉族的，藏族的，世界的，她是一个扭结性的存在。

王：里面有一段描写很精彩。他们同居而不做爱，不是不想做，而是太奇妙了。在窗外透出的蓝色的月光下，王摩诘的手试探着伸向躺在身旁的维格。

宁：对。蓝色的月光下，带着密宗双修的味道，王摩诘的手伸过去了，而维格则静如一尊雕塑。这是很好玩的。

王：好玩。但是又是在治疗，治疗王摩诘的内心疾患。我觉得文学里面从来没有表现过那样的两个肉体之间的关系。这完全创造了一个新的爱情模式，又契合人物之间的关系，又完全是可以理解的。

宁：是的，是治疗，是一种欣赏，是一种欲求，又是一种拯救。

王：这样就产生了一种混合的意味，根源又在于王摩诘变形的情欲。王摩诘试图借此唤起自己正常的情欲以压制住自己的受虐的痼疾，维格则在保持女性自尊的前提下试图用自己正常的情欲拯救王摩诘，结果两方面都失败了。同居的过程十分微妙，涉及的情感关系十分复杂。其实这个小说的复杂不仅表现在主题上，在小说的许多细部也很复杂。可以举出许多例子：马丁格父子关于佛教和现代哲学的复杂的对话，维格和几个男人复杂的情爱关系，维格对自己角色的复杂认知，马丁格对佛教的复杂参悟，王摩诘内心无休无止、无固定主旨的复杂对话……一句话，是拒绝明晰的。

宁：你说得很对。情感关系很复杂。就拿维格来说，她把她的历史，和每个人的特点都扭结在一起，每一个动作都不是单纯的。

王：我读起来就感觉到，这样写起来肯定很累。在某种意义上说，你既是在建构又是在解构，既是在颠覆又是在重构，是一个双重的工作。就表现方式而言，这里面有现实主义、现代主义、后现代主义，是一个大融合。有的地方写实，是非常地写实，一些描写、细节的刻画，用的是典型的现实主义写法。有些地方又是现代主义的，淡化情节，不讲逻辑，对偶然性的强调，追求潜意识、内心的流动、专注于人物内心世界的叙述。

运用了暗示、隐喻、象征等表现方式。有的地方是后现代主义的，拆解的，戏仿的，解构的，一些地方使用了元小说的叙述方式。更值得称道的是，许多地方很难分清到底是用的什么创作方法，往往是同时在进行。陈晓明曾用"多重诡异的时代叙事"形容你的第二部长篇《沉默之门》，认为存在着四种叙述方式，我看这部小说更甚，技巧更纯熟。

宁：我从来不愿意追求一种单一的叙述方式，因为我们现在的世界技术这么发达，每一样技术都是我们认识生活的一个角度，你用现代主义的方式可以把握世界，用现实主义的方式仍然可以把握，用后现代主义又还可以看到世界的另一面。王摩诘请求维格强暴自己，确乎有点后现代的味道了。实际就是上位与下位的不同，但是这种上位与下位变成了一种隐喻。

王：说到表现方式，小说有一些地方运用了一些隐喻。比如为了曲折地表现历史的暴力，小说反复描写王摩诘的菜园被毁灭，这里面是有深意的。反复描写就会产生意味。通过菜园，王摩诘去思考历史的暴力。暴力不仅仅存在于宏大的历史中，还存在于每一个个体的人当中，一旦释放出来，就会产生毁灭性的后果。

宁：菜园是一个非常重要的思想基础。菜园虽是小事却让王摩诘想到了历史，所以他才特别感到菜园所包含的隐喻。菜园的暴力和那个历史上的暴力本质上是带有相似性的，尽管非常不同。挖掘出这种相似的感觉，进而思考甘地面对这种情形时的表现、不同文化中对暴力的态度。甘地可以让统治者感到惭愧，最后取得成功。可甘地也就是面对英国人，如果面对纳粹或隆隆而来的坦克呢？这是一种对比思考。王摩诘由菜园被毁思考了许多东西，如果他不是一个经历过历史的人他怎么能想到甘地呢？

王：王摩诘的历史经历和他的变态是直接相关的。张贤亮的《男人的一半是女人》，写到"文革"使一个右派男人变得性无能，但是这种由于政治的压抑变得性无能还是比较牵强的，《天·藏》里面的王摩诘由于历史的暴力而产生的变态要自然一些。他不是性无能，而是性变态，用变态的方式比无能的方式要强得多。其中的那种扭曲、变形，包含了更丰富的内容，更有张力。扭曲的力量更大，是一种狂风把树扭弯了的感觉，还没有折，在那里硬硬地撑着。

宁：事物的复杂和简单，区别可能就在这里。折断和拧弯的感觉是不一样的，折断看起来彻底，但是还是失之于简单。

王：现代社会对人的控制更加细微化了。福柯在《训诫与惩罚》里，揭示了欧洲古代注重惩罚的广场效果，在广场上处决罪犯，可以对围观的民众以巨大的震慑效果，从而达到训诫的目的。而现代圆形敞式监狱则追求监视效果，有一套特别严格的规训制度。《疯癫与文明》中探讨疯人院和文明的关系。福柯通过钩沉一些对现代文明息息相关的"知识"，以考古学的方式剖析那些束缚、控制现代人的权力是如何在历史中形成的，如何体制化甚至无意识化的。他做的是一种去蔽的工作，是把各种隐形的权力的眼睛暴露在阳光下的工作。

宁：福柯对我们最大的启示是，我们确实是处在不同的文明的层次，福柯其实不再面对政体或者是制度层面上的压抑了，这一点他们已经解决了，但是人仍然有压抑，在知识上在工具理性上，在现代社会生活方式等方面。而我们比他们要丰富，既有他们说的那些最前沿的东西，身体的，工具理性的，又有前现代的东西。

王：所以要表现我们这样的现实，富有表现力的文本应该是混合的，有现实主义、现代主义、后现代主义，用这样一个融合体来透视时代。我们的现实就是这样，现实与超现实杂糅在一起，有启蒙主义的东西，需要批判现实主义，有荒诞派的东西，卡夫卡式的现实，有黑色幽默，有神秘主义，需要现代主义，更有后现代主义诸种现实的真实存在。

宁：我觉得我们现在既要站在最前沿上，同时又要脚踏实地。把现实主义的视角、现代主义的视角、后现代主义的视角有机地结合起来，三者是一个立体的，可以从各个侧面将现实的复杂性表现出来。

关于小说人物

王：我们聊聊小说人物吧。你为什么要把王摩诘处理成一个带有虐恋倾向的人物呢？是偶然的吗？你的真实的想法是什么？

宁：不是一个偶然的想法，而是一个非常自觉的设想。它是一个很真实的存在。这个存在首先确实和我们、和我们时代的生活、和历史背景、和我们的精神走向紧密相关。举例来说，按照常态来讲，鹰应该把死去的人交给上天，但是突然因为某种原因，鹰拒绝从天上下来，这给家人造成多大的痛苦：我这一辈子都想想把自己交给你升天，结果……这对活着的人是一种毁灭性的打击。小说中有这样一个场景。换句话说，从改革开放的历史看，我们一直在启蒙，从粉碎"四人帮"到拨乱反正，"文革"被认为是一种没有任何人权的、黑暗的、压抑的、中世纪的生活，改革开放，人的解放，产生了启蒙的理想，人应该是怎么样，整个改革开放实际上一直在追求人应该是怎么样。

王：回到五四。

宁：回到科学、民主、人权。当年戴厚英的小说《人啊人！》多让人激动，不就是发现了人嘛。八十年代整个就是对人的理想的追求。启蒙就是对理想的追求，这个理想后来被历史以暴力的形式断开。这个断开对人来说是什么感觉？怎样的感觉？断开又不让说，不许讨论，就闷着头发展经济，发展物质，什么都不管。后来，我记得到1993年有了人文精神大讨论，因为人们实在是忍不住了；人们讨论物欲横流，讨论人不能没有思想，不能没有灵魂，但最后这场讨论不了了之，因为最后都归结到一点，就是：欲言又止，不能深说下去。这之后人们便彻底放弃了言说，于是该去读书的读书，该去发财的发财，该仕途的仕途，物质社会向前迅猛发展，人们集体无意识地跟着向前走，但是这里有一个结，这结并没消失，而是人们带着这样一个结往前走。就是说，这个东西没有解决，只不过是一直悬置着。这个东西就是王摩诘那种变态的东西。王摩诘其实除了这个东西其他都很正常，甚至很优秀，从知识工具来说，他非常健全，就像现在的许多精英在各个角落都很健全，但是一谈到最内在的这个问题时，就携带了这个东西，每个人身上都有挥之不去。

王：我觉得你的行文虽然是比较隐晦的，但是我能感觉到，王摩诘变异的身上积淀着历史。你好几次提到王摩诘始终挥之不去的对历史暴力的记忆，时代强行压抑，打入到意识的深层，打入到无意识。非常可悲的是，在和女性相处的时候，他想要对方强暴自己，渴望被蹂躏、践踏、摧残，耻辱感已经把他的内心异化了，这隐喻的是知识分子的心理变形的释放。

宁：王摩诘已经不能正常地表达自己内心的焦虑、耻辱、困境，他只能通过变形的方式，通过戏仿。受虐本身就是一种戏仿。后现代不是有一种修辞叫做戏仿嘛，七个小矮人通过戏仿把白雪公主颠覆了一下。王摩诘也是通过戏仿来释放内心的这种压抑，这种历史性的情结。

王：王摩诘是我们这个时代的身体政治学。

宁：虽然如此，王摩诘仍然有非常可敬的一面，他代表了中国现在知识发展的水平，以及和世界接轨的水平。从王摩诘所占有的文化来讲，他在世界上已经不是一个像八十年代那样还处在学步的阶段——对西方文化只是去拥抱，他已经有判别了，它代表了目前的中国知识分子趋向世界前沿的视野和位置。

王：他是一个带着精神遗产继续向前走的知识分子形象。虽然他的意识的深层已经受过历史的暴力了，残留着历史的暴力的影响，但是他仍然继续往前走。

宁：对。这就像我们的历史一样，尽管我们存在着历史性的悲剧的问题，但是这个社会仍然在向前发展，经济进步，我觉得他是合乎这个逻辑的。

王：王摩诘是一个时代的隐喻。他去法国，还是拥抱世界的，持一种开放的心态。我们谈谈维格这个人物形象吧，她与王摩诘不同，但同样复杂。

宁：维格这个人物，一个是我们刚才谈到的历史性的一面，再一个就是她心灵的再一次定位。她在寻找自己，她是特别开放的，她站在三种文化的交接点上，哪个方向都可以去，同时她始终在寻找确认自己的身份，藏族、汉族、西方，始终在接纳、开放中。她的身份一度出现过迷失，她感到很困惑。好在她不停地寻找，最后在王摩诘的影响塑造之下找到了自己，她去博物馆做解说员实际上是一个隐喻，博物馆显然是一个民族文化的象征。

王：如果说维格的母亲在守护心灵的话，维格已经超越了这种守护心灵了，她认为心灵只是针对内心的，而只专注于内心还是不够的，因为她周围的变化太大了，不能只是局限在自己的内心，还要针对整个民族的文化。在全球化的趋同时代，怎么以自己民族的文化面对世界，怎么让自己民族的文化延续发展下去，这是一个关键的命题。

宁：所以，维格到了博物馆之后变得非常强大，她对王摩诘的拒绝也是意味深长的，一方面她发现了王摩诘的身体黑洞，那内在的扭曲简直太可怕了，连爱情都不能将它修复；另一方面她也十分厌恶这种东西，这仅因为它存在于王摩诘身上，而且它代表了一种专横的腐朽的东西。

王：代表了一种烂熟的、非常智性的、又阳痿的文化。一个烂熟的文明，但是骨子里又断了脊梁骨的，没出息的，一个失去了身体的正常的本能的文明。

宁：当我写到了在博物馆里维格对王摩诘的拒绝的时候，我一下子找到了这个小说最后的定位，王摩诘无论再怎么优秀，智商再怎么高，但是骨子里携带的东西远远没有解决。这个东西的背后仍然是一个巨大的现实，维格通过拒绝王摩诘也拒绝了这个现实，这是意味深长的。

王：拒绝不仅是感情上的，还是文化上的。小说里写到了身份的觉醒，也就是文化的觉醒，这是小说十分深刻的地方之一。

宁：维格认同了自己身上另一部分血液，并找到这部分血液的源头和文化的基础，这是非常不容易的，这也是人的一个本质性的要求。人总要定位自己到底是怎么样的一个人。

王：关于王摩诘这个人物，你在书中写到了他的受虐倾向，一些施虐的细节十分逼真。对施虐与受虐的描写，这些另类的体验是来自书本还是你的想象？

宁：我读过李银河的《虐恋亚文化》。为了写作《天·藏》，我做了许多知识上的准备，这其中包括我上面说的研读西方现代哲学，还有佛教的教义。另外，考虑到虐恋的经验的特殊性，常人很难获得直接的经验，为此，我下了最实的功夫，在北京潘家园的女王村作了实地调查。我看了她们的房间，她们的工具、绳索、服饰等各种各样的道具，同她们聊她们的经历，为此我付了费。

王：你是个认真的作家，所以才写得如此内行逼真。有趣的是王摩诘对制服的屈服，是很有意味的，令人会心一笑。

宁：所以王摩诘不是和一般人玩这种受虐的游戏。

王：这是和暴力联系在一起的。当然，往深处写可能比较难，只能点到为止。受虐本身也是一个隐喻，其引申意义是很丰富的。我记得2005 年夏天的时候见到贾平凹，我说你的作品我最看重《废都》，《废都》

会流传下去的。他深以为然。《废都》里面对知识分子的心灵的隐喻意味很强烈，那种颓废气息，折射着历史和现实双重的投影。

宁：对于这些从历史深处走来的知识分子，不能说他彻底完蛋了，也不能说他活得特别好，一方面他在建构，在做出贡献，履行自己知识分子的身份，另一方面他身上确实存在着知识分子的毛病，变态，恐惧，颓废，诸如此类吧。

叙述方式的独特探索

王：我注意到《天·藏》这部小说用了大量的注释，你把注释从通常意义上的文本的附属位置提升到第二文本，甚至在一些章节里，本身就是正文的不可分割的一部分，这是你这部小说在形式上的独创，中国还没有哪一个作家这么用注释的方式进行写作。我注意到，注释部分有几万字之长。记得你说是受到一部外国小说的启发？你怎样看待自己的这种写作方式？

宁：就像任何创新都不是凭空而来，哪怕意识流这样的手法说起来也是源远流长，我将注释上升为第二文本也是受到启发而来。美国有个侦探小说家叫保罗·奥斯特的一部作品，他的侦探小说和通常意义上的不一样，是纯文学意义上的侦探小说，我偶然读了他的《神谕之夜》，里面有对注释的别用，比如将某段情节放到了注释里，尽管量不大，内容也较单一，但当时我的脑海骤然一亮，就像发现了新大陆一样，我觉得我可以在这方面大有作为、大干一通。

王：也就是说，上升为第二文本？

宁：当时倒没考虑第二文本，主要是我这部小说的写法本来就和通常的小说不一样，它有两个叙述者，两个人称，是一个由转述、自述和叙述构成的文本。多种叙述方式的转换，与人称视角的转换，腾挪起来有着相当的困难，而注释的挪用帮我轻而易举克服了这个困难。注释使两个叙述者变得既自然，又清晰，小说因此有了立体感，就像佛教的坛城一样。我在鲁迅文学院讲课时讲了注释在这部小说中有六种功能，除了转换视角，我在注释里还植入了大量的情节、某些过于理论化的对话，以及关于这部小说的写法、人物来源、小说与生活之间关系的议论等元小说的因素。注释在这部小说里不是单一的功能，事实上它成了这部小说的后台和客厅，成为一个连通小说内外的话语空间。最后非常重要的是，它还起到了调节阅读节奏的作用。

王：这本小说很明显有一个坛城结构，注释对此起了重要作用。我注意到注释有对正文的补充，有对正文的延续，有对正文叙述的再叙述，还有对正文意义的消解。最后，这部小说竟神奇地结束在了注释上。你把注释这种次文本发挥到了极致，难怪扎西达娃说这是一部难以超越和复制的小说。另外我注意到这部小说结束于注释，真是创举，在这里你消解了某种现实主义的东西，不过读者可能不一定适应，你是否走得太远了？

宁：我觉得它虽然消解了前文，但在消解的同时事实上又重构了，它否定了王摩诘和维格最后的出行以及博物馆见面，但是有几点没有否定，比如维格到博物馆做了讲解员就没有否定，而王摩诘仍有可能像小说设想的那样去博物馆听维格讲解。也就是说，这仍然是一个向时间敞开的结尾。我发现，现在有些小说在简单使用解构的概念，往往解构之后，颠覆之后，达到了快感，就万事大吉了。其实解构之后还应有建构，不能仅仅是为了解构。否定之否定其实是最基本的思维方式，可我们的文学常常连这点也做不到。

王：《天·藏》的思维方式让人产生了对中国小说的信心。这部小说显然是一部智性或知性的小说，这种小说不像钱钟书的《围城》那样建立在掉书袋的基础上，而是正面强攻型的，需要丰富的知识的储备。里面涉及到对整个西方现代哲学知识谱系的把握，对结构主义、解构主义、语言哲学等都有评述，还说得很到位，如果没有对相关哲学著作的深入研读并颇有心得，是很难写出来的。最后我想问，你认为自己的设想都在作品中呈现了吗?

宁：我努力做了，至于是否达到了预想，真的把它经营好了，这我心里还是没有特别大的把握，一切还需要读者判别。

跋：我与新散文

一

大约在 1997 年前后，《大家》设置了"新散文"栏目，一批新锐散文家先后在此登场，如张锐锋、于坚、庞培、祝勇等人，新散文写作受到关注。1998 年 3 月，我在这一栏目下发表了长篇系列散文《沉默的彼岸》，也被归为"新散文"名下。1999 年《散文选刊》（第三期）推出"新散文作品选"，入选者为庞培、于坚、张锐锋、宁肯和马莉，同期配发了主持人语："作为一门古老手艺的革新分子，新散文的写作者们一开始就对传统散文的合法性产生了怀疑：它的主要是表意和抒情的功能、它对所谓意义深度的谄媚、它的整个生产过程及文本独立性的丧失，以及生产者全知全能的盲目自信，等等，无不被放置在一种温和而不失严厉的目光的审视之下。""之所以说他们的作品是新散文或他们已是新散文作家，无非是：1. 他们的写作确实导致了一个与传统意义上的散文创作不同的结果；2. 他们是分散的，甚至是互不相识的，对散文这一文体有各自独立的理解但同时又通过作品体现出美学追求方向的基本一致性；3. 他们的作品都主要归结在《大家》'新散文'栏目名下。"

我认为大致说得不错，我要补充一点的是，这些人都是诗人或都有过不短时间写诗的经历。作为最早的怀疑者之一我想我了解一点新散文写作者为什么对传统散文的不满。新散文写作是在没有理论先行，没有标举口号的情况下，从写作实践开始的。这一点有点像当年"朦胧诗"的发轫：从不满流行的艺术表现以及旧的意识形态系统开始。当然，新散文的姿态要比"朦胧诗"温和得多，但同时也更深入了人的感知系统，表达了更为直接也更复杂的经验世界，这一点毋庸置疑。

"新散文"写作者中，我熟悉的张锐锋的探索无疑是最自觉的，也最雄心勃勃。首先，张锐锋改变了传统散文短小的形式，使散文变成了一个庞然大物（张的散文一般有数万字，甚至十几万字）。张锐锋敞开了散文的空间，进而也敞开了散文作者的心灵空间。其次，与长度相关的是，散文表现什么在张锐锋的文本被提出来：散文不是一事一议，不是咏物抒怀，不是取向明确，题旨鲜明，不是形散而神不散，不是通过什么表达了什么的简单逻辑。散文要面对人类整个经验世界，表达的是一个人或一个生命面对现实与历史的心灵过程，是大体在一个框架内，表现心灵的细节与感知的绵延如缕的精神密度，每个语言细节都是流动的，具有动态的思辨的色彩与追究不舍的意义深度。

与张锐锋看起来完全不同的是，于坚的散文完全取消了散文的深度，让语言最大限度地进入日常生活经验。于坚看起来是表象的、罗列的、平视的，实际上在与张锐锋完全相反的方向上，消解了传统的散文（美文）的构成，从而确立了自己散文的民间独立话语姿态。周晓枫从语言的修辞意义上进入了新散文的表达，她的速度、敏捷、转身、智慧让人惊叹，"语言的狂欢"在周晓枫的文本中几乎近于一种舞蹈，是新散文写作意识体现出的一种最直接也最易看到的结果。这种结果背后的原因是，周晓枫完全不同于传统女性散文的心情文字，没有忧郁、顾影自怜，也决不抒情，甚至反抒情，有着某种黑色解构的味道，带有明显的智性捕捉事物的特征。祝勇同样是一位有力的探索者，他的特点是把小说的结构、叙述以及文体互动引入了长篇散文的架构，其文本的结构叙事与历史本身的严酷叙事构成了相互对照的指涉，形式本身就具有强烈的当代知识分子面对历史甚至现实的个人姿态。

新散文在《大家》栏目上集中出现仅仅是一个标志性的事件，事实上之前新散文写作一直暗流涌动，只是不像诗歌与小说的先锋姿态那样引人注目。一个重要原因是新散文与生俱来处在一种无所不包的散文"大锅"之中，就像通常所说的，没有什么不能煮的，没有什么不可放入的。散文同时是精英的形式（学者散文或小说家散文）又是大众的形式（报纸副刊），因此也是观念最顽固、最可各执一词的形式。谁都能写散文，谁都可以插一脚，谁都可以不负责任。有的人立了很大的牌坊，如大散文，文化散文，学者散文，牌坊很大，成为所谓的大散文家，而更多非职业散文作者则像个过客，偶一为之，时有光顾，然后也会居高临下打着哈欠还品评两句：散文嘛，有什么可说的，不就是散文嘛，散文就是——哈欠，谁都可以打，无技术可言。这就是散文的真实处境，人们并不把散文当作一种富有创造性的文本经营。

在众声喧哗的散文"大锅"中，一批具有自觉意识的青年散文家埋头耕耘。事实上早在上世纪八十年代，先锋小说发轫之际，一些"怀疑者"就开始了散文文体与散文意识的革命，其中刘烨园是最重要的倡导者与实践者之一，其独立的思考、孤绝的锋芒与"大陆"般的思考密度，至今仍是新散文最重的"精神收藏"之一。到了九十年代中期，"新生代"散文家集体登场，向传统散文发难，标志性事件是《上升》与《蔚蓝色的天空》两个重要散文文本的问世。这两个文本并不著名，但十分重要，是不久鲜明提出的"新散文"概念的重要的依据，事实上没有这两个文本就不可能有"新散文"概念的提出。苇岸、张锐锋、冯秋子、王开林等无疑是"新生代"散文主要的贡献者。已故的苇岸是"新生代"最早"由诗入散文"的写作者之一，是由诗歌革命引发散文革新的代表人物。苇岸散文的每个句子都受到诗歌的冶炼，每一个叙述单元都类似诗歌的单元——与传统的抒情"散文诗"毫无瓜葛。苇岸的散文是"极少主义"的智性与诗性的双重写作，是类似文学结晶的"舍利子"、"光明的豆粒"。

《大地上的事情》五十小节被诗人朗诵，谈论，纪念，苇岸因此成为当代惟一受到诗人推崇的散文家。

二

像许多"新散文"作者一样，我也经历一个由诗歌到散文的过程。"朦胧诗"以来，诗歌以前所未有的丰富表现给文学以极大的冲击，先锋小说无疑受到诗歌的影响，表现十分活跃，倒是与诗歌相邻的散文既热闹又静悄悄，始终似乎没有惹人注目的文本变革。更多的有野心的人投入到诗歌与小说的实验中，散文似乎是一种无法实现野心的文体，甚至根本就不是一门独立的技艺，八十年代，太老的人与太多的过客哄抬着散文，让野心勃勃的人对散文不屑一顾。老实说在进入散文写作之前我也是抱着这种心态，但是一个偶然的机会改变了我。

1986 年夏天，在西藏生活了两年的我回到北京，见到了散文家韩少华先生。当时韩少华先生正主持《散文世界》，约我写一些有关西藏的散文。那时我基本已停止了诗歌写作，正着手小说创作，对散文从未有过像对小说或诗一样的想法。也不知道散文怎么写。韩少华先生的约稿让我陷入了茫然的沉思：散文，什么是散文？怎样写散文？西藏？像印象中游记那样的西藏？某年某月，什么因由，我到了哪里，见到了什么，有什么感受，表达什么人生哲理，等等？看了一些别人的散文，放下了，读不进去。我在想阅读散文的必要性：读者有什么必要读一个人什么时间何种因由到了哪里？即使你到了天堂，真正的读者有必要看你介绍的天堂吗？散文的关键是什么？诗歌的关键是什么？为什么诗歌能以最大的缺省直接切中语言的要害而散文不能？散文一定先要交代时间、地点、什么事、通过什么表达什么？还有，为什么小说可以不清不楚地从一个细节开始而散文不能？尤其像《喧哗与骚动》那样的小说，开始就是视觉与意识的活动，而散文为何不能？

那时我满脑子诗歌和小说。我有了一些诗歌和小说的准备，完全没有散文（传统）的准备。我难道不能像诗歌或小说那样写散文吗？我决定尝试一下，直接从视觉与意识入手，让自己进入某种非回忆的直接的在场的状态，取消过去时，永远是现在时。我接连写出了《天湖》、《藏歌》、《西藏的色彩》，洋洋万言。非常自由。我感到了散文从未有过的自由，感到神散而形不散——完全是生命的过程。《天湖》、《藏歌》连续发表在1987年《散文世界》第三、四期上，是我最初的两篇散文。

《天湖》一开始是这样的：

> 他们蹲在草地上开始用餐，举杯，吵吵嚷嚷。越过他们模糊的头顶，牛羊星罗棋布，还可以看见一两枚牧人的灰白帐篷。骑在马上的人站在荒寂的地平线上，像张幻影，一动不动，朝这边眺望。然后，就看见了那片蔚蓝的水域。很难想象，在西藏宁静到极点的崇山峻岭中，还隐藏着这样一个遥远童话世界。据说，当西藏高原隆起的远古，海水并没完全退去，在许多人迹罕至的雪山丛中，在高原的深处，还残留着海的身影，并且完整地保留着海的记忆，海的历史，以及海的传说，只是这些传说只能到鸟儿的语言中去寻找了。

《藏歌》的开头也是这样：

> 寂静的原野是可以聆听的，唯其寂静才可聆听。一条弯曲的河流，同样是一支优美的歌，倘河上有成群的野鸽子，河水就会变成竖琴。牧场和村庄也一样，并不需风的传送，空气便会波动着某种遥远的类似伴唱的和声。因为遥远，你听到的已是回声，你很可能弄错方向，特别当你一个人在旷野上。你走着，在陌生的旷野上。那些个白天和黑夜，那些个野湖和草坡，灌木丛像你一样荒凉，冰山反射出无数个太阳。你走着，或者在某个只生长石头的村子住下，两天，两年，这都有可能。有些人就是这样，他尽可以非常荒凉，但却永远不会感到孤独，因为他在聆听大自然的同时，他的生命已经无限扩展开去，

从原野到原野，从河流到村庄。他看到许多石头，以及石头砌成的小窗——地堡一样的小窗。他住下来，他的心总是一半醒着，另一关睡着，每个夜晚都如此，这并非出于恐惧，仅仅出于习惯。

它们当然没引起任何反响，它们无声无息，就像散文"大锅"里的任何模糊不清的食物。那时散文要靠资历和或庸常的大量的出镜才能引起一点注意。它不像小说是一种和人有距离的文体，八十年代，几部有分量的中短篇小说就可以让人刮目相看。小说不看资历，只认作品，所以新人层出不穷。尽管如此，1987年，我还是相当为自己不多的几篇散文写作感到骄傲：我对散文有了自己的认识。但是我不再写散文，种种原因，不久我甚至也离开了文学。

直到十年之后，1998年，我再次从散文起步。在清音悠远、雪山映照的《阿姐鼓》的声乐中开始了《沉默的彼岸》的系列写作。我又回到十二年前《天湖》的起点。我自觉地向音乐在内心展开的视觉与意识对位，我与西藏同在。根本没有回忆、交代、说明，完全是在场，是共时，是翱翔。我感到无比的自由，因为我有着无比巨大的时空，我从天空任何一个出口或入口进出，就像出入西藏有着无数窗洞和小门的寺院。显然我没有，也不想走一条传统散文的路子。

三

诗歌有"诗到语言为止"一说，小说有"写什么并不重要，重要的是怎么写"的极言，这些都可以争论。但不可否认的是，当你在寻求一种新的表现形式时，事实上你也在寻求一种新的内容表达。甚至同一内容，不同的表述或换一种表述会产生不同的意义。词语，句子，段落都具有独立的审美意义，它们甚至并不依赖全篇的架构而独立存在。语言不仅是记事与传达思想的工具，也有着自己摇曳的姿态与可能性。我认为的散文应该是这样的：可以从任何一个词语或段落进入阅读，也可以在任何一个地方止步，这是我所理解的散文的语言。我理解的散文的语言不是传统的炼字炼意，字斟句酌，而是进入某种状态，抵达某种形式后内心寻找到的语言。就散文语言的切入与展开而言，我倾向两种方式：1. 由视觉展开或伴随的意识活动；2. 由意识活动引发的视觉推进。前者像一个长镜头，并且一镜到底，有设定好的某种现场的视角，同时不断展开内心活动或高度主观的画面呈现。后者则是散点透视，由意识活动引发的蒙太奇画面的切换，所有的事物，包括景象、事件都根据内心活动调动。《天湖》属于前者，《藏歌》属于后者，十年之后的《沉默的彼岸》、《虚构的旅行》、《一条河的两岸》，仍是这两种状态的叙述方式，只不过视角更加灵活，心态更趋平静。

我一再强调状态（在场）与视角，是因为这两个词在散文叙述中非常重要。先说状态，散文开头呈现出作者何种状态对散文十分重要，它必须首先是精神的、在场的，只有写作者写作之前进入了某种特定的内倾的状态才能把读者带入心灵在场的状态。换句话说，散文是一种现场的沉思与表达。散文应该像诗歌那样是现在时或共时的，而不是回忆的过去时。我认为优秀的诗歌和小说都是某种特定精神状态下的产物，创造性散文应更如此。与状态相关，必定有一个散文的视角问题。散文的视角事实也应该像小说的视角那样受到限定，而不该是一个全能的外在于叙述的叙述者。某种意义，视角叙述即是角色叙述，这已经接近小说，但又不同于小说。两者的着眼点不同，散文的角色叙述的着眼点在于亲历与才思，但同时散文中的"我"又不完全等同作者的我，这一点倒很像诗歌中的"我"——诗歌中的"我"并不等同诗人自己。

散文的角色叙述应该特别提到后来的三位颇具风格的作者，他们是：刘亮程、马叙、安妮宝贝。刘亮程的散文之所以一度让人耳目一新，秘密就在在于将乡村陌生化，而陌生化的本质就是角色叙述。也就是说，刘亮程对散文的叙述主体做了限定，那是一个扛着铁锨看上去无意义的盲目的刨地者，也即劳动者的叙述，人们透过这个被限定的同时也被抽象化了的劳动者的主观叙述，看到了完全不同的村庄：看到了牲口、劳动、土地，展现了一种形而下的被宿命规定的自得其乐与自我矮化，这个劳动者用一种比牲口还弱智的语言与牲口对话，以此解构了牲口的意义，更何况人的意义。刘亮程的散文是超现实的，却达到了前所未有的真实。

马叙的散文写的是小镇，就其视角的限定与观念意味，马叙毫不逊色刘亮程，甚至某种意义更加自然。马叙含而不露，因而也更接近日常经验，不像刘亮程姿态那样明显。马叙的散文看上去有流水账的"低智"特征，如《从东到西，四个集镇》、《在异地》、《1989年的杂货店》、《在城镇，在居室》，局部看完全消解了散文的审美功能，整体看似乎也不具智性的落点。但马叙又是一个彻底的智性写作者，马叙的智性不来自词语审美或智性的捕捉、叙述的寓意。马叙完全是平面的、表象的，甚至罗列的，但马叙描述的一切又都被一种"目光"打量过，这种目光是低视的，看不远的，无态度的，多少有些像马的目光。这个"目光"很关键，马叙有了这样的目光，这样的角色叙述，也就有了自己的"小镇哲学"，正如刘亮程的"乡村哲学"耐人寻味。有人说马叙是一个"趴着的写作者"，说出了马叙的意义。

安妮宝贝似乎从哪方面说都与刘亮程、马叙不同，前者有着巨大的商业标识，同时又为时尚的标识遮蔽，使人们难以辨认她的真正价值。毫无疑问，安妮宝贝的叙述是都市趣味，处于都市化的漩涡与前沿，有许多时尚的标识，要想陌生一个五光十色满目赝品的都市生活难度可以想象，但安妮宝贝却以"桀骜不驯的美丽"（吴过语）做到了。一本《蔷薇岛屿》集中展示了一种极端个性化的角色叙述，叙述者安妮宝贝时而用近似零距离的"我"，时而用远距离的"她"交替叙述了自己的"漂泊、独处与回忆"，意识跳跃、破碎，将一个都市女子的心灵角色惊人地展现出来，从而触到了都市的最敏感神经：物质、孤独、拒绝、拥有、疼痛，以及它们的混合体，而这一切又都是安妮宝贝既时尚又独特表达的。刘亮程、马叙、安妮宝贝，三位散文作者梯级呈现了当下乡村、小镇、都市三个妙不可言不可多得的文本，是新散文地图极富个性的立体的贡献，我相信他们是中国文学的重要坐标。

新散文写作者风格各异，创作理念、表现手段、艺术面貌各不相同，甚至相互对立，但新散文仍然有一致性，那就是把散文当作一种创造性的文本经营，而不仅仅是记事、抒情、传达思想的工具；在艺术表现上呈现出自觉的开放姿态，像诗歌和小说一样不排斥任何可能的表现手段与实验，并试图建立自己的艺术品位、前卫的姿态，使散文写作成为一个不逊色于诗歌和小说的富于挑战性的艺术活动。

图书在版编目（CIP）数据

我的二十世纪 / 宁肯　著 . — 北京 : 东方出版社 , 2013.
（生命呼吸·当代散文名家丛书）
ISBN 978-7-5060-6498-9

Ⅰ.①我…　Ⅱ.①宁…　Ⅲ.①散文集—中国—当代　Ⅳ.①I267
中国版本图书馆 CIP 数据核字 (2013) 第 147787 号

我的二十世纪
（WODE ERSHI SHIJI）

作　　　者：宁　肯
策划编辑：张　杰
责任编辑：姬　利　傅　愈
特约编辑：哈　曼
书籍设计：张志伟　知墨春秋设计工作室
出　　　版：东方出版社
发　　　行：人民东方出版传媒有限公司
地　　　址：北京市东城区朝阳门内大街 166 号
邮政编码：100706
印　　　刷：环球印刷（北京）有限公司
版　　　次：2013 年 10 月第 1 版
印　　　次：2013 年 10 月第 1 次印刷
印　　　数：1—6000 册
开　　　本：710 毫米 ×1000 毫米　1/16
印　　　张：26.5
字　　　数：380 千字
书　　　号：ISBN 978-7-5060-6498-9

发行电话：(010)65210056　65210060　65210062　65210063

www.ingramcontent.com/pod-product-compliance
Lightning Source LLC
Chambersburg PA
CBHW071140100726
47908CB00002B/193